정체성: 청소년과 위기
Identity: Youth and Crisis

IDENTITY: Youth and Crisis

정체성: 청소년과 위기

Identity: Youth and Crisis

에릭 H. 에릭슨 지음
윤초희 · 정현천 역

교육과학사

로버트 P. 나이트와
데이비드 래퍼포트를 추억하며

옮긴이의 글

에릭 H. 에릭슨의 『정체성: 청소년과 위기(*Identity: Youth and Crisis*)』가 미국에서 처음 발간된 지 50여 년의 세월이 흘렀다. 그동안 학계나 일반 대중이 청소년을 바라보는 시각이나 청소년의 발달 양상 자체에서 많은 변화가 있었지만, 이 책은 오늘날에도 여전히 인간의 전 생애 발달과정에서 청소년기가 갖는 중요성과 함의에 대한 통찰을 제공해주고 있다.

이 책은 처음부터 하나의 책으로 기획해서 작성된 것이 아니라 여러 해에 걸쳐 발표한 글과 에세이들을 모아놓은 문집에 가깝다. 그렇기 때문에 이 책은 전체 책을 관통하는 일관된 주장이나 설명을 제시하려고 하기 보다는 다양한 관찰 자료와 인류학적 자료를 통해 정체성의 특성과 관련 쟁점들을 부각시키고 기술하는 데 초점을 두고 있다. 에릭슨은 책의 서두에서 정체성에 대한 "결정적인 설명"을 제공하지 않겠다고 미리 선언한다. 나아가, 사례사와 생애사, 그리고 인류의 전체 역사를 통해 증명되는 "정체성의 필수불가결성을 확립할 수 있을 뿐"이라고 말한다. 인간의 발달을 설명하기 위해 정체성의 개념이 반드시 필요하지만, 광범위한 용어 사용에 반해 합의된 정의를 내리기가 어렵고 그 함의 또한 사회적 맥락과 역사적 과정의 영향을 받는다는 것을 강조한 것이라고 할 수 있다.

에릭슨의 연구는 많은 후대 연구자들에게 영감을 주었고 실증적 데이터를 이용하여 에릭슨의 이론을 검증하고자 하는 연구들도 뒤를 따랐다. 그러나 이 책은 단순히 실증연구의 이론적 토대의 역할을 하는 것을 넘어 훨씬 더 미묘하고 풍부한 의미를 담고 있다는 점에 주목할 필요가 있다. 이러한 이유로 시대가 바뀌고 사회가 변하더라도 에릭슨의 『정체성』은 매번 새로운 의미를 찾기 위해 반복해서 되돌아가야 하는 심리학의 고전으로 평가받고 있는 것이다.

에릭슨은 자아의 본질에 접근하기 위해 생물학적 단계나 유아기 섹슈얼리티에 초점을 둔 프로이트와 다르게 정신분석학의 경계를 넘어 사회학적, 인류학적 접근을 통합하여 자아의 문제를 해결하려고 시도한다. 에릭슨의 관점에서 자아, 사회, 역사는 개인의 삶 속에서 서로 불가분의 관계를 가지며 단단히 얽혀 있다. 여기서 사회란 가정과 같은 직접적인 환경뿐만 아니라 계속해서 인간의 성장에 영향을 미치는 더 큰 사회적 힘을 의미한다. 또한 역사란 한 개인의 생애사일뿐만 아니라 인간의 삶 자체가 그 속에서 통합되어 전개되는 세대 간 과정과 역사적 변화를 모두 포괄하는 개념이다. 정신분석학에서 인생 전반에 걸쳐 유아기의 무의식적 잔재가 미치는 지속적인 영향을 강조한다면, 에릭슨에게 인간 발달은 본질적으로 사회적이고 역사적인 과정이라고 할 수 있다. 인간의 발달은 생물학적 본능, 심리적 자아, 그리고 사회적 실재 간의 부단한 만남과 재종합의 과정을 통해 인생 전반에 걸쳐 이루어진다고 보는 것이다.

이 책에서 에릭슨은 자신의 환자들의 다양한 임상 사례뿐만 아니라 조지 버나드 쇼(George Bernard Shaw), 윌리엄 제임스(William James), 지크문트 프로이트(Sigmund Freud)와 같은 인물의 사례를 통해, 학문적 탐구의 대상이 아닌 이들 개인의 살아 있는 경험으로서 정체성 위기 문제에 접근한다. 뿐만 아니라 정체성 혼란과 위기는 평생 동안 정체성을 찾아 분투했던 에릭슨의 삶과도 깊은 관련이 있다고 할 수 있다. 에릭슨 자신이 친부의 부재, 거주지의 잦은 이동(독일, 이탈리아, 오스트리아를 거쳐 미국으로 이주), 직업의 변화(예술가에서 정신분석가로 그리고 인류학자와 발달심리학자로)와 같은 생애사적 사건으로 인해 부단한 정체성 혼란을 겪었기 때문에 정체성은 저자에게 더 실제적이고 직접적이며 당면한 문제로 다가온다.

인간 자아의 복잡성을 에릭슨만큼 집요하게 추적하고 탐구한 발달심리학자는 찾아보기 어려울 것이다. 이 책을 통해 독자들은 발달의 과정에서 외부 세계와 내부 세계를 통합하는 자아의 기능, 개인정체성과 자아정체성의 관계, 당대 급변하는 사회 속에서 청소년이 직면한 정체성 문제와 부정적 정체성의 특성, 개인의 발달뿐만 아니라 여성(성) 및 인종과 관련된 정체성 이슈, 집단이나 개별정체성을 초월하는 보다 포괄적인 정체성에 대한 호소 등 정체성과 관련된 다양한 쟁점과 그 함축된 의미에 대해 생각하고 통찰할 수 있는 기회를 가질 수 있을 것이다.

2022년 가을

서문

1920년대 후반, 비엔나 정신분석학연구소(Vienna Psychoanalytic Institute)의 폴 페던(Paul Federn) 박사는 나의 스승 중 한 분이셨다. 그는 새로운 개념을 만들 때도 말실수를 할 때도 똑같이 창의적인 재능을 가진 매력적인 사람이었다. 당시 그의 '자아 경계(ego boundaries)' 개념은 중요하지만 모호한 개념으로 자주 논의되었다. 우리 학생들은 다소 절박한 심정으로 이 개념에 대한 설명이 필요한 만큼의 세미나를 연속해서 개최해줄 것을 그에게 요청했다. 사흘 간의 기나긴 저녁 동안 계속해서 우리에게 설명을 한 그는, 마지막 날 세미나를 마치고 마침내 자신을 이해시켰다는 듯이 강의록을 접으면서 이렇게 물었다. *Nun-hab ich mich verstanden?*(이제, 제가 제 자신을 이해했을까요?)

나 또한 정체성에 관해 쓴 이 글을 다시 읽으면서 같은 질문을 여러 번 했다. 그리고 나는 이 책에서 이에 대한 결정적인 설명을 제공하지는 않겠다고 미리 선언하는 바이다. 이 주제에 대해 쓰면 쓸수록, 그것은 만연해 있는 만큼이나 이해할 수 없는 것에 대한 용어가 되기 때문이다. 우리는 다양한 맥락에서 정체성의 필수불가결성을 확립함으로써 이를 단지 탐색할 수 있을 뿐이다.

책의 각 장은 지난 20년간 쓴 주요 에세이를 개정한 것으로, 거의 같은 시기에 쓴 논문에서 인용한 내용이 추가되었다. 에세이 중 일부는 데이비드 래퍼포트(David Rapaport)가 10년 전 예견했듯이 정신분석학 분야에서 내 지위를 확고하게 만들어준 그의 서문과 함께 심리학 모노그래프 시리즈에 실렸다. 나는 인간 발달에 관한 글을 쓰면서 부분적 증거만으로 임상 관찰의 결과를 발표해야 하는 역할이 결코 편안했던 적이 없다. 그러나 이 문제는 학생들과 독자에 의해 우리 손을 빠져나갔다. 아니 거의 뜯겨져 나갔다. 원래는 전문가 집단을 위해 쓴 글들이 교실과 서점으로 흘러 들어감으로써 이 책에 제공된 개정된 리뷰에도 적절히 포함될 수 있었다. 이러한 호기심을 병적이라 할 수는 없다. 즉, 오늘날의 학생은 보다 포괄적인 자기-정의를 모색하는 과정에서 인간의 다양성뿐 아니라 인간의 편향에 관해서도 정통하고자 한다. 그것도 동일시와 공감, 그리고 차이를 알기에 충분할 정도로 상세하게 말이다.

또한, 오늘날 나와 같은 분야에서 일하는 사람들은 이전에 책으로 내지 않았던 글들을 모아 증쇄하곤 하는데, 여기에는 일반적인 비축 본능을 넘어서는 새로운 이유가 있다. 그 하나로, 단독 에세이와 글은 항상 암시성에서는 앞서지만 확립된 기반의 견고함에서는 뒤처진다는 점이다. 그것들로 한 권의 책을 만들기 전까지는 각각의 글이 무엇을 다루고자 했는지, 그리고 이들이 점차 종합적으로 무엇을 의미하게 될 지를 실제로 알 수 없다. 몇 년 후 개정 작업을 할 때 다른 독자들에게 다른 목소리로 말하는 자신을 보게 되는 것은 염려스러운 일이다. 특히 당시 독자 중 누구에게—혹은 누구에 반하여—이야기하고 있었는지를 잊어버린다면 말이다. 그럼에도 나는 각 '시기별 작품'마다 강조하는 점을 두었고, 그 결과 전체적으로 기록물의 성격이 부여됐다. 그 기록을 보면 내가 몇 가지 관찰 사례들을 오랫동안 마음 속에 담아 두는 임상학자임이 드러난다. 그런 관찰은 초기에는 항상 예상치 못한 놀라움과 이후 오랜 기다림으로 얻은 확신이 결합된다는 특징이 있다. 이러한 이유로 나는 같은 관찰을 다양한 맥락의 서로 다른 청중에게 발표하는 경향이 있는데, 이는 매번 이해가 더 깊어지기를 바라는 마음에서이다.

그리고 마지막으로, 정체성에 대해 글을 씀으로써 저자는 인간 발달에 대한 특별한 실물교육을 제공받는다. 즉, 그는 급격한 역사적 변화에 비추어 자신의 생각을 재평가해야 할 필요성을 피할 수 없다. 실제로 나는 이 책의 회고적인 도입부에서, 책의 원자료들이 쓰인 지난 20년간 '정체성'과 '정체성 위기'라는 용어가 지녔던 특이하고도 종종 변덕스러운 호소력을 설명하려고 노력할 것이다. 따라서 독자는 본문에 나타나는 어떤 장기적인 추세가 당대의 전개 상황에 의해 확증되며, 어떤 관찰이 일시적인 상황에서만 설득력을 갖는지를 판단하기 위해 역사적 인식을 동원해야 할 것이다. 이를 돕기 위해 417쪽에 원간행물에 대한 정보를 제시했다. 마지막 항목은 최근의 관심보다 시기적으로 앞선 것인데, 오늘날 가장 생기있고 비폭력적인 청년들이 보여주는 새로운 표현 방식과 새로운 내적 모험(일부 화학적으로 유도되는)에 대한 관심이 최근에 일고 있다. 이것은 오히려 다행스러운 일이다. 왜냐하면 유행과 익살을 넘어 오랜 관찰을 통해서만 그들이 어떤 오래된 메시지를 우리의 관심에 제공하고자 하는지 알 수 있기 때문이다. 또한 이 글을 쓸 때 거리 폭력의 문제가 폭발적 모멘텀에 도달하지는 않았지만, 그럼에도 우리는 청년들과 젊은 성인 지도자의 역할에 대해 관심을 가져야 한다.

이 글이 조금이라도 읽을 만하다면, 그것은 조앤 에릭슨(Joan Erikson)과 파멜라 대니얼스(Pamela Danials)의 사전 작업 덕분이다.

하버드대학의 내 강좌 〈생애주기(Life Cycle)〉의 대표 조교인 파멜라 대니얼스는 원서를 검토하면서 중복되는 내용은 최소화하고, 그녀가 보기에 학생들을 곤혹스럽게 만드는 부분들은 친절하게 명료화했다.

조앤 에릭슨은 내 글을 항상 편집한다. 내가 말하고자 하는 바를 그녀만큼 잘 아는 사람은 없으며, 그녀만큼 내 방식대로 말하도록, 필요하다면 매우 긴 문장으로 말하도록 세심하게 허용해주는 사람은 없을 것이다. 그러나 이 책은 또한 오스틴릭스센터(Austen Riggs Center)에서 이루어진 우리의 수년간의 공동 작업을 보여준다. 그녀는 이곳에서 환자들을 위한 색다른 '활동 프로그램(Activities Program)'을 운영했다. 이 프로그램은 심리치료의 필수적인 보완물이 되었고, 심각한 위기에 처한 젊은이들의 내부 역량을 시험하고 증진하는 데 유용한 것으로 입증되었다.

각 장에 부분적으로 언급되긴 했지만, 20년에 걸친 실천과 가르침, 상담과 여행에 있어 한 인간이 진 빚은 참고문헌으로 압축될 수 없다. 나는 이 책을 작고한 두 친구에게 헌정한다. 단지 그들이 그리워서가 아니다. 그들이 다른 사람들의 작품 속에 살아있는 것처럼 그들은 이 책의 살아있는 것들 안에 생생하게 살아 있기 때문이다. 로버트 P. 나이트(Robert P. Knight)는 버크셔(Berkshires)에 있는 오스틴릭스센터의 의료 책임자였고, 데이비드 래퍼포트는 연구 책임자였다. 배경과 외모, 기질과 지적 스타일에서 극단적으로 달랐던 이 놀라운 한 쌍은 개인으로서 위대한 업적을 달성했을 뿐 아니라 보기 드문 치료 및 이론 센터를 함께 설립했다. 이 센터는 의심의 여지 없이 언젠가 역사적인 것이 될 것이다. 또한 이곳에서 나는 여기 기록된 20년간 친밀한 업무 관계를 오래도록 경험했다.

오스틴릭스센터의 정체성 연구 초기 보조금은 필드재단(Field Foundation)이 제공했으며, 나는 필드재단의 첫 번째 특별연구원의 자격으로 또 다른 과제인 간디의 중년기에 대한 책을 저술하면서 이 서문을 쓰고 있다. 나중에 포드재단(Ford Foundation)은 릭스센터에 출연한 일반 보조금을 통해, 여행과 연구를 위한 더 많은 기회를 내게 제공했다. 더 작은 규모의 과제들은 셸터록재단(Shelter Rock Foundation)이 지속적으로 후원하고 있다. 마지막으로, 이 책과 쌍을 이루는 『청년 루터(*Young Man Luther*)』는 이들 재단의 정신의학연구기금의 도움으로 저술되었다. 그것은 『청년 루터』가 이 책에서 많은 사람들의 삶과 시대를 통해 탐구한 것을 한 생애사에 적용하고 있기 때문이다.

그러나 제목으로 보자면 이 책은 『유년기와 사회(*The Childhood and Society*)』의 후속작이라고 할 수 있다. 세 책 모두 가까운 친족처럼 비슷한 점이 있고, 심지어 가족유사성—친구들 간의—으로 양해될 수 있기를 바라는 반복적인 내용으로 구성되어 있다.

많은 분들이 여기 수집된 원고를 작성하는 데 관여했지만, 가장 능숙하고도 유쾌하게 작업한 사람은 샌튜위트(Santuit)의 앤 버트(Ann Burt)가 아닐까 한다.

E.H.E.

코튜이트, 매사추세츠, 1967

차 례

제1장

프롤로그

1.

정체성의 개념을 고찰하는 것은 그것의 역사를 기술하는 것을 의미한다. 이 용어가 이 책에서 논의될 특별한 의미로 처음 사용된 이후 20년간 그 대중적 용도는 매우 다양해지고 개념적 맥락은 너무 확장되어, 무엇이 정체성이고 무엇이 정체성이 아닌지에 대해 더 나은 그리고 최종적인 경계 설정이 필요한 시점이 온 것 같다. 그러나 그런 결정적인 이름을 가진 것은 그 본질상 변화하는 역사적 함의의 영향을 받는다.

'정체성' 및 '정체성 위기'는 대중적이거나 과학적으로 사용될 때 너무도 크고 자명해 보이는 것을 지칭하는 용어가 되었기 때문에, 개념 정의를 요구하는 것은 거의 의미 없는 일처럼 여겨진다. 반면, 다른 경우에는 측정의 목적상 너무도 협소한 것을 지칭하기 때문에 전체 의미를 상실하게 되고, 오히려 무언가 달리 불리는 편이 더 나을지도 모른다. 이 용어의 광범위한 사용의 예를 들자면, 신문에 "아프리카의 정체성 위기"라는 머리기사가 나거나 피츠버그 유리 산업의 "정체성 위기"가 언급되는 경우, 또는 미국정신분석학협회의 사교적인 협회장이 고별사에 "정신분석학의 정체성 위기"라는 제목을 붙이는 경우, 또는 하버드대학의 가톨릭교 학생들이 목요일 저녁 8시 정각에 "정체성 위기" 모임을 개최한다고 공지하는 경우 등 다양하며, 맥락에 따라 용어의 위엄은 매우 달라질 것으로 보인다. 모든 이가 "정체성 위기"에 대해 들어본 적이 있다는 문장에서 인용 부호는 인용 부호 안의 용어만큼이나 중요하고, 이 용어는 호기심, 환희와 불편함이 뒤섞인 감정을 불러일으키지만, '위기'라는 단어의 바로 그 말장난으로 인해 들리는 것만큼이나 결정적인 무언가가 아닐 가능성이 있다. 다시 말해서, 도발적인 용어가 의례화된 용법에 맞아떨어지기 시작한 것이다.

반면에 사회과학자들은 때때로 '정체성 위기', '자기-정체성', 혹은 '성 정체성'과 같은 용어들을 현재 탐구 중인 좀 더 측정 가능한 특성으로 정의함으로써 이를 보다 구체화하려고 시도한다. 그들은 논리적 또는 실험적 조작의 용이함을 위해 (그리고 좋은 학문적 동료 관계를 유지하기 위해) 더 다루기 어렵고 더 불길한—종종 더 중요함을 의미하는—함의는 피하면서, 이들 용어를 사회적 역할, 개인적 특성 또는 의식적인 자기-이미지의 문제로 다루려고 한다. 이러한 용법은 사실 너무도 무차별적인 것이 되어서, 일전에 한 독일 평론가는 내가 이 용어를 정신분석적 자아 이론의 맥락에서 처음 사용했던 책에 대해 논평하면서 정체성을 **미국식 대**

중심리학의 사랑받는 주제라고 불렀다.

그러나 정체성의 개념화가 정체성 개념을 명료화하지는 못했더라도 사회심리학에서 유용한 것으로 입증된 일련의 타당한 연구들을 이끌어냈다는 사실에 만족할 수 있을 것이다. '위기'라는 단어가 한때는 용어를 이해하는 데 장애가 됐던 임박한 재앙을 더 이상 의미하지 않게 된 것은 좋은 일일 수 있다. 이제 그것은 성장과 회복 및 추가적인 차별화의 자원을 정렬하여, 발달이 어느 쪽으로든 진행되어야 하는 필수적인 전환점, 즉 결정적 순간을 특정하는 것으로서 받아들여지고 있다. 이것은 개인의 발달이나 새로운 엘리트의 출현, 개인의 치료나 급격한 역사적 변화의 긴장 속에서 나타나는 위기 등 많은 상황에 적용될 수 있는 것으로 입증된다.

내 기억이 맞는다면, '정체성 위기'라는 용어는 제2차 세계대전 당시 마운트자이언보훈재활병원(Mt. Zion Veterans' Rehabilitation Clinic)에서 특수한 임상 목적으로 처음 사용되었다. 이 국가적 위기 상황에서 이매뉴얼 윈드홀츠(Emanuel Windholz)와 조지프 휠라이트(Joseph Wheelwright) 등 서로 다른 신념을 가진 다양한 학파의 정신의학 종사자들은 서로 조화롭게 일할 수 있었다. 당시 우리는 대부분의 환자들이 '폭격의 충격'을 받지도 않았고 꾀병을 부리지도 않았지만, 전쟁의 위급함을 겪으면서 개인적 동일성과 역사적 연속성을 상실했다고 결론지었다. 그들은 중앙통제기능에 손상을 입었는데, 정신분석학적으로 설명하자면 자아의 '내부 수행력'이 원인이었을 수 있다. 따라서 나는 '자아정체성'[1]의 상실에 대해 이야기했다. 이후 우리는 오히려 그들 내면의 전쟁에서 비롯된 혼돈감으로 심각한 갈등을 겪는 젊은이들과, 사회와 전쟁

중인 혼란스러운 폭도와 파괴적인 비행 청소년들에게서 나타나는 동일한 중심적 동요를 인식해왔다. 이 모든 경우에 '정체성 혼란'이라는 용어는 그런 동요의 분석과 치료에 영향을 미칠 수 있는 특정한 진단적 의미를 가진다. 어린 환자들은 폭력적이거나 우울할 수 있고 비행을 저지르거나 고립될 수 있지만, 이들의 증상은 치명적 진단이 가져오는 모든 악성 영향에 환자를 내맡기는 그런 종류의 쇠약이라기보다는, 급성의, 어쩌면 지나가는 위기일 수 있다. 정신분석학적 정신 치료의 역사에서 늘 그래왔듯이, 처음에는 일단의 심각한 장애의 흔한 동적 패턴으로 인식되었던 것(세기 전환기의 광적인 흥분과 같은)이 나중에는 병리적 악화, 즉 개인 발달의 특정한 단계에 '해당되는' 정상적인 위기의 과도한 연장이거나 퇴행인 것으로 밝혀졌다. 따라서 우리는 정상적인 '정체성 위기'의 원인이 청소년기와 젊은 성인기에 있다고 여기게 되었다.

나는 '정체성 위기'라는 용어의 최초 사용을 언급하면서 "내 기억이 맞는다면"이라고 말했다. 아마도 우리는 그것을 기억할 수 있어야 한다. 그러나 나중에 다른 것들과 확연히 구별되는 용어가 처음에는 사람들이 당연하게 여기거나 다른 사람들이 당연하게 여긴다고 생각되는 어떤 것으로 사용되는 경우가 있다. 이는 노먼 레이더(Norman Reider)가 전쟁으로 지친 심신을 달래기 위해 의지할 수 있었던 수많은 이야기들 중 하나를 상기시킨다. 한 노인이 매일 아침 구토를 했는데 의사의 진료를 받을 생각을 하지 않았다. 그의 가족은 마침내 그를 설득하여 마운트자이언에서 종합검진을 받도록 했다. 레이더 박사가 그에게 조심스럽게 다가가 "안녕하십니까?" 하고 묻자, 노인은 바로 "예 좋습니다. 기분이 최고입니다."라고 말했다. 그리고 실제로 추가적인 검진에서도 노인의 신체 장기들은 예상할 수 있는 최상의 상태에 있는 것처럼 보였다. 마침내 레이더 박사는 다소 조바심을 내며 물었다. "그런데 매일 아침 구토를 하신다고 들었습니다만?" 노인은 약간 놀란 듯 다음과 같이 말했다. "물론입니다. 다들 그렇지 않나요?"

나는 이 이야기를 하면서, '정체성 위기'가 다른 모든 사람도 가지고 있을 것이라고 내가 단순히 가정한 증상—물론 그런 점도 있지만—이라는 것을 의미하는 것이 아니다. 그러나 나는 모든 사람이 한때 가지고 있었을 어떤 것에 가장 분명한 이름을 붙였고, 따라서 그것을 심각하게 겪는 사람들을 알아보게 될 것이라고 가정했다.

그렇다면 용어의 임상적 기원으로 판단하건대, 이 문제의 **병리적 측면**과 **발달적 측면**을 연결하고, 사례사에 전형적으로 나타나는 정체성 위기와 생애사에 나타나는 위기를 구별할 수 있는 것이 무엇인지를 살펴보는 것은 충분히 합리적인 것 같다. 그러나 개인의 삶에 대한 이러한 강조는 '정체성' 및 '정체성 위기' 개념의 다른 그리고 더 광범위한 사용을, 정의(定義)의 법정에서 허용할 수 없는 단순한 유추처럼 더욱 의심스럽게 보이도록 할 것이다. 앞서 가톨릭교 학생들이 개별적 위기들을 모아 함께 즐기고 하룻저녁 안에 끝내기 위해 노력하는 것은 적어도 유머러스하다고 할 수 있다. 그러나 이와 같은 청소년기가 아프리카 국가나 과학 단체의 지위와 어떤 잠재적 관련성을 갖는가? 이것은 한 국가가 역사적이고 경제적인 청소년기에 있다거나 '편집증적 정치 양식'을 발전시켰다고 말할 때 허풍과 변명조로 사용되는 것과 같은 단순한 유추적 표현일 뿐인가? 그리고 만약 국가가 '청소년기'에 있다고 말할 수 없다면, 젊은 인구층의 상당 부분이 개별 정체성 위기의 한 유형을 공유할 수 있을까? 게다가, '정체성 혼란'이라는 용어의 일시적 유행과도 같은 사용으로 돌아가서, 우리 젊은이들 중 일부가 정체성 위기를 겪어야 **한다는** 것을 **알지** 못한다면 그들은 매우 공개적으로 당혹스러워하고 혼란스럽게 행동할 것인가?

지난 20년의 역사는 진단 전문의뿐 아니라 과진단된 사람들, 그리고 후자의 경우, 우리의 용어를 반영하고 한때 우리가 고요하고 내면적이며 무의식적이라고 여겼던 갈등을 적나라하게 보여주는 전 연령층의 일부 사람들도 받아들이는 임상 용어들이 있다는 것을 보여주는 것 같다.

2.

용어의 현재적 반향의 의미를 이해하려고 하기 전에, 먼저 우리의 전문적이고 개념적인 선조들을 되돌아볼 필요가 있다. 정체성이라는 용어가 자주 요란스럽게 입증되는 어떤 것을 지칭하거나, 또는 다소 절박한 '추구'나 이것과 거의 의도적으로 혼동하는 '탐색'을 지칭하는 오늘날, 나는 여러분이 의심의 여지 없이 정체성을 **가지고 있다는** 사실을 인식하게 될 때 그것이 어떤 느낌인지를 강력히 주장하는 두 가지 공식을 제안하겠다.

내 두 증인은 정체성에 대한 우리의 생각의 토대를 이루는 턱수염을 기른 심리학의 원로 창시자들이다. 내가 정체감(sense of identity)이라고 부르는 것, 즉 **활력을 불어넣는 동일성**과 **연속성**에 대한 **주관적 감각**은 윌리엄 제임스(William James)가 아내에게 보낸 편지에서 가장 잘 묘사된 것처럼 보인다.[2]

> 한 인간의 성격은 정신적이거나 도덕적인 태도를 통해 식별할 수 있는데, 인간은 그 태도 속에서 적절한 순간을 만나면 자신이 능동적이고 살아 있다는 것을 가장 깊이 그리고 가장 격렬하게 느낀다오. 이 순간에 다음과 같이 말하는 내부의 목소리가 있소. "**이것**은 진정한 나다!"

그러한 경험은 항상 다음의 요소를 포함한다.

> …… 경험이 완전한 조화를 이루도록 하기 위해, 내 고유의 역할을 그대로 유지하게 하면서 외부 사물들에 대한 어떠한 보증도 없이 그것들에 수행할 역할을 맡기는 능동적 긴장의 요소가 있습니다. 그것을 **보증**하시오 …… 그러면 그 태도는 내 의식 속에서 즉각적으로 정체되고 고통없는 상태가 됩니다. 그 보증을 철회하시오. 그러면 나는 (완전히(*ueberhaupt*) 활기찬 상태에 있다면) 일종의 깊은 열광적인 환희, 어떤 것이라도 하고자 하고 견디고자 하는 통렬한 의지를 느낄 것이며…… 그것은 비록 말로는 표현할 수 없는 단순한 기분이거나 감정일 뿐이라 해도, 내게는 내가 가진 모든 능동적이고 이론적인 결의의 가장 심오한 원리로 입증됩니다.

제임스는 '인격(character)'이라는 단어를 사용하지만, 나는 그가 정체감에 대해 기술하고 있으며, 그것은 원리상 누구라도 경험할 수 있는 그런 종류의 정체감이라는 것을 내 임의대로 주장하고자 한다. 그것은 그에게는 '도덕 철학'의 시대라는 의미에서 정신적이고 도덕적인 것이며, 그는 필사적으로 '추구되는' 것으로서가 아니라 하나의 깨달음, 거의 뜻밖의 사건으로서 우리에게 '우연히 발생하는' 것으로 정체감을 경험한다. 그것은 (무기력하게 만드는 질문이기보다는) 능동적인 긴장—나아가, 확실성에 대한 요구 속에서 소멸되는 것이 아니라 '보증 없이' 도전을 만들어내야 하는 긴장—이다. 말이 난 김에, 제임스가 이 글을 쓸 때 30대였다는 것을 기억하자. 젊었을 때 그가 정직하고 절박하고 심오한 '정체성 위기'에 직면하고 이를 명확히 설명했다는 것을 기억하자. 그리고 다양한 문화적, 철학적 및 국가적 정체성 요소를 실험한 후에야 미국 프래그머티즘의 **바로 그** 심리학자이자 철학자가 되었다는 것을 기억하자. 즉, 선언 중에 번역할 수 없는 독일어 단어 '*ueberhaupt*'를 사용한 것은 아마도 유럽에서 보낸, 갈등이 많았던 그의 학창 시절의 반향일 것이다.

우리는 제임스의 생애를 통해 새롭고 광범위한 미국 문명 속에서 '자력으로 형성된' 정체성의 출현뿐만 아니라 연장된 정체성 위기를 연구할 수 있다. 우리는 반복해서 제임스로 돌아갈 것이지만, 지금은 추가적인 정의를 위해 고대인들의 운명에서 기원한 **사적이고 문화적인** 정체성의 단일성을 주장하는 진술로 돌아가도록 하자. 1926년 지크문트 프로이트(Sigmund Freud)는 비엔나의 비나이브리스협회(Society of B'nai B'rith: 유대인들을 위한 상호원조, 자선활동, 사회봉사 등에 참여하는 유대인 서비스 조직-옮긴이)에서 연설하던 중에 다음과 같이 말했다.

> 유대 민족과 나를 묶은 것은 (인정하기에 부끄럽지만) 믿음도, 국가적 자부심도 아니었다. 나는 소위 인간 문명의 '윤리적' 기준에 대한 존중감이 없지는 않았지만 항상 불신자였고 종교 없이 자랐기 때문이다. 나는 민족적 열정에 이끌릴 때마다, 우리 유대인들과 함께 살아가는

> 민족들의 경고 사례에 놀라서 그것을 해롭고 옳지 못한 것으로 간주하여 억압하려고 했다. 그러나 다른 수많은 것들—공통된 정신 구조를 갖는 안전한 사적 자유인 내적 정체성에 대한 명확한 의식뿐 아니라, 말로 표현하기가 어려울수록 더 강렬해지는 많은 모호한 정서적 힘들—이 남아서 유대 사회와 유대인들의 매력에 저항할 수 없게 만들었다. 그리고 이것 말고도, 삶의 어려운 과정에서 피할 수 없게 된 두 가지 특성이 오직 내 유대적 본성 때문이라는 인식이 있었다. 나는 유대인이기 때문에 지성을 이용할 때 다른 민족들을 제약하는 많은 편견으로부터 자유롭다는 것을 알았다. 나는 유대인으로서 반대파에 합류할 준비가 되어 있었고, '결집된 다수'와 합의 없이 행동할 준비가 되어 있었다.

어떤 번역도 프로이트의 독일어 원문에서의 독특한 단어 선택을 정당하게 다루지 못할 것이다. "모호한 정서적 힘들"은 독일어로 *dunkle Gefuehlsmaechte*이다. "공통된 정신 구조를 갖는 안전한 사적 자유"는 *die Heimlichkeit der inneren Konstruktion*—단순히 '정신적'인 것이 아니며 확실히 '사적'인 것도 아니지만, 그 속에서 그것을 공유하는 사람들만이 알 수 있고 개념적 단어보다는 신화적 단어로만 표현될 수 있는 깊은 공동체적 일치—이다.

이런 근본적인 진술들은 늦게 결혼한 남자가 아내에게 보낸 편지나, 오랫동안 고립되어 일했던 독창적인 관찰자가 '형제들'에게 한 연설과 같이 이론적 연구가 아닌 특별한 의사소통의 과정에서 나왔다. 그러나 그 모든 시적 즉흥성 속에서 그 진술들은 훈련된 정신의 산물이며, 따라서 정체성의 긍정적 감각의 주요 차원들을 거의 체계적으로 보여준다. 물론 천재들의 단련된 정신은 종종 경력이 시작되면서 연장된 위기로 이어지는 특수한 정체성과 특수한 정체성 문제들을 가지고 있다. 그러나 우리는 인간의 보편적 특성으로서 우리가 관찰할 수 있는 것이 무엇인지를 초기에 결정하기 위해 이들에게 의존해야 한다.

프로이트가 무심코, 그리고 사실 가장 중심적인 민족적 의미에서 정체성이라는 용어를 사용한 것은 이번이 유일하다. 그리고 우리가 예상한 바와 같이, 그는 내가 악의적이지만 중요하다고 보았던—사실상, 중요할수록 '말로 표현할 수 있는 것이 적어지는'—문제의 이러한 측면들 중 일부를 불가피하게 지적한다. 프로이트의 '내적 정체성에 대한 의식'은 오랜 박해의 역사에서 뿔뿔이 흩어지고 종종 멸시되어 왔던 민족이 지키고 있는 씁쓸한 자존심을 포함하고 있기 때문이다. 그것은 기회의 적대적 한계를 의기양양하게 벗어난 특별한 (여기서는 지성적) 재능에 뿌리를 내리고 있다. 동시에 프로이트는 두려움 없는 자유로운 사고가 가진 **긍정적 정체성**과 "우리 유대인들과 함께 살아가는 민족들"이 가진 **부정적** 특질, 다시 말해, "지성의 사용에서 다른 민족들을 제약하는 편견들"을 대비시킨다. 그렇다면 한 사람 혹은 한 집단의 정체성은 다른 사람에게 상대적일 수 있으며, 강한 정체성을 획득하는 것에서 오는 자부심은 '결집된 다수'의 정체성과 같이 보다 지배적인 집단정체성으로부터의 내적인 해방을 의미할 수도 있다는 생각이 든다. 편견을 가진 다수가 지성을 사용하지 못하도록 제약했던 동일한 역사적 발전이 소수민족을 지적인 문제에 더 강하게 만들었다는 주장에서 절묘한 승리가 암시된다. 우리는 인종 관계를 논할 때 이 모든 문제로 되돌아와야 한다.[4]

프로이트는 여기서 더 나아간다. 그는 "우리 유대인과 함께 살아가는 민족들"에게 흔히 있는 것과 같은 "민족적 열정"에 대한 성향을 스스로 억제해야 했다고 무심코 인정한다. 제임스의 경우에서처럼, 프로이트의 청년기 열정에 대한 연구만이 그가 어떻게 다른 열망들은 모두 뒤로하고 '위엄'의 심리적 '힘'을 탐구하는 데 자연과학적 방법을 적용하는 이데올로기를 지지하게 되었는지를 보여줄 수 있을 것이다. 그의 억압된(혹은 제임스가 "버림받은" 또는 심지어 "살해된"이라고 부른) 자아들(selves)에 대한 훌륭한 기록은 우연하게도 프로이트의 꿈속에서 찾아볼 수 있다. 우리의 '부정적 정체성'은 밤에 출몰하기 때문이다.[5]

3.

이 두 가지 진술과 그 배후의 삶은 정체성의 일부 차원을 수립하는 데 기여하는 동시에, 왜 이 문제가 그토록 만연해 있고 여전히 이해하기가 어려운지를 설명하는 것을 돕는다. 왜냐하면 우리는 **개인의 핵심**뿐만 아니라 **그의 공동체 문화의 핵심에** '자리 잡은' 과정을 다루고 있기 때문이다. 그것은 사실상 이 두 가지 정체성의 동일성을 수립하는 과정이다. 이제 잠시 멈춰서 정체성의 복잡성을 헤아리기 위한 몇 가지 최소한의 요구 사항을 언급해야 한다면, 우리는 다음과 같이 말하면서 시작해야 할 것이다(그리고 충분히 시간을 들여 말하고자 한다). 심리적 관점에서 정체성 형성은 모든 정신기능의 수준에서 발생하는 동시적 성찰과 관찰의 과정을 이용하는데, 이 과정에서 개인은 다른 사람들이 그들 자신 및 그들에게 의미 있는 유형과 비교하여 그를 판단한다고 인식한 것에 비추어 자신을 판단한다. 동시에, 개인은 그들 및 자신에게 관련이 있는 유형들과 비교하여 자기 자신을 인식하는 방식에 비추어 자신에 대한 그들의 판단 방식을 판단한다. 이 과정은 다행히도 그리고 필연적으로, 내부 조건과 외부 환경이 결합하여 고통스럽거나 의기양양한 '정체성 의식(identity consciousness)'을 심화시키는 경우를 제외하고 대부분 무의식적이다.

나아가, 이러한 과정은 항상 변화하고 발전한다. 최선의 경우에 그것은 점차적인 분화의 과정이며, 모성적 인물에서 '인류'에 이르기까지 점차 확대되는 의미 있는 사람들의 무리를 인식함에 따라 더욱더 포괄적이 된다. 이 과정은 어머니와 아기가 서로를 만지고 알아볼 수 있는 두 사람으로서 처음 '만나는' 지점 어딘가에서 '시작되며'[6], 인간의 상호 긍정의 힘이 사라질 때까지 '끝나지' 않는다. 그러나 지적한 것처럼, 이 과정은 청소년기에 규범적인 위기를 가져오며, 다양한 방식으로 이전에 일어났던 것에 의해 결정되고 그 이후의 많은 것들을 결정한다. 그리고 마지막으로, 정체성을 논함에 있어 지금 우리가 보고 있는 것처럼, 개인의 성장과 공동체의 변화를 분리할 수 없으며, (내가 『청년 루터』에서 보여주려고 했던 것처럼) 개인 삶에서의 정체성 위기와 역사적 발전과정에서의 당대 위기를 분리할 수 없다. 두 위기는 서로를 규정하는 데 도움이 되고 실제로 서로 상대적이기 때문이다. 사실상 심리적인 것과 사회적인 것, 발달적인 것과 역사적인 것 사이의 전체적인 상호작용을 위해서는 정체성 형성이 본질적으로 중요한데, 이러한 상호작용은 일종의 **심리사회적 상대성**으로만 개념화될 수 있다. 그렇다면 중요한 문제는 이것이다. 확실히, 서로 바꿔가면서 하는 단순한 '역할'이나 단순한 자기-의식적 '외모' 혹은 분투적 '자세'

는 비록 그것이 오늘날 '정체성 탐색'이라고 불리는 것의 지배적인 측면이라 하더라도 실재가 될 수 없다.

이 모든 것을 고려할 때, 팀워크 방법이 지금으로서는 이 일반적인 분야에서 최선의 방법이긴 하지만, 종종 정체성이나 정체성 위기와 같은 것으로 취급되는 성격학 및 사회심리학의 일부 용어들—한편으로는 자기 개념, 자기 이미지 또는 자존감과 같은 용어들, 또 한편으로는 역할 모호성, 역할 갈등 또는 역할 상실과 같은 용어들—이 탐구의 영역을 차지하도록 하는 것은 분명히 잘못일 것이다. 그러나 이러한 접근에서 여전히 결여된 것은, 인간 발달이 무엇에서 기원하여 무엇을 향해 가는지를 규명함으로써 그 무언가에 더 근접해가려고 시도하는 인간 발달에 관한 이론이다. 정체성은 결코 인격 방호의 형태나, 정적이고 변하지 않는 형태의 어떤 '성취'로 확립되지 않기 때문이다.

반면에 전통적인 정신분석학적 접근은 환경을 개념화하는 용어들을 개발하지 않았기 때문에 정체성을 완전히 파악할 수 없다. 정신분석학적 이론화의 어떤 습관, 즉 환경을 '외계'나 '대상 세계'로 특정하는 습관은 환경을 도처에 존재하는 실재로 간주할 수 없게 만든다. 독일의 윤리학자들은 '*Umwelt*'라는 단어를 도입하여, 단지 우리를 둘러싸고 있는 환경뿐만 아니라 우리 안에 있는 환경을 지칭했다. 사실 발달론적 관점에서 본다면, '이전' 환경은 영원히 우리 안에 있으며, 우리는 현재를 계속해서 '이전'으로 만드는 과정 속에 있기 때문에, 우리—심지어 신생아도—는 이전에 환경을 전혀 갖지 못한 상태에서 새로운 환경을 결코 만나지 못하는 셈이 된다. 그렇다면 정체성을 파악하기 위한 하나의 방법론적 전제 조건은 환경을 포함할 정도로 충분히 불순해진 정신분석학일 것이고, 다른 조건은 정신분석학이 섞인 사회심리학일 것이다. 확실히 이 두 개 분야는 그 자체의 역사적 정교화를 이루어야 할 새로운 분야를 함께 만들어 갈 것이다. 한편, 우리는 정체성 발달과 같은 것이 존재한다고 가정할 때, 역사적 사례나 어느 정도의 규준적 발달, 사례사의 한 단편 또는 전기적 사건이 어디서 더 명확해지는지를 확인하고자 노력할 수 있을 뿐이다. 물론 그것은 어떤 항목이 왜, 그리고 어떻게 더 명확해지는지를 상세하게 적어 두는 데 도움이 된다.

그러나 일단 역사적 관점을 채택하게 되면, 내가 강력한 모토로 제안한 문구들이 정주(定住)적 특성을 갖는 중산층의 문화적 조건에 의해 크게 좌우되는 일종의 정체성 형성과 실제로 결부되어 있을 가능성에 직면하게 된다. 실제로 제임스와 프로이트는 모두 시골에서 도시로 또는 도시에서 도시로 이주한 초기 산업화 시대의 중산층에 속하며, 물론 제임스는 이민자의 손자였다. 그럼에도 불구하고 그들의 집과 연구실, 그들이 속한 학문 및 임상 단체들은 과학 문제에 있어서는 혁명적이었을지라도 도덕과 이상에서는 매우 안정적이었다. 아마도 "당신이 당연하게 여길 수 있는"(프로이트가 도덕성에 대한 자신의 태도를 특징짓기 위해 사용한 문구) 것은 또한 당신이 그것으로 어떤 유익한 기회를 잡을 수 있을지를 결정할 것이다. 그리고 그들, 즉 19세기 중산층의 혁명적 위인들은 기회를 잡았다. 다윈은 인간의 바로 그 인간성을 그의 동물 조상과 비교함으로써, 마르크스는 중산층 정신을 계급 구속적인 것으로 드러냄으로써, 그리고 프로이트는 우리의 이상과 우리의 의식을 무의식적인 정신과 비교함으로써 말이다.

그 이후로 모든 인간 정체성의 전통적인 근간을 뒤흔든 국가 간

전쟁과 정치적 혁명, 도덕적 반란이 일어났다. 우리가 긍정적 정체성과 부정적 정체성의 관계에 대해 근본적으로 다른 인식을 갖는 증인을 찾고자 한다면, 우리의 역사적 관점을 바꿔서 오늘날 이 나라의 흑인 작가들을 보기만 하면 된다. 만약 과거 세대의 희망이나 현대 공동체의 접근 가능한 자원 속에, '결집된 다수'가 고수하는 소수자에 대한 부정적 이미지를 극복하는 데 도움이 되는 것이 아무것도 없다면 어떻게 될 것인가? 그렇다면 창조적 개인은 부정적 정체성을 회복의 바로 그 기준선으로 받아들여야만 할 것으로 보인다. 그렇게 우리는 미국 흑인 작가들로부터 '들을 수 없음', '보이지 않음', '이름 없음', '얼굴 없음'—랠프 엘리슨(Ralph Ellison)이 말한 바와 같이, "역사 밖에 있는 얼굴 없는 얼굴들, 소리 없는 목소리들의 공간"—에 대한 거의 의례화된 증언들을 듣게 된다. 그러나 책임 있는 흑인 작가들은 계속해서 글을 쓰고 또 강력하게 쓴다. 소설은 아무것도 아닌 것(nothingness)의 깊이를 인정하는 데 있어서도 집단적 회복과 유사한 것에 기여할 수 있기 때문이다.[7] 이것은 우리가 알고 있듯이 착취당하는 사람들에게서 나타나는 보편적인 경향이다. 또한 한 국가로서 인도의 해방을 다룬 가장 중요한 자전적 기록 중의 하나가 『무명 인도인의 자서전(*Autobiography of an Unknown Indian*)』이라는 '부정적' 제목을 가진 것은 우연이 아니다. 문학적 성찰을 하지 않는 젊은이들의 경우 그런 뿌리 깊은 부정적 정체성이 일시적 폭력이 아니라면 호전성에 의지해야만 재흡수될 수 있다는 사실은 조금도 놀랍지 않다.

4.

이제 20년 전의 시점에서 미래를 전망하고, 개념과 진료소는 잊고 오늘날의 젊은이들을 **보자**. 어떤 시기이든 젊은이는 우선적으로 더 시끄럽고 더 분명한 하위 집단을 의미하며, 나아가 정신과 의사의 관심을 받거나 소설가들에 의해 되살아나는 조용한 순교자를 의미한다. 젊은 세대의 가장 눈길을 끄는 층에서, 우리는 긍정적 및 부정적 정체성에 대한 공식뿐만 아니라, 드러나거나 잠재된 행동과 의식 및 무의식 과정에 대한 가정에도 균열을 일으키는 것처럼 보이는 악화된 '정체성 의식'을 목도하고 있다. 우리에게 매우 상대적인 것처럼 보이는 것은 이들에 의해 상대주의적 '입장'으로 표현된다.

오늘날의 젊은이는 20년 전의 젊은이가 아니다. 이 정도는 역사의 어느 시기에서든 노인이라면 누구나 할 수 있는 말이며, 노인들은 그것이 새롭고 진실되다고 생각할 것이다. 그러나 우리가 여기서 의미하는 것은 우리의 이론과 매우 구체적으로 관련된다. 20년 전에 우리는 일부 젊은이들이 어느 정도 무의식적인 정체성 갈등으로 인해 고통받을 수 있다고 조심스럽게 제안했지만, 오늘날 어떤 젊은이들은 분명하게 그리고 우리가 한때 내면의 비밀로 여겼던 것을 극적으로 드러내면서, 실제로 자신들이 정체성 갈등을 겪고 있다는―그것이 에드워드 시대 스타일이든 가죽 스타일이든 공개적으로 드러내고 있다는―것을 말해주기 때문이다. 성 정체성 혼란? 물론이다. 가끔 우리가 그들이 거리를 걷고 있는 것을 볼 때, 상스럽게 쳐다보지 않고서는 누가 소년이고 누가 소녀인지를 구분하는 것이 불가능하다. 부정적 정체성? 그렇다. 그들은 '사회'가 되지 말라고 하는 모든 것이 되고 싶어 하는 것 같다. 적어도 그들은 '순응한다.' 심리사회적 유예(psychosocial moratorium)와 같은 화려한 용어로 말하자면, 그들은 순응주의자의 세계에서 제공하는 정체성을 자신이 원하는지 확신할 때까지 서두르지 않고 시간을 들여 치열하게 받아들일 것이다.

하지만 그들이 주장하는 것이 정확히 우리가 의미하는 것인가? 그리고 정체성 갈등의 상태를 변화시킨 동일한 사건과 함께 우리와 우리가 의미하는 것 또한 변화하지 않았는가? 바로 이 질문이 우리가 여기서 논의를 시작할 수만 있는 심리역사적 관점의 가능성을 열어준다. 그러나 미래 세대와 현재의 세계 조건에서 변화의 가속화는 유지되거나, 아니면 (우리의 수사(修辭)를 서둘러 조절하자면) 우리와 함께—그리고 우리보다 앞서—나아갈 것이기 때문에 우리는 시작해야만 한다.

어떤 면에서는 성장하고, 기성세대가 지겹도록 '실재'라고 부르는 것에 참여하는 것을 결코 단념할 수 없는 연령층이 이론을 행동으로 옮기고, 가르치는 것 또한 행동이라는 것을 우리에게 보여준 집단이라는 점은 완벽하게 이치에 들어맞는다. 우리는 환경의 이념적 구조가 자아의 본질적 요소가 되는 시기가 청소년기라고 말했다. 세계의 이념적 단순화 없이는, 청소년의 자아가 그것의 특수한 능력과 참여의 확대에 따라 경험을 조직할 수 없기 때문이다. 그렇다면 청소년 시기는 유년기 발달의 초기 단계보다 역사적인 날에 좀 더 가까이 다가갈 수 있는 단계다. 정체성 문제의 유아적 선례들은 더 무의식적이고 만약 변한다면 매우 천천히 변하는 반면, 정체성 문제 자체는 역사적 시기에 따라 변한다. 결국 이것이 정체성이 하는 일이다. 그렇다면 정체성 문제를 논하고 우리 치료자들이 경청되는 바로 그 순간에 정체성의 차원들을 기술하는 것은 문화적 역사의 가치를 높이는 일이거나 어쩌면 그것의 도구가 되는 것을 의미한다.

그러므로 우리는 처음에 우리가 잠재적인 것으로 해석했던 많은 것들이 이제 구호로 표현되고, 거리에서 입증되고, 사진 화보 속에서 전개되고 있는 것을 본다. 그러나 지금 일부 젊은이들에게 양성애적 혼란이 하나의 정신적 태도이자 노골적인 도전과제가 되었다면, 이는 그들이—한 세대로서—본질적인 성차에 덜 민감하다는 것을 의미하는가, 아니면 무기력해진 것인가, 아니면 사실은 성생활에서 상대방에게 충실하지 않음을 의미하는가? 나는 그렇게 생각하지 않는다. 그들이 거부하는 전통적인 성 역할은 성생활에 결코 한결같이 이롭지 않았다. 아니면 그들이 보여주는 불손이 나타내는 것처럼, 그들은 정말로 부정적 정체성에 의해 지배되는 것일까? 나는 결코 그렇게 생각하지 않는다. 부모가 이들의 겉모습에 낙담하는 것이 이들을 만족시킨다는 것은 사실이다. 겉모습은 주로 부모가 좋아할 만한 순응이나 가식에 기반하지 않는 어떤 긍정적 정체성을 주장하는 선언이기 때문이다. 그러한 비순응주의는 결국 형제애의 확인에 대한 호소이고, 따라서 모든 반항적 정체성 형성이라는 역설의 일부인 새롭게 의식(儀式)화된 성격을 획득한다. 물론 "도시로 들어가면 가능한 한 혐오스럽게 보이도록 하라!"라는 구호를 외치며 일부 모터사이클 젊은이들이 과시하는 것과 같은, 정말로 부정적이고 추한 가능성들이 더 위험하게 펼쳐진다. 이것은 잠재적인 범죄자 정체성에 더 가까울 것이며, 그것을 너무도 열성적으로 확인하려는 다른 사람들의 거부를 양식으로 삼는다.

어떤 젊은이들은 우리가 쓰는 것을 실제로 읽는 것 같고, 우리의 용어를 거의 일상적인 용어처럼 사용하는 것 같다. 때때로 이들은 우리가 그들이 하는 말을 알고 있는 것처럼 보인다고 순순히 인정한다. 나는 이것을 때로는 칭찬으로 받아들인다. 그러나 프로이트가 "수동적인 것을 능동적인 것으로 바꾸기"로 불렀던 오래된 게임의 한 양상으로도 인식하며, 따라서 새로운 형태의 젊은이다운 실험으로 인식하곤 한다. 종종 시위는 다음을 선언하는 것처럼 보인다. "우리가 정체성 '위기'로 **고통받는다**고 누가 말하는가? 우리는 그것을 선택하고 적극적으로 소유하며 **실현시키려고** 애쓰고 있다." 똑같은 것이 이전에 표면화되지 않았던 다른 주제들의 수용과 무엇보다 모든 세대가 지닌 내재된 양면성에도 적용된다. 젊은이는 또한 자신이 의존하는 부모를 증오한다는 것을 한때 우리가 민감한 젊은이들에게 조심스럽게 증명하려고 노력했지만, 이제 그들은 모든 부모에 대해 노골적으로 불쾌하거나 무관심한 거부감을 보여주고 있고, 우리는 그들이 또한—어떤 면에서는—부모를 정말로 좋아한다는 것을 이들에게 증명하는 데 어려움을 갖는다. 우리가 말하는 것처럼 많은 이들은 이미 그것을 알고 있다. 아마도 이것은 과거에는 대부분 언어적 형태였기 때문에 덜 위험해 보였던 정신의학적 깨달음에 대한 새롭고 보다 개방적인 형태의 적응일 것이다. 프로이트의 초기 시절부터 깨달은 사람들은 그들의 신경증 병명을 젠체하며 말함으로써—또한 신경증을 유지함으로써—그의 통찰에 적응해왔기 때문이다.

사실 이 게임은 과거에 더 위험했을 것이다. 만약 우리가 히스테리의 역사를 써야 한다면, 우리는 확실히 히스테리가 정신병리 시장을 지배하는 과정에서 억압됐던 성적 욕망이 정신의학적 계몽의 결과로 몹시 노골적이 되었다는 사실을 알게 될 것이다. 히스테리 증상은 감소했고, 성격상의 문제가 이를 대체했다. 당시의 프로이트 시대에는 사회적 함의를 가졌던 신경 역학이 우리 시대에는 신경증적 함의를 가진 일련의 사회운동이 되었다. 적어도 이것은 부모의 도덕적 타락에 비추어 자신들의 윤리와 그들 나름의 활력을 개발하는 데 열중하는 젊은 세대를 공동으로 조사하고 아마도 통제하는 데 있어 많은 숨겨진 문제들을 드러낼 것이다.

동시에 우리 임상학자들은 모든 현란한 정체성 혼란이 우리가 마운트자이언 시절에 핀스크-민스크 기제(Pinsk-Minsk mechanism)로 불렀던 것의 많은 측면들과 관련이 있을 가능성에 계속 주의를 기울여야 한다. 그것은 무의식의 속임수를 이해하는 데 유대인의 지혜가 시대를 초월하여 기여한 것들 중 하나다. 폴란드의 기차역에서 한 남자가 사업 경쟁자와 우연히 마주치고는 어디를 가느냐고 묻는다. 다른 한 명은 도망치려고 애쓰면서 "민스크!"라고 말한다. "민스크!" 앞서 말한 남자는 그를 따라 외친다. "너는 '민스크!'라고 말하고 있구나! 그래야 네가 핀스크에 간다고 내가 생각하도록 말이야. 이 거짓말쟁이. 너는 민스크에 가고 있잖아!"

다시 말해서, 더 해로운 정체성 혼란을 겪는 것으로 보이는 일부 젊은이들은 실제로 그렇다. 그러나 적어도 이것은 나이에 맞는 위기이고, 또한 어떤 이들은 이런 위기를 겪어야 한다는 것을 알기 때문에 더 노골적으로 드러낸다는 것을 아는 것이 도움이 된다. 그러나 이러한 위기가 일시적 유행이나 정신병적 형태로 나타나든, 비행 행동이나 광적인 행동으로 나타나든, 또는 창조적 분출이나 심지어 지나치게 변덕스러운 사회적 헌신으로 나타나든 간에, 우리는 치료적 경계심을 낮추어서는 안 된다. 우리는 개인을 상담할 때 서로 충돌하는 유아적 고정관념이 여전히 그의 행동을 좌우하는 정도와, 매우 흥미로운 어떤 사회적 쟁점에 몰입함으로써 자신을 발견하게 될 가능성의 정도를 진단하려고 시도하면서 단지 그의 자아 강도를 추정할 수 있을 뿐이다.

5.

오늘날의 젊은이들을 보면, 정체성 형성이 이들에게 '결정적인' 사건인 동시에 실제로는 **세대 간 문제**라는 것을 잊게 된다. 그러므로 우리는 다음 세대의 정체성 형성에 앞서야 하는 강력한 이상들을 제공함에 있어—그래야만 젊은이들이 잘 규정된 일련의 낡은 가치에 저항할 수 있으므로—기성세대의 책임의 방기로 보이는 것이 무엇인지를 간과해서는 안 된다.

최근 TV에서 매사추세츠주, 렉싱턴시의 젊은이들을 다룬 다큐멘터리가 방영됐다. 이 도시는 미국 자유의 요람이기 때문에 선택되었던 것 같다. 다큐멘터리는 '자유로운' 젊은 미국인들에게 일어난 일들, 또는 그들이 어떻게 공공연하게 행동하는지에 대해 놀랄 만큼 솔직하게 보여주었다. 그러나 부모들은 거의 그곳에 있지 않았다. 청소년들에게 집을 열어주는 듯한 어머니가 한 명 있었고, 12~15명의 10대들은 그녀의 집과 정원에 모여 공부하고 놀면서 오후를 보내곤 했다. 그러나 다른 가정에 대한 내용은 거의 다루지 않았다. 부모들은 10대들에 대해 논의하기 위해 소집된 회의에서만 나타났는데, 그들은 마치 다른 행성에서 온 것처럼 행동했다. 이것이 실제로 오늘날 젊은이들이 '미디어'에 비춰지고 있는 모습이다. 그리고 이 미디어는 더 이상 의사소통을 중재하는 것에만 만족하지 않는다는 점에 주목해야 한다. 그것은 자신만만하고 효율적으로 세대 간 중재자로서의 역할을 하고 있다. 이는 때때로 젊은이들을 이들이 다소간 실험적으로 '투사한' 이미지들의 캐리커처로 강제로 밀어 넣고, 부모들을 기분 나쁜 사건으로부터 멀리 쫓아 보낸다. 그러나 부모의 제재 역시 부모의 분노와 함께 약해지며, 젊은이들은 언급할 가치가 있는 부모가 아예 없는 것보다는 차라리 강인한 부모로부터 (말하자면) 벗어나고 싶어 한다는 것을 우리는 종종 알아차린다. 내가 오해한 것이 아니라면, 부모들은 온갖 기구류와 구매력의 세계를 차지한 웃자란 소년소녀들로 남아 있으며, 이로 인해 폭탄과 알약을 포함하는 기술 세계에서 세대들의 새로운 의미에 대한 모든 가공할 만한 문제들을 피할 수 있다는 인상을 젊은이들에게 주기 때문이다.

그렇다면 정체성 강점의 주요한 현대적 원천은 어디에 **있는가**? 여기서 현대는 **예측되는 미래**가 있는 현재를 의미한다. 왜냐하면 우리는 우리가 과거를 분명히 밝혔다면 우리의 역할을 다 한 것이라고 가정하게 만드는 임상적 습관을 극복하기 위해 최선을 다해야 하기 때문이다. 그러므로 나는 정체성 강점의 전통적 잔재-경제적, 종교적 또는 정치적인, 그리고 지역적 또는 국가적인-가 무엇인지의 문제에 이제 몰두하지 않을 것이다. 그것들 모두는 기술적 진보의 예측되고 사실상 계획된 미래 비전이 전통의 힘을 상당 부분 양도받을 것이라는 이념적 관점과 연합하고 있다. 내가 그러한 원천을 '이념적'이라고 말한다면, 그것은 납득할 만한 세계 이미지를 제공하는 아이디어 체계에 대한 보편적인 심리적 필요성을 나타내기 위한 것이다.

적어도 사례사나 (종종 겉보기에 사례사와 유사한) 전기를 해석하는 데 몰두하고 젊은 정신과 의사나 인문학적으로 특화된 대학의 학생들을 가르치는 우리들은, 자신의 이념이 기계 시대의 산물인 대다수 젊은이들이 사용할 수 있는 정체성의 자원들과 자주 동떨어져 있다는 것을 고백해야 한다. 전반적으로 이들 젊은이는 우리를 필요로 하지 않으며, 우리를 필요로 하는 사람들은 우리가 만들어낸 '환자 역할'을 떠맡는다. 또한 우리는 우리 이론에 그들이 포함될 필요가 없다고 생각하는 것 같다. 그러나 우리는 국내외 많은 젊은이들이 인간의 삶에서 누구라도 느낄 수 있는 정도의 편안함을 느끼기 위해 우리 시대의 기술 동향 및 과학적 방법에 재능과 기회 모두로 인해 충분히 가까이 있다고 가정해야 한다. 우선 나는 인간이 기술 시대에 비해 상업 문화나 농업 문화, 또는 실제로 책 문화에서 원칙적으로 덜 '소외되었다'는 주장을 결코 받아들일 수 없다. 농부, 상인 또는 사냥꾼이 기술에 덜 구속되어 있다고 믿게 만드는 것은 우리 자신의, 추억에 잠긴 낭만주의 때문이라고 나는 믿는다. 이를 공동 연구의 관점에서 말하자면, 모든 기술 및 역사 시대에는 ('적절하게' 양육된다면) 지배적인 기술과 정체성 발달을 결합시킬 수 있고 자신들이 **하는** 일이 **될** 수 있는 개인들이 존재한다. 사소한 우월감이나 열등감과는 별개로, 그들은 함께 일하고 정당성—포획한 사냥감이든, 수확한 음식이든, 생산된 상품이든, 벌어들인 돈이든 또는 해결된 기술적 문제이든 간에 '자연'의 풍성한 보답으로 입증되는 정당성—을 가지고 그 일을 하는 데 있어 공동의 검증과 일시적 구제를 확보하게 해주는 **문화적 통합**에 착수할 수 있다. 이런 통합과 수용 과정에서 수많은 일상의 과제와 거래가 관행적인 유형과 자발적인 의식(儀式)으로 바뀌고, 지도자들이 공유할 수 있는 이런 의식은 남자와 여자, 성인과 아이, 특권층과 소외계층, 특수하게 재능이 있는 사람과 집안일을 마다하지 않는 사람들을 안내했다. 요점은 그러한 통합만이 한 시대의 정체성 형성의 범위와, 고무된 활동 감각과 정체성 형성 간의 필요한 관계를 위한 좌표를 제공한다는 것이다. 많은 또는 대부분의 경우, 뚜렷한 편협성과 강요된 봉사, 그리고 제한된 지위의 구분을 통해서만 그렇게 함에도 불구하고 말이다. 각각의 통합은 바로 그 실용성(그것이 '효과가 있고' 단순한 사용이나 습관화에 의해 유지된다는 사실)으로 인해, 견고한 특권, 강요된 희생, 제도화된 불평등 그리고 내재된 모순에도 효과적이며, 이는 모든 사회의 비평가들에게 명백해진다. 그러나 그런 통합이 어떻게 조직의 산물들 사이의 내재감과 자연스러운 유동 감각으로 이어지는가? 그것이 어떻게 특정 양식의 탁월함과 우월감의 고양을 가져오는 것을 돕는가? 그리고 동시에, 어떻게 인간으로 하여금 자기 시야를 제한하여, 무엇이 새롭게 얻은 세계와의 친숙함을 파괴하고 온갖 종류의 기이함과 무엇보다도 죽음 또는 살인에 대한 공포로 자신들을 몰아넣고 있는지를 보지 **못하도록** 만드는가?—이 모든 것을 우리는 심층심리학의 관점에서 접근하지 않았다. 여기서 '자아'에 대한 논의는 새로운 국면을 맞이한다.

문화, 문명 및 기술의 역사는 이러한 통합의 역사인 반면, 혁신가들은 뚜렷한 역사적 전환기에만 나타난다. 그들은 지배 체제에 구속되기에는 너무도 혜택 받은 존재처럼 보인다. 이들은 너무 정직하거나 너무 갈등적이어서 일상적 '필수품'의 복잡성 이면에 숨겨진 존재의 단순한 진실을 보지 않을 수 없다. 또한 이들은 소외된 '빈자들'을 지나치기에는 연민으로 가득 차 있다. 치료자이자 이념론자로서 우리는 우리 자신의 치료 이념 때문에 가장 윗부분과 가장 아랫부분을 더 잘 이해한다. 그러므로 우리는 종종 그 자체만의 이유로 우리를 지탱해주는 광대한 중간층을 당연시한다. 그러나 우리는 '정상심리학(normal psychology)'에 기여하고자 하는 한, 문화적이고 기술적인 통합을 이해하는 법을 배워야 한다. 그것이 다시금 세상을 계승하기 때문이다.

그리고 이와 더불어 항상 새로운 성인기의 정의가 내려진다. 그것 없이는 어떠한 정체성 질문도 자기방종적인 사치에 불과하다. 성인기의 문제는 정체성 시기에서 벗어나 자신이 헌신하고 있는 사람들과 현재 **자신의** 정체성을 빚진 사람들을 어떻게 **돌볼 것인가** 하는 문제다.

또 다른 질문은, 어떤 시기의 통합이든 '전형적인' 성인이 문화적 균형 양식과 아마도 완벽을 위해, 무엇을 단념하고 타인에게 무엇을 요구할 수 있는지, 그리고 기꺼이 그렇게 하고자 하는가에 대한 것이다. 『변론』에서 철학자 소크라테스가 아테네 통합의 기본 구조를 드러내는 방식으로 미루어볼 때, 마지막에 그가 삶의 조건의 유일한 해결책으로 죽음을 선언한 것은 아마도 그 자신만을 위한 선택은 아니었을 것이다. 의사 프로이트는 상업 및 초기 산업화 시대에 위선적 도덕성이 그의 시대뿐만 아니라 인류 역사 전반에 걸쳐 어떤 혼란을 초래하고 있는지를 밝혔다. 이 과정에서 그는 필립 리프(Philipp Rieff)가 **치료 지향성**(therapeutic orientation)으로 묘사한 것을 발견했는데, 이것은 고립된 증상을 임상적으로 치료하는 행위를 훨씬 능가하는 것이다. 그러나 기술 순응성이 인간을 **위해** 어떤 작용을 하는지를 알지 못하는 한, 우리는 그것이 인간**에게** 어떤 작용을 하는지를 알 수 없다. 물론 도처에서 나타나는 단순한 숫자상의 증가는 이전의 많은 질적인 문제들을 단지 정량적인 관리의 문제로 변형시킨다.

따라서 대다수 젊은이들이 일종의 친족 동일시를 통해 부모에게 동조한다면, 그것은 이들이 반복하고 가속화하는 삶의 방식에 대한 책임을 기술과 과학이 공동으로 떠맡고 있기 때문이다. 이로 인해, 젊은이들이 심지어 매 순간 새로운 가치를 개발할 것으로 기대되는 것이 가능할 것이다. 그러나 실상은 불명확한 진보와 관련된 가치들이, 단지 그것이 상상력뿐 아니라 지향성에 영향을 미친다는 이유만으로, 종종 믿을 수 없을 정도로 구시대적인 아이디어에 얽매여 있다는 것이다. 그러므로 기술적 확장은 열심히 일하는 여러 세대의 미국인들에 대한 정당한 보상으로 여겨질 수도 있다. 구시대적 체면과 기존의 정치 기구가—기술적 규율과 함께—고향의 모든 작은 예배당과 함께 살아남는 한, 확장주의자의 이상을 제한할 필요는 없을 것 같다. 초-기구의 바로 그 본질 속에 내재된 가능한 해악과 관련하여, 매우 새로운 원리의 과도한 도입 없이 적절한 제동 장치와 교정이 가까운 시일 내에 고안될 것이라는 희망(암묵적인 미국 이데올로기의 중요한 부분이 된 희망)은 항상 존재한다. 그리고 초-기구, 조직, 협회 등은 '효과적으로 운영될 때', 거기에 능동적으로 참여하고 있다고 느끼는 모든 사람들에게 충분히 '중요한' 또는 어쨌든 조정 가능한 정체성을 제공한다.

그러므로 베트남 전쟁에 반대할 이유가 없다고 생각하는 대부분의 젊은이들은 세계대전 애국주의, 반공주의, 징병 및 군사훈련에 대한 복종, 그리고 같은 즐거움을 단념하고 같은 위험에 직면하며 같은 불쾌한 명령에 복종해야 하는 남성들 사이의 그 가장 고귀한 감정인 굳건한 연대감의 결합으로 인해 활기를 갖는다. 그러나 이 모든 것에는 기술 이데올로기에서 파생된 새로운 요소가 있다. 이 새로운 요소는 군인을 전문가로 만드는데, 그의 무기는 기계화되고, 그의 충실함은 특정한 **목표**를 언제든 사용 가능한 경탄할 만한 무기 중의 하나로 구현하는 정책이나 전략에 대한 거의 비인격적인 기술적 순응이 된다. 의심할 여지 없이, 어떤 '인격 구조'는 다른 사람들보다 이러한 세계관에 더 잘 맞지만, 전반적으로 각 세대는 일생 동안 여러 개의 통합된 태도에 참여할 준비가 되어 있다.

그러나 새로운 윤리가 진보를 따라잡을 때까지는 기술의 확장과 국가적 주장의 한계가, 이미 알려진 사실이나 윤리적 고려사항 또는 요컨대 정체성의 확실성에 의해서가 아니라 인간 양심의 많은 부분을 대체하는 초-기구의 범위 및 한계에 대한 의도적이고도 장난스러운 검증에 의해 결정될 수 있다는 위험을 우리는 감지한다. 이것은 모든 관련자들에게 풍요로운 예속이 될 수 있으며, 새로운 '휴머니스트' 청년들이 자신들의 실존을 '위태롭게' 함으로써, 그리고 어느 정도의 자생적인 삶의 특질을 요구함으로써 중단시키려고 하는 상태인 것처럼 보인다.

6.

이제 우리 모두에게 더 익숙한, 정체성의 또 다른 이념적 기원인 신인본주의로 눈을 돌려보자. 사실 신인본주의는 젊은이들로 하여금 정체성 문제를 더 민감하게 의식하도록 만든다. 기술 확장에 통합된 젊은이들을 경멸적으로 보는 시각에서 '반전 운동가'들은, 마하트마 간디(Mahatma Gandhi)와 더불어 근대적 형태로 시작된(그러나 결코 끝나지 않은) 시민불복종 운동과 비폭력의 이상을 환영하면서도 상당히 구시대적인 정서와 이상을 포함하는 통합 양식을 가진 휴머니스트들이다(외관상, 이들은 종종 반체제적인 중세 도시에서 발흥한 것처럼 보인다).[8] 여기서 무분별한 기계화에 대한 반대는 연대 편성 및 군사적 열정에 대한 혐오와 조준 범위 내의 모든 사람들의 실존적 개별성에 대한 민감한 인식을 동반한다. 이 관점과 기술주의적 관점은 분명 서로 상반되고 서로를 밀어낸다. 한 관점의 극히 일부라도 받아들이게 되면, 이미지의 전체 배열이 자연스럽게 재전환되기 때문이다. 그러므로 이들 관점은 종종 상대 관점이 형제나 친구—혹은 삶의 다른 단계에 있는 자기 자신—일 수 있음에도 불구하고 서로를 마치 **그** 적수인 것처럼 대하게 된다.

20년 전에 우리는 정체성 문제를 매우 주저하면서(당시 이 용어가 매우 의심스러웠기 때문에) 젊은이들의 **이념적 요구**와 연결시켰는데, 실제 많은 심각한 혼란이 젊은이들의 이념적 영양 실조의 탓으로 돌려졌다. 이들은 너무 늦게 등장하는 바람에 '저쪽에서 벌어지는' 세계대전의 군사적 열풍이나 전후 초반에 이쪽에서 나타난 급진주의를 공유하지 못했다. 우리는 미국 젊은이들이 반이념적인 대신에 '삶의 방식'—편안한 방식—을 예찬했다고 말했다. 물론 우리는 모든 이념이 정치적이고 국외적인 것이 되어버린 젊은이들에게서 기술에 의해 크게 강화된 '물질주의' 경향이 강하게 나타날 것이라고 우려했다. 거의 모든 미국인들에게서 급진적 사고에 대한 공포를 불러일으키는 데 매카시즘이 성공했기 때문에 더욱 그랬다. 그것은 이제까지 소중히 간직해온 정체성을 부정적 정체성으로 충격적으로 변형시키는 것과 다름 없었다.

그 이후로 일부 미국 젊은이들은 평화봉사단뿐만 아니라 민권운동에서도 스스로를 입증해왔으며, 현실적이고 보편적인 요구에 적용되는 설득력 있는 이념적 경향에 감동할 때 익숙하지 않은 역경과 규율을 받아들일 수 있다는 것을 보여주었다. 사실상 제한 없는 무장이나 베트남 전쟁의 가속화에 대한 무분별한 동의를 반대하는 보편적 문제에서, 젊은이들은 많은 성인들보다 더 선견지명이 있는 것으로 입증되었다. 매카시즘으로 세뇌된 부모 세대가 두려워하게도, 그들은 부모세대가 폐기한 이상들 중 일부를 복원했다.

그러나 나의 개념적 수단이 허용하는 한, 기술 확장이라는 전체적인 이념의 패키지에서 어떤 정체성의 힘을 획득하는 대부분의 젊은이들에 대한 논의가 이루어진 후에야, 보다 균형 잡힌 시각에서 우리의 젊은 신인본주의자들에 대한 논의를 시작할 수 있을 것이다. 왜냐하면 새로운 지배계층인 **전문가들**—'자신이 무엇을 하고 있는지를 아는' 사람들—과 강렬한 신보편주의자 집단—'자신이 말하는 것에 진심인' 사람들—사이의 상호작용이 항상 한 시대의 정체성의 가능성을 결정하기 때문이다. 진심인 사람들은 종종 제3의 집단—모든 이해당사자들에 의해 버림받은 사람들—을 소중히 여기고 이들의 대변자가 된다. 우리 시대에 이들은 기술적으로나 교육적으로 소외된 사람들이며, 능력이나 기회의 부족으로 인해 또는 (물론) 두 가지 모두의 부재로 인해 모든 이데올로기로부터 단절되어 있다. 그러므로 혁명의 시대에, 과도하게 특혜를 받은 사람들과 기본 인권을 충분히 인정받지 못한 사람들은 '결집된 다수'의 거대한 통합의 변방에서 종종 서로를 향해 손을 뻗는다.

우리의 새로운 젊은 휴머니스트 중 더 성숙한 사람들은 인간 삶의 공통분모—풍요와 저개발을 연결하는 일종의 전세계적 정체성—를 찾고 있다. 헛되이 반발하거나 완전히 고립된 일부 개인의 경우, 자신의 갈등을 사회적으로 의미 있는 시민운동에 활용할 수 있는 능력은 의심할 여지없이 잠재적인 치료적 가치를 갖는다. 동시에, 이들 모든 집단의 정치적 가치뿐만 아니라 '치료적' 가치는 그들의 집단적 잠재력의 활력—과 지도자들의 수양과 창의성—에 달려있다는 것이 분명해 보인다.

젊은 휴머니스트들의 시위는 에드워드 시대의 낭만적 풍조와 재즈풍의 반더포겔(*Wandervogeltum*: '방랑하는 새'를 의미하는 것으로, 1896년부터 1933년까지 독일 청소년 단체들이 산과 숲 속에서 자연과 교감하고 하이킹하면서 산업화에 반대했던 대중운동-옮긴이)에서부터 깊이 헌신하는 '신좌파'까지, 그리고 '기계'가 인간의 의지를 짓밟겠다고 위협하는, 세상 도처에 나타나는 적나라한 영웅주의에 대한 동일시에 이르기까지 다양하다. 다시 말해, 그것은 모든 기계 순응주의에 대한 반동적 저항에서부터 돌이킬 수 없는 기술 미래의 인권과 인간 존엄을 재공식화하는 데 이르기까지 다양하다. 만약 이러한 요구에 비추어 이들 시위가 당혹스럽고 때로는 기이한 것처럼 보인다면, 우리는 안정된 중산층이나 자유주의 세계를 당연한 것으로 여기며 모든 가치를 무자비한 탐구에 개방한 것이 계몽의 전통이었다는 것을 상기해야 한다. 이제 젊은이들은 '계몽'되고 '분석'된 이러한 세계로부터 남겨진 것을 대상으로 실험해야 한다. 정신분석학적 계몽은, 예컨대 어린 시절의 성욕과 도착(perversion)이 오래된 억압의 대체물로서 계몽된 판단에 대한 옹호와 더불어 대중의 관심을 끌 수 있을 것이라고 가정했다.

실로 모든 종류의 변태로서 도착은 이제 활자와 행위에서 그 자체의 매력의 한계를 찾아야 한다. 따라서 급진적인 계몽과 구시대적 도덕 간의 부모와 같은 결합이 실패한 곳에서는 실험의 상대적인 자유만이 스스로를 교정할 수 있다. 그러나 나는 젊은이들의 탐색이 모든 허용 가능성을 찾기 위한 것이 아니라 진정으로 중요한 것을 직시하는 새로운 방법을 모색하기 위한 것이라고 믿는다.

우리는 그들 자신을 위해, 혼자 힘으로, 그리고 우리에 대항하여 삶을 의식(儀式)화하려는 젊은이들의 첫 번째 시도와, 그런 도발과 도전에 직면한 노년 세대가 제재자 및 비판자로서의 결정적 역할을 너무도 기꺼이, 그리고 신속하게 포기하는 방식에 대한 비극적인 재평가를 의심의 여지 없이 확인하게 될 것이다. 왜냐하면 젊은 휴머니스트들은 어떤 리더십—그리고 필요하다면, 강력히 거부될 수 있는 리더십—없이 무관해질 위험에 처하며 결국에는 각 개인과 집단이 순전히 일시적인 '의식 확장'을 위해 애태울 위험에 처하기 때문이다.

이제 추측을 멈추고 유토피아로 가보자. 새로운 전문화된 기술 정체성과 보편주의-휴머니스트 정체성의 진정한 양극화의 가능성은 그런 양극화가 한 시대의 전체적인 정체성의 표식이라는 단순한 이유 때문에 허용되어야 한다. 물론 기술 및 과학의 진보와 함께 그 속에서 성장하는 새로운 세대들은 급진적으로 새로운 사고방식을 즐길 수 있는 급진적으로 새로운 실제의 가능성과 매일 대립함으로써 이에 대비할 것이다. 이것은 새로운 문화와 새로운 사회 형태 간의 연결 고리를 형성함으로써 전문화와 새로운 내적 자유의 균형을 이루는 방법을 가능하게 할 것이다. 젊은 신인본주의자들은 자신들의 일상적 습관에 이미 전적으로 가담하고 있는 기계시대에 순응할 것이다. 그러므로 각 집단은 다른 집단을 통해, 활성화될 준비가 된 그 민감성 혹은 그 견고성에 이를 수 있다. 그러나 양극화는 계속되는 긴장이자 역동적인 상호작용이다. 그렇다면 나는 기술적 정체성과 신인본주의적 정체성 간의 대립이 사라질 것이라고 예측하거나 심지어 바랄 의도도 없다. 역동적 상호작용에는 분명한 극성이 필요하기 때문이다. 내가 주장하려는 것은 그 모든 다양성 속에서 젊은이들이 공동의 운명, 즉 세대 간 과정의 변화를 공유할 것이라는 점이다. 그러나 이렇게 말함으로써, 나는 인간의 생애주기나 생애주기 속의 정체성의 자리에 대한 내 개념화 방식을 폐기하는 것이 아니다. 오히려 나는 정체성에 가장 중요한 단계들을 세분화함으로써 세대 간 기능을 다소 다르게 분배할 수 있다는 것을 제안할 것이다. 내가 한 말에서 알 수 있듯이, 이미 오늘날에는 오래된 세대, 즉 부모 세대와 젊은 세대, 즉 예비부모 세대 간의 단순한 구분이 오히려 시대에 뒤떨어진 것이 되고 있다. 신속한 기술 변화는 나이들어가는 전통적인 방식이 지나치게 제도화되는 것을 불가능하게 만듦으로써 젊은 세대가 바로 일에 착수하거나 사실상 혁명적인 방식으로 이에 저항할 수 없게 만든다. 예컨대, 노화는 좀 더 오래 지속되는 무언가를 제공하는 사람들에 비해, 직업적으로 시대에 뒤떨어졌다고 생각하는 사람들에게 상당히 다른 경험이 될 것이다(또는 이미 그렇다). 같은 이유로, 청년들은 더 나이 든 청년과 더 젊은 청년으로 나뉘게 될 것이며, 너무 젊지도 나이 들지도 않은 전문가들은—전문성의 특정 단계에 오르는 제한된 기간 동안—주요 중재자의 자리로 옮겨갈 것이다. 전문가의 권위는 많은 방면에서 부모됨의 정식 인증으로서의 전통을 대체할 것이다. 그러나 이것은 또한 '더 젊은 세대'가 더 나이 든 젊은 세대와 더 어린 젊은 세대로 명확하게 구분될 것이라는(또는 대학 교수로서 내가 관찰한 바에 의해 증명될 수 있는 것처럼, 이미 구분된다는) 점을 의미한다. 여기서 전자는 후자 행동의 많은 부분을 취해야만 할 것이(고 취하기를 열망하고 있)다. 그러므로 부모의 상대적인 쇠퇴와 영구적이고 영속적으로 변화하는 권위자로서의 젊은 성인 전문가의 출현으로 인해, 나이 든 청년들은 그런 젊은 권위자의 안내를 받아 젊은 청년들의 행동에 대해—그리고 우리의 경우, 전문가와 나이 든 청년들의 지향에 대해—더 많은 책임을 지고 있다. 그러나 우리는 나이 든 청년들이 가진 연령-특수적인 **윤리적** 역량을 인식하고 그것을 길러줌으로써 그렇게 할 수 있다—이것이 정체성의 진정한 기준이다. 우리가 이런 잠재력을 지속적으로 무시하고, 심지어 좋은 가부장적 방식으로 부정하는 것은 아마도 금지를 통해 질서를 유지하고자 하는 우리 본분에 충실하면서도 미약한 시도보다 젊은이들을 훨씬 더 분개하게 만들 것이다. 어찌 되었든, 미래의 윤리는 전체 수명을 연장하는 기획 속에서 개인의 상호작용보다 세대 간 상호관계에 덜 관심을 가질 것이다. 그 속에서 남녀 모두를 위한 새로운 역할이 삶의 모든 단계에서 나타날 것이며, 선택과 정체성의 특정한 기준이 공통의 가치가 되어, 태어날 예정인—어느 곳이든—모든 아이들에게 원칙적으로 보장되어야 한다.

이것은 결코 고정적인 전통의 문제가 될 수 없듯이, 아마도 구시대적 '운동'의 관심 사안이 될 수 없을 것이다. 새로운 사회적 발명품들은 두 가지를 모두 대체할 것이지만, 가차 없는 변화 속에서 매우 중대한 순간을 높이 평가하는 새롭고 젊은 윤리의식으로부터 나타날 수 있다.

7.

지금까지 이상적 방향에 대해 논의했으니, 이제 끝으로 인간의 과거, 이번에는 인류 발달의 매우 긴 소위 사회발생적 진화 과정으로—에덴 동산을 잠깐 돌아보며—되돌아갈 것이다.

개인정체성에 대한 인간의 욕구는 어떻게 진화했을까? 다윈 이전에 대답은 분명했다. 신은 자신의 정체성의 상대역으로 자기 이미지를 따라 아담을 창조했고, 따라서 모든 인간에게 개별성과 신앙의 영광과 절망을 물려주었다. 나는 더 나은 설명을 생각해내지 못한 것을 인정한다. 물론 에덴 동산은 창조의 통일체로부터의 추방—인간의 정체성을 기술적이고 공동체적인 자부심과 함께 그의 노력하는 태도와 다른 사람들과 협력하는 독특한 방식에 영원히 묶는 추방—이후에 많은 이상적(理想的) 변형들을 가지고 있다.

어떤 뉴잉글랜드 지방 사람이 정원에서 일하고 있을 때 한 목사가 지나가면서, 훌륭한 수확으로 증명되는 것과 같이 그와 하나님이 함께 노력하여 얻은 것에 대해 그를 축복해주었다. "맞습니다." 남자는 말했다. "하나님이 모든 것을 독차지하셨을 때 목사님께서는 그걸 보셨어야 합니다." 그런 이야기 속에서 신은 죽은 것이 아니라 단지 제자리에 있는 것이다. 기술 국가를 둘러싼 각각의 문화적 통합은 낯선 것들과 친숙해지는 방법을 가지고 있다. 그러나 계몽된 기술적 인간은 자신이 우주를 독차지했고, 그러므로 인간의 형상으로 만들어진 실험정신을 가진 신이 인간을 위해 기꺼이 자리를 내주었다고 말하며 그 이전의 어떤 인간보다도 더 우쭐대는 것처럼 보인다. 어쨌든 나는 원칙적으로 자연에는 인간이 현재 이해하는 법을 배울 수 없는 것은 없다고 매우 명석한 남성들(결코 여성이 아닌)이 주장하는 것을 들어 왔다. "죽음도?" 나는 한 여성이 이들 형이상학적 기술자 중 한 명에게 묻는 것을 들었다. 그러자 그는 수수께끼 같은 미소를 지으며 고개를 끄덕였다. 인간은 원칙적으로 자연이나 자신의 본성에 있는 모든 것을 어떤 청사진에도 맞게 바꿀 수 있다고 그는 계속해서 말했다. "누구의 청사진이죠?" 여자가 물었다. 또 다른 미소. 그러므로 인간이 (이제 이론상 정복될 수 있는) 하늘에 투사해왔던 영원한 정체성을 다시 내면화하고, 만들어진 정체성의 청사진에서 자신을 개조하려고 노력하는 것은 오늘날의 통합의 일부라고 할 수 있다. 그러나 인간이 이제 자신을 원래대로 완전히 **되돌릴** 수 있다는 사실과 함께, 전-인간적 정체성은 피할 수 없는 목표가 된다.

그러나 부활한 형태의 인본주의와 자유주의로는 충분하지 않을 것이다. 그것의 원래 지지자들은 이미 언급한 두 가지 물건, 즉 인간에게 생사에 관한 권한은 아닐지라도 누구의 생명이고 누구의 죽음일지를 결정하는 권리—새로운 '정치적' 형태를 요구할 결정권—를 확실히 부여하는 거대한 폭탄과 작은 알약에 대해서는 알지 못했음을 우리는 기억해야 한다.

이것은 적어도 정체성 문제의 전반적인 중요성을 설명하고, 어떤 방법론이나 정의에 서둘러 안주하지 **않는 것**에 대한 최선의 논거를 제공하는 데 도움이 되는 최종적인 관점을 내게 가져다준다. 심리사회적 정체성에 대한 인간의 욕구는 바로 인간의 사회발생적 진화에 뿌리를 두고 있기 때문이다. 워딩턴(Waddington)은 권위의 수용이 인간의 사회발생적 진화를 특징짓는다고 언급한 바

있다. 나는 정체성 형성이 이러한 특성과 불가분의 관계에 있다는 것을 주장하고자 한다. 왜냐하면 규정된 집단정체성 내에서만 진정한 권위가 존재할 수 있기 때문이다.

종으로서 인간은 내가 **유사-종**(pseudospecies)이라고 부르는 것으로 분화되어 살아남았다. 다른 모든 것들을 어떤 엉뚱한 신의 기이하고 불필요한 발명품으로 간주하면서, 처음에는 각 호족과 부족이, 다음에는 계급과 국가가, 그리고 모든 종교적 연합이 **바로 그** 인간 종이 되었다. 모든 부족은 자신들이 선택되었다는 환상을 강화하기 위해 그들 자신이 만들어낸 신화와 역사를 인정한다. 그렇게 특정한 생태환경에 대한 충성과 도덕성이 확보되었다. 우리는 다른 모든 부족들이 어떻게 생겨났는지를 전혀 알지 못하지만, 그들은 존재했기 때문에 적어도 부정적 정체성에 대한 투사망으로서 유용했고, 부정적 정체성은 긍정적 정체성의 가장 불편한 상대는 아닐지라도 필요한 상대가 되었다. 이 투사는 영토성과 더불어 하나님의 영광 안에서 서로를 학살하는 이유를 인간에게 제공했다. 그렇다면 만약 정체성이 인간의 진화에 '좋은 것'이라고 말할 수 있다면—좋은 것들은 실제로 살아남은 것들에게 필요한 것처럼 보이기 때문에—우리는 이러한 치명적인 분할 체계가 모든 다른 종들에 대해 각각의 유사-종이 갖는 우월성을 재확인하는 기능을 과도하게 떠맡고 있다는 사실을 간과해서는 안 된다. 아마도 우리와 우리의 젊은이들은 유사-종에 대한 찬미가 지금 종의 종말을 초래할 수도 있음을 세계대전이 보여주었다는 바로 그 사실 때문에 정체성에 대한 관념으로 돌아가고 있는 것 같다. 그런 까닭에 포괄적인 인간 정체성이 보편적 기술에 대한 기대의 일부가 되어야 한다. 또한 이러한 기대는 우리의 젊은이들 중 다수파와 소수파의 일부를 하나의 세계로 단결시킬 것이다. 그러나 이것은 모든 오래된 정체성을 치명적인 위험에 빠뜨린다. 따라서 '편견에 빠진' 사람들은 어디에 있든 간에 살기등등한 후방 전투를 치를지 모른다. 그리고 '젊은' 국가정체성이 위험에 처한 상승 국가와 심지어 고대 국가조차도 전 세계적 정체성을 지연시키고 위태롭게 할 수 있다.

그렇다면 유사-종은 모든 집단정체성의 더 불길한 측면들 중 하나다. 그러나 모든 정체성에는 개인을 위험에 빠뜨리는 '거짓' 측면들이 있다. 인간의 발달은 정체성으로 시작하거나 끝나지 않으며, 정체성 역시 성숙한 사람에게 상대적인 것이 되기 때문이다. 심리사회적 정체성은 지금 그리고 여기서 인간의 일시적 존재의 닻으로서 필요하다. 일시적이라는 것이 그것을 소모적인 것으로 만드는 것은 아니다. 정체성을 추구하는 사람들에게 노먼 브라운(Norman Brown)이 "길을 잃을 것"을 주장하고 티머시 리리(Timothy Leary)가 "중도 탈락"을 주장한다면, 나는 길을 잃기 위해서는 먼저 자신을 발견해야 하고 중도 탈락하기 위해서는 먼저 거기 있어야 한다고 제안하고 싶다. 청소년으로 남아 있기로 선택한 모든 실존주의의 위험은 그것이 세대 간 과정에 대한 책임을 회피하고, 따라서 실패한 인간정체성을 옹호한다는 것이다. 우리는 정체성의 도덕적 기초를 제공하는 유년기 이후의 삶과 젊음의 이념을 뛰어넘는 삶을 연구함으로써, 성인의 윤리만이 인간성의 완전한 순환을 경험할 수 있는 동등한 기회를 다음 세대에 보장할 수 있다는 것을 배웠다. 그리고 오직 성인의 윤리만으로 개인은 자신의 정체성을 초월할 수 있-고, 앞으로도 그렇듯이 진정한 개인이 될 수 있으며, 진정으로 모든 개별성을 뛰어넘을 수 있-다.

그렇다면 우리는 정체성 문제의 확대된 맥락을 깨닫게 된다. 우리는 참전 군인들과 심각한 혼란을 겪고 있는 젊은이들을 시작으로 개인 발달의 규범적 위기를 공식화하게 되었다. 우리는 비행과 폭력적 격변의 위기로부터 사회발생적 진화의 전체 기획 속에 있는 정체성의 중요성을 알게 되었다. 그리고 정체성의 사회적 구속으로부터 그것의 초월성을 상상하게 되었다. 나중에 우리는 이런 단계들을 초기 관찰의 모든 단편적인 세부사항 속에서 검토할 것이다. 그럼으로써 아마도 우리는 적어도 우리가 이 용어를 처음 사용하기 시작했을 때 우리가 어디서 왔는지를 알 수 있고, 그것이 우리를 어디로 이끄는지를 알 수 있을 것이다.

인간 실존의 중심 측면과 관련하여, 우리는 개인적, 개념적, 그리고 역사적 이유로 우리와 관련이 있는 것들을 특정 시점에서만 개념화할 수 있을 뿐이다. 그렇게 하는 동안에도 자료와 결론은 우리 눈앞에서 바뀐다. 특히 우리의 개념화와 해석이 역사적으로 자의식적인 장면의 일부가 되고 통찰과 수행이 새로운 '전통'이 형성될 여유를 주지 않는 즉각성으로 서로에게 영향을 미칠 때 말이다—이때 인간에 대한 모든 생각은 삶 속에서 이루어지는 하나의 실험이 된다. 인간의 새로운 자의식과 자신의 인식에 대한 새로운 관심은 처음에는 정신에 대한 과학적 신화나 과학적 용어 및 방법의 신화적 사용으로 이어졌다. 마치 자연과학이 자연철학에서 순수 및 응용과학으로 오랫동안 진보해온 과정을, 사회과학이 단기간에, 그리고 즉각적인 실천적 목표를 위해 반복할 수 있을 것처럼 말이다. 그러나 심리사회적 과학의 주제인 인간은 공히 측정 가능하고 적절한 범주로 구분될 수 있을 만큼 충분히 안정적이지 않다. 20년간의 연구를 검토하고 논의하면서, 우리는 그것을 폐기된 시스템들 속에서 살아남을 것으로 기대되는 시스템으로서가 아니라, 당분간 그것이 가지고 있을 역사적 관련성과 결과에 의해 제한되고 강화되는 다소 개념적인 생물로 제시할 수 있다.

제2장

관찰의 기초

1. 한 임상의의 기록

정신분석학 분야에서 자아에 대한 연구는 이 '내부 기관'과 사회생활의 관계에 대한 설명을 시작조차 하지 않았다. 한 **민족 집단**의 관심을 공유하거나 같은 **역사적 시대**를 살아가거나 혹은 **경제적 업무**에서 서로 경쟁하고 협동하는 사람들은 또한 공통의 선악 이미지에 의해 안내된다. 이 이들 이미지는 무한히 변하면서 문화적 차이와 역사적 변화의 파악하기 어려운 특성을 반영한다. 그것들은 당대 사회 모델의 형태로 모든 개인의 자아 통합을 위한 투쟁—과 모든 환자의 실패—속에서 결정적으로 구체화된다. 그러나 전통적인 사례사에서 환자의 거주지, 인종적 배경, 직업 등은 개인정체성을 위장할 필요가 있을 때 근본적으로 변경되어야 하는 첫 번째 항목이다. 판단컨대, 사례의 내적 역학 관계의 본성은 손상되지 않은 채로 남아 있다. 그러므로 환자의 배경이 갖는 공통값의 정확한 특성은 '표면'적인 것으로 간주되기 때문에, 그것이 '정신분석학적으로' 흥미롭다고 볼 수는 없다. 나는 이러한 태만[1]의 근거를 지금 논하지 않을 것이고, 내 수첩에 기록된 일부 관찰에 대해서만 언급하고자 한다. 이들 관찰은 당대 사회 모델이 임상적으로나 이론적으로 공히 의미가 있고, '사회적 요인들'[2]에 의해서'도' 수행될 수 있는 역할에 대한 짧은 생색내기식 찬사로 회피될 수 없다는 것을 보여주는 것 같다.

정신분석학 분야에서 이러한 요소들에 대한 일반적인 무관심은 당연하게도 사회과학과의 관계 회복을 더 이상 진전시키지 못했다. 반면, 사회학과 역사학을 공부하는 학생들은 모든 개인이 어머니에게서 태어나고, 모든 사람들이 한때는 아이였으며, 국민과 민족은 육아실에서 생을 시작한다는 단순한 사실을 계속해서 태평스럽게 무시한다. 또한 이들은 자녀에서 부모로 발달하는 과정에서 자신들 삶의 역사적 변화를 받아들이고 후손들을 위해 계속해서 역사를 만들어가도록 운명 지워진 세대들로 사회가 구성된다는 점을 간과한다.

정신분석학과 사회과학이 힘을 합쳐야만, 변화하는 공동체 환경 속에서 개인의 삶의 경로를 최종적으로 기록할 수 있다. 이러한 방향으로의 야심 찬 행보는 '자아 심리학'의 노력을 무시하는, 일반적으로 신프로이트학파로 불리는 저명한 정신분석학자들에 의해 이루어졌다. 나는 여기서 일부 기본적인 프로이트식 관념들을 새로운 담론 풍토에 과도하게 적용하는 것처럼 보이는 이들의 용어를 채택하는 대신에, 자아와 사회적 질서의 관계에 대한 새로운 공식을 준비하는 데 도움이 될 수 있는 일련의 관찰 사례들을 제시하는 것으로 논의를 제한할 것이다.

I. 집단정체성과 자아정체성

a

자아와 사회의 관계에 대한 프로이트의 초기 공식은 필연적으로 당시의 정신분석학 이론의 일반적 양상과 그가 살던 시대의 사회학적 공식에 의존했다. 이론화는 인간을 내부로부터 추동하는 본능적 힘인 '원초아(id)'에 초점을 두었다. 프로이트는 그의 첫 번째 집단심리학에 대한 논의에서, 혁명 이후 세대인 프랑스 사회학자 르봉(Le Bon)이 수행한 집단행동에 대한 관찰을 언급했다. 이는 결과적으로 '다수'의 사람들에 대한 정신분석학적 논의에 지대한 영향을 주었는데, 르봉의 '대중'은 반동하는 사회이자, 사회의 두 통합 단계 사이의 무정부 상태를 즐기는 무질서한 군중이며 최고와 최악의 상태에서 지도자에 의해 이끌리는 군중이었기 때문이다. 그러한 폭도들은 존재한다. 다시 말해, 그들의 정의(定義)는 유효하다. 그러나 이러한 사회학적 모형과 정신분석학적 방법—즉, 철저히 **두 사람만의** 치료 상황에서 발생하는 전이와 역전이의 증거로부터 개인 역사를 재구성하는 것—을 결정하는 심리학적 모형 간에는 큰 괴리가 있다. 결과적으로 발생한 방법론적 분기는 유년기의 가족 내 위치를 '외부 세계'에 영구히 투사하는 고립된 개인과, 프로이트가 사람들의 "불명료한 집합체"로 불렀던 것에 내재하는 '대중 속 개인' 사이의 인위적인 과잉구별을 정신분석적 사고에 영원히 남겨 두었다. 그러나 인간이 심리적으로 완성될 수 있다는 사실, '홀로 있는' 인간은 집단 내의 같은 인간과 본질적으로 다르다는 사실, 인간은 어떤 계층에 속하든 고독한 상태에 있거나 치료자와 은밀히 이야기를 나눌 때 '정치적' 동물이 되기를 멈추고 사회적 행동(혹은 비행동)으로부터 자신을 해방시킨다는 사실은 유사한 고정관념들과 마찬가지로 주의 깊은 시정을 요구한다.

자아개념은 처음에는 이러한 대위 행위자들, 즉 생물학적 원초아와 사회적 '대중'의 정의에 의해 설명됐다. 조직적 경험과 합리적 계획의 개별 중추인 자아는 원시적 본능의 무정부 상태와 집단정신의 무법 상태로 인해 절멸 위기에 처해졌다. 칸트가 도덕적 시민의 좌표로, "그의 머리 위에 있는 별"과 "그의 내면에 있는 도덕률"을 제공했다면, 초기의 프로이트는 자신의 두려운 자아를 자기 안의 본능과 주변의 군중 사이에 위치시켰다.

프로이트는 포위된 개인의 위태로운 도덕성을 보호하기 위해 자아 안에 초자아(superego)를 세웠다. 여기서도 처음에는 외부로부터 자아에 부과된 책임을 강조했다. 프로이트가 지적한 대로, 초자아는 자아가 복종해야 하는 모든 제약들이 내면화한 것이다. 그것은 부모의 결정적인 영향과 나중에는 '사회적 환경' 및 '여론'을 구성하는 전문 교육자와 '모호한 다수 동료'(**'불확정적 동료'**)의 영향하에 어린이에게 강요된다(**'외부로부터 강요된다'**).[3]

그런 엄청난 제약에 둘러싸인 어린이의 순진한 초기 자기애적 상태는 타협된다고들 말한다. 어린이는 비교할 모델을 찾고, 그것을 닮으려고 노력하며 행복을 추구한다. 성공하는 경우, 자신의 본래적인 나르시시즘과 전능감의 그리 만족스럽지 않은 복제물인 자아존중감을 획득한다.

우리의 연구의 초점이 개인 발달을 조형하는 사회 조직의 필요성을 입증하는 관찰들을 포함하여 다양한 발생적 문제들로 전환되었음에도 불구하고, 이들 초기 개념 모형은 임상적 정신분석학 분야의 연구 동향과 실천적 목표를 계속해서 결정해왔다. 우리는 무정형의 다수 타자 안에서 사라지는 자아에 대한 연구로부터 사회적 삶 속의 유아적 자아의 기원 문제로 연구의 방향을 전환해야 한다. 우리는 사회 조직의 압박에 의해 유아에게 거부되는 것을 강조하는 대신에, 사회 질서가 아이를 살아있게 하고 특수한 방식으로 아이의 요구에 부응하면서 특별한 문화적 양식으로 안내하는 동안 아이에게 처음 제공하는 것들을 명료화하고자 한다. 우리는 인간의 비합리적 행위의 가장 기본적인 도식으로 오이디푸스 삼위일체와 같이 본능적으로 '주어진 것들'을 수용하는 대신에, 사회적 형식들이 가족의 구조를 공동으로 결정하는 방식을 탐색하고 있다. 프로이트가 말년에 언급했듯이, "…… 초자아에서 작용하는 것은 부모의 개인적 자질일 뿐만 아니라, 그들 자신에게 결정적인 영향을 끼친 모든 것, 즉 그들이 속한 사회계층의 취향과 기준이자 그들이 기원한 민족의 특징과 전통이기 때문이다."[4]

b

프로이트는 섹슈얼리티가 출생과 함께 시작된다는 것을 보여주었고, 사회생활이 각 개인의 탄생과 함께 시작된다는 사실을 입증하는 도구들을 제공했다.

이런 도구들은 잘 규정된 경제시스템과 사회적 전형들의 소소하고 고정된 목록에 어린이 훈련이 통합된 것처럼 보이는 소위 원시사회에 대한 연구에 적용될 수 있다. 이러한 집단에서 어린이 훈련은 집단의 기본적인 경험 조직 방식이, 또는 우리가 집단정체성이라고 부르는 것이 신생아의 초기 신체 경험으로 그리고 그 경험을 통해 신생아의 자아의 기원으로 전달되는 방식이다.

나는 먼저 1938년 H. S. 메킬(H. S. Mekeel)과 함께 수행한 인류학적 관찰에 대해 간략히 언급하면서 집단정체성 개념을 설명하고자 한다.[5] 우리는 아메리칸인디언의 재교육에 대해 언급한 단락에서, 들소 사냥꾼인 수(Sioux) 인디언의 역사적 정체성이 그들의 재교육자인 미국 공무원의 직업 및 계급 정체성과 어떻게 대치하는지를 기술했다. 우리는 이들 집단의 정체성 차이가 지리적 및 역사적 관점(집단적 자아-공간-시간)의 극단적인 차이와 경제적 목표 및 수단(집단적 삶의 계획)의 근본적 차이에 있다는 것을 지적했다.

수 인디언 정체성의 잔재 속에 역사 이전의 과거는 강력한 심리적 실재다. 그 정복당한 부족은 결코 멈추지 않고 현재에 수동적으로 저항하는 삶의 계획에 의해 안내되는 것처럼 행동했다. 현재는 실리적인 과거가 남긴 정체성의 잔재들을 재통합하는 데 실패한다. 이러한 삶은 또한 미래가 다시 과거로 돌아가고, 시간은 비역사적이 되며, 사냥 영토는 무한정이 되고, 들소가 무제한으로 공급되는 복원–수렵 유목민의 구속 없는 원심성의 삶을 다시 한 번 허용하는 복원–의 꿈으로 구성된 삶이다. 반면, 이들의 연방 교육자들은 토지와 농가, 벽난로, 은행 계좌와 같은 지역화된 구심성의 목적을 가진 가치들을 설파한다. 이 모든 것들은 과거가 극복되고 현재의 완전한 충족이 미래의 더 높은 생활수준을 위해 희생되는 삶의 계획에서 의미를 얻는다. 이 미래를 향하는 길은 외부적 복원이 아니라 내부적 개혁이다.

명백히, 이들 집단 중 한 집단의 구성원이 겪는 인간 경험의 모든 요소들은 두 집단의 구성원들이 공유하거나 함께 숙고하는 경험과 마찬가지로, 지금 공존하는 이들 계획의 좌표상의 위치에 따라 규정되어야 한다. 원시적 계획에서 인간은 생산의 원천 및 수단과 직접적인 관계를 갖는다. 이들의 도구는 연장된 인간 신체다. 이들 집단에서 어린이는 기술적(technical)이고 마법적인 일에 참여한다. 이들에게 신체와 환경, 유년기와 문화는 위험으로 가득할 수 있지만, 그것들은 모두 하나의 세계다. 사회적 전형들의 목록은 짧고 고정적이다. 반면, 우리의 세계에서 기계는 신체의 연장이 되는 것에서 멈추지 않고 모든 인간 조직들이 기계의 연장선상에 놓이게 한다. 마법은 오직 중간 연결 고리로만 기능할 뿐이다. 그리고 유년기는 그 자체의 민속 신화를 가진 삶의 분리된 영역이 된다. 문명의 확장은 계급화 및 전문화와 더불어, 아이로 하여금 변화되기 쉽고 부분적이며 모순된 원형 위에 자신의 자아 모형을 세울 것을 요구한다.

이런 두 가지 계획에 따라 살아가도록 강요된 인디언 어린이들이 종종 기대와 야망에서 방해를 받는 것처럼 보이는 것은 당연하다. 왜냐하면 자라나는 아이는 경험을 통제하는 개별적 방식인 자아 통합이 집단정체성의 성공적인 변형이고 그것의 시공간과 삶의 계획에 부합한다는 인식으로부터 활력 있는 실재감을 얻어야 하기 때문이다. 예컨대, 자신이 걸을 수 있다는 것을 이제 막 발견한 아이는 단지 프로이트의 이동 에로티시즘 측면에서 본능적 쾌락을 전망하거나, 또는 이브 헨드릭(Ives Henderick)의 작업 원리 측면에서 통제의 필요성을 느끼기 때문에 걷는 행위를 반복하고 이를 완성하도록 이끌리는 것 같지는 않다. 그는 또한 '걸을 수 있는 자'의 새로운 지위와 위상을 의식하게 된다. 그의 문화의 생애 계획의 좌표에서, 그것이 우연히 갖게 된 의미—그것이 '도망치는 먹잇감을 재빨리 쫓을 사람'을 의미하든 '멀리 갈 사람', '직립할 사람', 또는 '너무 멀리 갈 수 있는 사람'을 의미하든 간에—와 더불어 말이다. '걸을 수 있는 자'가 되는 것은 어린이 발달의 많은 단계 중 하나가 되며, 그것은 신체적 통제와 문화적 의미, 기능적 쾌락과 사회적 인식의 동시 발생을 통해 실제적인 **자아존중감**에 기여한다. 이런 자아존중감은 단지 유아적 전능함의 자기애적 확장이 아니며, 실재하는 집단적 미래를 향한 효과적인 단계들을 자아가 통합할 수 있다는 확신, 그것이 사회적 실재 안에서 잘 조직된 자아로 발전하고 있다는 확신으로 변하게 된다. 나는 이러한 감각을 잠정적으로 **자아정체감**(ego identity)이라고 불렀다. 이제 우리는 주관적 경험으로서, 역동적 사실로서, 집단심리적 현상으로서, 그리고 임상연구의 주제로서 이 개념과 관련된 영역의 경계 짓기를 시도해야 한다.

그러나 여기서 개인정체성(personal identity)과 자아정체성을 구분할 필요가 있다. 개인정체성을 갖는다는 의식적인 느낌은 두 가지 동시적인 관찰에 기초한다. 하나는 시간과 공간상의 존재로서 자기 동일성과 연속성을 지각하는 것이고, 또 하나는 타자가 우리의 동일성과 연속성을 인식한다는 사실을 지각하는 것이다. 그러나 내가 자아정체성이라고 부르는 것은 존재한다는 단순한 **사실** 이상과 관련이 있다. 그것은 말하자면 존재의 자아 **속성**이다. 그렇다면 자아정체성이란 그것의 주관적 의미에서, 자아의 통합 방법, 즉 **자신의 개별성 양식**에 자기 동일성과 연속성이 있다는 사실을 의식하는 것이고, 이 양식이 직접적인 공동체 내의 **유의미한 타자에 대해** 자신이 갖는 **의미**의 동일성 및 연속성과 일치한다는 사실을 의식하는 것이다.

C

원초아로 돌아가기. **본능적 에너지**가 폐쇄체계 내의 에너지 보존과 유사한 방식으로 전달되고 치환되고 변형된다는 이론적 모형에 대한 예외적인 강조는 프로이트가 신체에너지 개념을 심리에 적용할 때 매우 중요했지만, 역사적이고 문화적인 맥락 속의 인간을 관찰하여 얻은 자료를 다루는 데는 더 이상 충분한 도움이 되지 않는다.

우리는 사회적 이미지와 유기적 힘의 연결점을 찾아야 하는데, 이는 흔히 말하듯이 이미지와 힘이 단순히 '서로 관련되어' 있음을 의미하는 것이 아니다. 그것은 그 이상을 의미한다. 집단정체성과 자아정체성, 집단정신과 자아 간의 상호 보완은 더 많은 에너지 잠재력을 자아 통합과 사회 조직 양쪽 모두의 재량에 맡겨둔다. 임상적 관찰 자료가 말해주듯이, 처음에 나는 인간에게 보편적으로 나타나는 유년기 트라우마와 그것이 집단 내에서 발생하는 형태와 관련된 인류학적 관찰들을 비교함으로써 이 문제에 접근하려고 노력했다. 어머니 젖가슴의 상실이 그런 경우일 것이다. 수족이 초기 유년기에 경험하는 '전형적인' 트라우마는 아기를 키우는 어머니가 그때까지 아주 관대하게 제공했던 젖가슴을 이가 막 나기 시작하는 영아가 물어뜯는 것을 벌할 때 '발생한다.' 아이들은 이에 대해 한결같이 분노로 반응한다고 한다. 부족의 유전적 '낙원으로부터의 추방'은 '고착'을 가져오는데, 우리는 이러한 고착이 수족의 집단정체성 및 개인적 발달과 결정적으로 관련이 있다는 것을 발견했다. 종교의식의 절정에서, 수족 태양춤의 주인공이 가슴에 박은 작은 막대기를 밧줄로 묶어 기둥에 고정시킨 뒤, 밧줄이 팽팽해지고 막대기가 갈라놓은 그의 몸에서 뿜어져 나오는 피가 몸 아래로 철철 흐를 때까지 최면 상태에서 거꾸로 기묘한 춤을 출 때, 우리는 그의 극단적인 행위에 담긴 본능적이고도 사회적인 의미를 모두 발견할 수 있다. 그는 어머니의 가슴에 습관적으로 접근할 수 있었던 낙원을 상실하게 만든 죄에 대해 용감하게 속죄하고 있지만, 또한 의식(儀式)의 주인공으로서 모든 이들이 공유하는 비극적인 열중을 극적으로 표현하고 있는 것이다.[6]

유로크(Yurok)족 남자가 여자와 함께 있다가 담벼락의 아주 작은 타원형 틈새로 비집고 들어갈 수 있을 정도로 충분히 몸이 부드러워지고 축축해질 때까지, 계속해서 한증막의 불 옆에서 몸을 덥히고는 차가운 강물로 뛰어드는 것도 비슷한 원리라고 할 수 있다. 그렇게 새롭게 태어나면, 여자들의 위험한 속박으로부터 자유로워지고 신성한 연어를 잡을 수 있을 정도로 충분히 순수하고 강해진다. 여기서도 남성의 자아존중감과 내면의 안정은 속죄 의식(儀式)에 의해 회복된다. 한편, 같은 인디언들은 겨울 내내 연어의 공급원이 되어 주는 강을 댐으로 연결하는 공학적 위업을 매년 달성한 후에 난잡한 성교에 빠져들고, 과도하게 격렬한 감정을 불러일으키는 조증의 기분을 경험한다. 이들은 이러한 의식을 통해 일년에 한 번씩 죄를 바람에 날려 보낸다. 이 모든 의식 행위에서 우리는 '원초아'와 '초자아'가 갈등적 대립관계에 놓이는 것을 보게 되는데, 이것은 우리가 '사적 의식(儀式)', 즉 우리의 환자들이 보이는 충동성과 강박증에서 인식해온 것들이다.

그러나 우리가 이러한 극단 사이에 있는 상대적인 균형 상태를 규정하려고 한다면, 이를테면 한 인디언이 한 해 주기의 일상적 잡무에 그저 평온하게 열중해 있을 때 무엇이 그를 특징짓는지를 질문한다면, 우리의 설명은 적절한 평가 기준을 결여하게 된다. 우리는 인간이 언제 어디서든, 프로이트가 "모종의 중간 단계"라고 불렀던 것을 통해, 기분이 확연히 저하된 상태에서 고조된 행복감으로 전환될 때 나타나는 항시적으로 존재하는 갈등을 미세한 감정 및 관념의 변화 속에서 드러낸다는 사실을 보여주는 작은 징표들을 찾는다. 그러나 이 중간 단계는 그것이 아닌 것을 지적함으로써, 그리고 조증도, 우울한 경향도 그 순간에는 명확히 인식될 수 없으며, 자아의 전장에는 일시적 소강 상태가 존재하고 초자아는 일시적으로 비호전적이고 원초아는 휴전에 동의했다고 말함으로써 규정될 수 있을 정도로 역학적으로 너무도 하찮은 것인가?

d

전쟁 중의 사기를 평가해야 할 필요성에서 다양한 '정신 상태' 간의 상대적 균형을 규정해야 할 필요성이 절실해졌다. 나는 잠수함 내부의 삶과 같은 인간 분투의 더 극단적인 환경에 대해 관찰할 기회를 여러 번 가졌다.[7]

잠수함 내부에서는 승무원의 정서적 유연성과 사회적 자원성이 엄격한 시험대에 오른다. 젊은 성인 자원봉사자가 잠수함 업무에 임할 때 갖는 과장된 기대와 남근 숭배 및 이동성 환상은 그가 전체적으로 소소한 잡무와 선상의 일상적 경험을 허용하는 제한된 공간에서 일할 때 요구되는 비교적 맹목적이고 귀먹고 말 못 하는 역할에서 확인되지 않는다. 승무원들 간의 극단적인 상호 의존성과 장기간의 극도의 고난 상태에서 안락함과 삶에 대해 갖는 상호 책임은 곧 처음의 환상을 대체하게 된다. 승무원과 선장은 공식적인 규제만으로는 통제되지 않는 공생의 관계를 수립한다. 놀라운 재치와 타고난 지혜로 침묵의 협약이 이루어진다. 이 협약으로 선장은 세밀하게 조율된 기계와 인간으로 구성된 전체 잠수 유기체의 감각 체계와 뇌, 그리고 양심이 되고, 승무원들은 단조로움을 견디고 즉각적인 조치를 취할 준비가 되도록 허용하는 그들 내부의 보상 기제를 작동시킨다(예컨대, 푸짐하게 제공된 음식을 공동으로 사용하는 데 있어서). 처음에 극단적 환경에 대한 이러한 자동적 상호 적응은 원시 집단과 일종의 구강기 무기력증으로의 명백한 퇴행을 추적할 수 있는 곳에서 '정신분석학적으로 의미'가 있는 것처럼 보인다. 정신의학적 논의에서는 사실상 단순한 유추를 증거로, 전체 단위, 승무원, 업무 집단이 주로 잠재적인 동성애 성향 또는 정신병적 성향에 의해 동기화된다고 종종 의심받는다. 그리고 명백한 동성애적 성향을 의심받는 개인들은 때때로 잠수함 승무원들의 과도한 경멸과 학대를 받아온 것이 사실이다. 그러나 왜 남자들이 그런 삶을 선택하는지, 왜 그들이 지독한 단조로움과 악몽과도 같은 위험에도 불구하고 이 직업을 고수하는지, 그리고 무엇보다도 왜 이들이 건강하고 의기양양하며 때때로 영웅적인 행동을 하는지를 묻는다면 우리는 만족스러운 역학적 답을 가지고 있지 않다.

직무 수행 중인 잠수함 승무원, 작업 중인 인디언, 그리고 성장하는 아이가, 언제 어디서 무엇을 하든지 간에 자신들이 하는 일과 일체감을 느끼는 모든 사람들과 공유하는 것은 그러한 '중간 상태'와 비슷한데, 이것은 우리가 우리 아이들이 자라면서 유지하기를 바라고 환자들이 자아의 통합 기능을 회복할 때 도달하기를 바라는 상태다. 이 상태에 도달할 때마다 놀이는 더 창의적이 되고, 건강은 더 빛을 발하며, 섹슈얼리티는 더 자유로워지고, 일은 더 의미 있게 된다. 그렇다면 우리에게는 자아 통합과 사회 조직의 **상호 보완**을 설명하는 개념들이 필요하다. 최상의 수준에서 이를 달성하는 것은 개인적 수준에서든 사회적 수준에서든 모든 치료적 노력이 추구하는 목표다.

II. 자아병리학과 역사적 변화

a

어린이는 한 성(性)의 실제적이거나 가상적인 인물, 습관, 특질, 직업, 관념과 다소 실험적으로 동일시할 수 있는 많은 기회를 갖는다. 어떤 위기는 어린이가 극단적인 선택을 하도록 강요한다. 그러나 아이가 살아가는 역사적 시대는 동일시 조각들의 실현 가능한 조합을 위해 사회적으로 의미 있는 제한된 수의 모델만을 제공한다. 모델의 유용성은 그것이 유기체의 성숙 단계, 자아의 통합 양식, 그리고 문화의 요구를 동시에 충족시키는 방식에 의존한다.

많은 아이들의 극심한 신경증이나 비행 증상은 부주의한 '지도'나 처벌에 대항하여 싹트기 시작하는 자아정체성을 방어해야 할 필요성에서 발생한 것일 수 있다. 관찰자에게는 적나라한 본능적 표현을 강하게 드러내는 것처럼 보이는 것이, 종종 가능한 유일한 방법으로 종합하고 승화할 것을 허용해달라는 간절한 요청일 뿐이다. 그러므로 우리는 우리의 어린 환자들이 이미 형성 중에 있는 정체성의 전제 조건을 완성하거나 재정비하는 데 도움이 될 수 있는 치료적 조치에만 반응하기를 기대할 수 있다. 치료와 지도를 통해 바람직하지 않은 동일시를 보다 바람직한 동일시로 대체하려고 하지만, 정체성 형성의 원래 방향은 변경될 수 없다.

나는 여기서 나치즘을 받아들일 수 없었기 때문에 또는 나치즘이 그를 받아들일 수 없었기 때문에 이 나라로 이주한 전 독일 군인을 떠올린다. 그의 어린 아들은 이 나라에 오기 전에 나치의 가르침을 내면화할 시간을 거의 갖지 못했다. 그는 이곳에서 대부분의 아이들처럼 미국화에 자연스럽게 익숙해졌다. 그러나 점차적으로 모든 권위에 대해 신경증적인 반항심을 발달시켰다. 그가 '구세대'에 대해 했던 말과 그것을 말했던 방식은 그가 읽은 적이 없는 나치의 글에서 가져온 것이 분명했고, 그의 행동은 한 소년으로 구성된 나치 청년단의 무의식적 반항이었다. 표면적인 분석에 따르면, 소년은 나치 청년단의 구호와 동일시하면서 아버지의 침략자들과 자신을 동일시했다.

이때 소년의 부모는 그를 군사학교에 보내기로 결정했다. 나는 그가 격렬하게 반항할 것이라고 생각했다. 그러나 그는 금괴, 금장, 지위 약속과 함께 제복을 건네받는 순간, 눈에 띄는 변화를 보였다. 마치 이런 군사적 상징들이 그의 내부 경제에 갑작스럽고 결정적인 변화를 가져온 것 같았다. 소년은 이제 미국적 원형인 사관학교 생도에 몰두해 있는 무의식적인 나치 청년단 단원이 되어 있었다. 단순한 민간인 신분인 아버지는 이제 위험하지도 중요하지도 않은 존재가 되었다.

그러나 많은 유럽인들의 집단정체성의 일부이자, 독일인의 경우 고도로 전문화된 소수의 순수 독일 정체성 중 하나라는 특별한 의미를 갖는 군사적 원형을 무의식적인 몸짓으로 소년에게 심어준 것은 바로 이 아버지와 동족의 아버지 대리인들이었다(특히 제

1차 세계대전 당시의 군사적 공훈에 대해 말하자면).[8] 그러므로 많은 부분동일시의 역사적 관심의 대상으로서 군사적 정체성은 정치 발전에 의한 그것의 완성으로부터 배제되었던 사람들에게서도 계속해서 무의식적으로 우세하게 나타난다.[9]

애정, 자존심, 분노, 죄책감, 불안감, 성적 긴장감 등의 미세한 감정 표시는 아이들이 역사적이거나 실제적인 인물을 선악의 원형으로 받아들이도록 유도하기 위한 보다 미묘한 방법이다. 단순히 사용된 단어나 의도된 의미 또는 암시된 철학보다는 감정 자체가 아이의 세계에서 정말로 중요한 것, 즉 집단의 시공간 변수와 생애 계획의 관점들을 요약하여 인간 아이에게 전달한다. 마찬가지로 이해하기 어려운 것은 가족을 포함한 미세한 사회경제적 및 문화적 공황 상태이며, 이는 유아적 속죄로의 개별 퇴행과 더 원시적인 도덕 규범으로의 반동적 회귀를 초래한다. 그런 공포가 어린이의 심리성(性)적 위기 중 하나와 시간상으로 그리고 역학적 특성에서 일치할 때, 그것은 증상의 '선택'에서 중요한 역할을 수행한다. 이는 모든 신경증이 공유된 공포, 고립된 불안, 그리고 신체적 긴장을 동시에 반영하기 때문이다. 그러나 이것은 또한 인용한 사례에서처럼, 증상이 개인적 퇴행과 역사적 회귀가 결합하여 나타날 수 있다는 것을 의미하기도 한다. 결과적으로 우리의 죄의식 문화에서는 초기의 죄책감과 속죄로의 개인적 퇴행이 발생할 뿐만 아니라, 역사적으로도 초기의 더 엄격한 행위 원리의 내용과 형식으로의 반동적인 회귀가 발생한다. 한 집단의 사회경제적 지위가 위험에 처할 때, 암시적인 도덕률은 더 제한되고 더 마법적, 배타적이 되며 더 편협해진다. 마치 외부 위험이 내부 위험으로 다루어져야 하는 것처럼 말이다. 그리고 우리의 환자들이 그들의 유년기 환경으로 고집스럽게 묘사하는 것이 일부 선택된 기간의 응축임을 깨닫는 것은 임상적으로 중요하다. 이 기간에 동시적으로 발생하는 너무도 많은 변화들이 서로 대립되는 다양한 정서들로 '채워진' 공포 분위기를 초래한다.

폭력적 공격성과 갑작스런 죽음을 여러 번 우연하게 경험한 후에 심한 발작을 일으킨 한 다섯 살 아이의 경우, 폭력이라는 관념의 그 문제적 의미는 가족사로부터 비롯됐다. 그의 아버지는 동유럽계 유대인으로, 온화하고 온순한 부모를 따라 다섯 살 때 뉴욕 이스트사이드로 왔다. 거기서 그는 먼저 부딪힌 어떤 남자의 정체성을 자신의 초기 정체성의 구성 요소에 겹쳐 놓음으로써 생존할 수 있었다. 이러한 이미지는 그가 얼마나 많은 희생을 치렀는지를 보여주며, 우리의 어린 환자의 새롭게 발달하는 정체성으로 어렵게 통합됐다. 그러나 그는 어느 정도 경제적으로 성공한 후에 작은 양키 동네 중심가에 가게를 하나 열었고, 강인함에 대한 자신의 초기 요구를 철회해야 했던 곳으로 주거지를 옮겼다. 그는 대신에 건방지고 호기심 많은 어린 아들에게, 상점 주인의 아들은 이방인을 부드럽게 다뤄야 한다는 것을 애원하듯이 그리고 협박조로 주지시켰다. 정체성 요소의 재평가는 명확한 방향과 새로운 표현의 기회가 필요했던 시기에–그리고 우연히 그의 아버지가 이주 피해자가 되었던 것과 비슷한 나이에–그의 남근 숭배 및 보행 단계에서 이루어졌다. 가족 공황("친절하지 않으면 설 자리를 잃게 될 거야."), 개인적 불안("안전함을 느끼기 위해 강인해져야 할 때 어떻게 친절할 수 있겠는가?"), 아버지에게서 외집단으로 공격적 행동의 대상을 바꾸는 오이디푸스적 문제, 방향 없는 분노로 인한 신체적 긴장감 등, 이것들은 모두 유기체, 환경, 그리고 자아의 동시적 변화를 통제해야 하는 상호규제 대신에 장애를 초래하면서 서로 간에 특별하게 작용했다. 그의 발작적 반응은 더 분명해졌다.[10]

b

이제 나는 성인의 치료 과정에서 발견한 감정적 전이와 저항 현상에서 역사적 원형들이 다시 나타나는 방식에 대해 설명할 것이다. 다음의 사례는 환자의 유아적 정체성 위기와 성인기 생활방식 간의 관련성을 보여준다.

키가 아주 작지만 상당히 예쁜 외모를 가진 한 무용수가 몸을 너무 꼿꼿하게 세워야 하는 곤혹스러운 증상이 심해지는 바람에 춤이 어색하고 보기 흉해졌다. 분석해보니, 그녀의 신경증적인 직립은 유년기에 유발되어 그녀의 자기과시증에 내재된 무의식적 음경 선망을 보여주는 것으로 드러났다. 이 환자는 강력한 체구에 대한 큰 자부심과 일종의 자기과시적 개인주의에 빠진 성공한 사업가이자 독일계 미국인 2세의 외동딸이었다. 그는 금발의 아들들에게 (아마도 의식적으로는 프러시아적이지 않은) 똑바로 선 자세를 요구했지만, 검은 머리 딸에게는 같은 자세를 요구하지 않았다. 사실 그는 여성 신체의 전체적인 자세를 중요하게 여기지 않는 것 같았다. 이러한 불공평한 대우는 오빠들과 경쟁하고자 하고, 한 번도 본 적이 없는 프러시아의 조상들을 풍자적으로 묘사한 자신의 춤에서 '개선된' 자세를 보여주고자 한 이 환자의 소망을 더 강하게 만들었다.

이런 증상의 역사적 의미는 그것을 방어하는 저항을 분석함으로써 명확해진다. 자신의 의식적이고 '긍정적인' 생각 속에서 항상 아버지와 치료사가 가진 키 큰 '북방 민족의' 신체를 비교했던 이 환자는 너무도 당혹스럽게도 그 치료사를 작고 더럽고 쭈글쭈글한 유대인으로 상상했다. 열등한 인종과 약한 남성성에 대한 이런 이미지 때문에, 그녀는 자신의 증상의 비밀을 탐색할 권리를 그에게서 박탈하려고 하는 듯했다. 그러나 그것은 또한 그녀의 깨지기 쉬운 자아정체성에 대해 한 쌍의 제어하기 어려운 역사적 원형—이상적 원형(독일인, 키가 큰, 남근 숭배적인)과 악한 원형(유대인, 왜소한, 거세된)—이 가진 위험을 드러냈다. 환자의 최종적인 자아정체성은 극단적으로 현대적이고 몸을 곧추세운 댄서의 역할을 통해 이 위험한 대안—그녀의 여성적 신체의 열등함에 대한 자기과시적 저항을 과도하게 품고 있는 창조적 해결책—을 포섭하고 승화시키고자 했다. 아버지의 독일적 편견뿐만 아니라 남성적 자기과시는 어린 시절의 관능적 증언을 통해 이 환자에게 주입되었고, 그럼으로써 그녀의 무의식 속에서 위험할 정도의 불온한 힘을 유지해왔다.

내 생각에 이런 종류의 분석은 자아가 가장 두려워하는 무의식적 악의 정체성이 종종 침해된(거세된) 신체와 민족적 외집단, 그리고 착취된 소수민족의 이미지로 구성된다는 것을 일반화할 수 있게 해준다. 이러한 연합은 매우 다양한 증후군에서 나타나지만, 남성과 여성, 다수와 소수, 국가나 문화 단위의 모든 계층에 만연해 있다. 왜냐하면 자아는 그 통합 과정에서 수많은 교전으로부터 하나의 전투와 하나의 전략을 만들어내기 위해 가장 강력한 이상 및 악한 원형들(말하자면 최종 경합자들)과 이와 더불어 우월하고 열등한 것, 선하고 악한 것, 남성적이고 여성적인 것, 자유롭고 속박된 것, 강력하고 무능력한 것, 아름답고 추한 것, 검고 흰 것,

크고 작은 것의 모든 현존하는 이미지를 하나의 단순한 대안으로 포괄하고자 시도하기 때문이다. 이와 관련하여, 보다 동질적인 과거의 잠재적 이미지는 특별한 저항 속에서 그 반동적인 영향력을 행사한다. 우리는 그것을 연구해야 하며, 그럼으로써 환자의 자아가 찾고 있는 그 분명한 대안의 역사적 기원을 이해할 수 있어야 한다.

덧붙이자면, 선악의 민족적 원형과 도덕적이고 성적인 원형들의 무의식적인 연합은 모든 집단 형성을 위해 필요한 요소다. 정신분석학은 그것을 연구하면서 치료법을 개선하고, 동시에 집단적 편견의 무의식적 구성 요소에 관한 이해에 기여한다. 그러나 우리 환자들의 이상적이고 악한 원형들의 목록에서, 우리는 아마도 융(Jung)이 전승된 원형('전형')에 대한 자신의 이론의 근거로 삼았던 임상적 사실들을 대면하게 될 것이다.

논란의 여지가 있는 융의 이론은 개념적 논쟁이 특히 관찰의 초기 단계에서 관찰자의 정체성 문제라는 쟁점을 조명할 수 있다는 기본적인 사실을 부지불식간에 상기시킨다. 융은 프로이트의 유대인 혈통에서 그가 감지한 것이 무엇이었든 간에 그것을 조상의 종교적이고 신비적인 시공간과 병치함으로써 정신분석적 작업에서 정체감을 발견할 수 있었던 것 같다. 그러므로 그의 과학적 반란은 이념적 퇴보를 초래했고, 궁극적으로 (소극적으로 거부된) 반동적인 정치 행위로 이어졌다. 유사한 현상이 정신분석학 운동 내부에서 그의 연구결과에 대한 반응으로 나타났다. 마치 프로이트의 개인적 위대성과의 동일시에 기반하는 공동의 집단정체성을 위험에 빠뜨릴까 두려워하듯이, 정신분석학자들은 융의 과도한 해석뿐 아니라 그가 실제로 관찰한 보편적인 사실도 무시하는 쪽을 선택했다.

'아니마'와 '아니무스'와 같은 개념, 즉 남성의 여성적 '측면'과 여성의 남성적 '측면'을 대표하는 이미지는 내 여성 환자의 희화화된 남성성 및 여성성의 이미지뿐 아니라, 그녀의 보다 순수한 이미지에서도 찾을 수 있을 것 같다. 자아의 통합 기능은 모든 유아적 동일시의 파편과 미해결 과제를 점점 더 적은 이미지와 체현된 **게슈탈트**로 포섭하는 작업을 계속해서 이어간다. 이를 위해 기존의 역사적 원형만을 사용하는 것은 아니다. 그것은 또한 집합적 이미지의 산물을 특징짓는 응축이나 회화적 재현 기제를 사용한다. 융의 '페르소나' 속의 약한 자아는 강력한 사회적 원형을 배반하는 것처럼 보인다. 이때 가짜 자아정체성이 수립되는데, 이는 '전면'을 위험에 빠뜨리는 경험과 기능들을 통합하기보다는 억압한다. 예컨대, 남성성의 지배적인 원형은 남성으로 하여금 더 모자란 성(性)인 거세당한 자의 악한 이미지를 특징짓는 모든 것들을 자아정체성에서 배제하도록 강요한다. 이것은 그의 수용적이고 모성적인 성향의 많은 부분이 숨겨지고 미개발되고 죄의식에 사로잡힌 채 유지되도록 하면서, 남아 있는 것으로 남성다움의 외피를 만들 수 있게 한다.

C

억압, 배제, 착취에 기반을 두는 모든 시스템에서 억압받고 배제되고 착취당하는 사람들이 지배세력에 의해 대표되도록 만들어진 악한 이미지를 무의식적으로 수용한다는 서글픈 진실이 개혁주의적 노력뿐 아니라 치료적 노력에서도 확인된다.

내 환자 중에, 서부 지역 농업에 영향력을 가진 키 크고 지적인 농장주가 있었다. 그의 아내 외에는 누구도 그가 유대인으로 태어나 대도시의 유대인 동네에서 자랐다는 것을 알지 못했다. 겉으로는 개방적이고 성공한 것처럼 보였지만, 강박증과 병적 공포로 그의 삶은 불편해졌다. 이런 공포증이 그가 자란 거리의 주요 특성을 재현하여 서부 계곡에서의 그의 자유로운 활동 속에 옮겨놓았음이 정신분석을 통해 드러났다. 그의 친구와 적수, 상급생과 하급생들은 매일 그 작은 유대인 소년이 등교할 때, 자신들도 모르게 독일 소년이나 아일랜드 갱단이 되어 그를 비참하게 만들었다. 이러한 상황은 고립되고 더 세련된 유대인 거리에서, 공동주택과 폭도들의 전쟁이 남긴 호전적 흔적을 지나 민주적 교실의 일시적 안식처로 그를 이끌었다. 슬프게도 이 남자의 정신분석을 통해, 스트라이허(Streicher)가 악한 유대 정체성이라고 표현한 것이 많은 유대인들이 가지고 있는 정체성보다 나쁘지 않다는 사실이 여실히 드러났다. 이들 유대인은—아이러니하게도—과거가 그들의 신분에 비추어 볼 때 상대적으로 중요하지 않을 수 있는 지역에서 과거를 잊기 위해 여전히 노력하고 있을지 모른다.

문제의 환자는 유대인에게 진정한 구세주가 성형외과 의사일 것이라고 진심으로 느꼈다. 이러한 병적인 자아정체성 사례에서, 인종을 특징짓는 데 전략적으로 중요해지는 이들 신체 부위(이 경우는 코, 무용수의 경우에는 척추)는 신체적 자아 면에서는 지체부자유자의 고통받는 팔다리와 비슷한 역할을 하고, 일반적으로 신경학적인 면에서는 생식기와 유사한 역할을 한다. 문제의 신체 부위는 다른 자아 긴장(tonus)을 갖는다. 즉, 그것은 더 크고 무겁게 느껴지거나 더 작고 육체에서 분리된 것처럼 느껴진다. 두 경우 모두, 신체 부위는 다른 사람들의 이목을 끄는 것처럼 보이면서 전신에서 분리된 것처럼 느껴진다. 병적인 자아정체성과 신체장애를 가진 사람은 고통스럽게 주목받은 신체 부위를 헛되이 숨기려고 하는 꿈을 꾸었고, 다른 경우에는 사고로 신체 부위를 잃는 꿈을 꾸었다.

따라서 개인의 자아 시공간이라고 할 수 있는 것은 신체이미지의 주요 특성뿐 아니라 유년기 환경의 사회적 지형을 유지한다. 두 가지를 모두 연구하기 위해서는 환자의 가족에 대한 다음과 같은 사실들을 환자의 유아기 역사와 관련시키는 것이 필수적이다. 즉, 그것은 미국판 앵글로-색슨 문화정체성으로 점차적으로 편입되고 있는 동부, 남부, 또는 서부와 북부 변방의 원형 지역에서의 가족의 정주(定住) 역사, 발달중인 미국인의 극단적 정주성 또는 극단적 이동성을 여러 시기 동안 대표했을지 모르는 지역으로부터, 그 지역을 통과하는, 그리고 그 지역으로의 가족 이주, 계층적 함의를 갖는 가족의 종교적 개종이나 전향, 계층 수준에서 표준이 되고자 하는 시도의 실패와 그 수준의 상실이나 포기, 그리고 무엇보다도 그들이 어디에서 무엇을 하든, 문화정체성의 마지막 강렬한 감각을 제공했던 개인 또는 가족 요소와 같은 것들이다.

한 강박증 환자의 고인이 된 할아버지는 동부 대도시의 번화가에 대저택을 지은 사업가였다. 고층건물과 아파트가 그 주변에 우후죽순으로 생겨났지만, 그는 저택만큼은 가문의 성(城)으로 남아 있어야 한다는 유언을 남겼다. 그 저택은 가족이 이사를 가거나 집을 팔 필요도 없고 건물을 확장하거나 새로 올릴 필요가 없다는 것을 세상에 알리는 보수주의의 다소 불길한 상징이 되었다. 현대 여행의 편리한 도구들은 저택과 그 연장인 클럽, 여름 별장, 사립학교, 하버드대학 사이의 편리하게 절연 처리된 경로로 받아들여졌다. 여전히 벽난로 위에는 할아버지의 초상화가 걸려 있고, 작은 전구가 전반적으로 힘이 넘치고 만족스러워 보이는 그의 얼굴의 장밋빛 뺨을 늘 비추고 있다. 그의 '개인주의적' 사업 방식과 자녀들의 운명에 대한 거의 원시적인 지배력은 잘 알려져 있지만 문제시되지 않는다. 오히려 그것은 존경, 용의주도함, 검약을 섬세하게 보여줌으로써 과잉 보상을 받는다. 그런 남자의 손자들은 정체성을 찾기 위해 대저택을 탈출하여, 이웃을 집어삼키고 있는 광적인 분투에 동참해야 한다는 것을 잘 알고 있다. 어떤 이들은 이를 성공적으로 수행한다. 다른 이들은 저택을 내면화된 형태, 즉 기본적인 자아 공간으로 받아들이는데, 이는 자랑스럽고도 고통스러운 퇴거에 대한 그들의 방어 기제와 강박증 및 성적 무감각증을 결정한다. 이들에 대한 정신분석은 매우 오랫동안 이루어지는데, 이는 부분적으로는 네 벽으로 된 분석가의 집무실이 새로운 저택이 되고, 분석가의 사색적인 침묵과 이론적 접근이 저택의 관습적 고립의 새로운 판본이 되기 때문이다. 그러나 분석가의 침묵이 무자비한 할아버지보다 억제된 아버지를 상기시킬 때, 환자의 품위 있는 '긍정적' 전이는 종료된다. 이상화된 아버지 상(象)과 이로 인한 전이는 분열된 것처럼 보인다. 유약하고 온화한 현재의 아버지 상은 강력한 할아버지의 이미지와 혼합된 오이디푸스적 아버지 상과 분리된다. 분석을 통해 이러한 이중이미지에 접근할 때 환상들이 나타나는데, 이 환상들은 환자의 진짜 자아정체성에 대해 할아버지의 존재가 갖는 압도적인 중요성을 명백히 보여준다. 이 명백히 억제된 사람들이 예정된 우월적 특권의 조건을 배제하는 실리적인 경쟁에 뛰어드는 것을 어렵게 만드는 폭력적인 권력 의식, 즉 우월감의 분노를 이 환상들은 폭로한다. 한때 가장 높은 계층이었던 이 남자들은 미국적 삶에서 진정한 상속을 받지 못했다는 점에서 가장 낮은 계층의 사람들과 합류한다. 그들의 출신 환경에서는 처음부터 다시 시작할 힘을 가지고 있지 않다면 자유 경쟁이 허용되지 않는다. 따라서 그들은 치료에 저항할 것인데, 이러한 저항이 변화된 경제사(史)적 측면에서 자아정체성의 변화, 즉 자아 재통합을 의미하기 때문이다.

이런 깊은 체념을 극복하는 유일한 방법은 아이가 할아버지를 실제로 어떤 원시 지배력의 힘 때문이 아니라, 역사가 그의 능력을 선호했기 때문에 공적인 역할을 다해낸 단순하고 따뜻한 사람으로 경험했음을 보여주는 기억에 진지하게 주의를 기울이는 것이다.

d

한 소년의 조부모는 "좀처럼 실망시키는 말을 들을 수 없는" 서부로 건너갔다. 소년의 할아버지는 강력하고 추진력이 강한 남자였고 넓게 떨어진 지역에서 새롭고 도전적인 엔지니어 일을 찾고 있었다. 처음 난관에 봉착했을 때 그는 일을 다른 사람에게 넘기고 더 좋은 일자리로 옮겼다. 그의 아내는 아이를 갖기 위해서만 그를 간간히 볼 수 있었다. 전형적인 가족 형태로 인해 그의 아들들은 그와 보조를 맞출 수 없었고, 중도에서 포기한 채 꽤 괜찮은 정착민으로 남게 되었다. 그들의 생활양식의 변화를 적절한 말로 표현하자면, "여길 떠나자"라는 슬로건에서 "여기 남자-그리고 저놈들을 들어오지 못하게 하자"는 각오로 돌아섰다고 해야 할 것이다. 이례적이지 않게, 할아버지의 외동딸(환자의 어머니)만이 그와 동일시되었다. 그러나 바로 이 동일시 때문에 그녀는 자신의 강한 아버지와 같은 남편을 가질 수 없었다. 그녀는 나약한 남자와 결혼해서 정착했다. 그녀는 아들이 하나님을 두려워하고 근면한 사람이 되도록 키웠다. 그는 때때로 무모하고 잔꾀를 부렸으며, 때로는 우울해졌다. 어떨 때는 웃자란 비행 청소년처럼 굴었고, 또 다른 때는 기분 좋은 알코올 기운에 취해서 즐거워하는 서부인처럼 행동했다.

걱정 많은 그의 어머니가 몰랐던 것은 늘 한곳에만 머물러 있던 아이 아버지를 그녀 스스로 그의 어린 시절 내내 무시했고, 지리적이든 사회적이든 결혼생활의 이동성 부재를 공공연히 비난했다는 사실이다. 그녀는 할아버지의 업적을 이상화하면서도, 아들이 지금은 경계가 분명한 이웃을 혼란스럽게 만들 수도 있는 대담한 행동을 보이는 것에 대해 전전긍긍하며 징계와 제재로 대응했다.

또는 다른 지역의 사례를 들어보자. 중서부 출신의 한 여성은 유별나게 여성스럽고 예민한 편인데, 일반적인 정서적 위축감과 만연한 경미한 불안감 때문에 상담을 받기 위해 동부의 친척들과 함께 한 정신분석가를 방문한다. 탐색적 분석 동안, 그녀는 거의 생기가 없어 보인다. 몇 주 후에, 그녀는 빈번하게 섹스나 죽음에 대한 끔찍한 인상과 관련된 많은 갑작스러운 연상을 만들어낸다. 기억들 중 많은 것이 무의식의 심층에서 나오는 것이 아니라, 때때로 유년기의 중상류층 환경의 질서 정연한 사실성을 깨뜨리는 모든 무서운 문제들을 벽처럼 둘러막고 있는 의식의 고립된 구석으로부터 나온다. 삶의 부분들의 이런 고립화는 어디서나 강박신경증 환자에게서 볼 수 있는 고립화와 유사하다. 이 경우, 그것은 우리의 환자가 한 유럽인의 구애를 받고 세계 동포주의의 분위기 속에서 삶을 상상하려고 노력하던 때에만 그녀 안에서 진정으로 불편해졌던 삶의 공인된 방식, 즉 기질의 일부였다. 그녀는 매혹되는 동시에 억제되는 것을 느꼈다. 그녀의 상상력은 생생하게 자극을 받았지만 불안으로 억눌렀다. 그녀의 장은 변비와 설사를 불안하게 반복하며 이런 갈등을 나타냈다. 그녀로부터 받은 마지막 인상은 성적이거나 사회적인 문제에 대한 기본적인 상상력의 부재라기보다는 일반적인 억압이었다.

이 환자의 꿈은 아직 개발되지 않은 자유의 숨겨진 근원을 점차적으로 드러냈다. 자유연상 속의 그녀는 여전히 고통스럽고 생기가 없는 것처럼 보였지만, 그녀의 꿈속의 삶은 거의 자동적으로 유머러스해지고 상상력이 풍부해졌다. 그녀는 불타는 듯한 붉은 드레스를 입고 조용한 교회의 회중으로 들어가 고색창연한 창에 돌을 던지는 꿈을 꾸었다. 그러나 그녀의 가장 다채로운 꿈들은 그녀를 남북전쟁 시대—남부연합 편에 선—로 데려갔다. 절정은 그녀가 거대한 무도회장 한가운데서 낮은 칸막이로 막아 놓은 변기에 앉아, 강렬한 금관악기 소리에 맞춰 그녀 주변을 빙빙 돌고 있는 우아하게 차려입은 남군 장교와 남부 아가씨 커플들에게 손을 흔드는 꿈이었다.

이 꿈들은 그녀의 어린 시절의 고립된 부분, 즉 과거의 동화가 그의 세계였던 남부연합 참전 군인인 그녀의 할아버지가 그녀에게 보여준 온화한 기운을 발견하고 드러내는 데 도움이 되었다. 그러나 그 모든 형식주의에도 불구하고, 할아버지의 가부장적인 남성성과 온화한 애정은 아이의 굶주린 감각을 통해 경험되었고, 표준적인 성공에 대한 그녀의 아버지 또는 어머니의 약속보다도 더 직접적으로 그녀의 탐색적 자아에 위안이 되었다. 할아버지의 죽음과 더불어 환자의 감정도 죽어버렸는데, 이는 그 감정들이 사랑이나 사회적 보상의 형태로 영양을 공급받는 데 실패한 자아정체성의 일부였기 때문이다.

남부 여성의 정체성 요소(여러 계층이나 인종에 만연한 정체성)가 두드러지게 나타나는 여자들을 대상으로 하는 정신분석 치료는 환자가 보이는 특별한 저항 때문에 복잡해 보인다. 확실히 우리 환자들은 대개의 경우 소외된 남부인이고, 그들의 여성성은 거의 병리적 증상에 가까운 방어의 형태로 나타난다. 이들의 치료에 대한 소망은 세 가지 점에서 그 한계가 발견되는데, 그것은 어린 소녀에게 전형적인 여성상을 부과함으로써 계급 및 인종 정체성을 보호하고자 하는 남부 문화의 특별한 규정들과 관련된다.

첫 번째 한계는 삶이 중요한 시험의 연속이라는 유사-편집증적 의심으로, 이 일련의 시험에서 악랄한 험담은 남부 여성에 대한 사소한 약점잡기와 흠집내기가 누적되어 냉혹한 최종 판결, 다시 말해 그녀가 숙녀인지-또는 아닌지-에 대한 최종 판결로 이어진다. 둘째는 일반적인 확신으로, 남성은 여성에 대한 노골적인 존중의 대가로 작고 어두운 성적 대상들을 부여받는, 암묵적으로 승인된 이중 잣대의 형식에 얽매이지 않는다면 신사가 아니라는 것이 증명된다는 확신이다. 또한 남자들은 최소한 여성의 명예를 더럽히고, 이와 더불어 사회적으로 우월한 남편에 대한 권리 주장과 자녀들을 더 높은 지위의 사람과 결혼시키려는 전망을 어둡게 하려 한다는 일반적인 확신이 있다. 그러나 성적 정복의 기회가 주어질 때 신사의 자제심을 버리지 않는 남자는 누구라도 무자비하게 자극받아 마땅한 약골이라는 동등하게 양면적인 인식이 있다. 따라서 더 높은 사회적 지위에 대한 의식적 희망에 의해 지배되는 동시에, 그 양면적 특성, 즉 무모한 열정의 순간에 숙녀이고자 하는 여자의 요구를 충족시켜 줄 남자에 대한 무의식적 희망으로 암울해지는 인생 계획의 좌표에는 일반적인 죄책감과 열등감이 모두 존재한다. 이 모든 것들에는 남자와 여자의 기준과 말이 실제로 일치하는 삶의 영역, 어떤 원시적 적대감 이상으로 고양될 수 있는 삶의 영역을 상상할 수 없는 기본적인 무능함이 있다. 두말할 필요도 없이, 그런 무의식적 기준은 성실하고 계몽된 여자들에게 심각한 고통을 초래하지만, 이런 내면화된 고정관념을 말로써 표현하는 것만이, 환자가 남자들에 대해 갖는 모든 상반된 이미지를 치료사에게 전이하는 과정을 분석하는 것과 더불어서 정신분석을 가능하게 한다.

물론 정신분석가는 주로 오늘날의 미국 양식을 지배하는 대안들, 차이들, 양극성 사이의 긴장, 즉 더 크고 더 나은 기회를 위해 자유로워지기 위해서 머뭇거려야 할 끝없는 필요를 견딜 수 없는 사람들을 상담한다. 환자들은 전이와 저항 속에서 어린 시절의 결정적 시기에 가졌던 빠르게 변화하고 뚜렷하게 대비되는 국가, 지역 및 계급 정체성의 잔재를 일치시키려는 헛된 시도를 반복한다. 분석가는 환자의 무의식적 삶의 계획으로 짜여 들어간다. 그가 특히 유럽 태생이고 환자의 더 동질적인 조상과 비교된다면, 그는 이상화되거나 혹은 잠재적으로 성공적인 미국 정체성의 현명한 적으로서 저항을 받는다.

그러나 환자는 이 나라에서의 삶의 불연속성을 직시하고, 강요된 적대적 실재가 아닌 보다 보편적인 인간정체성의 잠재적 전망으로서 경제적 및 문화적 정체성을 얻기 위한 삶의 투쟁이 갖는 양극성을 직시할 수 있는 용기를 얻을 수 있다. 앞에서 본 것처럼, 이것은 개인이 어린 시절의 관능성으로 인해 근본적으로 피폐해졌거나, 기회를 이용할 수 있는 자유 속에서 '시스템'에 의해 정체될 때 그 한계가 발견된다.

e

우리는 전쟁이 끝나기 전에 신경증으로 전역한 참전 군인들과 함께 일하면서 자아 통합의 부분적 상실이라는 반복된 증상에 익숙해졌다. 이들 중 많은 사람들은 실제로 '탈학습된 기능 단계'로 퇴행했다.[11] 이들의 자아 경계는 설계된 충격 흡수 기능을 잃어버렸다. 외부로부터 들어오는 갑작스런 감각 인상, 충동, 기억 등 너무도 갑작스럽거나 격심한 자극에 의해 불안과 분노가 야기됐다. 끊임없이 '놀라는' 감각시스템은 열섬광, 두근거림, 머리를 쪼는 듯한 두통과 같은 신체 감각뿐만 아니라 외부 자극에 의해서도 공격을 받았다. 불면증은 수면에 의한 감각 방호와 꿈을 통한 정서적 재결합의 야간 회복을 방해했다. 기억상실증, 신경증적 허언증, 의식 장애는 시간 구속과 공간 지향의 부분적 손실을 보여주었다. '평화 시 신경증'의 설명될 수 있는 증상과 잔재들이 무엇이었든지 간에, 그것들은 마치 자아가 조직적인 신경증조차 가질 수 없는 것처럼 파편적이고 거짓된 자질들을 가지고 있었다.

일부 경우에 자아 손상은 폭력적인 사건에서 비롯되었고, 다른 경우에는 수많은 괴로움이 점차적으로 쌓여서 나타나는 것 같았다. 분명히 이 남성들은 한번에 너무 많은 측면에서 발생하는 너무 많은 변화로 인해 지쳐버렸다. **신체적 긴장**, **사회적 공황**, **자아 불안** 등은 항상 존재했다. 무엇보다 그들은 "자신들이 누구인지 더 이상 알지 못한다"고 느꼈는데, 그것은 자아정체성의 뚜렷한 상실이었다. 동질감과 연속감, 그리고 자신의 사회적 역할에 대한 믿음이 사라졌다. 나는 이 임상관찰 현장에서 정체감의 중심적 상실이라는 가정이 불가피하다는 것, 그리고 즉각적으로 분명해진다는 것을 알았다.

정체감은 군대의 고도로 기계화된 부대의 팀원들과 유망한 임무를 부여받은 자들에게서 가장 강화되었다. 그러나 군복무를 통해 자아정체성이 번성했던 남자들은 때로 전역 후, 전쟁이 더 제한된 평화 시의 정체성이 유지할 수 있는 것보다 더 야심 찬 자아상을 가지도록 그들을 자극했던 것처럼 보일 때 무너졌다. 그러나 다른 많은 사람들에게는 군대 생활의 규제와 훈련이 이상적인 전형을 제공하지 않았다. 이는 개인이 의도적인 잠정성의 어떤 요소를 가지고 있는 한, 그리고 다음 단계가 자신에게 달려 있고, 자신이 어디에 있고 어디로 가고 있는지와 상관없이 항상 그 반대 방향으로 돌아서거나 떠날 수 있는 선택권을 가지고 있다는 것을 납득할 수 있는 한, 미국의 집단정체성이 개인의 자아정체성을 뒷받침하기 때문이다. 이 나라에서 이민자는 이주하라는 말을 듣고 싶어 하지 않는다. 마찬가지로, 정착민은 그 자리에 있으라는 말을 듣고 싶어 하지 않는다. 각각의 생활양식은 이들이 가장 사적이고 개인적인 결정을 위해 고려하고 싶은 대안으로 반대 요소를 포함하고 있기 때문이다. 당시 많은 군인들에게 군사적 정체성은 어리바리한 사람, 즉 자신의 여자와 자신의 기회일 수도 있었던 것을 다른 이들이 자유롭게 추구하는 동안에 스스로를 탈선시키고 정체되도록 내버려둔 사람의 경멸할 만한 전형을 나타냈다. 그러나 미국에서 어리바리한 사람이 되는 것은 사회적 및 성적 거세자가 되는 것을 의미한다. 만약 당신이 어리바리한 사람이라면 어머니의 동정심도 얻지 못할 것이다.

신경증을 가진 퇴역 군인의 종종 화려한 말투에서, 군인과 남자로서의 실패를 상황 탓으로 돌리고 이에 따라 개인적 열등감을 거부하도록 돕는 기억과 예측이 시종일관 나타났다. 그들의 자아정체성은 신체적, 성적, 사회적, 직업적 파편으로 부서졌고, 각각은 그 악한 전형의 위기를 다시 극복해야만 했다. 정신적 충격을 받은 이들의 자아는 울고 있는 아이, 피를 흘리는 여자, 순종적인 깜둥이, 성적으로 여자아이 같은 사내아이, 경제적으로 어리바리한 사람, 지적 장애자와 같은 이미지들—단순한 암시만으로도 살인이나 자살 욕망을 불러일으킴으로써 이 남자들을 다양한 흥분 상태나 무감각에 이르게 할 수 있는 모든 전형들—과 싸우고 도망쳤다. 자신의 딜레마를 상황과 개인 탓으로 돌리려는 이들의 과장된 시도는 어린 시절의 역사를 더 추악하게 만들었고, 스스로 임상적으로 정당화된 것보다 더 악성인 정신병을 가진 것처럼 보이게 했다. 과장된 진단은 한번 기록에 남게 되면, 비난과 자기 비난의 악순환을 가중시킬 뿐이다. 임상연구가 환자의 산산이 부서진 삶의 계획에 초점을 맞추고, 진찰이 환자의 자아정체성의 바탕이 되는 요소들의 재통합을 강화하는 경향이 있을 때에만 효과적이고 경제적인 재활이 이루어질 수 있었다.[12]

전쟁에서 자아정체성을 상실하고 점차적으로 또는 부분적으로만 되찾을 수 있었던 수십만 명의 남자들과 자아정체성의 급작스러운 상실이 정신병으로 잘못 진단되어 치료받은 수천, 수만의 남자들을 포함하여 알려지지 않은 수많은 남자들이 급진적인 역사적 변화의 결과로 자아정체성의 충격적인 상실의 위협을 철저하게 경험했다.

그러나 이 남자들, 그들의 의사들, 그리고 점점 더 많은 수의 동시대인들이 정신분석적 정신의학의 인정하기 힘든 진실에 의지했다는 사실은 그 자체로 비판적 평가를 요구하는 역사적 발전이라고 할 수 있다. 그것은 **개별 사례사**에서 불안과 질병의 의미에 관련되는 한, 정신분석학적 통찰의 증가된 수용을 나타낸다. 그러나 인간의 실패와 관련된 고통스러운 무의식적 결정 요소의 부분적인 수용과, 환자가 전혀 내성(內省)적이거나 말뿐이라고 생각할 수 없는 상황에서도 개별 치료에 두는 이러한 강조점은 또한 급진적으로 변화하는 역사적 결정 요소의 조건 속에서 사회적 기제의 실패를 인정하지 않으려는 광범위한 저항으로 볼 수 있다.

역사적 변화는 전통적인 미국 정체성에 대한 위협으로 인식되는 강압적 보편성과 전 지구적 가속화에 도달했다. 이러한 변화는 이 나라가 실수를 용납할 수 있다는 강한 확신, 즉 이 나라가 정의상 자원의 무진장한 매장량, 계획상의 비전, 행동의 자유, 그리고 진보의 속도에서 항상 세계의 다른 지역보다 훨씬 더 앞서 있어서 사회적 실험을 개발하고 검증하고 완수할 수 있는 무한한 공간과 시간을 가지고 있다는 확신을 평가절하하는 것 같다. 고립된 넓은 공간에 대한 이 오래된 이미지와 폭발적인 전 지구적 근접성이라는 새로운 이미지를 통합하려는 시도에서 발생하는 어려움은 매우 우려스럽다. 이러한 어려움은 특징적으로 새로운 시공간에 전통적인 방법들을 적용할 때 처음 직면하게 된다.

심리치료사는 그러한 발달이 신경증적 불편함에 미치는 영향을 무시함으로써 당대 생애주기의 특수한 역동성의 많은 부분을 놓칠 뿐만 아니라, 당면한 집단과제로부터 개인 에너지를 분산시키기 쉽다. 우리는 사례뿐 아니라 조건들에 대해, 과거에 대한 고착뿐 아니라 미래를 위한 새로운 설계에 대해, 그리고 불안한 표층과 불평하는 심층에 대해 동일한 수준의 임상적 관심을 가질 때에만 정신 불안의 대규모 감소를 예측할 수 있다.

이와 관련하여, 이 나라에서 대중적으로 사용하는 '자아'라는 용어는 동일한 이름의 정신분석학적 개념과 거의 관련이 없다는 것을 주목할 필요가 있다. 그것은 일반적으로 자격이 없는, 어쩌면 정당하지 않은 자존감을 의미한다. 기운을 북돋우고 농담하고 떠들어대는 행동과 여타 다른 '자아 팽창적' 행동들은 물론 미국식 습속의 일부다. 자아는 발언과 몸짓에 스며들어 모든 대인관계에 영향을 미친다. 자아가 없다면, 이 나라에서 치료적 관계는 이상하고 비특이적인 것으로 남을 것이다. 국민들을 '기분 좋게' 만들기 위해 '기운을 북돋우거나', 이들의 불안과 긴장을 가라앉혀 더 잘 기능하도록 하기 위해 국가 의료행위를 체계적으로 착취하는 것은 또 다른 문제다.

약한 자아는 지속적인 지지로부터 실질적인 힘을 얻지 않는다. 강한 사회에 의해 정체성을 확보한 강한 자아는 인위적인 팽창을 의도하는 어떤 시도도 필요로 하지 않으며, 사실상 영향을 받지 않는다. 강한 자아는 진짜처럼 느껴지는 것을 시험해보고, 유효하게 작동하는 것을 숙달하고, 필요한 것으로 입증된 것을 이해하고, 필수적인 것을 즐기고, 병적인 것을 극복하려고 한다. 동시에 집단 자아 속의 타자들과 강력한 상호 강화를 만들어내는 경향이 있으며, 이를 통해 자신의 목적을 다음 세대로 전달한다.

이러한 발전에 기여하는 정신분석학의 효과성은 지속적인 인본주의적 의도에 의해서만 보장될 수 있는데, 그것은 환자를 제한적인 조건에 적응시키는 것 이상으로 인류를 원시적 공포로 가려진 인간 잠재성을 의식하도록 만들려는 목적에 임상 경험을 적용하는 것이다. 그러나 정신분석학적 개념의 형성에는 역사적 결정 인자들이 관여한다. 아니 그 이상이다. 인간 동기 분야에서 같은 용어들이 반세기 동안 사용되어 왔다면, 그 용어들은 그것들이 **기원**

한 시대의 이념을 반영하지 않을 수 없고 **당대 사회변화의 함의**를 받아들이지 않을 수 없다. 이념적 함의는 인간의 현실 검증기관인 자아와 관련된 개념적 도구의 사용에 있어서 필연적인 역사적 공식이다.

III. 자아 이론과 사회적 과정

a

처음에 프로이트는 인간 자존감의 원천이 다음과 같다고 말했다.

1. 유아 나르시시즘의 잔재, 다시 말해, 아이의 타고난 자기 사랑
2. 아이에게 자신의 고유한 자아 이상을 충족시킨다는 느낌을 주는 경험에 의해 확증되는 것과 같은 유아적 전능
3. 대상 리비도, 즉 타자에 대한 사랑의 충족

그러나 **유아 나르시시즘**의 건강한 잔재가 살아남기 위해서는 모성 환경이 그것을 사랑으로 창조하고 유지해야 하는데, 이러한 사랑은 아이가 어쩌다 자신을 발견하는 사회적 좌표상에 살아있는 것이 좋다는 사실을 아이에게 확인시켜 준다. 실망스러운 환경의 침해에 맞서 그토록 용감하게 싸운다는 '타고난' 나르시시즘은 사실 이 동일한 환경이 제공하는 감각적 풍요로움과 기술의 장려에 의해 확인된다. 반면, 광범위한 유아 나르시시즘의 심각한 파괴는 공동체적 신뢰의 대상으로서 초-개인적인 지위를 모든 신생아와 그의 모성 환경에 부여하는 그 집단적 통합의 붕괴로 간주되어

야 한다. 그리고 나중에 이러한 나르시시즘이 더 성숙한 자존감으로 통합될 때, 유년기에 배운 것을 활용할 수 있는 기회와 이에 따라 지속적인 공동체적 의미의 감각을 얻을 수 있는 기회를 이들 청소년이 기대할 수 있는지 여부는 다시 한 번 결정적으로 중요해진다.

만약 경험이 유아적 **전능감**의 건전한 일부를 강하게 만드는 것이라면, 어린이 훈련법은 신체적 건강과 점진적 숙달을 촉진해야 할 뿐만 아니라 건강과 숙달의 결실로서 유형(有形)의 사회적 인정을 제공해야 한다. 가장(假裝)과 어른의 기만을 양분으로 삼는 유치한 전능감과 달리, 정체감에 기여하는 자존감은 놀이와 능숙한 수행, 자아 이상과 사회적 역할 간의 점진적인 일치를 보장하고, 그럼으로써 확실한 미래를 약속하는 기능과 사회 기술의 기초에 기반을 두고 있다.

'**대상 리비도**'가 충족되려면, 성기 사랑과 오르가즘의 효능이 경제적 안전과 정서적 안정의 문화적 양식을 보장받아야 하는데, 이러한 통합만이 임신, 출산, 양육을 포함하는 성기의 완전한 기능적 순환에 통일된 의미를 부여하기 때문이다. 열중은 유년기의 근친상간적 사랑을 현재의 '대상'에 집중시킬 수 있다. 생식기 활동은 두 개인이 퇴행을 막는 브레이크로서 서로를 이용하는 것을 도울 수 있다. 그러나 상호 성기 사랑은 미래와 공동체를 향한다. 그것은 오직 두 이성만이 함께 완수할 수 있는 삶의 과제, 즉 가족시스템의 일차적인 사회적 단위에서 이루어지는 생산, 생식 및 재창조의 통합 과정에서 분업을 지향한다.

연인과 동료의 자아정체성이 본질적인 측면에서 상호보완적이라면 결혼으로 융합되어 자녀의 자아 발달에 도움이 될 수 있다.

정신병리학 분야의 작가들이 추론하는 것처럼, 그러한 공유된 정체성의 관점에서 볼 때 부모 이미지에 대한 '근친상간적' 애착은 반드시 병적인 것이라고 볼 수 없다. 반대로, 그런 선택은 자신이 태어나고 자란 가족과 자신이 만든 가족 사이에 연속성을 만든다는 점에서 민족 메커니즘의 일부다. 그러므로 그것은 종 내의 짝짓기 과정에서 진화의 이점을 유지하는 것과 유사하게 사회적인 측면에서 전통, 즉 앞선 세대가 학습한 것의 총합을 영속시킨다. 한편, 부모에 대한 신경증적 고착과 근친상간적 소망에 맞서는 엄격한 내부 방어는 세대 간 친밀감의 본질이 아닌 실패를 나타낸다.

그러나 지적한 바와 같이, 한때 심리사회적 진화, 종족의 통합, 그리고 국가적 또는 계급적 일관성에 기여했던 많은 조정 기제가 보편적으로 확장하는 정체성의 세계에서 해결되지 않은 상태로 남아 있다. 변화하는 역사적 조건으로부터 힘을 얻는 자아정체성을 위한 교육은 어디에서나 인간 유년기에 의미 있는 연속성의 새로운 자원을 제공하려는 계몽적 노력과 결합하여 역사적 이질성에 대한 성인의 의식적인 수용을 요구한다.

'환자에게는 지배적인 어머니가 있었다'와 같은 고정관념을 피한다면 임상 병력은 연구에 도움이 된다. 이러한 고정관념은 역사적 결정 인자를 가지며 상습적 의미를 갖는다. 정신분석학적 사고는 어린이뿐만 아니라, 엄청나게 변화하고 있는 기술적 조건하에서 어린이의 훈련과 역사적 발전으로부터 실현 가능한 연속성을 만들어내기 위해 분투하는 현대 사회의 자발적인 방식들을 연구하는 새로운 방법에 기여할 수 있다. 치료하거나 지도하고 싶은 사람은 정체성 형성의 자연발생적 경향을 이해하고 개념화하고 이용해야 하기 때문이다.

b

아나 프로이트(Anna Freud)는 치료사가 환자를 연구할 때 원초아, 자아, 초자아에서 같은 거리의 관찰 지점을 확보함으로써 이들 간의 기능적 상호 의존성을 인식하고 이들 부분 중 하나의 변화를 관찰하면서 관련된 다른 부분의 변화를 놓치지 말아야 한다고 지적했다.[13] 여기서 내부 인간의 분할로 개념화된 것은 인간이 항상 관여하는 방대한 과정을 반영한다.

결론적으로, 우리는 자아의 과제(그리고 아마도 자아)를, 인간 존재가 시간적으로 연속적이 되고 형태상으로 조직화된 상태로 남게 되는 세 가지의 필연적이고 부단한 과정 중의 하나로 인식함으로써 재공식화할 수 있다. 이 중 첫 번째—처음에 프로이트가 생물학적이고 생리학적인 사고방식을 심리학에 적용하여 연구했기 때문에 첫 번째인—는 **생물학적 과정**으로, 이 과정을 통해 유기체는 생명 주기를 살아가는 기관 시스템의 위계적 조직의 일부가 된다. 두 번째는 **사회적 과정**으로, 이 과정을 통해 유기체는 지리적, 역사적, 문화적으로 규정된 집단으로 조직된다. 마지막으로, **자아 과정**으로 불리는 것은 개인이 자기 경험과 타자에 대한 그의 실재성 모두에서 동일성과 연속성을 지닌 일관된 인격체로 자신을 유지하도록 하는 조직 원리다.

이런 과정은 각기 생물학적, 사회적, 또는 심리적인 것에 초점을 맞추는 서로 다른 분야의 연구 주제가 되었지만, 삶의 '생리학', 즉 모든 부분의 연속적인 상호작용이, 각각의 과정을 다른 과정에 의존하게 만드는 **상대성**에 의해 지배된다는 것은 명백하다. 이것은 한 부분에서 관찰된 변화가 다른 부분의 변화를 초래하고 다시 영향을 받는다는 것을 의미한다. 확실히 이 과정들 각각은 고통,

불안, 공포와 같은 그 자체의 경계 신호들을 가지고 있다. 이 신호들은 조직적 기능 장애, 자아 숙달의 손상, 그리고 집단정체성 상실의 위험에 대해 경고하지만, 각 신호는 이들 모두에 대한 위협을 나타낸다.

정신병리학에서는 이들 과정 중 하나의 명백한 자율성을 관찰하고 연구하는데, 이는 그것이 상호 규제와 일반 균형의 상실로 인해 과도하게 부각되기 때문이다. 따라서 처음에는 원초아, 다시 말해, 무엇보다 그 본능성 측면에서 당황하고 좌절한 유기체의 지나친 요구에 의한 인간의 노예화를 그것의 자아와 사회적 맥락으로부터 분리하여 연구했다. 다음에는 연구의 초점이 자율적으로 보이는 자아(와 초자아)의 분투―혼란스러운 리비도 경제를 '억제'하기 위해 경험하고 계획하는 자아의 힘을 피폐하게 만드는 방어기제―에 의한 인간의 노예화로 이동했다. 아마도 정신분석학은 신체적 활력과 자아의 힘을 인간이 사용하지 못하도록 하기 위해 선례에 의해 자율성을 주장하고 인간 내부의 낡은 메커니즘을 이용하는 역사적 조건들에 의한 인간의 노예화를 더 명백히 조사함으로써 신경증에 대한 기초연구를 완수할 수 있을 것이다.[14]

정신분석학적 치료 자체의 목적은 원초아의 이동성(다시 말해서, 필요한 지연과 좌절뿐만 아니라 만족의 기회에 대한 우리의 본능적 추동(drive)의 적응력 측면에서)과 (전체 행위자가 아닌 특수한 행위를 비난하는) 초자아의 인내력, 그리고 자아의 통합 능력의 동시적 향상으로 규정된다.[15] 마지막으로, 우리는 자아 분석이 어린 시절, 청소년기의 위기, 그리고 성숙한 적응을 지배했던 역사적 변화와 관련된 개인의 자아정체성을 포함해야 한다는 제안을 추가한다. 신경증에 대한 통제는 개인이 자신을 지금의 그로 만든 역사적 필연성을 수용할 수 있는 위치에 있을 때 시작되기 때문이다. 개인은 자신의 자아정체성과의 동일시를 선택할 수 있을 때, 그리고 주어진 것을 해야 할 일에 적용하는 법을 배울 때 자유로움을 느낀다. 오직 그렇게 함으로써, 개인은 하나뿐인 생애주기와 인간 역사의 특별한 시기 간의 우연한 일치로부터 (자신의 세대와 다음 세대를 위한) 자아 강도를 획득할 수 있다.

2. 전체주의에 관하여

정신분석가는 전체주의라는 역사적 현상에 대한 논의에서, 어떤 종류의 무의식적 동기가 전체주의 방법의 발명, 개시 및 광범위한 수용을 이끌었는지를 질문할 수 있다. 구체적으로 유년기와 청소년기는 어떤 방식으로 인간을 전체주의로 몰아넣는가? 이는 모든 과제가 방법론적 전통에 의해 촉진되거나 승인되지 않기 때문에 어려운 문제다. 모든 개인이 한때는 아이였다는 단순한 사실은 역사, 사회 및 도덕성에 대한 연구에서 거의 언급되지 않으며, 색인에는 아예 포함되어 있지 않다. 대부분의 학자들에게 유년기는 사회과학보다는 사회사업 분야의 주제이며, 사상가보다는 공상적인 사회개량주의자들의 근심거리인 것처럼 보인다. 그러나 모든 생물 종 중에 인간은 긴 생물학적 유년기를 가지며, 문명은 심리적 유년기를 더 장기적으로 만드는 경향이 있다. 이는 인간이 학습하는 법을 배울 시간이 필요하기 때문인데, 인간의 모든 고도의 전문성과 복잡한 적응 및 성찰 능력은 사실 인간의 연장된 의존 상태에 달려 있다. 인간은 의존하는 자로서 양심을 발달시키고, 스스로에 대한 의존은 다시금 자신을 신뢰할 만한 사람으로 만든다. 그리고 인간은 많은 근본적인 가치와 관련하여 완전히 신뢰받을 수 있을 때에야 독립적이 되며 전통을 가르치고 발전시킬 수 있다. 그러나 이러한 의존성은, 극심한 무력감에서 고도의 자유 의식과 숙달감으로 이어지는 느린 발달 과정에 기인하는 모호성을 지니고 있다. 그리고 이것은 자유를 철저하게 제한하고 일부 사람들이 다른 사람들을 무자비하게 착취하도록 허용하는 사회시스템 내부에서 나타난다.

종종 정신의학의 제안을 따르는 현대 인류학은, 작은 개인을 살아있게 할 뿐만 아니라 그를 통해 전통의 유지와 사회의 고유성의 보존을 보장하기 위해 고안된 어린이 훈련 체계를 사회가 '직관적으로' 개발하는 방식을 연구하고 있다. 연장된 유년기가 인간의 기술 능력의 발달과 동정심 및 믿음의 역량에 기여한다는 사실은 잘 알려져 있지만, 종종 너무 배타적으로 알려져 있다. 이는 인간을 개발 가능한 존재로 만들고 개발하도록 이끄는 실존적 대립쌍의 목록 중 첫 번째가 어른-아이 쌍이라는 것(남성-여성이 두 번째)이 마찬가지로 분명해지고 있기 때문이다. 자기가 의지하는 사람들과의 관계에서 수치심과 죄책감과 더불어 무력해지고 버림받았다고 느끼는 아이의 타고난 성향은 그의 훈련을 위해 체계적으로 활용되고 종종 착취되는 수준에까지 이른다. 결과적으로, 합리적 인간조차도 누가 더 크거나 더 좋은지, 누가 누구에게 무엇을 할 수 있는지와 같은 질문에 집중되는 불안과 의심에 비합리적으로 사로잡히게 된다. 따라서 유년기에 발생하는 심리적 착취의 초기 결과에 대해서 더 깊은 통찰을 얻을 필요가 있다. 이 말은 파트너 중 하나가 잠재력을 개발하는 과정에서 손상을 입는 방식으로 분담된 기능을 오용하게 되고, 그럼으로써 결과적으로 생산적인 개발을 위해 에너지를 써야 하는 곳에서 무력한 분노가 축적된다는 것을 의미한다.

이를 받아들이는 사람들에게는 전체주의에 관한 연구에 유년기가 포함되어야 한다는 것이 충분히 합리적인 것처럼 보인다. 그래서 우리는 유년기의 운명적 중요성을 못보고 넘어가는 '실수'를 피할 수 있다. 그러나 이러한 실수는 우연한 것으로 보이지 않으며, 따라서 그렇게 쉽게 시정될 수 없다. 정신분석학은 모든 인간이 중요한 유년기 경험에 대한 기억상실증에 걸린다는 사실을 충분히 보여주었다. 이러한 개인적 기억상실증은 인간 조건을 해석하는 데 있어 보편적인 맹점, 즉 사회 구조 안에서 유년기가 가진 운명적 기능을 간과하는 경향성과 유사하다고 할 만한 충분한 근거가 있다. 어쩌면 인간의 문명화된 이미지를 절대적이고 돌이킬 수 없게 만들기 위해 그토록 열심히 싸워왔던 도덕적 인간과 합리적 인간은 개별 인간이 처음에 어떻게 시작해야 하고 이에 따라 인간의 성취를 유아적 강박과 비합리적 충동에 의해 원상태로 되돌릴 수 있는 가능성이 어떻게 다시 나타나는지를 알려고 하지 않는다. 그것은 마치 합리적이고 실용적인 인간이 유년기 불안이라는 메두사와 다시 대면하기 위해 돌아선다면 그의 한결같은 활력을 잃게 될 것이라는 뿌리 깊은 미신을 반영하는 것과 같다. 여기서 가공할 만한 '공식'이 유년기의 사실을 적절한 관점하에 두려는 모든 시도에 적용된다. 그러나 인간이 이 사실을 이해한다면 어떤 면에서는 그럭저럭 덜 파괴적인 방식으로 유치해지고, 다른 면에서는 좀 더 창의적으로 어린아이 같은 상태로 남게 될 것이다.

그러나 진정으로 새로운 통찰은 균형 잡힌 방식으로 공식화되기 어렵다. 우리 시대에 유년기의 중요성에 대한 통찰의 갑작스러운 출현은 또 다른 보상적 관점 상실을 초래하는 경향이 있는데, 그것은 아마도 여기서 논의된, 오랫동안 논쟁의 여지가 없었던 보편적 맹점의 존재에 기인하는 것 같다. 내가 의미하는 것은 심리학자와 정신병리학자들이 전체주의와 같은 사회현상을 특별하게 유아적인 또는 미숙한 단계('청소년기')나, 특수한 정신질환('망상증') 또는 특별한 '성격 구조'('권위주의적 성격')와 동일시하여 설명하려는 경향이다. **성격학적** 접근에서는 자녀양육 패턴, 세계를 개념화하는 방식, 그리고 정치 신조에 대한 성향 간의 어떤 유사성과 관련하여 암시적인 일반화를 보여주었다. 그러나 이 접근법은 특정한 사고 및 행동 유형(예컨대, 권위주의)에 투여된 에너지가 어떤 조건에서 관련된 정치적 교화와 효과적인 집단행동을 위해 유용한지와 같은 매우 중요한 질문에는 거의 기여하지 않았다. **정신병리학적** 접근에서는 진단적 명명에 의해 소극적 또는 적극적으로 전체주의 혁명에 관여한 민족과 사람들을 병적이거나 미성숙한 인간으로 특정함으로써, 그리고 이러한 수단을 통해 그들의 정치적 행위를 설명하고자 시도함으로써 자신들의 주장을 약화시켰다. 그러나 인간은 여러 층위에서 많은 것이 될 수 있으며, 역사는 프로테스탄트 사회에서 '성숙'하거나 혹은 적어도 '논리적인' 인간에게 요구해온 분명하게 규정된 신조, 의식적 태도, 실용주의적 행위 간의 통일을 허용하지 않는다.

그렇다면 뒤따르는 것은 전체주의의 기원이나 원인을 유년기의 사실이나 어린이 훈련의 특수한 형태에 고정시키려는 시도가 아니다. 또한 나는 그것을 일시적 고통이나 국지적인 유행병으로 다루지도 않을 것이다. 나는 전체주의가 보편적인 인간 잠재력에 기초하고 있으며, 따라서 건전하고 병적인 것, 어른과 아이, 개인적인 것과 사회적인 것 등 인간 본성의 모든 측면과 관련이 있다는 전제로부터 시작한다. 전체주의는 아마도 역사적으로 종종 거의 실재였겠지만 '그것의' 역사적 순간을 기다려야만 했다. 이러한 순간은 커뮤니케이션과 조직에서의 기술 진보와, 전체 국가라는 광신적 관념을 불러일으키고 시기 적절한 혁명적 행위를 통해 그 실현을 도우며 나아가 권력과 공포의 실체들을 통해 그것을 유지하는 다양한 조건들에 의해 결정된다. 이러한 역사적 관점만이 전체주의 국가를 구성하는 많은 인격 유형에 의해 행해지는 이념적 개입의 다양한 정도와 종류에 대한 적절한 척도를 제공할 수 있다. 여기에는 광신적 사도와 민첩한 혁명가들, 외로운 지도자와 과두정치의 파벌들, 성실한 신봉자와 가학적 착취자들, 순종적인 관료와 효율적인 관리자, 군인, 기술자들, 자발적 추종자와 무관심한 임금노동자 및 무력한 반대자들, 그리고 불안한 희생자와 어리둥절한 자칭 희생자들이 포함된다. 정신분석학적 훈련과 경험은 이들 모든 참여 형태 중 더 기본적이고 종종 덜 구체적인 요인들, 즉 전체주의의 정당성의 영감을 주는 또는 마비시키는 감각의 심리적 전제 조건들 중 하나에 대해서만 기여하도록 허용한다.

이제 나는 어린 시절의 본질과 관련된 내 초기 질문으로 돌아갈 것이다. 그것은 특정한 조건에서 독일인들이 **전환**(*Umschaltung*)과 **동기화**(*Gleichschaltung*)라고 부르는 것, 그 갑작스러운 전면적 재편과 말하자면 공동 정렬을 위해 이용될 수 있는 인간의 성향을 설명할 수 있다. 이러한 재편과 정렬은 국가가 시민의 삶과 재산은 물론이고 정신에 대한 절대권력을 가질 수 있고 또 가져야 한다는 전향적 확신을 동반한다.

그러나 임상의로서 나는 다른 곳에서 시작해야 한다. 그것은 완전한 **내적** 변화의 사례들이다. 우리는 정상적이거나 비정상적인 개인사에서, 그리고 일반적으로 정신병리로 간주되지 않는 일시적인 상태에서, 경험과 판단의 균형 잡힌 '전체성'으로부터 '전적으로' 느끼고 사고하고 행동하는 상태로의 갑작스러운 전환을 감지한다. 경험의 그러한 총체적인 재구성의 가장 극적인 임상 사례는 심각한 병리현상의 경계에서 발견된다. 마치 한 젊은 남자가 자신의 위축되는 성향을 회고하며, "나는 **한 사람의** 대다수였다"고 웃으면서 내게 말한 것처럼 말이다. 여기서 그는 완전히 혼자가 되기로 선택함으로써 그 자신이 전 세계였음을 의미한 것이다. 같은 맥락에서 한 젊은 여성은 자신의 '독존권'에 대해 말했다. 그러나 그런 유아독존론은 병리 현상이나 성인의 삶에만 국한되지 않는다. 이미 초기 유년기에 아이의 규칙적인 수면 주기는 완전한 수면 회피나 상시적 졸음으로 갑자기 바뀔 수 있다. 친목과 고립 사이의 행복한 교대는 어머니의 전적인 존재를 불안하게 또는 격앙되게 고집하거나 또는 어머니의 인접성에 대한 인식을 나타내기를 매정하게 거부하는 것으로 바뀔 수 있다. 많은 어머니가 갑작스럽지만 그리 길지 않은 부재에서 돌아올 때면 어린 자녀가 자신을 무뚝뚝하게 '잊어버렸다는' 것을 알아차리고는 몹시 불안해한다. 완전한 의존성이나 완전한 독립성은 일시적 또는 지속적으로 정상적인 교대에 적합하지 않은 상태가 될 수 있다. 또는 꽤 착하지만 한편으로 조금 못되기도 한 아이를 실제로 선호할지 모르는 부모의 손이 닿지 않는 곳에서 완전한 선 또는 악이 갑자기 나타날 수 있다. 그러한 총체적인 재구성은 유아 발달의 의미 있는 단계에서 하나의 과도기적 상태로 나타날 수 있다. 그것은 정신장애의 발생을 동반할 수 있다. 또는 성인기에 잠재적인 가능성으로 남을 수 있다.

대상이나 다른 사람에 대한 완전한 의존과 관련하여, 우리 모두는 어린아이의 맹목적 집착에 대해 잘 알고 있다. 때때로 집착은 지저분하게 더럽혀진 인형의 형태로 부모의 경멸이나 염려의 대상이 되면서도, 아이의 안전과 안락함의 완전하고도 배타적인 징표로 남게 된다. 시간이 지나면서 폭력적인 사랑과 증오, 갑작스러운 전향과 혐오는 아이의 페티시즘과 공포와 마찬가지로, 일련의 우호적이거나 비우호적인 감정을 한 사람 또는 하나의 아이디어에 배타적으로 집중시키는 것과 같은 특성을 갖게 된다. 그렇게 모든 감정의 원시화에 초점이 맞춰지며, 완전한 이득 또는 완전한 손실에 대한 이상적이거나 실로 가공할만한 기대가 이 원천에서 비롯된다.

마지막으로, 우리는 한때 완전히 결합되었던 것이 갑작스럽게 완전히 분리되는 잘 알려진 사례를 지적할 수 있다. 이는 이혼을 결심한 커플에게서 나타나는 변화다. 두 사람 모두와 좋은 관계로 남고자 할 때 곧 알게 되듯이, 건전한 이중성으로 보였던 것이 두 개의 서로 배타적인 전체성으로 갑자기 바뀌는 것은 오히려 멋진 일일 수 있다.

이러한 재배치는 갑자기 나타나는 것처럼 보이지만, 천천히 전개된다. 오직 흔치 않은 의식과 용기를 가진 사람만이 정신분석이 다른 사람, 특히 환자들에게서 밝힌 것을 알고 있다—다시 말해, 그것은 종종 과장된 호감, 편애, 확신 뒤에 간신히 숨겨진 전체 재배치에 대한 인간의 성향과 가능성이 얼마나 강하고 체계적인지, 그리고 백이 흑이 되고 흑이 백이 되는 위협적인 완전한 재전향에 맞서는 내부 방어에 얼마나 많은 에너지가 사용되는지와 같은 것들이다. 갑작스러운 헌신과 전환, 그리고 갑작스러운 혐오로부터 방출되는 감정만이 그런 방어에 '결합된' 에너지량을 증명한다. 동일하게 밝혀진 것이 정신의학에 가장 정통하고 박식한 환자들조차도 '전이(transference)'를 발달시키고—긍정적 또는 부정적 감정을 교대로 나타내면서—치료사에게 말 그대로 극심하게 의존하는 경향이다. 이런 경향은 자주 기술되고 많은 비판을 받고 있지만, 여전히 치료적으로 유용한 것으로 간주된다. 이는 우주론과 신, 군주제와 이데올로기에 의존하는 동료 인간에 대한 많은 지식인들의 경멸에 들어맞지 않는, 전체화를 향한 보편적인 내부 성향을 냉철하게 증명한다. 어쨌든 우리는 특히 유아기에 그 뿌리를 두고 있는 증가하는 불안에 의해 필요해지고, 긴급한 삶의 위기에 의해 요청되는 보다 원시적인 수준에서의 재적응과 같은 재정렬을 이해하는 법을 배웠다. 재정렬을 병적인 것 혹은 '나쁜 것'으로 표시하는 것은 그것을 이해하거나 극복하는 데 도움이 되지 않는다. 즉, 재정렬을 위한 의도적인 행동 방침을 모색하기 위해서는 자신의 내적 논리, 즉 정신 논리를 이해해야 한다.

나는 이 사례들을 제시하면서 '완전성(wholeness)'과 '전체성(totality)'이라는 용어를 사용했다. 둘 다 온전함을 의미하지만, 나는 이 둘 간의 차이점을 강조하고자 했다. 완전성은 유익한 연합과 조직의 일부가 되는 상당히 다른 부분들의 집합을 의미하는 것으로 보인다. 이 개념은 두드러지게는 전심(wholeheartedness), 온전한 마음(whole mindedness), 건전함(wholesomeness) 등과 같은 용어로 표현된다. 게슈탈트로서 완전성은 완전한 상태 속의 다양한 기능과 부분들 간의 완전하고 유기적이고 점진적인 상호성을 강조하며, 그 경계는 개방적이고 유동적이다. 반면, 전체성은 절대적인 경계가 강조되는 게슈탈트를 환기시킨다. 어떤 인위적인 경계가 주어지면 내부에 속하는 어떤 것도 외부에 남겨져서는 안 되며, 외부에 있어야 하는 어떤 것도 내부로 허용될 수 없다. 전체성은—절대적 범주가 논리적 범주인지, 그리고 그 구성 요소들이 서로 간에 실제로 유사한지 여부와 상관없이—완전히 배타적인 만큼 전적으로 포괄적이다.

그렇다면 우리는 더 이상의 선택이나 변화 없이 전체성에 대한 심리적 욕구를 자명한 것으로 가정해야 한다. 비록 그것이 간절히 원하는 완전성을 포기하는 것을 의미하는 것일지라도 말이다. 한 문장으로 말하면, 인간은 우연적이거나 발달적인 전환으로 인해 본질적인 완전성을 상실할 때, 우리가 **전체주의**라고 부르는 것에 의지함으로써 자신과 세계를 재구성한다. 지적한 대로, 이것을 단순히 퇴행적이거나 유아적인 메커니즘으로 간주하지 않는 것이 현명할 것이다. 전체주의는 더 원시적이긴 하지만 경험을 다루는 대안적인 방법이며, 따라서 적어도 과도기적 단계에서는 특정한 적응 및 생존 가치를 갖는다. 그것은 정상심리에 속한다. 가능한 모든 정신의학적 탐구는 다음과 같은 질문으로 한정된다. 일시적인 비상 적응 수단이 고정된 목표가 되는 것을 막을 수 있는가? 비상 사태가 끝났을 때 전체주의가 전도될 수 있는가? 전체주의의 요소들이 이전에 가능했던 완전성으로 재통합될 수 있는가?

개인 내부에서, 삶의 다양하고 상충되는 단계와 양상 간에—즉각적인 인상과 연합된 기억 간에, 충동적 소망과 강제적 요구 간에, 존재의 가장 사적인 측면과 가장 공적인 측면 간에—어떤 전체적인 통합이 다시 이루어지는 방식으로 경험의 숙달과 행동의 안내를 촉진하는 것은 자아의 과제다. 자아는 그 일을 수행하기 위해 선별 방법과 방어 기제뿐만 아니라 통합 양식을 개발한다. 자아가 성숙의 힘과 환경적 영향의 계속적인 상호작용을 통해 성장함에 따라, 긴장과 다양성에 대한 더 큰 내성을 허용하는 높은 수준의 통합과, 전체성과 적합성이 안정감을 유지하는 데 도움이 되는 더 낮은 수준의 질서 사이에 어떤 이중성이 발달한다. 따라서 성공한 완전성 또는 시도된 전체성에—개인적인 차원에서—기여하는 이러한 융합과 분리에 대한 연구는 정신분석학적 자아심리학의 영역에 속한다고 할 수 있다. 나는 여기서 이 연구 분야를 언급만 할 수 있을 뿐이다.[16]

자아의 기원은 판단하기 어렵지만, 우리가 아는 한 자아는 '완전성'이 생리적 평형 문제가 되는 단계를 벗어나면서 점차적으로 출현한다. 이러한 평형은 아기의 받아야 할 필요와 어머니의 주어야 할 필요 간의 상호 의존성을 통해 유지된다. 물론 어머니는 분만하는 생물일 뿐만 아니라 가족과 사회의 일원이기도 하다. 그녀는 자신의 생물학적 역할과 공동체의 가치 사이의 어떤 건전한 관계를 느껴야 한다. 그래야만 아기가 어머니와 세계를—그리고 자기 자신을—믿을 수 있다는 것을 신체적 교환의 분명한 언어를 통해 아기에게 전달할 수 있다. 상대적으로 '완전한' 사회만이 내부 및 외부 세계를 점차 결합하는 연속성과 동일성의 측면에서, 모든 확산된 신체적 경험과 초기 삶의 모든 혼란스러운 사회적 단서가 수용될 수 있다는 내적 확신을 어머니를 통해 아이에게 보장할 수 있다. 그렇게 나타나는 믿음과 희망의 존재론적 원천을 나는 **기본적 신뢰감**이라고 불렀다. 그것은 내부와 외부를 상호 연결된 선(善)으로서 경험할 수 있음을 암시하는 것처럼 보이기 때문에 최초의 그리고 기본적인 완전성이라고 할 수 있다. 그렇다면 **기본적 불신**은 통합 경험을 통해 어떻게든 균형을 이루는 데 성공하지 못한 그 모든 확산 경험의 총합이다. 아기 내부에서 무슨 일이 일어나는지 알 수 없지만, 압도적인 임상 증거뿐만 아니라 직접적인 관찰은 초기의 불신이 완전한 지배에 대한 환상이나 심지어 쾌락과 공급의 원천의 파괴와 함께 '완전한' 분노의 경험을 동반한다는 것을 보여주며, 또한 그러한 환상과 분노는 개인 내부에 계속 살아 있다가 극단적인 상태와 상황에서 재출현한다는 것을 보여준다.

사실 어린 시절의 모든 기본적 갈등은 어른이 되어서도 어떤 형태로든 계속 남아 있다. 초기 단계들은 가장 깊은 층에 보존된다. 모든 지친 인간은 기대하는 세계가 뿌리째 흔들릴 때마다 일시적으로 부분적인 불신 상태로 퇴행할 수 있다. 그러나 사회제도는 어린 시절에 발생한 것과 같은 불안과 관련하여 개인에게 지속적인 집단적 확신을 제공하는 것 같다. 최초이자 가장 깊은 삶의 갈등을 체계화하고 사회화하는 것이 조직된 종교라는 점에 대해서는 의문의 여지가 없다. 즉, 종교는 개별 개인의 첫 번째 공급자들의 모호한 이미지를 고대의 초인적 보호자들의 집단적 이미지와 결합한다. 그것은 정의된 **악**의 형태로 형이상학적 실재를 부여함으로써, 기본적 불신에서 비롯되는 막연한 불편감을 이해할 수 있게 한다. 그리고 종교는 성숙한 성인에게서 믿음과 현실주의의 결합을 가져오는 신뢰의 주기적인 집단적 회복을 의식(儀式)을 통해 인간에게 제공한다. 인간은 모든 것에도 불구하고 자신이 여전히 믿을 만하다는 것을 기도를 통해 초인적 권위자에게 확신시키고, 또한 그의 신을 계속해서 믿어도 되는지에 대한 신호를 요청

한다. 자연의 한 부분을 다루고 집단적인 마법을 개발하는 원시적 삶에서, 음식과 재산의 **초자연적 제공자**들은 기도와 고행으로 달랠 필요가 있는 심술궂은 부모는 아닐지라도 종종 화가 난 것처럼 취급받는다.[17] 고상한 형식의 종교와 의식은 충만의 낙원에서 추방된 각 개인에게 남아 있는 향수 어린 잔재들도 마찬가지로 분명하게 다룬다. 이 낙원은 한때 풍부한 먹을거리를 제공했지만, 안타깝게도 정의할 수 없는 사악한 분열감, 잠재적 증오심, 깊은 향수를 남긴 채 영원히 상실됐다. 종교는 일정한 간격을 두고, 그리고 생애주기의 중요한 위기 및 연간 주기의 전환점과 의미 있게 관련된 의식을 통해, 새롭게 되살아나는 완전성의 감각을 회복한다.[18] 그러나 그런 모든 노력이 그렇듯이, 경계 너머로 추방되어야 하는 것이 중심부에 다시 나타나는 경향이 있다. 훨씬 잔인하고 차갑고 배타적인 전체성은 조직화된 종교사의 일부 국면을 지배해왔다. 우리는 **하나의 신**과 그의 교리에 의해 징벌적으로 또는 관대하게 포용된 세계라는 관념이 어떻게 인류로 하여금 **전 인류**뿐 아니라 **하나의 전체 국가**라는 관념에 경도되게 했는지를 물어야 한다. 왜냐하면 전환기에 이루어지는 완전한 재편성은 전체주의뿐만 아니라 더 위대한 완전성으로의 진보를 보장한다는 것에 의심의 여지가 없기 때문이다.

오늘날 부주의한 회의론자의 어떠한 조롱도, 독단주의자의 어떠한 징벌적 열병도 거부할 수 없는 충격적인 사실은, 자연과 생산적인 거래를 하는 도구적 인간에게, 그리고 팽창하는 세계시장에서 유리한 상품 교환을 하는 교역적 인간에게 존재의 완전성을 부여하는 살아 있는 종교를 많은 인류가 가지고 있지 않다는 점이다. 자수성가한 사람이 그의 인공세계에서 안전하다고 느끼기 위해 얼마나 깊이 걱정하고 있는지는, 기계와의 무의식적 동일시―원시인과 그의 주요 먹잇감 간의 마법적 동일시에 필적하는―가 일반적으로는 인간 본성의 서구적 개념에 미친, 그리고 특수하게는 일종의 자동화되고 탈개인화된 어린이 훈련에 미친 영향을 통해 알 수 있다. 마찰, 삐걱거림, 또는 모호함 없이 원활하고 깔끔하게 기능해야 할 절박한 필요성은 행복한 개인, 완벽한 정부, 심지어 구원이라는 관념에 집착해왔다. 때때로 우리는 멀지 않은 미래에 신뢰할 수 있는 자연의 지혜와 시장의 불가사의한 자기 균형, 또는 부(副)의 내적 위엄으로부터 천년왕국이 출현할 것이라고 믿듯이, 기술 발전 과정에서 새로운 완전성이 자연스럽게 나타나기를 기대하는 순진한 선도자들에게서 기이한 전체주의가 싹트고 있음을 느낀다. 물론 기계는 실용적일수록 더 매력적이고 편안하게 느껴진다. 문제는 구체적인 선(善)에 대한 그러한 깊은 감각이 어디에서 오는가 하는 것이다. 그러한 감각은 인간이 비교적 친숙한 세계에서 스스로 인간이기를 허용하기 위해 주요한 생산의 원천과 기술과의 관계에서 필요로 하는 것이다. 이러한 필요성이 충족되지 않으면 깊고 광범위한 기본적 불신은 계속해서 증가할 것이다. 이 불신은 역사적, 경제적으로 너무도 갑작스러운 변화에 휩쓸린 지역에서 완전성의 전체주의적이고 권위주의적인 망상을 기꺼이 수용하려는 의지에 기여한다. 이러한 완전성은 일당의 수장으로 있는 한 명의 지도자, 모든 자연과 모든 역사에 하나의 단순한 논리를 제공하는 단일 이데올로기, 단일한 중앙집권적 사법기관에 의해 파괴될 수 있는 생산의 절대적인 단일 적(敵)―그리고 축적된 무력한 내부 분노의, 외부 적으로의 지속적인 전환―으로 이미 구성되어 있다.

그러나 우리가 적어도 전체주의라고 부르는 체제 중 하나인 소비에트 공산주의는 모든 혁명을 넘어, 무장한 국가와 그것을 필요로 했던 계급 구조의 간섭으로부터 해방된 사회의 최종적인 완전성을 상상하는 이데올로기로부터 탄생했음을 기억해야 한다. 이 상상 속에서 완전한 혁명과 전체주의 초국가는 모든 국가의 궁극적인 형태일 뿐이다. 그것은 무국적 민주주의의 최종적인 완전성에 '사물과 …… 생산 과정'을 제외하고는 아무것도 관리할 것을 남기지 않은 채 '휴면 상태'가 됨으로써 저절로 사라질 것이다. 그런 유토피아적 기획의 '노화하는' 중심부에 전체주의적 수단과 방법이 돌이킬 수 없을 정도로 고착화될 수 있는 정도에 대해 논의하는 것은 다른 이에게 맡기겠다. 그러나 한편으로 우리는 이 일반적인 기술 변화의 시대에 전적인 신념체계를 필요로 하는 소비에트 세계와 우리 세계의 경계에서 공히 새롭게 나타나는 사람들(과 그들의 젊은이들)을 잊어서는 안 된다. 나는 여기서 연속적인 유년기의 각 단계가 전체주의 이데올로기에 대해 갖는 함축적 의미를 설명하지 않을 것이다. 우리가 **믿음**의 문제와 관련시킨 기본적 신뢰 형태의 '완전한' 해결과 기본적 불신 형태의 '전체적' 해결의 초기 대안에는 각 단계마다 유사한 대안들이 뒤따르며, 각 대안은 차례로 기본적인 인간 제도 중 하나와 연결된다.[19]

나는 전체주의에 대한 정신분석학적 연구에서 독점적이지는 않더라도 가장 큰 비중을 차지하는 유아 발달의 이러한 측면을 간략하게만 언급하고자 한다. 여기서 나는 아이가 좀 더 목표지향적이고 반항적인 주도성뿐 아니라 더 조직화된 양심을 개발할 준비가 되는 다섯 살 무렵(종종 오이디푸스 단계라 불리는)을 말하고 있다. 건강하고 놀기 좋아하는 3~4세 아이는 항상 위협적인 의심과 수치심을 압도하며 영광과 성취의 위대한 꿈으로 이어지는 유례없는 자율적 총체감을 종종 즐긴다. 이때 아이는 갑자기 두렵고 은밀한 죄책감에 빠져 양심의 초기 경직성을 보이는데, 이러한 경직성은 그 어린 인간이 자율적 존재가 되는 총체감을 즐기고 과도한 정복을 상상하는 법을 학습하게 됨으로써 그를 그 자신으로부터 분리시키려고 한다.

프로이트에 의하면, 양심의 수호자는 마치 내부 관리자나 외부 권위자들을 대표하는 소위 내부의 총독과도 같은 자아 위에 덧씌워진 초자아이며, 그것은 주도성의 수단뿐 아니라 목표도 제한한다. 다음과 같은 비유를 들 수도 있다. 한때 외국의 왕에게 책임을 다했던 이 총독은 이제 토착민의 반란을 진압하기 위해 동원했던 토착군(과 그들의 방법)을 이용하여 독립한다. 따라서 초자아는 원래 부모에 의해 부과됐던 요구와 제약들의 엄격성뿐만 아니라, 유아기의 상대적 미숙함도 반영하게 된다. 그러므로 인간의 양심은 의식적인 이상에 봉사할 때조차도 어떤 무의식적이고 유아적인 원시성을 유지한다. 부모의 진정한 관용과 엄격성의 결합만이 유아기의 과정을 안내할 수 있는데, 그렇지 않다면 그것은 엄격한 양심에 따른 잔인하도록 '단정적인' 태도의 희생양이 된다. 엄격한 양심은 처음에 자기를 배반하고 나중에는 어떤 식으로든 다른 사람들의 억압에 초점을 맞춘다.

그렇다면 이러한 내부 분열은 삶에서 '완전한' 해결책을 이끌어내는 두 번째(어머니로부터의 분리가 첫 번째)로 큰 동기다. 이들 해결책은 죄책감이 주는 막연한 긴장보다 더 참기 어려운 것은 없다는 단순하면서도 매우 운명적인 명제에 바탕을 둔다. 이러한 이유로, 어떤 개인들은 때때로 전적으로 선하거나 전적으로 악한 사람이 됨으로써 모든 도덕적 모호함을 극복하려고 노력한다—이는 전적으로 '선한' 사람이 **하나님의 더 큰 영광을 위해** 고문기술자가 되는 법을 배우는 한편, 전적으로 '악한' 사람이 지도자와 계파에 대한 확고한 충성심을 기를 수 있다는 점에서 양면적 본성을 드러내는 해결책이기도 하다. 권위주의적 선전선동이 집단적으로 그리고 부끄럼 없이 국가 법령 및 선전에 의해 전적으로 인간 이하나 해충과 같은 존재로 지명될 수 있는 내부 및 외부의 '적'이 무엇이든 간에, 사람들로 하여금 그것에 완전한 악을 투사하게 함으로써 이러한 갈등을 다루는 반면, 전향한 사람들은 역사의 축복을 받은 국가, 인종, 또는 계급의 구성원으로서 전적으로 선하다고 느낄 수 있다는 것은 명백하다.

유년기의 종말은 내게는 세 번째이자 더 직접적으로 정치적인 완전성의 위기로 보인다. 젊은이들은 그들 나름대로 완전한 사람이 되어야 하며, 이는 신체 성장, 생식기 성숙, 사회적 인식의 다양한 변화를 특징으로 하는 발달 단계에서 이루어져야 한다. 이 단계에서 성취되어야 하는 완전성을 나는 **내적 정체감**이라고 불렀다. 젊은이는 완전성을 경험하기 위해, 유년기의 긴 시간 동안 그가 되어온 것과 예상되는 미래에 그가 될 것을 약속한 것 사이의, 그리고 그가 자신으로 인식한 것과 다른 사람이 그에게서 기대한다고 인식한 것 사이의 점진적인 연속성을 느껴야 한다. 개별적으로 말하면, 정체성은 아이가 자신이 의존했던 사람들처럼 되기를 원했고 또 그렇게 되도록 강요받았던 그 초기 시기의 모든 연속적인 동일시의 합을 포함한다. 아니 그 이상이다. 정체성은 독특한 산물로서, 이제 또래와 가족 이외의 지도자적 인물과 동일시하는 과정에서만 해결될 수 있는 위기에 직면한다. 새롭지만 신뢰할 수 있는 정체성의 추구는 종종 무자비한 비교를 통해 자신과 서로를 정의하고, 과도하게 정의하고, 재정의하려는 청소년들의 지속적인 노력에서 가장 잘 확인될 수 있는 반면, 신뢰할 만한 배치의 추구는 가장 최근의 가능성과 가장 오래된 가치를 부단히 시험하는 과정에서 인식될 수 있다. 그에 따른 자기-규정이 개인적이거나 집단적인 이유로 너무 어려워지는 경우에 **역할 혼란의 감각**이 초래된다. 즉, 젊은이는 자신의 성적, 민족적, 직업적, 유형론적 대안들을 종합하기보다는 대조하여 강조하며, 종종 한쪽 또는 다른 쪽을 위해 확실하고도 완전하게 결정하도록 유도된다.

여기서 사회는 개인의 선택을 안내하고 제한하는 기능을 갖는다. 원시사회에서는 이러한 기능을 항상 가장 중요하게 여겼다. 즉, 이들 사회의 성년식은 의식을 통해 극적으로 표현된 정의되지 않음의 공포를, 명확하게 규정된 희생과 신성한 증표로 대체한다. 진보하는 문명은 올바른 삶의 계획을 '확정하는' 보다 영적인 다른 수단들을 발견해왔다. 그러나 젊은이들은 항상 배타적인 파벌, 폭력단, 혹은 사조직을 형성함으로써 더 원시적인 '성년식'을 되살리는 방법들을 찾아냈다. 일반적으로 젊은이들이 국가적 조치에 의해 원시적 전통주의, 징벌적 가부장주의, 표준화로부터 자유로운 미국에서, 무의미해보이고 끊임없이 변하는 의복 스타일과 몸짓과 말하기 방식을 '내부자들'에게 의무사항으로 만드는 자발적인 자기-표준화가 발달해왔다. 대부분의 경우, 이것은 '타자-지향적' 상호 지원을 기반으로 하는 선한 기획이지만, 때때로 비순응주의자들에게 잔인하고, 당연히 그것이 찬양하는 척하는 개인주의 전통에 대해 전혀 개의치 않는다.

다시 한 번 개인병리학에 대해 언급하고자 한다. 이 시기에 적어도 일시적으로는 표준에 대한 전체적인 인증을 받아야 할 필요성이 너무 커서, 젊은이들은 정체성 조각들의 모순된 묶음으로 남아 있기보다는 때때로 의미 없는 사람이 되는 것을, 그것도 전적으로 선호한다. 심지어, 대개 정신병적 소질이나 정신이상으로 불리는 또는 성인 정신병리학에 따라 다르게 진단되는 개별 장애 사례를 통해서도 부정적 정체성으로의 거의 의도적인 **전환**(과 과거와 현재에서의 그 뿌리)을 연구할 수 있다. 다소 큰 규모로 발생하는 부정적 정체성으로의 비슷한 전환이 대도시의 (중독되고 동성애적인) 비행청소년들에게서 지배적으로 나타나는데, 여기서 경제적, 민족적, 종교적 소수성의 조건들은 모든 종류의 긍정적 정체성을 발달시키는 데 빈약한 기반을 제공한다. 이러한 '부정적 정체성'이 교사, 판사, 정신과 의사에 의해 젊은이의 '자연적'이고 최종적인 정체성으로 받아들여진다면, 그는 정확히 그 부주의한 공동체가 기대하는 것이 되는 데 총체적 지향 욕구뿐만 아니라 자존심을 빈번하게 투자한다. 마찬가지로, 소외되고 권위주의적인 환경에서 온 많은 미국 젊은이들은 급진적인 집단에서 일시적인 도피처를 찾는데, 거기서는 달리 감당할 수 없는 반항과 혼란이 흑백 논리 속에서 보편적 정의의 승인을 받게 된다. 물론 어떤 이들은 '진심이지만', 많은 이들은 단지 그런 연대에 빠져들고 있을 뿐이다.

그렇다면 내적 정체감이라는 확고한 감각만이 청소년기 과정의 끝을 의미하며, 그 이후의 진정으로 개별적인 성숙을 위한 조건이라는 것을 깨달아야 한다. 긍정적 정체감은 유년기 초기 불평등의 내부 잔해의 균형을 맞추고 초자아의 지배력을 약화시킴으로써, 타자성에 대한 광적인 혐오뿐 아니라 심각한 신경증 및 정신질환을 특징짓는 비합리적인 자기 부정, 자기 자신에 대한 완전한 편견을 버리게 한다. 그러나 그러한 정체성은 젊은이가 자신에게 중요한 사회 집단, 즉 그의 계층, 국가, 문화를 특징짓는 집단적 정체감으로부터 받는 지지에 달려있다.[20] 여기서 각 집단정체성이 집단 고유의 자유 의식을 배양한다는 것을 기억하는 것이 중요한데, 이는 한 민족이 자유롭게 느끼도록 만드는 것이 무엇인지를 다른 민족이 거의 이해하지 못하는 이유다. 그러나 역사적, 기술적 발전이, 뿌리 깊거나 강하게 부상하는 정체성을 대규모로 심각하게 침해하는 경우(즉, 농경제, 봉건제, 귀족제), 젊은이들은 개별적으로 그리고 집단적으로 위험에 처해 있다고 느끼며, 결과적으로 합성 정체성(극단적인 국가주의, 인종주의, 또는 계급의식)으로의 완전한 몰입과 그 새로운 정체성의 완전히 정형화된 적에 대한 집단적 비난을 독려하는 교리를 지지할 준비가 된다. 그러한 교화를 조장하는 정체성 상실의 두려움은 전체주의적 조건하에서 조직적 테러와 주요 절멸 산업의 설립을 위해 이용할 수 있는 정의와 범죄의 그 기묘한 뒤섞임에 크게 기여한다. 정체감을 훼손하는 조건들로 인해 더 나이 든 개인들이 청소년기의 대안에 고착되기 때문에, 많은 성인들은 협조하거나 저항 속에서 무기력해진다. 그렇다면 내 마지막 제안은 다음과 같다. 즉, 유년기와 청소년기의 가장 마지막 단계에서 나타나는 완전성의 이 세 번째 주요 위기에 대한 연구는 전체주의의 가장 강력한 잠재력을 드러내고, 따라서 우리 시대의 새로운 집단정체성의 출현에 큰 의미를 갖는다. 도처에서 벌어지는 전체주의적 선전선동은 젊은이들이 썰물처럼 밀려오는 과거의 물결에 의해 남겨진다는 주장에 집중한다. 이를 더 잘 이해하는 것은 전체주의자를 탈전체화하려는 미약한 시도 속에서,

경멸하거나 금지하려는 우리의 현재 태도 대신에 깨달음의 대안을 제시하는 데 도움이 될 수 있다.

다양성에 대한 용기를 갖는 것은 개인과 문명 속에 있는 완전성을 보여 주는 징표다. 그러나 완전성 또한 규정된 경계를 가져야 한다. 보다 **보편적인 정체성**이 기술과학적 진보와 함께 나타나는 모든 다양성과 부조화, 상대성과 치명적인 위험을 포용할 수 있는지 여부는 우리 문명의 현재 상태에서는 아직 예측할 수 없다.

제3장

생애주기: 후성 정체성

우리는 사춘기가 되어서야 정체성 위기를 경험하고, 이를 지나가기 위한 생리적 성장, 정신적 성숙, 사회적 책임의 전제 조건들을 발달시킨다고 가정하기 때문에 정체성의 필수 좌표 중 하나는 생애주기 좌표라고 할 수 있다. 사실상 정체성 위기를 청소년기 입문의 심리사회적 측면으로 볼 수 있다. 또한 우리는 후기 삶에 결정적인 영향을 미칠 수 있는 정체성의 형식을 발견하지 않고서 이 단계를 지나갈 수 없다.

다시 한 번 프로이트의 원대한 발견으로부터 시작해보자. 그것은 모든 아이가 유년기에 거쳐야 하는 '규범적' 갈등과 모든 어른이 그의 성격 깊숙한 곳에 지니고 있는 그 잔재물이 내용적으로 신경증적 갈등과 크게 다르지 않다는 것이다. 인간은 마치 그의 몸이 신체적 열화의 침해에 끊임없이 맞서 싸우는 것처럼, 심리적으로 살아 있기 위해 이러한 갈등을 계속해서 반복적으로 만나고 해결한다. 그러나 살아 있거나 아프지 않다는 것이 단순히 건강하거나 또는 성격과 관련하여 내가 선호하는 표현인 **활력이 있다는 것**(vital)을 의미한다고 보지 않기 때문에, 나는 내 분야의 공식 용어에 속하지 않는 몇 가지 개념에 의지해야 한다.

나는 인간의 성장을 내부와 외부 갈등의 관점에서 제시할 것이다. 활력 있는 성격은 내적 통일감의 증가, 우수한 판단력의 향상, 자신의 기준과 유의미한 타자의 기준에 따라 '잘 할 수 있는' 능력의 증가와 더불어 각 위기로부터 다시 나타나면서 이러한 갈등을 극복해 나간다. '잘 할 수 있는'이라는 단어의 사용은 당연하게도 문화적 상대성의 모든 문제를 가리킨다. 한 사람에게 중요한 사람들은 그가 '어떤 선행을 하'거나 재산을 얻는다는 의미에서 '잘 할' 때, 또는 새로운 기술과 새로운 지식을 배운다는 의미에서 잘 하고 있거나 또는 그럭저럭 해내는 것에 지나지 않을 때, 또는 모든 것에 순응하거나 크게 반항하는 것을 배울 때, 그리고 단지 신경증적 증상에서 자유롭거나 활력 속에서 온갖 종류의 격심한 갈등을 가까스로 억제할 때, 그가 잘 하고 있다고 생각할 수 있다.

무엇이 성인의 '건강한' 성격을 구성하는가에 대한 많은 공식이 있다. 그러나 하나의 공식만 받아들인다면—이 경우에, 마리 제호다(Marie Jahoda)의 정의를 들 수 있겠는데, 이 정의에 의하면 건강한 인격의 소유자는 자신의 환경을 **능동적으로 통제하고**, **인격의 통일성**을 보여주며, 세상과 그 자신을 **정확하게 지각**할 수 있다[1]—이 모든 기준들이 어린이의 인지적 및 사회적 발달과 관련이 있다는 것은 분명하다. 사실상 우리는 이 기준들의 초기 부재와 점진적인 분화의 복잡한 단계에서 이루어지는 이들 기준의 점차적인 발달에 의해 유년기가 규정된다고 말할 수 있다. 그렇다면 활력 있는 인격은 어떻게 성장하는가? 혹은 생의 필수불가결한 것들에 적응할 수 있는 능력이 계속적으로 증가하는 연속적인 단계에서—여분의 활력적인 열정과 더불어—이를테면 어떻게 발생하는가?

성장을 이해하려고 할 때마다, **자궁 내** 유기체의 성장에서 파생되는 **후성(後成) 유전학적 원리**를 기억하는 것이 좋겠다. 다소 일반화된 이 원리에 의하면, 성장하는 모든 것은 기본 계획을 가지고 있고, 이 기본 계획으로부터 부분들이 발생하며, 각 부분은 모든 부분들이 발달하여 기능적 전체를 형성하기까지 특별한 우위의 시기를 갖는다. 이 시기는 명백히 유기체의 각 부분이 우위에 있거나 손상의 위험이 있는 결정적 시기를 갖는 태아 발육기에 해당된다. 출생 시 아기는 자궁의 화학적 교환 체계를 벗어나 사회의 사회적 교환 체계로 들어가는데, 거기서 아기의 점차적으로 증가하는 능력은 그의 문화의 기회와 한계들을 만나게 된다. 성숙한 유기체가 새로운 장기 발달에 의해서가 아니라, 규정된 일련의 운동, 감각 및 사회적 능력 수단에 의해 어떻게 계속해서 발달해 가는지는 어린이 발달 문헌에서 찾아볼 수 있다. 지적했듯이, 정신분석학은 우리에게 더 독특한 경험, 특히 개인이 개별 인격체가 되는 방식이라고 내가 간주한 내적 갈등에 대한 이해를 제공했다. 그러나 여기서도, 건강한 아이는 연속되는 가장 개인적인 경험 속에서 적당한 양의 적절한 지침이 주어지면 발달의 내부 법칙을 따를 수 있다는 것을 깨닫는 것이 중요하다. 그것은 아이를 돌보고 아이에게 반응하는 사람들과 아이를 맞을 준비가 되어 있는 기관들과의 의미 있는 상호작용의 가능성들을 창조하는 법칙이다. 그러한 상호작용의 특성은 문화마다 다르지만, 모든 후성 유전학의 기본 원리인 '적절한 속도와 적절한 순서'로 진행되어야 한다. 그러므로 성격은 중요한 개인과 기관의 확대된 반경을 향해 추동되고 그런 반경을 인식하고 상호작용하도록 준비된 인간 유기체 내의 미리 규정된 단계에 따라 발달한다고 말할 수 있다.

이러한 이유로 우리는 성격발달의 단계를 제시하면서, 프로이트의 심리성적 단계를 분석하기 위해 『유년기와 사회』에서 사용한 것과 유사한 후성 유전학 도표를 사용할 것이다.[2] 사실, 유아기 섹슈얼리티 이론(여기서 상세히 반복하지 않겠지만)과 어린이의 신체 및 사회적 성숙에 대한 우리의 이론을 연결하는 것이 이 설명의 암묵적인 목표다.

도표는 123쪽에 제시되어 있다. 굵은 선으로 된 사각형은 단계의 순서와 구성 요소의 점진적인 발달을 나타낸다. 즉, 이 도표는 부분들의 분화 시기에 따른 진행 과정을 형식화하여 표현하는데, 이것은 (1) 논의될 중요한 성격의 각 항목이 다른 모든 항목들과 체계적으로 관련되어 있고, 이들 항목은 모두 적절한 순서로 이루어지는 각 항목의 적절한 발달에 의존하며, (2) 각 항목은 '그것의' 결정적이고 중요한 시기가 정상적으로 도래하기 전에 어떤 형태로 존재한다는 것을 나타낸다.

예컨대, 기본적 신뢰가 삶에서 발달하는 정신적 활력의 첫 번째 요소이고, 자율적 의지의 감각은 두 번째 요소이며, 주도성의 감각은 세 번째 요소라고 말한다면, 도표는 각각에 대한 몇 가지 중요한 사실뿐만 아니라 세 가지 요소들 간에 존재하는 여러 가지 중요한 관계들을 나타낸다.

VIII								완성 대 절망
VII							생산성 대 침체	
VI						친밀성 대 고립		
V	시간적 관점 대 시간 혼란	자기확신 대 자기의식	역할실험 대 역할고착	견습 의식 대 작업 마비	정체성 대 정체성 혼란	성적 양극화 대 양성애적 혼란	리더십/팔로 워십 대 권위 혼란	이념적 헌신 대 가치 혼란
IV				근면성 대 열등함				
III			주도성 대 죄의식					
II		자율성 대 수치심/의심						
I	신뢰 대 불신							
	1	2	3	4	5	6	7	8

각 요소는 언급된 단계가 끝나는 부분에서, 여기서 설명하는 방식으로 주도권을 얻고, 위기를 만나며, 영속적인 해결책을 발견한다. 비록 우리가 강조하지는 않겠지만, 구성 요소들은 모두 처음에 어떤 형태로 존재하며, 우리는 이전 또는 이후 단계에서 이들 요소를 다른 이름으로 부름으로써 혼동하지 않을 것이다. 아기는 처음부터 누가 손을 꽉 쥐었을 때 화가 나서 손을 비틀어 빼려고 하는 특별한 방식으로 '자율성'과 같은 것을 보일 수 있다. 그러나 정상적인 조건에서는 두 살은 되어야 자율적인 존재와 의존적인 존재가 되는 것 사이의 모든 중요한 대안을 경험하기 시작한다. 그때 가서야 비로소 아기는 자신의 환경과 특별히 새로운 만남을 가질 준비가 된다. 그리고 환경은 이제 아기의 개인적 특성과 상대적 효율성 및 활력의 강도에 결정적으로 기여하는 방식으로, 자율성의 특별한 관념과 개념들을 아기에게 전달할 것을 요구받는다.

이 만남은 결과적으로 나타나는 위기와 함께 각 단계별로 설명되어야 한다. 새로운 부분기능의 초기 성장과 인식은 본능적 에너지의 변화를 동반하지만, 또한 그 부분에서 특별한 취약성을 초래하기 때문에 각 단계는 위기가 된다. 그러므로 답변하기 가장 어려운 질문 중 하나는 특정 단계에 있는 아이가 약하거나 강한지 여부다. 아마도 아이는 어떤 면에서는 항상 취약하고 다른 면에서는 완전히 무지하거나 둔감하겠지만, 그가 취약한 것과 같은 면에서 믿을 수 없을 정도로 집요하다고 말하는 것이 최선일 것이다. 우리는 아기의 약점이 아기에게 힘을 부여한다는 점을 덧붙여야 한다. 아기의 환경이 '본능적' 패턴과 전통적 패턴을 결합한 반응성에 의해 잘 안내된다면, 아기는 자신의 의존적이고 나약한 특성으로부터 환경이 민감하게 포착할 수 있는 표식들을 만들어 낸다. 아기의 존재는 가정의 모든 구성원들의 외부 및 내부 삶에 대한 일관적이고 지속적인 지배력을 행사한다. 구성원들은 그의 존재를 수용하기 위해 새롭게 적응해야 하기 때문에, 그들 또한 개인으로서 그리고 집단으로서 성장해야 한다. 아기들이 가족을 통제하고 양육한다고 말하는 것은 그 반대로 말하는 것만큼이나 진실이다. 가족은 아기에 의해 양육되어야만 아기를 키울 수 있다. 아기의 성장은 사회적 상호작용을 위해 새롭게 발달하는 잠재력에 봉사하기 위한 일련의 도전 과제들로 구성된다.

그렇다면 각각의 연속적 단계는 균형감의 근본적인 변화로 인해 잠재적인 위기가 된다. 여기서 위기는 재앙의 위협이 아니라 전환점, 증가된 취약성과 고조된 잠재력의 결정적 시기, 이에 따라 세대 간 힘과 부적응의 개체발생적 기원을 암시하는 발달적 의미로 사용된다. 자궁 내부에서 자궁 외부로의 가장 근본적인 변화는 생의 가장 초기에 나타난다. 그러나 출생 후에도 편안하게 누워 있고 꼿꼿하게 앉아 있고 빨리 달리는 것과 같은 근본적인 균형감 조정은 모두 그 자체의 적절한 시기에 완성되어야 한다. 이와 더불어, '어머니를 시야에서 벗어나게 하지 않는 것'과 '독립적이기를 원하는 것'과 같은 상반되는 특성 간의 시간적 인접성에 의해 증명되는 것처럼, 대인관계의 조망 또한 빠르고 종종 급진적으로 변한다. 그러므로 서로 다른 능력은 매번 새로워지는 배치의 성숙한 구성 요인인 성장하는 인격이 되기 위해 서로 다른 기회들을 사용한다.

1. 유아기와 인식의 상호의존성

정신적 활력의 가장 기본적인 전제 조건으로, 나는 이미 **기본적 신뢰감**을 지명했다. 기본적 신뢰감은 생후 1년 동안의 경험에서 비롯되는 자기 자신과 세상에 대한 지배적인 태도다. '신뢰'는 자신의 신뢰에 대한 기본적인 감각뿐만 아니라 다른 사람들에 대한 본질적인 신뢰도 의미한다.

정체성을 포함하여 일련의 대안적인 기본적 태도의 발달을 기술하기 위해, 우리는 '~의 감각'이라는 용어를 사용한다. 그러나 건강한 감각이나 활력감 또는 그것의 부재감과 같은 '감각'이 우리가 의식적으로 경험하는 것이나 가까스로 의식하는 것, 또는 전적으로 무의식적인 것을 포함하여 표면과 심층에 널리 퍼져 있다는 점은 즉각적으로 명백해야 한다. 의식적 경험으로서 신뢰는 내성(內省)을 통해 접근할 수 있다. 또한 다른 사람들이 관찰할 수 있는 행동 방식이기도 하다. 그리고 마지막으로 신뢰는 심리 검사와 정신분석학적 해석에 의해서만 검증될 수 있는 내적인 상태다. 우리가 '~의 감각'에 대해 막연하게 말할 때, 이 세 가지 차원이 모두 관련된다.

정신분석학에서 흔히 볼 수 있듯이, 우리는 신뢰의 '기본적인' 특성을 성인 정신병리학에서 처음 알았다. 성인의 경우, 기본적 신뢰의 급격한 손상과 **기본적 불신**의 만연은 자기 자신 및 다른 사람들과 대립할 때 자기 속으로 위축되는 사람을 특징짓는 특별한 형태의 심각한 소외로 표현된다. 이러한 위축은 때로 음식과 안락함을 거부하고 교제에 관심을 두지 않으며 스스로를 폐쇄하는 정신질환의 상태로 퇴행하는 개인들에게서 가장 두드러지게 나타난다. 그들에게 가장 근본적으로 결핍된 것은 정신치료 요법으로 그들을 도우려 할 때 우리가 그들을 신뢰할 수 있도록 그들이 우리를 믿을 수 있고 그들 자신을 믿을 수 있다고 설득시키려는 특별한 의도를 가지고 그들에게 '다가서려고' 노력해야 한다는 사실로부터 알 수 있다.

그리 아프지 않은 우리 환자들의 가장 깊고 가장 유아적인 성향뿐만 아니라 그런 급진적인 퇴행에 대한 친숙함은 기본적 신뢰를 활력 있는 성격의 토대로 간주하게 했다. 우리가 이 구성 요소의 위기와 주도권을 생의 초기에 두는 것이 어떻게 정당화될 수 있는지 살펴보자.

갓 태어난 신생아가 공생하는 어머니 몸과 분리되면서, 입으로 받아들이는 선천적이고 다소 협응된 능력이 그를 먹이고 맞이하려는 어머니의 다소 협응된 능력과 의도를 충족시킨다. 이 시기에 아기는 입으로 살아가고 입으로 사랑한다. 어머니는 젖가슴, 또는 얼굴과 몸의 어떤 부위든 아기가 필요로 하는 것을 제공하고자 하는 열망을 전달하는 신체 부위들을 통해 살아가고 사랑한다.

어머니에게 이것은 여성으로서의 발달, 아이에 대한 무의식적 태도, 임신과 분만을 통해 살아온 방법, 양육과 보살핌의 행위에 대한 그녀와 공동체의 태도—그리고 신생아의 반응—에 크게 의존하는 복잡한 후기 성취라고 할 수 있다. 아기에게 입은 삶에 대한 첫 번째 일반적 접근—통합적 접근—의 초점을 이룬다. 정신분석학에서 이 단계는 대개 구강기로 불린다. 그러나 음식에 대한 압도적인 요구 외에도 아기는 많은 면에서 수용적이거나 곧 수용적이 될 것이라는 점은 분명하다. 아기가 적절한 대상을 기꺼이 빨 수 있고, 거기서 흘러나오는 어떠한 적절한 액체라도 기꺼이 삼킬 수 있기 때문에, 그는 곧 자신의 시야에 들어오는 것이 무엇이든 기꺼이 눈으로 '받아들일' 수 있게 된다. 그의 감각도 기분 좋게 느껴지는 것들을 '받아들이'는 것 같다. 그렇다면 그런 의미에서 우리는 아기가, 상대적으로 말해서, 자신에게 제공되고 있는 것을 받아들이는 **통합 단계**(incorporative stage)에 있다고 말할 수 있다. 그러나 아기들은 민감하고 취약하다. 이 세상에서의 첫 경험들이 아기들을 살아있게 할 뿐만 아니라 그들의 민감한 호흡, 신진대사 및 순환 리듬을 조정하는 데 도움이 될 수 있도록 하기 위해서는 반드시 적절한 시간에 적절한 양의 음식뿐만 아니라 적절한 자극이 그들의 감각에 전달되도록 해야 한다. 그렇지 않다면 아기들의 수용 의지는 확산적 방어나 무기력으로 급격하게 변할 수 있다.

이제, 아기를 살려 두기 위해 일어나야 할 일—필요한 최소한의 공급—과 그가 신체적으로 손상되거나 만성적으로 불쾌하지 않도록 일어나지 말아야 할 일—허용된 초기 좌절의 최대치—은 매우 분명한 반면, 일어날 **수 있는** 일과 관련해서는 다양한 가능성이 있고, 서로 다른 문화는 실행 가능하다고 생각하고 필요하다고 주장하는 것들을 결정하기 위한 특권을 광범위하게 사용한다. 어떤 이들은 아기가 자신의 눈을 긁지 않도록 하루 종일 그리고 첫해의 대부분 동안 완전히 포대기에 싸여 있어야 하며, 아기가 칭얼댈 때마다 흔들어주거나 먹여 주어야 한다고 생각한다. 다른 이들은 아기가 가능한 한 빨리 발길질하는 팔다리의 자유를 느껴야 하지만, 또한 당연하게도 말 그대로 얼굴이 파랗게 질릴 때까지 밥 달라고 '제발'을 외치며 울어야 한다고 생각한다. 이 모든 것은 다소 의식적으로 문화의 일반적인 목표 및 체계와 관련이 있는 것으로 보인다. 나는 우리가 한때 '폐를 튼튼하게 만들 것'이라고 믿었기 때문에 갓난아기가 울게 내버려두었던 방식을 몹시 비난한 나이 든 미국 원주민들을 알고 있다. 놀랍지 않게도, 이 원주민들은 백인들이 처음 그들의 환영을 받은 후에 '천국'에 가려는 마음이 너무도 간절해 보였다고 말했다. 그러나 같은 원주민들은 생후 2년 동안 모유로 기른 아이가 어머니의 젖꼭지를 '물었다'는 이유로 이마를 얻어맞았을 때 격분하여 얼굴이 파랗게 질리는 모습에 대해 자랑스럽게 이야기했다. 원주민들은 그것이 '그들을 훌륭한 사냥꾼으로 만들' 것이라고 믿었다.

그렇다면 임의적으로 보이는 다양한 어린이 훈련 방식은 어떤 본질적인 지혜, 어떤 무의식적인 계획, 그리고 많은 미신과 관련이 있는 것 같다. 그러나 '아이에게 좋은' 것, 아이에게 일어날 **수 있는** 것이 그가 어디서 무엇이 되어야 하는지에 달려 있다는 가정에는 어떤 논리—아무리 본능적이고 전(前)과학적이라 하더라도—또한 존재한다.

어쨌든, 인간 유아는 이미 매우 초기에 문화의 주요 양식과 만난다. 가장 단순하고 가장 초기의 양식은 '가서 얻는다'는 의미에서가 아니라 주어진 것을 받아들이고 수용한다는 의미에서 **얻는 것**이다. 이것은 제대로 작동할 때는, 어떠한 방해물도 이 과정이 얼마나 복잡한지를 보여준다. 더듬거리고 불안정한 신생아의 유기체는 어머니의 방식으로 '얻을' 준비 태세를 갖출 때 비로소 이 양식을 배우는데, 어머니는 다시금 자신의 주는 수단을 개발하고 조정할 때 아기가 얻는 수단을 조정할 수 있도록 허용한다. 그러나 아기는 주어진 것을 얻고 자신이 하고 싶은 것을 누군가 그를 위해 하도록 만드는 것을 배우면서, 또한 주는 사람이 '되기 위해'

—다시 말해, 어머니와 동일시하고 궁극적으로 주는 사람이 되기 위해—필요한 기초 작업을 개발한다.

일부 특히 민감한 개인이나 초기 좌절이 보상되지 않은 개인의 경우, 그러한 초기 상호 규제의 취약성은 일반적으로는 세계와, 특수하게는 중요한 사람들과 갖는 관계에서 혼란의 근원이 될 수 있다. 그러나 물론 구강 수용기 이외의 다른 수용기관을 통해 상호관계를 유지하는 방법들이 있다. 그것은 아기를 안고 따뜻하게 해주고 미소 짓고 말을 건네고 흔들고 등등과 같은 것이다. 그러한 '수평적' 보상(동일한 발달 단계에서의 보상) 외에도 생애주기의 후기 단계에서 나타나는 삶의 많은 '장기적' 보상들이 있다.[3]

'제2차 구강' 단계에서는 보다 능동적이고 직접적인 통합적 접근 방식을 추구하고 즐거움을 얻을 수 있는 역량이 성숙한다. 이가 나면서 딱딱한 것을 물고, 대상들을 물어뜯고, 깨물어 끊는 즐거움이 시작된다. 이러한 능동-통합 양식은 첫 번째 통합 양식과 마찬가지로 다양한 다른 활동들을 특징으로 한다. 처음에는 나타나는 인상들을 수동적으로 받아들이는 눈이 이제 모호한 배경에서 대상에 집중하고 그것을 분리하고 '파악'하고 따라가는 법을 배운다. 마찬가지로, 청각 기관은 유의미한 소리를 구별하고, 소리가 들리는 곳을 파악하며, 머리를 들어서 돌리거나 상체를 들어서 돌리는 것과 같은 적절한 자세 변경을 안내한다. 팔은 단호하게 뻗는 법을 배우고, 손은 단단히 움켜쥐는 법을 배운다. 그렇다면 우리는 어린이 발달 문헌에 매우 잘 기록되어 있는 고립된 능력의 첫 발현보다는, 세계에 대한 접근방식을 발달시키는 전체적인 배치에 더 관심이 있다. 혹자는 단계를 주어진 능력이 처음 나타나는(또는 검증할 수 있는 형태로 나타나는) 시기나, 여러 관련 요소들이 잘 확립되고 통합되어 다음 발달 단계가 안전하게 시작될 수 있는 시기로 생각할 수 있다.

두 번째 단계에서는 사물들—다소 자유롭게 제공되고 주어지는 것들과 다소 슬그머니 빠져나가는 경향이 있는 것들—을 **잡고 손에서 놓지 않는** 사회적 양식으로 결합되는 대인관계 패턴이 확립된다. 아기는 자세를 바꾸고 몸을 구르고 매우 점진적으로 그의 정주 왕국의 왕좌에 자신을 세우는 법을 배우는 동안, 손에 닿는 모든 것을 씹을 뿐만 아니라 움켜쥐고 전유하고 잡는 기제를 완성해야 한다.

제2차 구강 단계의 위기는 평가하기도 어렵고, 검증하기는 더 어렵다. 그것은 세 가지 발달의 동시적 발생으로 이루어지는 것처럼 보인다. 이 시기에 (1) '이가 나는' 불편함과 구강 기관의 다른 변화와 관련된 긴장을 통합하고 전유하고 더 능동적으로 관찰하려는 보다 '폭력적인' 추동이 나타나고, (2) 자신을 개별적인 인간으로 보려는 유아의 인식이 증가하며, (3) 어머니는 임신 후기와 산후 관리 중에 포기한 일을 하기 위해 아기에게서 점차 멀어진다. 이러한 추구에는 부부간의 친밀함과 아마도 새로운 임신으로의 완전한 복귀가 포함된다.

모유 수유가 무는 단계까지 지속될 때, 일반적으로 말해서 이것은 규칙인데, 이제 어머니가 고통으로 혹은 분노하여 젖꼭지를 빼지 않도록 아기는 물지 않고 계속해서 빠는 법을 배울 필요가 있다. 우리의 임상연구는 개인의 초기 역사에서의 이 단계가 오래전에 어머니 자궁과의 결합이 파괴되었다는 일반적 인상과 함께, 아기에게 어떤 기본적 상실감을 제공한다는 것을 보여주었다. 그러므로 물론 다른 여성이 어머니처럼 보이고 느껴지지 않는 한,

젖을 뗀다는 것이 젖가슴과 어머니의 안심할 수 있는 현존 모두를 갑자기 잃는 것을 의미해서는 안 된다. 이 시기에 적절한 대체물 없이 익숙한 모성을 갑작스럽게 상실하는 것은 그렇지 않으면 악화되는 조건하에서 급성 유아 우울증[4]이나 경미하지만 만성적인 애도 상태로 이어질 수 있고, 이는 남은 생애에 우울한 기류를 가져올 수 있다. 그러나 더 좋은 상황에서도 이 단계는 정신적 삶에 분열감과 잃어버린 낙원에 대한 희미하지만 보편적인 향수를 불러일으키는 것 같다.

기본적 불신의 잔재를 남기는, 박탈되고 분열되고 버림받았다는 이들 인상의 결합에 대항하여 기본적 신뢰가 확립되고 유지되어야 한다.

우리가 여기서 '신뢰'라고 부르는 것은 테레즈 베네덱(Therese Benedek)이 '신용'이라고 부른 것과 일치한다. 내가 '신뢰'라는 단어를 선호한다면, 그것은 이 단어가 더 많은 순진함과 상호성의 의미를 담고 있기 때문이다. 영아가 신뢰한다고 말할 수 있지만, 신용한다고 말하는 것은 지나친 가정일 것이다. 나아가, 일반적인 신뢰 상태는 우리가 외부 공급자의 동일성과 연속성에 의존하는 법을 배웠을 뿐만 아니라, 충동에 대처할 수 있는 자기 장기(臟器)의 능력과 자기 자신을 신뢰할 수 있는 상태를 의미한다. 즉, 공급자가 경계하거나 떠날 필요가 없도록 자신을 충분히 신뢰할 수 있다고 생각하는 것을 의미한다.

정신의학 문헌에서 '구강기 성격'이 빈번히 언급되는데, 이러한 언급에서 이 단계의 해결되지 않은 갈등을 대표하는 특징들이 강조된다. 구강 비관주의가 지배적이고 배타적이 될 때마다, '빈 채로 남겨지'거나 단순히 '남겨지는' 것, 또한 '자극에 굶주리는 것'에 대한 유아적 공포는 '비어 있음'과 '쓸모없음'의 우울한 형태로 식별될 수 있다. 그러한 공포는 다시금 정신분석학에서 구강기 가학성애로 불리는 특별히 탐욕스러운 자질, 즉 다른 사람이나 자신에게 해로운 방법으로 얻고 받아들이려는 잔인한 욕구를 구강성에 부여할 수 있다. 그러나 낙관적인 구강기 성격도 있는데, 이런 성격을 갖는 사람은 주고받는 것을 인생에서 가장 중요한 것으로 만드는 법을 아는 사람이다. 그리고 모든 개인에게 정상적인 하부토대로서 '구강성'이 있으며, 그것은 강력한 공급자에 대한 이 첫 번째 의존 기간의 지속적인 잔재라고 할 수 있다. 구강성은 대개 우리의 의존성과 향수로, 그리고 지나치게 희망적이거나 지나치게 절망적인 상태로 표현된다. 구강기와 이후 모든 단계들의 통합은 결과적으로 성인기에 믿음과 현실주의의 결합을 가져온다.

구강기 성격의 병리현상과 비합리성은 그것이 나머지 성격과 통합되는 정도와, 일반적인 문화적 패턴에 부합하고 그 표현을 위해 허용된 대인관계 기술을 사용하는 정도에 전적으로 달려 있다.

그러므로 우리는 다른 곳에서와 마찬가지로, 여기서 문화나 국가의 전체적인 경제시스템 또는 도덕시스템의 병리적 일탈로 간주되거나 간주되지 않을 수 있는 문화적 패턴 속의 유아적 충동의 표현을 논의의 주제로 삼아야 한다. 예컨대, 우리는 '우연'에 대한 강한 믿음, 자신의 지략과 운명이 비축해둔 선의에 대한 그 전통적 미국식 신뢰의 특권에 대해 이야기할 수 있다. 때로 우리는 대규모 도박이나, 운명에 대한 자의적이고 종종 자포자기한 도발의 형태로 '위험을 감수하는' 것에서, 또는 동등한 기회에 대한 권리뿐만 아니라 다른 모든 '투자자들'보다 선호되는 특권을 가지고 있다는 주장에서 이러한 신념이 퇴보하는 것을 볼 수 있다. 비슷한 방식으로, 특히 사람들 앞에서 들이마시고, 홀짝홀짝 마시고, 씹고 삼키고 소화시키는 오래되고 새로운 미각에서 비롯되는 모든 기분 좋은 안심은 우리가 염두에 두고 있는 종류의 기본적 신뢰를 나타내지도 이에 기여하지도 않는 대량 중독으로 변할 수 있다. 분명히 우리는 여기서 구강적 안심(oral reassurance)의 어떤 취약성을 나타내는 경미한 형태의 중독, 자기 기만, 탐욕스러운 전유뿐만 아니라, 문화의 과잉 속에서 유아기 양식을 다소 악의적으로 정교화하는 문제에 대한 역학적 접근을 요구하는 현상을 다루고 있다.

그러나 유아 초기의 경험에서 비롯되는 신뢰의 양은 음식이나 사랑의 절대적인 양보다는 오히려 모성 관계의 질에 달려 있다고 말해야 한다. 어머니는 공동체 생활방식의 신뢰할 수 있는 틀 안에서, 그 특성상 아기의 개별적인 필요에 대한 민감한 보살핌과 확고한 개인적 신뢰감을 결합한 그런 종류의 관리를 통해 자녀에 대한 신뢰감을 형성한다. 그것은 아기 내부에 정체감의 구성 요소를 위한 기초를 만드는데, 이러한 정체감은 후에 '괜찮다'는 느낌, 자기 자신이 된다는 느낌, 그리고 다른 사람들이 신뢰하는 사람이 되고 있다는 느낌의 결합으로 이어질 것이다. 부모들은 금지와 허용을 통해 지도하는 방법을 알고 있을 뿐만 아니라, 그들이 하고 있는 일이 의미가 있다는 깊고 거의 육체적인 확신을 아이에게 보일 수 있어야 한다. 이러한 의미에서 전통적인 양육시스템은, 심지어 전통의 특정 항목이 임의적이거나 불필요하게 잔인해－또는 관대해－보일 수 있는 경우에도 신뢰에 기여하는 요소라고 말할 수 있다. 여기서 많은 것들은, 이러한 전통적 방식이 일을 수행하는 유일한 방법이라는 확고한 전통적 신념하에 부모에 의해 자녀에게 가해지는지, 아니면 부모가 분노를 해소하거나 두려움을 완화하거나 자녀나 다른 사람—사돈, 의사, 사제 등—과의 논쟁에서 이기기 위해 아기와 아이를 잘못 관리하고 있는지 여부에 달려 있다.

변화의 시대—우리의 기억 속에 또 어떤 시대가 있을까?—에 한 세대는 다른 세대와 너무 달라서 전통의 항목들은 종종 방해가 된다. 어머니의 방식과 자녀 고유의 방식 간의 갈등, 전문가의 조언과 어머니의 방식 간의 갈등, 전문가의 권위와 자녀 고유의 방식 간의 갈등은 젊은 어머니의 자기 신뢰를 방해할 수 있다. 나아가, 미국적 삶(이민, 이주, 미국화, 산업화, 도시화, 기계화 등)의 모든 대량 변화는 매우 간단하면서도 광범위한 이러한 과제에서 젊은 어머니들을 방해하기 쉽다. 따라서, 벤저민 스폭(Benjamin Spock)의 책 제1장 1절에 '당신 자신을 믿으라'[5]는 제목이 붙은 것은 전혀 놀랍지 않다.

발달에 대한 논의에서 가장 처음부터 시작해야 한다는 것은 피할 수 없는 일이다. 우리는 인간 마음의 가장 초기, 가장 깊은 층위에 대해 거의 알지 못하기 때문에 이것은 유감스러운 일이다. 그러나 이제 우리는 인간 활력의 새로운 요소 중 어떤 것도 연구할 수 있는 주요한 방향—인생의 시작부터 정체성 위기와 그 너머까지—을 다뤘다고 주장하고 싶다. 비록 이 장 전체가 우리가 지금 생의 첫 단계에 대해 약술한 것과 같은 하나의 '목록'을 완성함에 틀림없지만, 우리는 다른 단계에 대해서도 똑같이 광범위할 수 없을 것이다. 우리의 암묵적 계획은 성장의 측정 가능한 측면에 더하여 다음과 같은 것들을 포함해야 한다. (1) 발달하는 존재의 **리비도 욕구의 확장**과 이에 따른 만족, 좌절, 승화의 새로운 가능성. (2) **확대되는 사회적 반경**, 다시 말해, (3) 한층 더 차별화된 **역량**에 기초하여 아기가 의미 있게 반응할 수 있는 사람들의 수와 종류. (4) 주어진 시간 내에 새로운 만남을 관리해야 할 필요성에 의해 야기되는 **발달적 위기**. (5) 새로운 의존과 새로운 친숙함에 대한 인식과 함께 발생하는 새로운 소외감(예컨대, 유아 초기의 버림받은 느낌). (6) 모든 미래 강점의 토대가 되는 특별하게 새로운 **심리사회적 강점**(여기서는 불신에 대한 신뢰의 유리한 비율).

이것은 금지된 항목들의 목록[6]으로, 우리의 즉각적인 과제, 다시 말해 미래 정체성을 촉진하거나 위태롭게 하는 초기 경험에 대한 기술적 설명을 지나치게 요구한다.

우리가 가장 초기의 분화되지 않은 '정체감'이라고 생각하는 것은 무엇인가? 나는 그것이 상호 신뢰와 상호 인식의 특성을 가진 만남인, 산모와 작은 아기의 만남에서 비롯된다고 제안하겠다. 그 모든 유아적 소박함을 갖는 이것은 나중에 사랑과 감탄 속에 다시 출현할 때 '신성한 존재'의 감각으로 불릴 수밖에 없는 것에 대한 첫 번째 경험이며, 이에 대한 욕구는 인간에게 기본적인 것으로 남아 있다. 그것의 부재 또는 손상은 청소년들이 성장 과정에서 유년기를 버리고 성인기를 신뢰하며 이와 더불어 스스로 선택한 사랑과 보상을 추구하는 데 전념할 때 '동일성'을 느끼는 능력을 위험할 정도로 제한할 수 있다.

여기서 나는 이미 주어진 목록에 일곱 번째 차원—즉, 이 단계에서 기원하는 특별한 힘의 수호와 그 특별한 소외의 의례적인 완화를 성인기에 떠맡는 주요한 인간 노력에 대한 각 단계의 기여—을 추가하고자 한다.

각각의 연속적인 단계와 위기는 인간의 생애주기와 인간 제도가 공진화해왔다는 단순한 이유 때문에 인간의 제도화된 기본적인 노력 중 하나와 특별한 관계를 갖는다. 이들 사이의 관계는 두 가지다. 각 세대는 이러한 제도에 유아적 욕구와 젊음의 열정이 남긴 잔재를 가져오며, 제도로부터—그것이 실제로 제도적 활력을 유지하는 한—어린아이 같은 활력의 특별한 강화를 받는다. 내가 종교를 인간 역사를 통틀어 기본적 신뢰를 검증하기 위해 노력해온 기관으로 명명한다면, 나는 종교를 유치하다고 말하거나 종교적 행위를 퇴행적이라고 부르려는 어떠한 의도도 거부하고 있는 것이다. 비록 대규모 유아화(幼兒化)가 조직적인 종교의 관행과 의도와 무관하지 않다는 것이 명백하더라도 말이다. 유년기의 무시무시한 국면들에 대한 보편적 기억상실증을 극복하듯이, 우리는 또한 유년기의 영광이 원칙적으로 성인이 되어서도 살아남는다는 사실을 감사하게도 인정할 수 있다. 그렇다면 신뢰는 **믿음**의 능력—인간으로 하여금 어떤 제도적 확증을 찾게 하는 절실한 필요—이 된다. 종교는 악의 감각에 대항하여 인간을 무장시키고 방어하겠다고 약속하는 명확한 공식을 제공하는 한편, 신앙의 형태로 신뢰감을 회복하는 의식을 행하는 가장 오래되고 가장 오래 지속된 제도인 것 같다. 영적인 안녕뿐 아니라 세속적인 부를 분배하며 창조하고 재창조하는 **신**에 대한 어린아이 같은 주기적 항복, 낮은 자세와 겸손한 몸짓으로 왜소함과 의존을 보여주는 것, 악행, 오해, 악한 의도에 대해 기도와 노래로 행하는 고백, 신의 인도에 의한 내적 통일에 대한 열렬한 호소 등이 모든 종교적 관행에 포함되어 있다는 사실에 유아화의 가능성뿐 아니라 어린아이 같은 힘이 암시된다. 최상의 경우 이 모든 것들은 고도로 양식화되고, 따라서 초개인적인 것이 된다.[7] 회복에 대한 개인의 호소는 많은 사람들의 의식적 관행의 일부가 되고, 공동체 내의 신뢰의 신호가 되는 반면, 개인의 신뢰는 공동의 믿음이 되고 개인의 불신은 일반적으로 공식화된 악이 된다.

종교가 실재의 힘을 잃을 때, 시대는 공유된 세계 이미지로부터 활력을 얻는 삶에 대해 다른 형태의 공동 숭배를 찾아야 할 것으로 보인다. 오직 합리적으로 일관된 세계만이 **희망**의 생명력, 다시 말해 의존의 무정부적 충동과 분노에도 불구하고 원초적 소망의 실현 가능성을 믿고자 하는 지속적인 성향에 기여하는 방식으로, 어머니에게서 아기에게 전달되는 믿음을 제공하기 때문이다. 가장 어린 시절의 정체성 획득에 대한 가장 짧은 공식화는 아마도 다음과 같을 것이다. 나는 내가 가진 희망이자 내가 주는 희망이다.[8]

2. 초기 유년기와 자기 자신이고자 하는 의지

정신분석학은 유아기의 비울 수 있는 신체 기관과 종종 관련이 있는 특별한 쾌락성과 고의성(故意性)을 지칭하기 위해 '항문성(anality)'이라는 단어를 만들었다. 물론 장과 방광을 비우는 모든 절차는 처음부터 '잘 해낸' 주요 과업에 대한 만족이라는 보상으로 강화된다. 처음에 이 보상은 대장이 그것의 일상적인 일을 하는 법을 배울 때 꽤 자주 겪게 되는 불편함과 긴장을 보충한다. 두 가지 발달이 점차 항문 경험에 필요한 '용적'을 제공한다. 더 좋은 형태의 대변을 보고, 자발적인 내보내기와 보유하기의 발달을 허용하는 근육 시스템의 일반적 조절이 시작된다. 그러나 사물에 대한 이러한 새로운 차원의 접근은 괄약근에 국한되지 않는다. 마음대로 번갈아가며 보유하고 배출할 수 있고, 잡고 있는 것이 무엇이든지 간에 단단히 잡고 있다가 고의적으로 버릴 수 있는 일반 능력이자 실제로 강력한 욕구가 발달하는 것이다.

유아기의 이 두 번째 단계의 전반적인 중요성은 근육의 성숙, 언어화, 구별, 그리고 '**보유하**'고 '**보내는**' 성향으로 특징지어지는 매우 상충적인 여러 가지 행동 패턴들을 조절할 수 있는 필연적 능력—과 이중으로 느껴지는 무능력—의 빠른 향상에서 찾을 수 있다. 여전히 매우 의존적인 아이가 이런 방식과 다른 많은 방식으로 자신의 **자발적 의지**를 경험하기 시작한다. 이때 아이는 종종 자신의 폭력적 의지를 감당하지 못하고 부모와 아이는 서로를 감당하지 못하기 때문에, 악한 힘들이 특히 불평등한 의지의 게릴라전에서 억압되고 분출된다.

적절한 항문성에 관한 한, 모든 것은 문화적 환경이 그것을 활용하고 싶어 하는지 여부에 달려 있다. 원시사회와 농경사회에서는 부모가 항문기 행동을 무시하고, 걸음마기 아기를 덤불로 이끌어서 이 문제에 대한 아기의 적응이 더 큰 아이들을 모방하려는 그의 소망과 일치되도록 나이 든 아이들에게 맡겨둔다. (다른 문명—예컨대, 일본—뿐만 아니라) 우리의 서구 문명과 특히 그 안에 있는 특정 계층은 이 문제를 더 심각하게 받아들이기로 결정했다. 기계 시대가 기계적으로 훈련되고, 흠잡을 데 없이 기능하며, 항상 깨끗하고 시간을 잘 지키고 탈취된 신체에 대한 이상을 제공해온 것은 바로 여기 서구 문명에서다. 나아가, 시간이 돈인 기계화된 세상에서 효율적으로 기능할 성격 유형에 엄격한 조기 훈련이 절대적으로 필요하다는 다소 과장된 주장이 제기되어 왔다. 그러므로 아이는 이전에도 부러져야 하는 동물이었던 것처럼 설정되고 조정되어야 하는 기계가 된다—반면 실제로 의지력은 단계적으로만 발달할 수 있다. 어쨌든, 우리의 임상연구는 우리 시대의 신경증이 배변 문제뿐만 아니라, 애정, 시간, 돈 문제에서도 인색하고 소심하고 보유하려고 하는 **강박적인 성격**을 포함한다는 것을 보여준다. 또한 배변과 배뇨 훈련은 우리 사회의 광범위한 영역에서 어린이 훈련의 가장 불안한 항목이 되었다.

그렇다면 무엇이 항문 문제를 잠재적으로 중요하면서도 어렵게 만드는가?

항문 부위는 다른 어떤 것보다도 상반되는 충동에 대한 완강한 고집을 표현하는 데 적합하다. 그 이유 중 하나로, 항문 부위는 두 가지 모순된 양식, 즉 보유하기와 비우기가 번갈아 일어나야 하는 규범적 부위이기 때문이다. 나아가, 괄약근은 경직과 이완, 굴곡과 확장의 일반적 양면성을 가진 근육 시스템의 유일한 부분이다. 그렇다면 이 전체 단계가 **자율성을 위한 전투**가 된다. 이는 아이가 더 꼿꼿이 일어설 준비가 될 때 세계를 '나'와 '너', 그리고 '나를'과 '내 것'으로 묘사하는 법 또한 배우기 때문이다. 아기가 자기가 해야 할 일을 하고 싶다는 결정을 내릴 때 모든 어머니들은 이 단계의 아이가 얼마나 놀랍도록 유연할 수 있는지를 알게 된다. 그러나 아이가 그렇게 하기를 원하도록 만들 수 있는 믿을 만한 공식을 찾는 것은 불가능하다. 모든 어머니들은 이 단계에서 아이가 얼마나 사랑스럽게 그녀에게 가까이 다가가려고 하는지, 그리고 얼마나 무자비하게 그녀를 갑자기 밀어내려고 하는지를 안다. 동시에 아이는 물건을 쌓아 두기도 하고 쉽게 버리기도 한다. 또한 소중한 물건을 잡기도 하고 창 밖으로 던져버리기도 한다. 이 모든 모순되어 보이는 경향을 우리는 **보유하기-비우기 양식**의 공식에 포함시킨다. 사실 모든 기본적인 양식은 적대적이고 호의적인 기대와 태도에 모두 도움이 된다. 그러므로 '보유하기'는 파괴적이고 잔인한 보유 또는 억제가 될 수 있으며, 또한 보살핌의 형태, 다시 말해, '법적으로 소유하는 것'이 될 수 있다. '보내는' 것 또한 파괴력의 악의적 방출이 되거나 또는 느긋한 '놓아 주기'와 '내버려 두기'가 될 수 있다. 문화적으로 말하면, 이들 양식은 좋은 것도 나쁜 것도 아니다. 그것의 가치는 문화에서 요구되는 긍정과 거부의 형태 속에 이들 양태가 어떻게 통합되어 있는가에 달려 있다.

어른과 아이 사이의 상호 규제 문제는 현재 가장 심각한 시험대에 놓여 있다. 만약 너무 엄격하거나 너무 이른 훈련에 의한 외부 통제가 배변 및 다른 기능들을 기꺼이 자유로운 선택에 의해 점차적으로 통제하려는 아이의 시도를 방해한다면, 아이는 다시 이중 반항과 이중 패배에 직면하게 될 것이다. 자신의 항문 본능에 저항할 힘을 잃고, 때로는 배변 운동과 무력한 외부를 두려워하면서 퇴행이나 가짜 진전에 의해 만족과 통제를 추구할 수밖에 없을 것이다. 다시 말해, 아이는 발달 초기의 구강 통제 단계로 되돌아갈 것이다. 즉, 그는 엄지 손가락을 빨고, 두 배로 까다롭게 굴 것이다. 또는 적대적이고 고집스럽게 될 것이고, 배설물을 (나중에는 이에 상응하는 더러운 말을) 종종 공격용 탄약으로 사용할 것이다. 또는 혼자서는 결코 할 수 없는 일을 도움 없이 혼자 하려고 하며 할 수 있다고 우길 것이다.

그러므로 이 단계는 애정 어린 선의와 증오하는 자기 주장, 협동과 의지, 그리고 자기 표현과 강박적인 자기 억제 또는 온순한 순응 사이의 비율을 정하는 데 결정적으로 작용한다. 자존감을 잃지 않는 자제력은 **자유 의지**의 개체발생적 기원이다. 피할 수 없는 자제력 상실과 부모의 과잉 통제로부터 지속적인 **의심**과 **수치심**의 성향이 나타난다.

자율성의 성장을 위해서는 확립된 초기 신뢰가 필요하다. 유아는 선택권을 갖고 싶어 하고 집요하게 전유하고 완고하게 제거하고 싶어 하는 격렬한 소망에 의해 자신과 세상에 대한 믿음이 위태로워지지 않을 것이라고 확신한다. 부모의 확고함만이 아직 연마되지 않은 아이의 분별력과 신중함의 결과로부터 그를 보호할 수 있다. 그러나 아이의 환경은 또한 '자립하고자 하는' 그의 소망을 뒷받침해야 하며, 또한 지금 새롭게 부상하고 있는 한 쌍의 소외감으로부터 그를 보호해야 한다. 하나는 우리가 수치심이라고 부르는, 조급하고 어리석게 자신을 노출시켰다는 느낌이며, 또 하나는 우리가 의심—자신에 대한 의심과 양육자의 확고함과 통찰력에 대한 의심—이라고 부르는 그 이차적 불신, 즉 '더블 테이크(double take)'(웃어넘긴 다음에 뒤늦게 깨닫고 아차 하는 표정을 짓는 것-옮긴이)의 느낌이다.

우리 문명에서 수치심은 너무 일찍 그리고 너무 쉽게 죄책감에 흡수되기 때문에 충분하게 연구되지 않은 유아기 정서다. 수치심은 완전히 노출된 상태에서 남이 보는 것을 의식할 때—한마디로 자의식적일 때—나타난다. 눈에 보이지만 아직 보일 준비가 안 된 것이다. 그래서 우리는 꿈속에서 불완전한 옷차림으로, 잠옷 바람으로, 또는 '바지가 내려간 상태에서' 누군가가 빤히 쳐다보는 수치스러운 경험을 한다. 수치심은 얼굴을 묻고 싶은 충동, 아니면 그 자리에서 쥐구멍에라도 들어가고 싶은 충동으로 생애 초기에 나타난다. 이러한 잠재력은 그것이 나중에 논의될 종종 더 파괴적인 죄책감으로 대체되는 곳에서, 일부 원시인들이 독점적으로 사용하는 '수치심 주기' 교육방법으로 풍부하게 활용되고 있다. 수치심 주기의 파괴력은 일부 문명의 '체면 유지' 전략과 비교된다. 수치심 주기는 증가하는 왜소감을 이용하는데, 이러한 감각은 역설적으로 아이가 일어서서 크기와 힘의 상대적 척도에 의식적으로 주목할 수 있게 됨에 따라 발달한다.

너무 많은 수치심 주기는 예의를 가져오는 것이 아니라, 실제 의도적인 뻔뻔함을 초래하지 않는다면 보이지 않을 때 일을 회피하려는 은밀한 결심으로 이어진다. 공동체가 보는 앞에서 교수형에 처해질 운명의 한 살인자가 치명적인 두려움이나 완전한 부끄러움을 느끼는 대신에, "빌어먹을 당신네들 눈"이라는 말로 모든 저항을 끝내며 구경꾼들을 비난하기 시작하는 인상적인 미국 민요가 있다. 많은 어린아이들이 참을 수 없을 정도로 수치스러움을 느낄 때, (비록 용기나 단어를 가지고 있지는 않지만) 이와 비슷한 말로 반항을 표현하고 싶은 기분이 들지 모른다. 이 악의적 언급이 의미하는 바는 자기 자신과 몸, 욕구, 소망을 악하고 더러운 것으로 간주하고 그런 판단을 내리는 사람의 무과실성을 믿도록 강요하는 요구에 직면하여 어린이와 성인의 개별 인내심에는 한계가 있다는 것이다. 때때로 사람들은 상황을 반전시키고, 다른 사람들의 의견을 비밀리에 망각하며, 오직 다른 사람들이 존재한다는 사실만을 악으로 간주할 수 있다. 즉, 기회는 다른 사람들이 사라지거나 그들을 떠날 수 있을 때 찾아올 것이다.

이 단계에서 정신치료학적 위험은 다른 모든 단계에서 그렇듯이 정상적인 소외가 신경증이나 정신병적 증상을 일으킬 정도로 잠재적으로 악화되는 것이다. 민감한 아이는 자신을 차별하고 싶은 모든 충동을 전환시켜 **조숙한 양심**을 발달시킬 수 있다. 그는 의도적으로 사물을 전유하고 반복적인 놀이를 통해 시험하는 대신에, 자신의 반복성에 사로잡히고 '그냥 그렇게' 모든 것을 주어진 순서와 속도로만 가지고 싶어 할 것이다. 그러한 유아적 강박과 지연에 의해, 또는 의식적인 반복을 고집하는 고집불통이 됨으로써, 아이는 부모와의 광범위한 상호 규제를 찾을 수 없는 영역에서 부모에 대한 권한을 얻는 법을 배운다. 그렇다면 그러한 공허한 승리는 성인 강박신경증의 유아적 모형이라고 할 수 있다.

예컨대, 청소년기에 강박적인 사람은 '벗어나고 싶다'는 소망을 표현하는 교묘한 수단으로 자신을 자유롭게 하려고 시도할 수 있지만 그 소망에서도 벗어날 수 없다는 것을 알게 된다. 이는 그런 젊은이가 다른 사람들로부터 회피하는 법을 배우는 동안, 조숙한 양심으로 인해 실제로 어떤 일에서도 벗어날 수 없으며, 습관적으로 수치스러워하고 변명하려 하며 눈에 띄는 것을 두려워하는 정체성 위기를 겪기 때문이다. 그렇지 않으면, 그는 갱단의 뻔뻔스러운 반항에서 그 제재와 의식(儀式)을 찾을 수 있는 반항적인 종류의 자율성을 드러내고 그것에 대한 과잉보상을 받게 된다. 이에 대해서는 제6장에서 더 상세히 논의할 것이다.

의심은 수치심의 형제다. 수치심이 자세가 똑바르고 노출되어 있다는 의식에 의존한다면, 의심은 앞뒤—특히 '엉덩이'—가 있다는 의식과 많은 관련이 있다. 괄약근과 둔부에 공격적이고 리비도적인 초점을 가진 신체의 이 반대쪽 부위는 아이에게는 보이지 않지만, 타인의 의지에 의해 지배될 수 있다. '엉덩이'는 작은 존재의 어두운 대륙으로, 우리의 자치권을 공격하는 사람들과, 장을 통과할 때 괜찮다고 느꼈던 배변의 산물들을 악으로 규정짓는 사람들이 마법적으로 지배하고 효과적으로 침입할 수 있는 신체 부위다. 남아 있는 것이 무엇이든 간에 이러한 기본적인 의심은 습관적인 '더블 테이크' 또는 다른 강박적 의심의 후기 언어적 형태에 대한 모형이라고 할 수 있다. 성인기에는 이것이 뒤에서 (그리고 엉덩이 내부에서) 위협하는 숨은 학대자와 은밀한 학대에 대한 편집증적 공포로 나타난다. 청소년기에는 이것이 일시적인 완전한 자기-의심으로 표현될 수 있는데, 그것은 이제 시간상 '과거에 있는' 모든 것들—성격의 초기 발현뿐만 아니라 어린 시절의 가족—이 단순히 새로운 시작을 위한 전제 조건에 부합하지 않는다는 느낌이다. 그렇다면 이 모든 것은 세상과 자신을 향한 '더러운' 욕설의 모든 함축적 의미와 함께, 더러움과 지저분함을 의도적으로 드러냄으로써 거부될 수 있다.

'구강기' 성격의 경우와 마찬가지로, 강박증 혹은 '항문기' 성격도 정상적인 측면과 비정상적으로 과장된 측면이 있다. 질서, 시간 엄수, 청결이 핵심인 문제에 있어서 어느 정도의 **강박증**이 유용할 때조차도, 궁극적으로 보상적 특성과 통합되면 어떤 **충동성**이 표출될 수 있다. 문제는 항상 우리가 사물이 더 다루어지기 쉽게 되는 양상의 주인으로 남아 있느냐 아니면 규칙이 통치자를 지배하느냐 하는 것이다.

아이가 지나친 고집을 극복하고, '선한 의지'를 발달시키며, (몇 가지 필수적인 방식으로 복종하는 것을 배우는 동안) 자유 의지의 자율적인 감각을 유지하도록 돕기 위해 그의 의지를 훈련시키는 데에는 체력과 유연성이 모두 필요하다. 정신분석학적으로 보면, 이러한 훈련은 아이가 자기 몸과 소원해지는 원인으로 주로 과도한 초기 배변 훈련과 불합리한 수치심 주기에 초점을 맞추고 있다. 그것은 적어도 아이들에게 해서는 **안 되는** 것을 공식화하려고 시도한다. 물론 생애주기 연구에서 밝혀진 많은 회피 행위들이 있다. 그러나 그런 많은 공식들은 막연한 경고로부터 불안한 규칙을 만드는 경향이 있는 사람들에게 미신적인 억제를 불러일으키기 쉽다. 이제 우리는 특정 연령의 특정한 아이들에게 정확히 무엇을 해서는 안 되는지를 점차 알아가고 있다. 그러나 즉흥적으로 그리고 즐겁게 무엇을 해야 하는지도 알아야 한다. 프랭크 프리몬트스미스(Frank Fremont-Smith)의 말을 인용하면, 전문가는 "그 안에서 선택이 허용되고 바람직한 기준 틀만 설정"할 수 있을 뿐이다. 마지막 분석에서, 어린이 훈련에 대한 비교연구가 확인시켜 주듯이, 부모가 어린 자녀에게 부여할 수 있는 자율성 감각의 종류와 정도는 그들이 삶에서 획득하는 위엄과 개인적 독립성의 감각에 따라 다르다. 우리는 이미 아기의 신뢰감이 부모 믿음의 반영이라고 제안했다. 마찬가지로, 자율성 감각은 자율적인 존재로서의 부모의 위엄을 반영한 것이다. 우리가 세부적으로 무엇을 하든, 대개 아이는 우리가 충실하고 협조적이며 확고한 존재로 살아가게 하는 것이 무엇인지, 그리고 무엇이 우리를 증오스럽고 불안하고 분열되게 만드는지를 느낄 것이기 때문이다.

그렇다면 어떤 사회적 제도가 삶의 두 번째 단계의 지속적인 이익을 보호하는가? 인간의 자율성을 기술하고자 하는 기본 욕구는 **법과 질서**의 원칙에서 제도적 보호장치를 가지고 있는 것으로 보이며, 이는 법정은 물론 일상생활에서 각자에게 특권과 한계, 의무와 권리를 배분한다. 부모의 정당하게 제한된 자율성에 대한 감각만이 자의적인 정당성보다는 초개인적인 분노를 표출하는 작은 개인을 다루는 데 도움이 된다. 이 점에 대해 곰곰이 생각해보는 것이 중요한데, 왜냐하면 많은 아이들에게 공통적으로 나타나는 지속적인 의심과 모욕적인 처벌 및 제약의 많은 부분이 결혼, 직장, 시민권에서의 부모 좌절의 결과이기 때문이다. 많은 사람들이 유년기에 높은 수준의 개인적 자율성, 자부심 및 기회를 삶에서 기대하도록 준비되어 있고 나중에는 너무 복잡해서 이해할 수 없는 비인격적인 조직과 기계에 의해 지배되고 있다는 것을 알게 되었을 때, 결과적으로 서로에게—또는 자녀에게—어느 정도의 자율성을 부여하기를 꺼리게 만드는 깊은 만성적인 실망감이 나타날 수 있다. 대신에 그들은 자율성의 잔재를 잃거나 익명의 적들에 의해 자유 의지가 방해받고 제한되고 제약받는 동시에 역설적으로 충분히 통제되지 않고 무엇을 해야 할지 **듣지** 못한다는 비이성적 두려움에 사로잡힐 수 있다.

우리는 다시 한 번 유년기의 투쟁과 승리의 특징을 상세히 다루었다. 이 단계는 정체성 형성을 지원하거나 정체성 혼란에 특별한 종류의 소외를 제공함으로써 정체성 위기에 어떤 식으로 기여하는가? 물론 자율성의 단계는 특히 주목할 가치가 있는데 그 안에서 첫 번째 해방, 즉 어머니로부터의 해방이 이루어지기 때문이다. 유년기 환경에서 벗어나는 청소년들은 많은 방면에서 이 첫 번째 해방을 반복한다고 믿을 만한 임상적 이유(정체성 혼란 장에서 논의될)가 있다. 이러한 이유로 가장 반항적인 젊은이들은 또한 부분적으로 (때로는 전적으로) 냉소적인 독립이 거부하는 것처럼 보이는 지침을 찾기 위한 까다롭고 애처로운 탐색으로 회귀할 수 있다. 그러나 이런 '임상적' 증거와는 별개로, 궁극적인 정체성 형성에 전반적으로 기여하는 것은 자신의 미래를 선택하고 인도할 수 있는 독립적인 개인이 될 수 있는 바로 그 용기다.

우리는 가장 초기 단계가 성장하는 존재에 잔재를 남긴다고 말했다. 이런 잔재는 많은 위계 수준에서 그리고 특히 개인의 정체감에 '나는 내가 가진 희망이자 내가 주는 희망이다'라는 확신과 같은 것을 반영할 것이다. 자율성 단계가 남기는 유사한 잔재는 '나는 내가 자유롭게 바랄 수 있는 것'[9]인 것 같다.

3. 유년기와 역할 기대

아이는 자신이 독립적인 사람이라고 굳게 확신하면서 이제 자신이 어떤 종류의 사람이 될 수 있는지를 알아봐야 한다. 물론 아이는 깊고 배타적으로 부모에게 동일시된다. 부모는 아이에게 매우 비합리적이고 불쾌하며 심지어 위험해보이지만, 대부분의 경우 강력하고 아름다워 보인다. 다음의 세 가지 발달은 이 단계를 지원하는 동시에 위기를 초래하는 역할을 한다. (1) 아이는 더 자유롭고 더 격렬하게 움직이는 법을 배우고, 따라서 더 넓고 무제한적인 목표 반경을 설정한다. (2) 아이가 무수히 많은 것들을 철저히 오해할 정도로 듣는 과정에서, 아이의 언어 감각은 그것을 이해하고 끊임없이 물어볼 수 있을 정도로 완벽해진다. 그리고 (3) 언어와 운동 모두 아이의 상상력을 너무 많은 역할로 확장시켜 자신이 꿈꾸고 생각한 것을 두려워하는 것을 피할 수 없게 만든다. 그럼에도 불구하고 아이는 이 모든 것으로부터 현실적인 야망과 목적의식의 기초로서 **주도성의 감각**을 발달시킨다.

그렇다면 깨지지 않는 주도성 감각의 기준은 무엇인가? 여기서 논의된 모든 '감각'의 발달 기준은 동일하다. 즉, 어떤 새로운 소외를 발생시키는 위기는 아이가 갑자기 '더 자기 자신'인 것처럼 보이고, 더 사랑하고 더 편안하고 더 현명한 판단을 하는—다시 말해, 새로운 방식으로 활기 있는—것처럼 보이는 방식으로 해소된다. 무엇보다도 아이는 더 활력 있게 되고 더 활력 있게 만드는 것처럼 보인다. 아이는 많은 실패를 빨리 잊어버리고 바람직해 보이는 새로운 영역에 접근할 수 있게 해주는 어떤 잉여 에너지를 자유롭게 가지고 있다. 비록 이러한 영역들이 변함없는 열정과 증가하는 방향 감각과 더불어 위험해보일지라도 말이다.

우리는 이제 걷는 것이 편안해지고 활력이 생기는 3년 차의 끝을 향하고 있다. 책에서는 아이가 이보다 훨씬 전에 걸을 수 있다고 말하지만, 중력이 내부에서 느껴질 때, 아이가 자신이 걷고 있다는 것을 잊어버리고 대신에 그것으로 무엇을 할 수 있는지를 알아낼 수 있을 때, 걷고 달리는 것은 아이의 숙달 영역의 항목이 된다. 그때서야 아이의 다리는 보행의 부속물이 되는 대신에 그의 일부가 된다. 그때서야 아이는 자신이 지금 무엇을 할 **수 있는지**를 비롯하여 이제 무엇을 해**도 되는지**를 유효하게 알게 될 것이고, 이제 자신을 걸어 다니는 어른들만큼이나 큰 존재로 마음속에 그릴 준비가 된다. 아이는 비교하기 시작하고, 일반적으로 크기와 종류의 차이에 대해, 특수하게는 성 및 연령 차이에 대해 지칠 줄 모르는 호기심을 발달시키는 경향이 있다. 아이는 가능한 미래의 역할을 이해하거나, 적어도 어떤 역할이 상상할 가치가 있는지를 이해하려고 노력한다. 더 즉각적으로, 아이는 이제 자기 또래의 아이들과 교제할 수 있다. 아이는 나이가 많은 아이들이나 특별한 여성 보호자들의 지도하에 점차 유아원, 길모퉁이, 마당 등의 유아 정치에 뛰어든다. 아이의 학습은 이제 현저하게 간섭적이고 활력적이다. 아이는 학습을 통해 자신의 한계에서 벗어나 미래의 가능성을 향해 나아간다.

이 단계의 대부분의 행동을 지배하는 **침입 양식**은 '유사한' 배치를 갖는 다양한 활동과 환상을 특징으로 한다. 여기에는 (1) 격렬한 운동에 의한 공간 침입, (2) 호기심에 의한 미지의 세계로의 침입, (3) 공격적인 목소리에 의한 타인의 귀와 정신으로의 침입, (4) 물리적 공격에 의한 다른 신체로의 침입, (5) 그리고 종종 가장 두렵게도, 여성 신체에 침입하는 음경에 대한 상상이 포함된다.

이것은 유아 섹슈얼리티 이론에서 **음경 단계**로 불린다. 그것은 유아 호기심의 단계이자 성기 흥분의 단계이며, 소녀들의 명백한 음경 상실과 같이 성적인 문제에 대한 다양한 정도의 열중과 지나친 관심이 나타나는 단계다. 이러한 '성기 편중'은 물론 초보적인 것이며 앞으로 일어날 일에 대한 단순한 전망일 뿐이다. 특별히 눈에 잘 띄지도 않는다. 특히 유혹적인 관행이나 '잘라 버리겠다는' 두드러진 금지와 위협, 또는 아이들 집단의 성적 유희와 같은 특별한 관습에 의해 조숙한 징후로 나타날 만큼 특별히 자극되지 않는다면, 성기 편중은 곧 억눌릴 만큼 충분히 위협적이고 무의미해지는 독특하게 매혹적인 일련의 경험에 지나지 않는다. 이것은 유아 섹슈얼리티(동물의 경우 성숙으로 통합되는)와 신체적인 성적 성숙을 분리시키는 긴 지연 기간이자 프로이트가 '잠복기'로 불렀던 그 인간적 특성의 우세로 이어진다. 그것은 원칙적으로 자신을 어머니와 아버지만큼이나 유능한 존재로 상상하고자 하는 모든 노력에도 불구하고, 먼 미래에도 어머니와의 성적 관계에서 아버지가 되지 못하고 또는 아버지와의 성적 관계에서 어머니가 되지 못할 것이라는 인식을 수반한다. 이러한 통찰의 매우 심오한 정서적 결과와 이와 관련된 불가사의한 공포는 프로이트가 오이디푸스 콤플렉스라고 불렀던 것을 가져온다. 오이디푸스 콤플렉스는 남자아이가 자신의 몸에 위안을 준 모성적 성인에게 첫 번째 애정을 나타내고 이들 모성인의 성적 소유자인 사람들에 대해 첫 번째 성적 경쟁심을 발달시킨다는 발달 논리에 바탕을 두고 있다. 반면에 어린 소녀는 아버지와 다른 중요한 남자들에게 애착되고 어머니를 질투한다. 이러한 발달은 같은 어머니로 후퇴하는 것을 막는 것처럼 보이기 때문에 소녀에게 많은 불안을 야기할지 모른다. 한편, 그것은 은밀하게 '그럴 만한 가치가 있기' 때문에 어머니의 반대를 마법처럼 훨씬 더 위험하게 만든다.

소녀들은 그들의 운동, 정신 및 사회적 침입성이 소년들의 그것만큼 왕성하고, 따라서 그들이 완벽하게 착한 톰보이가 되도록 허용하지만, 하나의 항목, 즉 대부분의 문화 및 계층에서 중요한 특권인 음경을 결여하고 있다는 것을 곧 알아차리기 때문에 이 단계에서 종종 냉혹한 변화를 겪는다. 남자아이는 성인의 거대함에 대한 꿈을 투사할 수 있는 이 가시적이고 발기할 수 있고 이해할 수 있는 기관을 가지고 있지만, 여자아이의 클리토리스는 성적 평등의 꿈을 제대로 지속시키지 못하며, 소녀는 심지어 장래에 대한 유사하게 가시적인 징표로서 젖가슴도 가지고 있지 않다. 여자아이의 궁극적인 남근 침입 **개시**(inception)라는 관념은 여전히 너무 두려운 것이고, 그녀의 모성 충동은 놀이 환상이나 아기 돌보기로 밀려난다. 반면에 어머니가 집안일을 관장하는 경우에 남자아이는 부적절감을 발달시킬 수 있다. 왜냐하면 이 단계에서 그는 밖에서 노는 것과 일하는 것은 잘 할 수 있지만 결코 집이나 어머니, 누나들을 지배하지는 못할 것이라는 것을 알게 되기 때문이다. 어머니와 누나들은 남자아이란 다소 혐오스러운 존재라는 것을 그가 느끼게 함으로써 자신들에 대해 스스로 가졌던 의구심에 대해 사실상 그에게 복수할 수도 있다.

경제생활의 필요와 그 사회적 계획의 단순함으로 인해 남녀의 역할 및 이들 역할의 특별한 힘과 보상을 이해할 수 있는 경우, 성차에 대한 이러한 초기 의혹은 당연하게도 성 역할 분화를 위한 문화적 설계에 보다 쉽게 통합된다. 그러므로 소년과 소녀들은 모두 언젠가 어머니나 아버지만큼 잘―아마도 더 잘―될 것이라는 모든 설득력 있는 전망에 대해 매우 기뻐하고, 조금씩 간격을 두고 꾸준히 반복되는 성적 깨달음에 대해 감사하게 생각한다.

놀이 및 유아 성기 단계인 보행 단계는 양성의 기본적인 사회적 양식 목록에 '형성하기' 양식을 추가하는데, 처음에는 '형성 중'이라는 유아적 의미에서 그렇다. 기초 영어보다 기본적인 사회적 양식에 맞는 더 간단하고 강력한 단어는 없다. 단어들은 경쟁의 즐거움, 목표에 대한 고집, 정복의 즐거움을 암시한다. 남자아이의 경우, 초점은 정면 공격에 의한 '형성하기'에 두어지고 여자아이의 경우, 공격적으로 가로채거나 또는 자신을 매력적이고 사랑스럽게 만듦으로써 '유혹하기'로 강조점이 바뀔 수 있다. 그러므로 아이는 남성적 또는 여성적 주도성의 전제 조건과 무엇보다도 그의 미래 정체성의 긍정적 측면과 부정적 측면의 필수 요소가 될 수 있는 어떤 성적 자아상을 발달시킨다. 그러나 이 과정에서 방대하게 증가된 상상력과 이동 동력에의 도취는 거대하고 무시무시한 비밀스런 환상으로 이어진다. 즉, 깊은 **죄책감**―어쨌든 행해지지 않았을 뿐 아니라 생물학적으로도 불가능한 범죄와 행위를 저질렀다는 것을 영원히 암시하는 것처럼 보이기 때문에 이상한 감각인—이 일깨워지는 것이다. 자율성 투쟁은 최악의 경우 경쟁자들의 접근을 막는 데 집중되었기 때문에 종종 손아래 형제들에 의한 침해에 대한 **질투 어린 분노**의 표현이었다면, 주도성은, 처음 거기에 있었기 때문에 자신의 주도성이 처음 향하는 현장을 우수한 장비로 차지할 수 있는 사람들과의 **예상되는 경쟁**을 가져온다. 질투와 경쟁, 이론의 여지 없는 특권의 영역을 경계지으려는, 종종 적의를 담고 있지만 근본적으로 부질없는 이 시도들은 이제 부모 중 한 명의 편애 대상이 되고자 하는 마지막 경쟁에서 절정에 이른다. 불가피하고 필요한 실패는 죄의식과 불안을 낳는다. 아이는 거인이나 호랑이가 되는 환상에 빠져들지만, 꿈속에서 그는 공포에 질려 필사적으로 도망친다. 그렇다면 이것은 목숨과 신체에 대한 두려움의 단계, 즉 '**거세 콤플렉스**'—은밀한 환상과 행위에 대한 처벌로 성기를 잃을지 모른다는 극심한 두려움 또는 여자아이의 경우, 잃었다는 확신—의 단계다.

주도성의 위대한 관리자는 **양심**이다. 아이는 이제 들통나는 것을 두려워할 뿐만 아니라 자기 관찰, 자기 안내, 자기 처벌이라는 '내면의 목소리'를 듣게 되는데, 그것은 내부에서 그를 근본적으로 분열시킨다. 즉, 이는 새롭고 강력한 소외라고 할 수 있다. 이것은 도덕성의 개체발생적 토대다. 하지만 인간 활력이라는 관점에서, 이 위대한 성취가 지나치게 열심인 어른들 모두에게 과중한 부담이 된다면 정신에도, 도덕 자체에도 좋지 않을 수 있다는 점을 지적해야 한다. 왜냐하면 아이의 양심이 원시적이고 잔인하며 비타협적일 수 있기 때문인데, 이는 아이들이 지나치게 억제될 정도로 스스로를 억누르는 법을 배우는 경우나, 부모가 원하는 것보다 더 철저한 순종을 발달시키는 경우, 또는 부모 스스로 아이에게 가르친 양심에 부응하지 못하기 때문에 아이들이 심각한 퇴행을 일으키고 지속적인 원한을 품게 되는 경우에 관찰될 수 있다. 삶에서 가장 깊은 갈등 중 하나는, 처음에는 양심의 모델이자 집행자로 봉사하지만 나중에는 아이가 더 이상 자신에게서 용납할 수 없는 바로 그 죄를 '면하려다' 발각된 부모에 대한 증오로부터 비롯된다. 그러므로 아이는 모든 문제가 보편적인 선의 문제가 아니라 자의적인 힘의 문제라는 것을 느끼게 된다. 전부가 아니면 아무 것도 아니라는 초자아의 속성에 추가되는 의심과 회피는 도덕적인 사람을 자신과 동료들에게 큰 잠재적 위험으로 만든다. 도덕은 복수심 및 다른 사람들에 대한 억압과 동의어가 될 수 있다.

이 모든 것은 파괴적 추동의 잠재적 강자를 의심하지 않는 독자들에게 이상하게 보일 수 있다. 이러한 파괴적 추동은 이 단계에서 자극되고 일시적으로 잠재워질 수 있으며, 나중에 기회가 왔을 때 사용할 준비가 되어 있는 파괴력의 내부 무기고에 기여할 수 있다. 나는 '잠재적', '자극', '기회'라는 단어를 사용함으로써, 유년기의 갈등과 불안, 그리고 인류에 대한 유년기의 중요성을 이해하게 되면 이러한 내면의 발달에는 건설적이고 평화적인 주도성에 활용될 수 없는 것이 거의 없다는 것을 강조하고자 한다. 그러나 유년기의 최고 및 최악의 꿈과 더불어 유년기 현상을 간과하거나 경시하기로 결정했다면, 우리는 인간의 불안과 갈등의 영원한 근원 중 하나를 인식하지 못했을 것이다. 다시 말하지만, 이 단계의 병리적 결과는 훨씬 나중에 가서야 나타날 수 있기 때문이다. 주도성 갈등은 상대적인 성적 무능이나 불감증으로 표현되지는 않더라도 **신경증적 거부**나 **자기-억제**로 나타날 수 있고, 이로 인해 개인은 자신의 내부 역량이나 상상력, 감정의 힘에 부응하지 못할 수 있다. 결국 이 모든 것은 지칠 줄 모르는 주도성의 위대한 쇼에서 어떤 대가를 치르더라도 '계속해서 열성적으로 뛰어드는' 자질로서 '과잉 보상될' 수 있다. 많은 어른들은 인간으로서의 가치가 현재 그들이 누구인가에 있는 것이 아니라 미래에 무엇을 '할 것인가'에 전적으로 있다고 느낀다. 결과적으로 휴식 중에도 돌아가는 엔진과 항상 '움직이는' 신체에서 발생하는 변형은 우리 시대에 많이 논의되고 있는 심신질환의 강력한 기여 인자다. 이는 마치 문화가 사람들로 하여금 자신을 과대광고하게 만들고 이에 따라 질병만이 한계를 지정할 수 있다는 자신의 광고와 동일시하게 만들어온 것과도 같다.

그러나 어린이 훈련에 대한 비교 관점은 정체성 발달과 관련하여 가장 중요한 사실을 제안하는데, 그것은 어른들이 자신들의 사례와 위대한 삶과 위대했던 과거에 대한 이야기를 들려줌으로써, 그림책과 동화의 주인공을 대신할 만큼 매혹적인 이상적 유형과 기술의 형태로 열심히 몰두하는 **행위 정신**을 이 시기의 아이들에게 제공한다는 사실이다. 이러한 이유로, 놀이 시기는 어떤 형태의 기본적인 가족의 존재에 의존하는데, 가족은 놀이가 끝나고 돌이킬 수 없는 목적이 시작되는 곳에서, 그리고 '하지 말라'가 격렬한 행동의 허용된 수단으로 대체되는 곳에서 인내심을 요하는 전형적 사례를 통해 아이들을 가르친다. 아이들은 이제 가정의 절망적인 경쟁에 수반되는 갈등과 죄의식을 덜 가진 채 주도권의 장을 약속하는 것처럼 보이는 새로운 동일시의 대상을 찾기 때문이다. 또한 이해할 수 있는 게임과 작업 활동과 관련하여, 아버지와 아들 사이에 그리고 어머니와 딸 사이에 동반자 관계가 발달할 수 있다. 그것은 발달 일정의 불균형에도 불구하고 가치에 있어서는 본질적으로 평등한 경험이라고 할 수 있다. 이러한 동반자 관계는 단순한 크기 차이나 연령 차이에 의한 숨겨진 증오에 대항하는 힘이기 때문에, 부모와 자녀뿐만 아니라 지역사회를 위한 지속적인 자원이라고 할 수 있다. 죄의식은 오직 이런 식으로만, 강하지만 엄격하지는 않은 양심에 통합되고, 언어는 공유된 실재로 인증된다. 그러므로 결과적으로 '오이디푸스' 단계는 허용되는 것의 범위를 제한하는 도덕적 감각으로만 끝나지 않는다. 그것은 또한 기술과 문화의 다양한 목표에 유아적 꿈을 부여하는 가능성과 유형에 대한 방향을 설정한다.

이제 우리는 정신의학적 증거뿐만 아니라 위대한 소설, 드라마, 역사의 증언을 통해, 프로이트가 오이디푸스 콤플렉스를 인간 존재의 모순의 핵심에 둔 이유를 알 수 있다. 인간이 놀이하는 아이로서 시작했다는 사실이 인간이 생각할 수 있는 가장 고귀한 목적에도 배우 노릇과 역할 놀이의 잔재를 남기기 때문이다. 인간은 더 크고 항상 더 완벽한 역사적 미래뿐만 아니라 영광스러운 과거를 향해서도 이러한 목적을 투사한다. 인간은 의식(儀式)적 협정을 맺은 제복 입은 배우들과 함께 의식(儀式)적인 현실에서 이러한 목적을 극적으로 만들 것이다. 이러한 협정은 더 높은 권위에 복종함으로써 죄의식을 덜어주면서도 공격적인 주도성을 허용한다.

주도성 단계의 집단심리적 결과로, 가장 우수하고 가장 근면한 사람들이, 정복의 목적을 남성들에게 내재된 남근숭배적인 열정(여성의 경우는 순종)을 불러일으킬 만큼 충분히 비인격적이고 영광스러운 것처럼 보이게 만드는 어떤 지도자라도 따름으로써 비이성적인 죄책감을 덜어낼 잠재적이고도 종종 맹렬한 준비 태세를 갖추게 된다. 그렇다면 인간의 공격적 이상이 대체로 주도성의 단계에 닻을 내리고 있다는 것은 명백하다. 이것은 정체성 형성-과 혼란-의 갈등에 있어 중요한 사실이다.

그렇다면 후기 정체성 발달에 대한 주도성 단계의 필수적인 기여는 명백하게도 개인 능력 범위 내의 역량 실현을 약속하는(그러나 보장할 수 없는) 성인 과업을 위해 아이의 주도성과 목적 의식을 자유롭게 한 것이라고 할 수 있다. 이것은 '나는 내가 될 것이라고 상상할 수 있는 것'이라는, 확고하게 수립되고 죄책감에 굴하지 않으며 꾸준히 성장하는 확신 속에서 준비된다. 그러나 어린 시절의 이상과 청소년기의 현실 사이의 괴리로 인한 이러한 확신에 대한 광범위한 실망은 인간의 특징이면서 그의 실존에 매우 위험한 죄의식과 폭력의 순환을 촉발시킬 수 있을 뿐이라는 것은 마찬가지로 명백하다.

4. 학령기와 과제 동일시

광범위한 상상력의 시기가 끝나는 때만큼 아이가 빠르고 열정적으로 배우며 의무, 규율, 수행을 다른 사람과 공유한다는 의미에서 크게 성장할 준비가 되는 시기는 없다는 것이 기본 설계의 지혜라고 할 수 있다. 아이는 또한 다른 아이들에게 강요하거나 제한을 가하려고 하는 대신에, 함께 무언가를 만들고 건설하고 계획하는 것을 공유하기를 열망한다. 아이들은 이제 교사와 다른 아이들의 부모에게 애착되고, 자신들이 이해할 수 있는 직업-소방

관, 경찰관, 정원사, 배관공, 쓰레기 수거하는 사람 등—을 대표하는 사람들을 관찰하고 모방하고 싶어 한다. 만약 운이 좋다면, 적어도 삶의 일부를 바쁜 사람들과 모든 연령대의 다른 많은 아이들 주변의 헛간 근처 또는 안전한 거리에 살면서 주변을 관찰하고 참여함으로써 이들의 능력과 주도성이 일시적으로 급성장할 것이다. 그러나 학령기에 이르면 모든 문화의 아이들은 어떤 체계적인 가르침을 받는다. 비록 그것이 항상, 읽고 쓸 줄 아는 사람들이 읽고 쓰는 법을 배운 교사들을 중심으로 조직해야 하는 그런 종류의 학교가 아니더라도 말이다. 문자 사용 이전의 사람들은 지명이 아닌 선출을 통해 교사가 된 어른이나 나이 많은 아이들에게서 많은 것을 학습하지만, 습득된 지식은 단순한 기술을 다루는 기본 능력과 관련이 있다. 이 기술은 아이가 어른들이 사용하는 식기, 도구 및 무기(혹은 이것의 모사물)를 다룰 준비가 될 때 습득될 수 있다. 아이는 자기 부족의 기술을 매우 점진적으로 그러나 또한 매우 직접적으로 받아들인다. 더 전문적인 직업을 가진 학식 있는 사람들은 무엇보다도 읽고 쓰는 것을 가르침으로써 아이를 준비시켜야 한다. 그러고 나서 아이는 가능한 한 많은 직업을 위한 가장 폭넓은 기초교육을 제공받는다. 전문화가 이루어질수록, 주도성의 목표는 더 불명료해지고 사회적 현실은 더 복잡해지며 이 과정에서 아버지와 어머니의 역할은 더 모호해진다. 따라서 우리의 아이들은 유년기와 성인기 사이에 학교를 가고, 많은 사람들에게 학교 기술은 그 자체로 고유한 목적과 한계, 성취와 실망을 가진 하나의 세계인 것처럼 보인다.

유치원 시기에 놀이는 타자들과 공유되는 세계로 확장된다. 처음에 타자들은 사물로 취급된다. 이들은 탐구되거나 부딪히거나

'망아지'가 되도록 강요받는다. 환상이나 또는 혼자놀이에만 허용될 수 있는 잠재적인 놀이 내용이 무엇인지, 장난감과 작은 사물의 세계에서만 성공적으로 표현될 수 있는 내용이 무엇인지, 그리고 다른 사람들과 공유되고 심지어 강요될 수 있는 내용이 무엇인지를 발견하기 위해 이러한 학습이 필요하다. 학습은 장난감과 사물에 대한 기술적 숙달에 국한되지 않고, 실험, 계획 및 공유를 통해 사회적 경험을 터득하는 유아적 방식도 포함한다.

모든 아이들이 때로는 혼자놀이에서 또는 나중에 책과 라디오, 영화와 텔레비전을 벗 삼아 혼자 남겨질 필요가 있고, 게임을 하면서 가상의 것들을 꾸며내는 시간이 필요한 반면, 그들은 모두 조만간에 사물을 만들 수 있고, 잘 만들 수 있고, 심지어 완벽하게 만들 수 있다는 감각 없이 불만족스럽고 불만스러워진다. 이러한 감각은 내가 '**근면성의 감각**'이라고 부르는 것이다. 이것 없이는 가장 즐거운 아이도 곧 착취된 것처럼 행동한다. 그것은 이미 심리적으로는 이들이 초보 부모이기 때문에, 생물학적 부모가 되기 전에 노동자와 잠재적 공급자와 같은 사람이 되어야 한다는 것을 아이들도 알고 사회도 알고 있는 것과 같다. 그렇다면 다가오는 잠복기와 더불어 발달하는 아이는 꿈과 놀이의 본능을 잊어버리거나 오히려 조용히 '승화시킨다'—다시 말해, 구체적인 일과 승인된 목표에 적용한다. 아이는 이제 사물을 생산함으로써 인정을 얻는 법을 배운다. 아이는 인내심을 기르고, 도구 세계의 무생물 법칙에 적응하며, 생산적 상황의 의욕적이고 합병된 단위가 될 수 있다.

이 단계에서 위기는 자신과 과제로부터의 소외감—잘 알려진 **열등감**—의 발달이다. 이것은 이전의 갈등에 대한 불충분한 해결에서 비롯될 수 있다. 아이는 여전히 지식보다 자신의 어머니를 더 필요로 할 수 있다. 아이는 여전히 학교에서 큰 아이로 있는 것보다 집에서 아기로 있는 것을 더 선호할 수 있다. 그는 여전히 아버지와 자신을 비교하고, 이러한 비교는 열등감과 죄책감을 불러일으킨다. 가정생활이 아이를 학교생활에 충분히 준비시키지 못했을 수 있고, 그가 이제까지 배운 것들 중 어떤 것도 또래나 교사에게 중요해 보이지 않는다는 점에서 학교생활은 초기 단계의 전망을 유지하지 못할 수도 있다. 그리고 또 다시 그는 잠복 상태로, 그리고 지금 자극되지 않으면 나중에 발달하거나 결코 발달하지 않을 방식으로, 잠재적으로 탁월할 수 있을지 모른다.

아이에게 현실의 기술과 경제에 대비하여 역할들을 맡김으로써 더 넓은 사회가 중요해지는 것은 바로 이 시기다. 그러나 아이가 배우려는 욕망과 의지보다 피부색과 부모의 배경이 학생 또는 견습생으로서의 자신의 가치를 결정하는 요소라는 것을 즉각적으로 알아차리게 되면, 성격 발달의 결정적 요인으로서 자신을 무가치한 존재로 느끼는 성향이 운명적으로 악화될 수 있다.

지역사회의 신뢰와 존경을 받는 우수한 교사들은 놀이와 일, 게임과 공부를 번갈아 가며 할 줄 안다. 그들은 특별한 노력을 인식하고 특별한 재능을 장려하는 법을 알고 있다. 그들은 또한 아이에게 시간을 주는 법을 알고 있고, 한동안은 학교를 중요하게 여기지 않고 즐기기보다는 참아내야 할 것으로 간주하는 아이들이나, 심지어 교사보다 다른 아이들을 훨씬 더 중요하게 여기는 아이들을 다룰 줄 안다. 그러나 좋은 부모들 또한 자녀들이 교사를 신뢰하게 만들 필요성을 느끼고, 그럼으로써 신뢰할 수 있는 교사를 가질 필요성을 느낀다. 일을 알고 일을 할 줄 아는 사람들과의 긍정적인 동일시를 아이들이 발달시키고 유지하는 것보다 더 중요한 것은 없기 때문이다. 우리는 특히 재능 있고 영감을 받은 사람들의 인터뷰에서, 자신의 숨겨진 재능에 불을 붙인 공로는 한 교사에게 있다는 말을 자연스럽고 훈훈한 분위기 속에서 반복해서 듣게 된다. 반대로 막대한 방치에 대한 압도적인 증거가 있다.

말이 난 김에, 우리나라 초등학교 교사 대다수가 여성이라는 점을 기억해야 하는데, 이러한 사실이 마치 지식은 여성적인 것이고 활동은 남성적인 것인 양 지적이지 않은 남자아이의 남성적 동일시와 갈등을 일으킬 수 있기 때문이다. 할 수 있는 자는 하고 할 수 없는 자는 가르친다는 버나드 쇼(Bernard Shaw)의 진술은 부모와 자녀 모두에게 여전히 유효하다. 그렇다면 교사의 선택과 훈련은 이 단계에서 개인에게 닥칠 수 있는 위험을 피하는 데 필수적이다. 열등감의 발달, 결코 '좋은 사람'이 되지 못할 것이라는 느낌은 아이가 할 수 있는 일을 강조할 줄 아는 교사, 정신의학적 문제를 알아차리는 교사에 의해 최소화될 수 있다. 분명히 여기에는 무능력이나 명백한 학습기회의 부재로 회귀하는 특별한 정체성 혼란을 막을 수 있는 가장 좋은 기회가 있다. 반면에 아이의 싹트기 시작하는 정체감은 훌륭한 작은 일꾼이나 조력자에 지나지 않는 역할에 일찍 고착될 수 있는데, 그것은 결코 그가 될 수 있는 전부가 아닐 것이다. 마지막으로, 아마도 가장 흔한 위험일 텐데, 오랜 기간 학교에 다니는 동안 아이는 적어도 한 가지 종류의 일을 정말 잘하는 것에 대한 자부심과 일의 즐거움을 결코 얻지 못할 위험이 있다.

나는 근면성의 발달 시기와 관련하여 새로운 능력을 사용할 때 발생할 수 있는 외부 및 내부 장애를 언급했지만, 새로운 인간 추동의 악화나 그것의 좌절로 인한 보이지 않는 분노에 대해서는 언급하지 않았다. 이 단계는 내부 격변이 새로운 숙달로 이어지지 않는다는 점에서 이전 단계들과 다르다. 폭력적인 추동은 보통 휴면 상태에 있기 때문에, 프로이트는 이것을 잠복기라고 불렀다. 그러나 그것은 이전의 모든 추동이 새로운 조합으로 다시 나타나는 사춘기의 폭풍이 몰아치기 전에 잠시 소강상태에 들어간 것일 뿐이다.

한편, 이 단계는 사회적으로 가장 결정적인 단계이기도 하다. 근면성은 다른 사람 옆에서 그리고 다른 사람과 함께 일하는 것을 포함하기 때문에, 이 시기에 분업과 차별적 기회에 대한 첫 감각—즉, 문화의 **기술 정신**에 대한 감각—이 발달한다. 따라서 **지배적인 기술**에 기초한 문화의 배치와 조작은 모든 아이들의 유능감—즉, 유아적 열등감에 의해 손상되지 않는 진지한 과제 수행에 있어 손재주와 지성의 자유로운 실행—을 지원함으로써 학교생활에 의미 있게 통합되어야 한다. 이것은 생산적인 성인의 삶에 협력적으로 참여하기 위한 지속적인 토대가 된다.

미국 초등교육의 두 가지 극단은 정체성 문제에 대한 학령기의 기여를 설명하는 데 도움이 될 수 있다. 한편으로는, 시키는 대로 해야 하는 엄격한 의무감과 자제력을 강조함으로써 초기의 학교생활을 암울한 성인기의 연장으로 만드는 전통적 극단이 있다. 또 한편으로는, 놀이를 통해 알아가고, 하고 싶은 것을 하면서 해야 하는 것들을 배우는 것을 유년기의 자연스러운 성향의 연장으로 만드는 현대적 극단이 있다. 두 가지 방법 모두 어떤 면에서는 일부 아이들에게 효과가 있지만, 다른 아이들에게는 특별한 적응을 요구한다. 첫 번째 경향은 극단으로 치닫게 되면, 규정된 의무에 전적으로 의존하는 미취학 어린이와 초등학생의 성향을 부당하게 이용할 수 있다. 아이는 절대적으로 필요한 많은 것들을 배울 수 있고, 흔들리지 않는 의무감을 발달시킬 수 있다. 그러나 나중에 자신의 삶과 다른 사람들의 삶을 비참하게 만들 수 있는 불필요하고 값비싼 자제력을 결코 버릴 수 없으며, 결국 배우고 일하고자 하는 자신의 아이들의 타고난 욕구를 사실상 망쳐놓을 수 있다. 두 번째 경향은 극단으로 치달을 때, 아이들이 더 이상 아무 것도 배우지 않는다는 잘 알려진 대중적 반발을 불러일으키며, 또한 한 대도시 출신 어린이의 지금은 유명해진 다음과 같은 질문에 표현된 것과 같은 감정으로 이어진다. "선생님, 우리가 하고 **싶은** 것을 오늘 **해야** 하나요?" 일을 완수하는 법을 배울 수 있다는 것을 알게 되는 모험에 참여하도록 부드럽지만 단호하게 강요당하는 것을 이 시기의 아이들이 좋아한다는 사실을 이보다 더 잘 표현할 수는 없을 것이다. 이들 과제는 결코 혼자서는 생각하지 못했을 것들이며, 놀이와 환상의 산물이 아닌 실재, 실용성, 논리의 산물이라는 바로 그 사실 때문에 매력적이고, 따라서 어른들의 현실 세계에 참여하고 있다는 상징적 느낌을 제공한다. 이러한 양극단 사이에는 학교가 존재해야 한다는 사실에 대한 암울한 관심 외에는 특별한 특징이 없는 많은 학교들이 존재한다. 사회적 불평등과 방법의 후진성은 여전히 많은 아이들과 그들을 필요로 하는 기술 사이에 위험한 격차를 만들기 때문에 아이들이 기술적 목표에 기여할 수 있을 뿐 아니라, 더 절실하게는 기술이 인류에 봉사할 수 있다.

그러나 정체성 발달에는 또 다른 위험 요소가 있다. 지나치게 순응적인 아이가 상상력과 놀이를 너무 쉽게 포기하면서 일을 가치 있는 유일한 기준으로 받아들인다면, 그는 아마도 마르크스가 말하는 '기술 백치(craft-idiocy)'에 복종할 준비가 될지 모른다. 다시 말해, 그는 자신의 기술과 그 지배적인 역할의 노예가 될 수 있다. 여기서 우리는 이미 정체성 문제의 한가운데에 있다. 왜냐하면 기술과 도구의 세계, 그리고 그것을 가르치고 공유하는 사람들과의 확고한 초기 관계의 수립과 사춘기의 도래와 함께, 유년기의 본분이 끝나기 때문이다. 그리고 인간은 학습하는 동물일 뿐만 아니라 가르치고 무엇보다 일하는 동물이기 때문에, 정체감에 대한 학령기의 직접적인 기여는 "나는 일을 하기 위해 내가 배울 수 있는 것이다."라는 말로 표현될 수 있다. 때와 장소를 불문하고, 대부분의 사람들에게 이것이 정체성의 시작이자 한계라는 것은 명백하다. 아니 더 나아가, 대부분의 사람들은 이러한 '고등' 기관을 설립하고 보존하는 일을 특별한(태생적으로, 선택 또는 선출에 의해, 그리고 재능 면에서 특별한) 집단에 맡긴 채, 항상 기술적이고 직업적인 역량을 중심으로 자신들의 정체성 요구를 공고히 해왔다. 이들 기관 없이는 인간의 일상적인 일은 단순히 지루한 일과나 일종의 저주까지는 아니더라도 항상 부적절한 자기-표현인 것처럼 보인다. 우리 시대의 정체성 문제가 정신의학적으로나 역사적으로 의의가 있는 것은 바로 이러한 이유 때문일 것이다. 이는 인간이 일부 단조로운 일과 저주를 기계에 맡길 수 있게 됨에 따라 인류의 더 큰 부분을 위해 더 큰 정체성의 자유를 마음속에 그릴 수 있기 때문이다.

5. 청소년기

기술 발전으로 인해 초기 학교 생활과 청소년의 전문 직업에 대한 최종 접근 사이에 점점 더 많은 시간이 투여됨에 따라 청소년 시기는 훨씬 더 뚜렷하고 의식적인 시기가 되고, 일부 문화권에서는 특정한 시기에 항상 그래왔듯이 유년기와 성인기 사이에 존재하는 하나의 삶의 방식이 된다. 그러므로 후기 학령기에 젊은이들은 생식기 성숙의 생리적 혁명과 앞으로의 성인 역할의 불확실성에 시달리면서, 일시적이기보다는 최종적인, 사실상 초기 정체성의 형성으로 보이는 것으로 청소년 하위문화를 확립하려는 일시적인 시도에 많은 관심이 있는 것 같다. 그들은 때로는 병적으로 그리고 종종 호기심에서, 스스로 느끼는 것과 비교하여 다른 사람들의 눈에 자신들이 어떻게 보이는지, 그리고 조기에 개발된 역할과 기술을 시대의 이상적인 원형과 어떻게 연결시킬 것인지 하는 문제에 열중한다. 이제 성적 성숙을 포함해야 하는 연속성과 동일성의 새로운 감각을 찾는 과정에서, 일부 청소년들은 최종 정체성의 수호자로서 영원한 우상과 이상을 수립하기에 앞서 다시금 초년의 위기에 대처해야 한다. 그들은 무엇보다도 앞서 유년기 단계에 귀속된 정체성 요소의 통합을 위한 유예가 필요하다. 다시 말해서, 이제 그 윤곽은 모호하지만 즉각적인 요구를 갖는 더 큰 단위–'사회'–가 어린 시절의 환경을 대체한다. 이들 요소에 대한 검토는 또한 청소년 문제의 목록이 된다.

만약 가장 초기 단계가 자신과 타인을 신뢰해야 할 중요한 필요성을 정체성 위기에 남긴다면 분명히 청소년은 **신뢰**할 수 있는 사람들과 아이디어를 가장 열렬히 찾을 것이다. 이들은 또한 자신이 신뢰할 만하다는 것을 증명하는 것이 가치 있어 보이는 사람들과 아이디어를 의미한다(이에 대해서는 충실함(fidelity)에 대한 장에서 더 자세히 논의할 것이다). 그러나 동시에 청소년은 어리석고 지나치게 신뢰하는 헌신을 두려워하며, 역설적으로 강하고 냉소적인 불신에 대한 믿음의 필요성을 표현할 것이다.

만일 두 번째 단계가 자유롭게 **원할** 수 있는 것들에 의해 정의되어야 할 필요성을 확립한다면, 청소년은 이제 의무와 봉사의 가능하거나 피할 수 없는 길을 자유롭게 결정할 수 있는 기회를 찾고, 동시에 조롱이나 자기-의심에 노출될 것 같은 활동을 강요당하는 것을 몹시 두려워할 것이다. 이것 역시 역설로 이어질 수 있는데, 다시 말해, 그는 자신이 보기에 또는 남이 보기에 부끄러운 행동을 강요당하기보다는, 자유로운 선택에 의해 어른들의 눈에 뻔뻔스럽게 보이는 행동을 할 것이다.

자신이 무엇이 될 **수 있는지**에 대한 무한한 **상상**이 놀이 시기의 유산이라면, 자신의 열망에 환상적은 아닐지라도 상상의 자유를 제공할 또래와 선도하거나 호도하는 어른들을 신뢰하려는 청소년들의 의지는 너무도 명백하다. 같은 이유로, 청소년은 자기 이미지에 대한 모든 '현학적' 한계에 격렬하게 반대하고, 자신의 지나친 야망에 대한 모든 죄책감을 강력한 비난으로 해결할 준비가 될 것이다.

마지막으로, 무언가를 되게 하고 잘 되게 하고 싶은 욕망이 학령기에 얻는 이점이라면, 직업의 선택은 보수와 지위의 문제를 넘어서는 의미를 갖는다. 이런 이유로, 일부 청소년들은 특별한 탁월함으로 기능하는 것에 만족하지 않고 성공을 얻을 수 있는 다른 유망한 경력을 쌓기보다는 당분간은 전혀 일하지 않는 것을 선호한다.

따라서 역사상 어느 시대라도 이들 청년층은 젊음의 활력이 요구할 수 있는 모든 것을 약속하는 것처럼 보이는 기술적, 경제적 또는 이념적 추세의 흐름 속에서 자신을 발견하는 가장 흥미진진한 시기를 보낼 것이다.

그러므로 청소년기는 기술 트렌드의 확장을 모색하는 데 재능이 있고 잘 훈련되어 있으며, 그럼으로써 역량과 발명의 새로운 역할과 동일시할 수 있고 보다 암묵적인 이념적 전망을 받아들일 수 있는 이들 청년층에서 가장 덜 '소란스러운' 시기라고 할 수 있다. 이것이 주어지지 않는 곳에서 청소년기의 정신은 좀 더 명백하게 이념적인 것이 되는데, 이것은 전통의 어떤 영감을 주는 통합이나 예상되는 기술, 사상 및 이상을 추구하는 것을 의미한다. 그리고 실제로 그것은 또래들에게 인정받고자 하고 교사에 의해 입증되고자 하며 가치 있는 '삶의 방식'에서 영감을 얻고자 하는 청소년들에게 가장 분명하게 호소하는 사회의 이념적 가능성이다. 반면에 다음 단계를 개발하고 통합할 수 있게 해주는 모든 표현양식을 환경이 철저하게 박탈한다고 느끼면, 청소년은 갑자기 자기 생명을 지켜야 하는 동물들에게서나 볼 수 있는 거친 힘으로 저항할지 모른다. 사실상 인간 실존의 사회적 정글에서 정체감 없이는 살아있다고 느낄 수 없기 때문이다.

여기까지 왔으니, 나는 젊은이가 어느 정도 여유가 주어지면 부정적 정체성의 잔재를 다루기 위해 전통적인 삶의 방식을 이용할 수 있는 개인적 방식의 한 예(구조상 대표적이라고 생각되는)를 들고자 한다. 나는 질(Jill)이 사춘기가 되기 전부터 알고 있었다. 그녀는 다소 비만이었고 '구강기'적 성격인 탐욕과 의존성을 자주 보인 반면, 또한 말괄량이였고 오빠들을 몹시 부러워했으며 그들과 경쟁했다. 그러나 그녀는 총명했고, (그녀의 어머니가 그랬던 것처럼) 항상 자신에 대해 모든 것이 잘 될 것이라고 장담하는 듯한 태도를 가지고 있었다. 그리고 실제로 그녀는 일을 잘 처리했고, 아주 매력적인 사람이 되었으며, 어느 집단에서나 편안한 리더가 되었고, 많은 이들에게 소녀 시절의 모델이 되어주었다. 임상의로서 나는 그녀가 이전에 보여주었던 탐욕과 경쟁의식으로 무엇을 할 것인지를 지켜보며 궁금해했다. 그런 특성들은 그저 우연한 성장에 흡수될 뿐인가?

그러던 10대 후반의 어느 가을, 질은 여름을 보낸 서부 목장에서 대학으로 돌아오지 않았다. 그녀는 부모님에게 목장에 머물게 해달라고 부탁했다. 그들은 단지 관대함과 자신감에서 그녀에게 이 유예를 허락하고 동부로 돌아왔다.

그해 겨울, 질은 갓 태어난 수망아지를 돌보는 법을 배웠고, 겨울밤에 수시로 일어나 가장 배고픈 동물들에게 우유를 먹이곤 했다. 카우보이들로부터 깜짝 놀란 인정을 받았을 뿐 아니라 자기 안에서 어떤 만족감을 얻은 그녀는 집으로 돌아왔고 자기 자리를 되찾았다. 나는 그녀가 한때 과식으로 증명했던 것처럼 항상 자신을 위해 해왔던 것을 적극적으로 그리고 다른 사람을 위해 할 수 있는 기회를 발견하고 거기에 매달렸다고 느꼈다. 즉, 그녀는 배고픈 어린 입을 먹이는 법을 배웠다. 그러나 그녀는 수동성을 능동성으로 바꾸면서 이전의 증상을 사회적 행동으로 변화시키는 맥락에서 그렇게 했다.

누군가는 그녀가 '모성적'으로 변했다고 말할지 모르지만, 그것은 카우보이들이 보여주어야 하고 또 실제로 보이는 것과 같은 모성이었다. 물론 그녀는 그 모든 것을 작업복 바지를 입고 했다. 이것은 '여자에 대한 남자'의 인정뿐 아니라 '남자 대 남자' 간의 인정을 가져 왔고, 그 이상으로 그녀의 낙관론을 확인시켜 주었다. 즉, 그것은 자기 자신처럼 느껴지고, 유용하고 가치 있으며, 여전히 즉각적인 실천적 의미가 있는 경우에 이념적 추세와 일치하는 무언가가 이루어질 수 있다는 느낌이었다.

그러한 자기선택적 '치료'는 물론 적절한 시기에 적절한 정신에 주어진 여유에 달려 있으며, 이것은 매우 다양한 상황에 따라 달라진다. 나는 어린이들의 삶에서 나온 비슷한 단편들을 추후에 더 상세하게 발표할 계획이다. 이 사례는 조건이 맞을 때 젊은이들의 지략이 입증되는 일상생활에서의 수많은 관찰을 대표한다.

이 단계에서 소외는 **정체성 혼란**으로, 다음 장에서 임상 및 전기 사례를 들어 상세하게 설명할 것이다. 우리는 먼저 아서 밀러(Arthur Miller)의 『세일즈맨의 죽음(*Death of a salesman*)』에 나오는 비프(Biff)의 다음과 같은 공식을 받아들일 것이다. "엄마, 그냥 견딜 수가 없어요. 난 그저 어떤 종류의 삶은 살 수가 없어요." 이러한 딜레마가 자신의 인종 및 성 정체성에 대한 오래된 강한 의심에 바탕을 두고 있는 경우나, 역할 혼란이 오래 지속된 절망에 합류하는 경우, 비행과 '경계성' 질환의 에피소드가 드물지 않게 나타난다. 많은 젊은이들은 미국 청소년기의 표준화에 의해 자신들에게 강요된 역할을 맡을 수 없다는 것에 당황하여 학교를 중퇴하거나 직장을 그만두거나 밤을 새우거나 기이하고 접근하기 어려운 기분에 빠져드는 등 이런 저런 형태로 현실 도피를 하게 된다. 일단 '비행을 저지르면' 이들의 가장 큰 필요와 종종 유일한 구원은, 청소년기의 특별한 역동적 조건들을 무시하는 가벼운 진단과 사회적 판단으로 이들을 더 유형화하는 것을 나이 많은 친구, 조언자, 사법부 직원들이 거부하는 것이다. 앞으로 더 자세히 살펴보겠지만, 정체성 혼란 개념이 실제적인 임상적 가치를 갖는 것은 바로 이 맥락에서다. 이들이 정확하게 진단되고 치료된다면, 정신병적이고 범죄적으로 보이는 사건들이 다른 연령에서 가질 수 있는 것과 같은 치명적인 의미를 가지고 있지 않기 때문이다.

일반적으로 젊은이들을 가장 혼란스럽게 하는 것은 직업정체성을 결정하지 못하는 것이다. 이들은 서로 연대하기 위해, 개별성을 완전히 상실한 것처럼 보일 정도로 파벌 및 군중의 영웅들과 일시적으로 과대동일시한다. 그러나 이 단계에서는 '사랑에 빠지는 것'조차 전적으로 혹은 일차적으로 성적인 문제가 아니다. 청소년기 사랑의 많은 부분은 자신의 확산된 자아상을 다른 사람에게 투사하고, 그것이 반영되고 점차적으로 명료해지는 것을 봄으로써 자기정체성의 정의(定義)에 도달하려는 시도다. 이것이 바로 젊은 사랑의 많은 부분이 대화로 구성되어 있는 이유다. 반면에 명료화는 파괴적 수단에 의해서도 모색될 수 있다. 젊은이들은 피부색이나 문화적 배경, 취향과 재능, 그리고 종종 내부자나 외부자의 표식으로 임의로 선택한 복장과 몸짓의 사소한 측면에서 '서로 다른' 타자들을 배제하면서 현저하게 배타적이고 편협하고 잔인해질 수 있다. 원칙적으로, 그러한 편협함은 얼마간은 정체성 상실감에 대한 필요한 방어가 될 수 있음을 이해하는 것(이것이 그 모든 표식을 묵과하려는 것을 의미하는 것은 아니지만)이 중요하다. 몸의 비율이 급격하게 변하고, 생식기 성숙으로 인해 몸과 상상력이 온갖 종류의 충동으로 넘쳐나며, 다른 성과의 친밀감이 느껴지거나 때로는 젊은이에게 강요되고, 가까운 미래가 서로 충돌하는 너무나 많은 가능성과 선택지와 함께 우리를 대면하는 삶의 시기에 이것은 피할 수 없는 것이다. 청소년들은 그런 불편을 통해, 파벌을 형성하고 그들 자신과 이상 및 적을 고정관념화함으로써 서로를 일시적으로 도울 뿐만 아니라, 피할 수 없는 가치 충돌 속에서 의리를 지킬 수 있는 능력을 끈질기게 시험한다.

그런 시험에 대한 준비는 (제2장에서 지적한 바와 같이) 집단정체성—봉건, 토지, 부족 혹은 국가—을 잃었거나 잃어가고 있는 국가와 계층의 젊은이들 사이에서 단순하고 잔인한 전체주의 교리가 갖는 호소력을 설명하는 데 도움이 된다. 민주주의 사회는, 민주적 정체성이 강력하지만 관대하고 현명하며 여전히 결연할 수 있다는 것을 설득력 있게 보여줌으로써—실천함으로써—이러한 암울한 젊은이들의 마음을 얻어야 하는 임무에 직면해 있다. 그러나 많은 기회를 포착할 준비가 되어 있고, 벼락 경기, 전쟁과 평화, 이주와 결연한 정착생활의 변화하는 필수품에 적응할 준비가 되어 있는 자수성가형 정체성을 강력히 요구한다는 측면에서, 산업화된 민주주의는 특별한 문제를 제기한다. 따라서 민주주의는 다양한 배경을 가진 젊은이들이 공유할 수 있고, 독립성의 형태로 자율성을 강조하고 건설적인 일의 형태로 주도성을 강조하는 이상을 청소년들에게 제시해야 한다. 그러나 이러한 전망은 점점 더 복잡해지고 중앙집권화되는 산업, 경제 및 정치조직시스템 내에서 실현되기가 쉽지 않다. 이러한 시스템은 미사여구에서 여전히 과시되고 있는 '자수성가' 이데올로기를 점점 더 무시한다. 이러한 현상은 미국의 많은 젊은이들에게 힘든 상황이다. 왜냐하면 그들의 전반적 양육은 어느 정도의 선택과 개인의 기회에 대한 지속적인 희망, 그리고 자기실현의 자유에 대한 확고한 헌신에 의존하는 자립적 인격의 발달을 이뤄냈기 때문이다.

여기서 우리는 단순히 높은 특권과 고상한 이상을 말하는 것이 아니라 심리적 필요에 대해 말하고 있는 것이다. 왜냐하면 정체성의 수호자인 사회제도는 우리가 **이데올로기**라고 불러왔던 것이기 때문이다. 이데올로기에서 가능한 가장 넓은 의미에서의 귀족 정치의 이미지를 볼 수도 있는데, 이는 규정된 세계 이미지와 주어진 역사적 과정에서 최고의 사람들이 통치하게 되고 통치는 사람들에게서 최상의 것을 개발시킬 것이라는 믿음을 암시한다. 냉소적이거나 무신경하게 길을 잃지 않기 위해서, 젊은이들은 기대되는 어른들의 세계에서 성공한 사람들이 최고가 되어야 할 의무를 짊어지고 있다는 것을 어떻게든 납득할 수 있어야 한다. 왜냐하면 사회시스템은 이데올로기를 통해 다음 세대의 정신 속으로 들어가고, 젊음의 원기 회복력을 사회체제의 생명력에 흡수시키려고 시도하기 때문이다. 그러므로 청소년기는 사회 진화의 과정에서 중요한 재생기라고 할 수 있다. 젊은이들은 계속해서 진실하다고 느끼는 것을 보존하고 재생의 중요성을 잃은 것을 혁명적으로 교정하는 데 충성과 에너지를 제공할 수 있기 때문이다.

우리는 창의적 인물의 삶을 통해서도 정체성 위기를 연구할 수 있다. 이들은 예술작품이나 독창적 행위로 표현되는 것과 같은 새로운 해결 모델을 동시대인에게 제공함으로써 자신의 정체성 위기를 해결할 수 있고, 나아가 일기, 편지, 자기표현의 방식으로 우리에게 모든 것을 말하기를 열망하는 사람들이다. 특정 시기의 신경증이 인간 실존의 항상 존재하는 내적 혼돈을 새로운 방식으로 반영하더라도, 창조적 위기는 그 시기의 독특한 해결책을 가리킨다.

다음 장에서는 이들 분화하는 개별적 위기에 대해 우리가 배운 것을 더 자세히 살펴보겠다. 그러나 인간에게는 유치증(幼稚症)과 청소년기의 잔재를 나타내는 세 번째 징후가 있다. 그것은 집단적 '발작'에 이르는 일시적 격변 속에서 나타나는 개별 위기들을 결합한 것이다. 유능한 지도자들이 있는 경우, 그들의 창조적 위기와 추종자들의 잠재적 위기는 적어도 우리의 가정—과 그들의 저술—의 도움으로 연구될 수 있다. 이해하기 더 어려운 것은 지도자에게 귀속되지 않는 자연발생적인 집단 발달이다. 그리고 어쨌든 집단적 비합리성을 임상명으로 부르는 것은 도움이 되지 않을 것이다. 유행하는 발작적 주술 행위에 참여하는 젊은 수녀에게 얼마나 많은 신경증적 증상이 나타나는지, 혹은 얼마나 많은 도착증적 '가학성'이 젊은 나치 단원으로 하여금 대규모 행군이나 대량 학살에 참여하도록 했는지를 임상적으로 진단하기란 불가능하다. 그래서 우리는 특정한 역사적 시기에 개별 위기와 집단 행동이 서로 모호하게 만난다는 것을 보여주기 위해, 이들 간의 어떤 유사점을 잠정적으로만 지적할 수 있을 뿐이다.

그러나 우리가 정체성 혼란이라고 부르는 것의 임상적이고 전기적인 증거에 몰두하기 전에 먼저 정체성 위기 너머를 살펴볼 것이다. 물론 '정체성을 넘어서'라는 말은 두 가지 방식으로 이해될 수 있고 두 가지 방식 모두 이 문제에 필수적이다. 그것은 인간의 핵심에는 정체성 이상의 것이 있다는 것을 의미할 수도 있고, 사실상 각 개인 내부에는 의식과 의지의 관찰 센터인 '**나**'가 있다는 것을 의미할 수도 있다. 이 '나'는 이 책에서 우리의 관심사인 **심리사회적 정체성**을 초월할 수 있고, 그보다 더 오래 살아남아야 한다. 우리가 보게 될 것처럼, 어떤 면에서는 마치 순수한 정체성이 심리사회적 침해로부터 자유로워져야 하는 것처럼, 때로는 조숙한 자기 초월감이 젊은 시절에 일시적으로 강하게 느껴지는 것 같다. 그러나 어떤 사람도(즉각적인 명성을 가져다준 단어들로 정체성을 이야기할 수 있었던 키츠(Keats)와 같이 불꽃같이 살다 간 사람은 제외하고) 젊었을 때의 자신을 초월할 수 없다. 우리는 정체성의 초월성에 대해 나중에 이야기할 것이다. 다음 절의 '정체성을 넘어서'는 청소년기 이후의 삶과 정체성의 사용을 의미하며 실제로 생애주기의 후기 단계에서 어떤 형태의 정체성 위기가 재출현한다는 것을 의미한다.

6. 정체성을 넘어서

그중 첫 번째는 **친밀함**의 위기다. 정체성 형성이 잘 진행되고 있을 때 비로소 진정한 친밀함－정체성의 융합일 뿐만 아니라 실제로 정체성과 대조하여 강조되는－이 가능하다. 성적인 친밀함은 내가 염두에 두고 있는 것의 일부일 뿐인데, 그것이 우정에서든, 성적인 만남에서든, 아니면 공동의 영감에서든, 다른 사람과의 진실하고 상호적인 심리사회적 친밀함을 개발할 수 있는 능력보다 종종 먼저 나타난다는 것이 명백하기 때문이다. 자신의 정체성을 확신할 수 없는 젊은이는 대인관계를 꺼리거나, 또는 진정한 융합이나 진정한 자아포기 없는 '난잡한' 친밀함의 행위에 자신을 내던진다.

젊은이가 후기 청소년기나 성인 전기에 다른 사람들과－그리고 덧붙이자면 자신의 내적 자원과－그런 친밀한 관계를 수립하지 못할 때, 그는 매우 틀에 박힌 대인관계에 안주하게 되고 깊은 **고립감**을 갖게 될 수도 있다. 만약 시대가 비인격적인 종류의 대인관계 패턴을 선호한다면, 비록 모든 이들이 자신을 보고 '대단한 사람'이라고 말할지라도 결코 진정으로 자기 자신을 느끼지 못하기 때문에, 인생에서 매우 성공할 수는 있지만 두 배로 고통스러운 심각한 성격 문제를 안고 있을 수 있다.

친밀함의 반대는 '**거리두기**(distantiation)'다. 즉, 위험해보이는 세력과 사람들을 거부하고, 고립시키고, 필요하다면 파괴할 준비가 되는 것이다. 그러므로 거리두기의 필요성이 가져오는 지속적인 결과는 친밀함과 연대의 영역을 강화하고, 익숙한 것과 이질적인 것 사이의 '작은 차이'를 광적으로 '과대평가'하여 모든 외부인을 바라볼 준비가 되는 것이다. 이런 편견은 정치와 전쟁에서 활용되고 부당하게 이용될 수 있으며, 가장 강하고 뛰어난 사람들로부터 충직한 자기희생과 누군가를 살해할 준비 태세를 확보할 수 있다. 청소년기 위험의 잔재는 자신과 같은 사람들과, 그리고 이들을 상대로 친밀하고 경쟁적이며 전투적인 관계를 경험하는 곳에서 발견될 수 있다. 그러나 성인의 책임 영역이 점차 드러나고 경쟁적 만남, 성애적 유대, 무자비한 증오 등이 서로 구별되면서, 그들은 결국 성인의 표식이자 청소년기의 이념적 신념과 유년기의 도덕주의로부터 이어받는 **윤리적 감각**의 대상이 된다.

프로이트는 평범한 사람이 무엇을 잘 할 수 있어야 하는지에 대한 질문을 받은 적이 있다. 질문자는 아마도 복잡하고 '심오한' 답변을 기대했을 것이다. 그러나 프로이트는 간단히 "**사랑하고 일하는 것**"이라고 말했다. 이 단순한 공식을 곰곰이 생각해보는 것은 유익한데 그것은 생각하면 할수록 더 심오해지기 때문이다. 프로이트가 '사랑'이라고 말했을 때, 그는 성기 사랑뿐만 아니라 친밀함으로부터 오는 관대함을 의미했다. 그가 사랑과 일이라고 말했을 때, 그는 성적이고 사랑하는 존재가 될 수 있는 권리나 능력을 잃을 정도로 개인의 마음을 사로잡지는 않는 일반적인 일 생산성을 의미했던 것이다.

정신분석학은 완전한 성숙을 위한 발달 조건 중 하나로 **성기 편중**(genitality)을 강조해 왔다. 성기 편중은 킨제이(Kinsey)의 '배출구'적 의미에서, 성 산물의 배출 이상의 오르가즘 효능을 개발할 수 있는 능력으로 구성된다. 그것은 친밀한 성적 상호성의 성숙과 완전한 성기 민감성, 그리고 전신에서 긴장을 방출하는 능력을 결합한다. 이것은 우리가 아직 완전히 이해하지 못하는 과정에 대해 무언가를 말하는 구체적인 방법이다. 그러나 오르가즘의 절정에서 경험하는 상호성은 복잡한 패턴의 상호 규제를 보여주는 최상의 예를 분명하게 제공하고, 어떤 면에서는 남성과 여성, 사실과 환상, 사랑과 증오, 일과 놀이의 상반성을 보여주는 일상적 징후들로 인한 적대감과 잠재적인 분노를 완화시킨다. 그런 경험은 섹슈얼리티를 덜 강박적으로 만들고, 상대방의 가학적 통제를 불필요하게 만든다.

이러한 성기 성숙에 이르기 전에 성 생활의 많은 부분은 자기 추구적이고 정체성에 굶주린 종류의 것이다. 즉, 각 파트너는 실제로 자기 자신에게 도달하려고만 한다. 또는 성 생활이 서로가 상대방을 물리치려고 하는 일종의 성기 싸움으로 남게 된다. 이 모든 것이 성인 섹슈얼리티의 일부로 남아 있지만, 성 생활은 남녀 간의 차이가 공동의 생활양식 내에서 완전히 양극화됨에 따라 점차 흡수된다. 왜냐하면 이전에 확립된 활력적 힘들이 두 성을 처음에는 의식, 언어 및 윤리 면에서 유사하게 만들고, 그들이 성숙하면서 점차 달라질 수 있도록 하는 데 도움이 되기 때문이다.

인간은 성적 매력에 더해, 새롭고 공유된 정체성의 필요성을 충족시키는 '사랑'의 선택도를 발달시켜 왔다. 만약 이 단계에서 전형적인 소외가 **고립**이라면, 다시 말해, 진정한 친밀함을 공유함으로써 자신의 정체성을 가지고 모험을 할 수 없는 상태라면, 그런 억제는 종종 친밀함의 결과인 자식—과 돌봄—에 대한 두려움에 의해 강화된다. 그러나 상호 헌신으로서의 사랑은 성적 및 기능적 양극화에 내재하는 적대감을 극복하고 성인 전기의 활력이 된다. 그것은 경쟁과 협동, 생산과 생식의 합병을 '삶의 방식'으로 묶는 문화적이고 개인적인 양식의 이해하기 어렵지만 도처에 존재하는 힘의 수호자다.

만약 우리가 '나는~이다(I am)' 공식의 게임을 '정체성을 넘어서' 계속해야 한다면, 우리는 논조를 바꿔야만 한다. 이제 정체성의 성장은 '**우리**는 우리가 사랑하는 것'이라는 공식에 기초하기 때문이다.

의존과 성숙은 상보적이기 때문에, 진화는 인간을 학습하는 동물뿐 아니라 또한 가르치는 동물로 만들었다. 즉, 성숙한 인간은 누군가에 의해 필요로 될 필요가 있고, 성숙은 보살펴야 하는 대상의 본질에 의해 안내된다. 그렇다면 **생산성**(generativity)은 주로 다음 세대를 세우고 안내하는 것과 관련된다. 물론 불행으로 인해 혹은 다른 방향의 특별하고 참된 재능 때문에 이런 추동을 자녀에게 사용하지 않고, 같은 부모 추동을 흡수할 수 있는 다른 형태의 이타적 관심과 창의성에 적용하는 사람들이 있다. 그리고 실제로 생산성 개념은 생산력과 창의성을 포함하기 위한 것인데 둘 중 어느 것도 발달적 위기를 지칭하는 것으로서 생산성을 대체할 수 없다. 몸과 마음의 만남에서 자신을 잃을 수 있는 능력은 자아-이해의 점진적 확대와 생산되고 있는 것에 대한 리비도 투자로 이어지기 때문이다. 이러한 내실화가 완전히 실패하는 곳에서 유사-친밀함에 대한 강박적 욕구로의 회귀가 발생하는데, 이는 종종 만연한 **침체감**, 지루함, 빈약한 대인관계 등과 더불어 발생한다. 그러면 개인은 마치 자기가 자신의—혹은 서로 간의—유일한 자식인 것처럼 스스로에게 탐닉하기 시작한다. 그리고 조건이 허락하는 곳에서, 신체적이든 심리적이든 초기 병약함은 자기 관심의 수단이 된다. 반면에 아이를 가지거나 심지어 원한다는 사실만으로 생산성을 '획득하는' 것은 아니다. 일부 젊은 부모들은 진정한 돌봄을 수행할 수 있는 능력의 지체로 인해 고통받고 있는 것 같다. 그 이유는 종종 유아기의 인상에서, 부모와의 잘못된 동일시에서, 너무도 힘들게 자수성가한 인격에 기초하는 지나친 자기애에서, 그리고 어떤 믿음, 즉 아이를 환영할 만한 신뢰로운 존재로 보이게 하는 '종(species)에 대한 어떤 믿음'의 부재에서 찾을 수 있다. 그러나 생산성의 바로 그 본질은 그것의 가장 제한적인 병리 현상을 이제 다음 세대에서 찾아야 한다는 것, 다시 말해, 우리가 유년기와 청소년기를 위해 열거한 그리고 부모의 입장에서는 생산성 실패의 결과로 악화된 형태로 나타날 수 있는 피할 수 없는 소외의 형식에서 찾아야 한다는 것을 암시한다.

생산성을 강화하고 보호하는 기관들에 관한 한 **모든** 기관은 그 본성상 생산성 계승의 윤리를 성문화한다고 말할 수 있을 뿐이다. 인간 조직에서 생산성은 그 자체가 원동력이다. 그리고 유년기와 성인기의 단계들은 공유 가구와 분업과 같은 제도들이 연속성을 부여하기 위해 노력하는 생성 및 재생 시스템이다. 따라서 여기 열거한 기본적인 강점들과 조직된 인간 공동체의 필수불가결한 요소들은 일련의 입증된 방법과, 각 세대로 하여금 개인차와 변화하는 조건으로부터 상대적으로 독립하여 다음 세대의 요구를 충족시킬 수 있게 하는 전통적인 보증 기금을 확립하려는 시도로서 함께 진화해왔다.

사물과 사람을 돌보고, 필연적으로 다른 사람의 기원이자 사물과 아이디어의 창시자라는 데서 오는 승리감과 실망감에 적응해 온 노인에게서만 일곱 단계의 결실이 점차적으로 무르익는다. 나는 그것에 대해 **완성**(integrity: 학계에서는 통상 '통합'이라는 표현을 사용하지만, 통합은 'integration'의 번역어로 두 단어의 의미는 엄연히 다르다. 원래의 의미를 살리기 위해 여기서는 '완성'이라는 번역어를 사용했다-옮긴이)보다 더 좋은 말을 알지 못한다. 명확한 정의가 부재한 가운데, 나는 정신의 이 단계의 몇 가지 속성을 지적할 것이다. 그것은 질서와 의미를 지향하는 자아 성향에 대한 자아의 누적된 확신—과거의 이미지 전달자에 충실하고, 현재에 리더십을 취하고 결국에는 포기할 준비가 되는 정서적 통합—이다. 그것은 자신의 유일한 생애주기와 그것에 중요하게 된 사람들을, 마땅히 받아들여야만 하고 필연적으로 대체할 수 없는 존재로 받아들이는 것이다. 그러므로 그것은 삶이 달랐어야 했다고 후회하지 않는 부모의 새롭고 다른 사랑을 의미하며, 삶이 곧 책임이라는 사실을 받아들인다는 것을 의미한다. 그것은 인간의 존엄과 사랑을 전하는 명령과 사물과 경구를 만든, 먼 시대의 서로 다른 것들을 추구한 남자들과 여자들 간의 동료의식이다. 완성을 이룬 사람은 비록 인간의 노력에 의미를 부여해온 모든 다양한 생활양식의 상대성을 알고 있지만, 모든 신체 및 경제적 위협으로부터 자신의 생활양식이 갖는 품격을 방어할 준비가 되어 있다. 왜냐하면 개인의 삶은 한 생애주기와 역사의 한 부분의 우연한 일치로 탄생하며, 그에게 있어 모든 인간의 완성은 그가 참여하는 한 가지 통합양식과 함께 서고 또 함께 무너진다는 것을 그가 알고 있기 때문이다.

임상 및 인류학적 증거는 이 누적된 자아 완성의 결여나 상실이 **혐오**와 **절망**으로 나타난다는 것을 보여준다. 즉, 운명은 삶의 틀로 받아들여지지 않고, 죽음은 삶의 유한한 경계로 수용되지 않는다. 절망은 다른 삶을 시작하고 완성을 이루기 위해 대안적인 길을 시도하기에는 주어진 시간이 너무 짧다는 느낌의 표현이다. 그러한 절망은 종종 혐오감의 표시, 염세주의, 또는 특정 기관과 특정한 사람들에 대한 만성적인 경멸적 불쾌감—우월한 삶의 비전과 연결되지 않는 경우, 자기 자신에 대한 경멸을 나타낼 뿐인 혐오와 불쾌감—뒤에 숨겨져 있다.

그렇다면 의미 있는 노년은 가능한 말기 노쇠에 앞서 생애주기에 필수불가결한 관점을 제공하는 그 통합된 유산의 필요성을 충족시킨다. 여기서 힘은 죽음에 얽매인 삶에 대한 초연하면서도 적극적인 관심의 형태를 취하는데, 우리는 이것을 숙성된 '지성'에서 축적된 지식, 성숙한 판단, 포괄적 이해에 이르기까지 다양한 의미에서 **지혜**라고 부른다. 모든 사람이 스스로 지혜를 발달시킬 수 있는 것은 아니다. 대부분 살아있는 **전통**이 지혜의 본질을 제공한다. 그러나 순환의 종결은 또한 인간이 세대를 거듭하면서 자신의 정체성의 한계와 유일한 생애주기에 대한 종종 비극적이거나 몹시 희비극적인 관여를 초월할 수 있는 기회에 대한 '궁극적인 관심'을 불러일으킨다. 그러나 궁극적인 개성화를 다루는 위대한 철학 및 종교 시스템은 당대의 문화와 문명과 확실히 관련되어 있는 것처럼 보인다. 이러한 시스템은 포기에 의한 초월을 추구하면서 여전히 '세계의 유지'에 윤리적으로 관심을 가지고 있다. 같은 이유로, 문명은 완전한 생애주기에 그것이 부여하는 의미에 의해 평가될 수 있다. 그러한 의미 또는 의미 부재는 다음 세대의 시작으로, 그럼으로써 다른 사람들이 어떤 명료함과 힘으로 궁극적인 질문을 마주할 수 있는 기회로 이어지지 않을 수 없기 때문이다.

궁극적인 관심이 개별 인간을 어떤 심연으로 이끌든지 간에, 심리사회적 존재로서의 인간은 생의 마지막에 '나는 나에게서 살아남은 것'이라는 말로 진술될 수 있는 정체성 위기의 새로운 판본을 마주하게 될 것이다. 그렇다면 믿음, 의지력, 목적의식, 역량, 충실함, 사랑, 돌봄, 지혜와 같은 성향—필수적인 개인 강점의 모든 기준들—또한 생애 단계에서 제도의 삶 속으로 흘러 들어간다. 그것들 없이는, 제도는 쇠퇴할 것이다. 그러나 돌봄과 사랑, 가르침과 훈련의 유형에 스며든 제도의 정신 없이는, 어떤 성격 강점도 연속하는 세대들로부터 나올 수 없을 것이다.

우리는 심리사회적 강점이 개별 생애주기, 연속하는 세대, 그리고 사회 구조를 동시에 통제하는 총체적 과정에 달려 있다고 결론짓는다. 이 세 가지는 모두 함께 진화해왔기 때문이다.

제4장

생애사와 사례사를 통해 본 정체성 혼란

1. 전기 I: 창조적 혼란

I. 일흔 살의 G. B. S.가 스무 살의 젊은 쇼에게

조지 버나드 쇼(George Bernard Shaw)가 일흔 살의 유명인이었을 때 그는 자신이 20대 초반에 써서 실패한, 즉 출판되지 않은 두 권의 소설을 검토하고 서문을 작성해달라는 요청을 받았다.[1] 예상할 수 있는 것처럼 쇼는 자신의 젊은 시절의 작품을 중요하게 생각하지 않았지만, 그 시절의 자신에 대한 자세한 분석은 독자들에게 제공했다. 자신의 젊은 시절에 대해 그렇게 기만적인 재치를 부리며 말하지 않았다면, 그의 관찰은 사실상 추가적인 해석이 거의 필요하지 않은 분석적 성과로 여겨졌을 것이다. 그러나 아주 피상적이다가 갑자기 심오해지면서 독자들을 편안하게 했다가 괴롭히기도 하는 것이 바로 쇼 자신의 정체성을 드러내는 방식이다. 나는 독자들이 그가 설명한 것을 호기심을 갖고 차근차근 따라가기를 바라는 마음에 그의 글을 여기서 감히 발췌해 보고자 한다.

G.B.S.(그의 대중적 정체성이자 그의 걸작 중 하나)는 젊은 자신을, "끔찍한 의견을 전혀 삼가지 않으면서도" 내적으로는 "단순한 비겁함으로…… 고통을 받고…… 그것을 끔찍하게 부끄러워하는, 매우 무뚝뚝하고 바람직하지 않은" 청년으로 묘사한다. 그는 "사실 모든 사람은 자신의 가능성을 깨닫고 그 가능성을 이웃에게 적용할 때까지 사회의 잘못된 위치에 서게 된다. 그들은 자신들의 계속되는 결점으로 고통을 받으면서도, 끊임없이 우쭐대며 다른 사람들을 짜증나게 한다. 이러한 부조화는 확실한 성공 또는 실패로 판명나야만 해결된다. 모든 사람은 태어난 위치보다 위든 아래든 자신에게 자연스러운 자리를 찾을 때까지 불편을 겪는다"고 결론짓는다. 그러나 쇼는 자기가 무심코 천명한 모든 보편적 법칙에서 자신을 항상 제외시키기 때문에 이렇게 덧붙인다. "매우 비범한 개인은 평범한 사회에 설 자리가 없기 때문에 이처럼 자기 자리를 찾는다는 것은 매우 당혹스러운 일이다."

쇼는 스무 살의 위기에 대해 설명한다. 이 위기는 성공이 부족했거나 정의된 역할이 없어서가 아니라 두 가지 모두가 너무 많아서 일어났다. "나는 부족한 나 자신에도 불구하고 꽤 괜찮은 일을 했고, 그 일이 나를 무가치한 사기꾼처럼 버리는 대신에 나를 놓아줄 생각 없이 붙잡고 있다는 것을 알았다. 그래서 스무 살에 나는 직업 훈련을 받고, 제정신을 가진 사람이 피할 수 없는 것을 싫어하게 되는 것처럼 나도 진심으로 싫어하는 직업에 종사하고 있었다. 1876년 3월이 되어서야 나는 해방됐다." 해방됐다는 것은 가족과 친구들, 사업과 아일랜드를 떠나는 것을, 그리고 "거대한 무의식적 야망"에 미치지 못하는 성공의 위험을 피하는 것을 의미했다. 그는 자신의 청소년기와 성인기 사이의 간격을 연장시켰는데, 이는 우리가 '심리사회적 유예'라고 부르는 것이다. 그는 다음과 같이 썼다. "고향 도시를 떠나면서 나는 이 단계를 뒤로 하였고, 이런 식으로 거의 8년간의 고독을 겪은 후 80년대 초의 사회주의 부흥에 이끌릴 때까지 더 이상 내 나이의 남성들과 어울리지 않았다. 당시 영국인들은 온 세상에 영향을 미치는 매우 현실적이고 근본적인 악에 분개하여 매우 심각했고 또한 불타오르고 있었다." 그러는 동안 "내가 원하는 어떤 것으로도 그들이 이끌어줄 수 없다는 확신 뒤에, 내가 원치 않는 일로 이끌려질 수 있다는 무언의 두려움이 있다"는 것을 감지하고, 그는 기회를 피하는 것 같았다. 직업에서의 이러한 유예는 지적인 부분에 의해 강화되었다. "내 관심을 끌지 않는 것은 배울 수 없다. 내 기억은 무차별적이지 않다. 그것은 거부하고 선택한다. 그리고 그 선택은 학문적이지 않다……. 나는 이것을 기뻐한다. 뇌의 모든 부자연스러운 활동이 신체의 어떤 부자연스러운 활동만큼이나 짓궂은 것이라고 확신하기 때문이다……. 문명은 지배계급에 중등 교육이라는 것을 제공함으로써 항상 좌초한다……."

쇼는 자신이 좋아하는 공부와 글쓰기로 자리를 잡았고, 그때부터 비범한 인물의 비일상적인 작업이 전개되기 시작했다. 그는 일하는 습관은 그대로 유지한 채 자신이 하던 일을 포기할 수 있었다.

사무실 훈련을 받으면서 나는 게으름과 구별되는 근면함의 기본 조건으로 매일 정기적으로 무언가를 하는 습관을 갖게 되었다. 내가 이

> 일을 하지 않는 한 진전이 없다는 것과, 다른 방식으로 책을 출판할 수 없다는 것을 알았다. 나는 한 번에 6펜스 정도 어치의 디마이(인쇄용지의 크기로 17.5인치 x 22.5인치-옮긴이)판 백지를 사서 4분의 1로 접었다. 그리고 비가 오나 눈이 오나, 영감이 떠오르든 생각이 나지 않든 하루에 다섯 페이지를 채우라고 스스로에게 선고했다. 내 안에 가득 찬 학생과 점원 기질로 인해 문장 중간에서 다섯 페이지가 끝나면 다음 날까지 끝내지 않았다. 반면에 하루를 놓치면 다음 날 두 배의 일을 해서 만회했다. 이 계획에 따라 나는 5년 동안 다섯 편의 소설을 써냈다. 그것이 나의 전문적 실습이었다…….

이 다섯 편의 소설은 50년 넘게 출판되지 않았지만, 쇼가 일을 하면서 글을 쓰는 법과 쓰면서 기다리는 법을 배웠다고 우리는 덧붙일 수 있다. 그의 직업 생활에서 그러한 초기 의식(儀式)화가 젊은이의 내적 방어를 위해 얼마나 중요했는지는 그의 인과관계에 대한 설명(사실상, 괄호를 친)에서 볼 수 있는데, 그것은 위대한 재치꾼이 자신의 심리적 통찰력을 거의 수줍게 인정하는 것이었다. "나는 순전히 중력에 의해 일어났고, 습관이 되어 일을 멈추기에는 너무 부지런하다(나는 아버지가 술을 마시는 것처럼 일한다)." 그러므로 그는 우리가 청소년기 후기의 많은 병리현상과 젊은 성인기의 일부 업적의 기초가 된다고 여기는 중독성과 강박성의 조합을 지적하고 있다.

쇼는 아버지의 '음주 신경증'을 자세히 설명하면서 자신의 신랄한 유머의 원천 하나를 찾는다. "그것은 가족의 비극이거나 가족의 농담이어야 했다." 그의 아버지는 "유쾌하지도, 다툼이 잦거나 으스대지도 않았고, 비참하고, 수치심과 후회에 시달렸다." 그러나 아버지는 "용두사미의 유머감각이 있었으며, 나는 그것을 물려받아 코미디 작가가 되었을 때 꽤 효과적으로 사용했다. 그의 용두사미 유머가 가진 효과는 (주제에 대한) 우리의 신성한 느낌에 달려 있었다……. 내가 종교의 모든 사실적 또는 허구적 요소를 가장 불경스러운 부조리로 환원함으로써 종교의 본질에 몰두하게 된 것은 섭리인 것 같다."

쇼에게 있어서 더욱 무의식적인 수준의 오이디푸스 비극은 '화면 기억'처럼 보이는 비현실적인 상징으로 표현되는데, 그것은 비슷한 종류의 다른 것들을 상징하는 압축된 한 장면이다.

> 한 팔은 거위를, 다른 팔로는 훈제 돼지고기를(둘 다 알다가도 모를 축제의 망상에 빠져 구입한) 엉성하게 감고, 대문을 민다고 생각하고 정원 벽을 들이받으며, 실크해트를 손풍금인 양 연주하고 있는 '총독'을 본 소년은, 그 광경에 수치심과 불안에 압도당하는 대신에 너무 웃겨서(그의 외삼촌도 큰 소리로 함께 웃었는데) 어찌할 바를 모르는 바람에 서둘러 모자를 받고 모자 주인을 안전하게 안내할 수 없었다. 분명히 그 소년은 비극을 사소한 일로 만드는 대신에 사소한 것으로 비극을 만들지 않을 사람이다. 가문의 치부를 없애버릴 수 없다면 차라리 춤을 추게 하는 편이 더 낫다.

쇼의 성격의 심리성적 측면을 분석해 보면 이러한 기억 속에서 상징적인 부계 발기부전의 확실한 뿌리를 분명히 찾을 수 있을 것이다.

쇼는 당시 사회경제적 상황에 대한 명석한 분석을 통해 아버지의 몰락을 설명한다. 아버지는 "남작의 육촌이었고, 어머니는 어려움에 처했을 때 저당을 잡히는 것을 원칙으로 삼는 시골 신사의 딸이었다. 그것이 내가 처한 종류의 가난이었다." 그의 아버지는 "작은아들의 작은아들의 작은아들"이었고, 쇼는 "다운스타트(downstart: 좋은 집안의 작은아들-옮긴이)이자 다운스타트의 아들"이었다. 그러나 그는 결론을 내리기를, "아버지가 내게 대학교육을 시킬 여유가 없다고 하는 것은 아버지가 술을 마실 여유가 없다거나, 내가 작가가 될 여유가 없다고 하는 것과 같다. 두 진술 모두 사실이다. 하지만 아버지는 술을 마셨고, 마찬가지로 나는 작가가 되었다".

"나를 위해 내 빵에 버터를 발라 주신 한두 번의 드물고 즐거운 일"로 그는 그의 어머니를 기억한다. "어머니는 칼로 슬쩍 닦는 것처럼 하지 않고 버터를 두껍게 발라 주셨다." 그러나 대부분의 경우 어머니는 "나를 자연스럽고 관례적인 현상으로 받아들였고, 계속 그런 식으로 하는 것을 당연하게 여기셨다"고 그는 중요한 듯이 말한다. "기술적으로 말하면 그녀는 항상 상상할 수 있는 최악의 어머니였다고 해야겠지만, 어떤 어린이나 동물, 또는 꽃이나, 심지어 어떤 사람이나 무엇에 대해서건 친절하지 않을 수 없었던 분이었다는 것은 분명하다……." 그것은 선택적인 헌신이나 교육으로 간주될 수 없다. 쇼는 이렇게 설명한다. "어머니가 너무 잘 자랐기 때문에 나는 잘못 자랐다……. 어머니는 유년기에 겪은 제약과 폭정, 꾸중, 으름장과 처벌……에 대한 자신의 정당한 반응에서…… 달리 내세울 것이 없는 부정적인 태도를 가지기에 이르렀고, 대개의 경우 집안의 무정부 상태를 이어갔다." 대체로 쇼의 어머니는 "절망적으로 실망스러운 남편, 그리고 너무 많이 자라서, 그녀가 아주 좋아했던 동물이나 새들처럼 쓰다듬어줄 생각이들지 않는 세 자녀들로 인해 고통을 겪는… 완전히 넌더리를 내고 환멸을 느끼는 여성이었다. 내 아버지의 수입이 수치스러울 정도로 부족하다는 것은 말할 것도 없었다.”

쇼에게는 사실상 세 명의 부모가 있었다. 세 번째는 (‘혜성 같고,’ ‘격렬하며,’ ‘마음을 끄는 매력이 있는’) 리(Lee)라는 남자로 그의 어머니에게 노래를 가르쳤는데, 수업은 버나드의 이상뿐만 아니라 온 집안을 개조하기에 이르렀다.

> 그는 집안의 지배적 요소로서 아버지를 대체하고 어머니의 모든 활동과 관심사를 사로잡았지만, 자신의 음악에 완전히 몰두했기 때문에 두 남자 사이에 마찰도 없었고 친밀한 접촉도 거의 없었다. 살풍경은 전혀 없었다. 처음에 그의 생각은 우리를 놀라게 했다. 그는 사람들이 창문을 열어 놓은 채 자야 한다고 말했다. 이런 대담함은 내게 호소력이 있었고, 그 이후로 나는 그렇게 했다. 그는 흰 빵이 아닌 갈색 빵을 먹었다. 놀라운 남다름이었다.

그런 난해한 상황에서 비롯된 많은 정체성 요소들 중 여기서는 세 가지를 골라 요약해 보겠다.

1. 속물

“비슷한 영국 가족과 비교할 때, 우리는 일들을 극적으로 과장하여 빈정대면서 표현하는 데 능했는데, 이는 쇼 집안의 특성을 더 드러내게 했다.” 쇼는 이것을 “유머 감각으로 완화된 가족의 속물근성”으로 인식한다. 반면에 “내 어머니는 의식적인 속물은 아니었지만, 그 시대의 아일랜드 여성에게 스며든 신성은 그녀가

(개인 음악 레슨의 고객으로) 접촉할 수 있었던, 모두 속물인 영국 교외의 부모들에게는 용납될 수 없는 것이었다". 쇼는 조상 중 한 명이 파이프 백작(Earl of Fife)이라는 사실을 알게 될 때까지 "가족들의 속물근성을 엄청나게 경멸"했다. "그것은 셰익스피어의 후손이 된 것이나 다름없었다. 나는 무의식적으로 내 요람에서 셰익스피어로 환생하기로 결심했다."

2. 소음꾼

유년기 내내 쇼는 음악 활동에 빠져든 것 같았다. 가족은 트롬본과 오피클라이드(저음 금관 악기의 한 종류-옮긴이), 첼로, 하프 및 탬버린을 연주했으며, 무엇보다도 (또는 최악의 경우에) 그들은 노래를 불렀다. 마침내 그는 피아노 연주를 스스로 터득했지만, 거슬리는 소음으로 이뤄낸 것이었다.

> 나는 이 교육 과정에서 민감한 이웃들에게 가해진 모든 두드리기, 휘파람, 포효, 으르렁거림을 되돌아보면서 쓸모 없는 회한에 사로잡힌다……. 나는 바그너의 반지(오페라 니벨룽겐의 반지-옮긴이)에 나오는 내가 좋아하는 곡들 때문에 [어머니를] 거의 미치게 만들곤 했는데, 그 곡들은 그녀에게는 '모두 레치타티보'였고, 어머니는 그것을 끔찍하게 싫어했다. 어머니는 당시에는 불평한 적이 없었지만 우리가 헤어진 후에 고백하기를, 때때로 어디 멀리 가서 울기까지 했다고 말했다. 내가 살인을 저질렀다 해도 이토록 내 양심이 괴롭지는 않을 거라 생각한다. 그런데 이 생각을 하면 견딜 수가 없다.

사실, 그는 자신의 음악적 가학자들에게 앙갚음하는 법을 알게 되었을지 모르지만, 그렇게 공언하지는 않는다. 대신, 다른 사람들의 소음에 대해 글을 쓰는 음악비평가가 되기로 했다. 비평가로서 그는 코르노 디 바세토(Corno di Bassetto)—누구도 거의 알지 못하는, 소리가 너무 밋밋해서 "악마조차도 음색에 활기를 불어넣지 못하는" 악기의 이름—라는 필명을 선택했다. 그러나 바세토는 명석한 비평가 그 이상이 되었다. "나는 바세토가 때때로 저속하다는 것을 부인할 수 없다. 하지만 사람들을 웃게 만들 수만 있다면, 그건 중요하지 않다. 저속함은 완벽한 작가의 비밀 장비다. 때때로 광대야말로 서커스에서 가장 멋진 부분이다."

3. 악마 같은 사람

의심할 바 없이 외로운 어린 소년(어머니가 오직 음악 소음꾼들에게만 귀를 기울이는)이 어떻게 자신의 상상력을 사용해서 위대한 상상의 동반자와 대화하게 되었는지 들어보자. "유년기의 나는 문학적 천재성을 발휘하여 나만의 기도문을 만들었다……. 그것은 전능하신 분의 기쁨과 위로를 위한 문학 공연이었다." 종교적으로 경건하지 않은 가족 분위기로 인해 쇼의 독실함은 신앙의 밑바닥을 찾아 의지해야 했는데, 이는 초기에 "지적 고결함의 혼합물이 되었고, …… 도덕적 열정의 시작과 함께 나타났다." 동시에 쇼는 (특별히 어떤 식이었는지는 모르겠지만) 작은 악마와 같은 아이였던 것 같다. 여하튼 그는 착할 때의 자신에게 동질감을 느끼지 않았다. "내가 착한 아이였을 때도 나는 연극적으로만 그랬다. 왜냐하면 배우들이 말하는 것처럼, 나는 배역 속의 나를 보았기 때문이다." 그리고 실제로, 그의 정체성 투쟁이 끝났을 때, 즉, "1880년 무렵 내 용모가 완성되었을 때(24살이 될 때까지 얼굴에 솜털이

돋아 있었다), 나는 내가 오페라 속 악당의 긴 콧수염과 눈썹, 비꼬는 듯한 콧구멍을 가졌다는 것을 알았다. 어린 나는 (구노가 작곡한) 그 악당의 아리아를 불렀고, 그의 태도는 소년 시절의 내게 영향을 미쳤다. 나중에, 몇 세대가 지난 후에 나는…… 상상 속의 허구와 삶의 관계가 스케치와 그림 또는 구상과 조각품의 관계와 같다는 것을 인식하기 시작했다."

그렇게 G.B.S.는 어느 정도 드러내놓고 자신의 뿌리를 추적한다. 그러나 그가 마침내 도달한 것이, 위에서 언급한 셰익스피어로의 의도된 환생만큼이나 그에게는 타고난 것으로 보였다는 점은 주목할 가치가 있다. 선생님이 "읽기를 가르치려고 해서 당혹스러웠는데, 내가 기억하는 한 어떤 인쇄물 한 쪽도 이해할 수 없었던 적은 없었으며, 그래서 나는 태어나면서부터 글을 읽을 수 있었다고 밖에는 생각할 수 없었기 때문"이라고 그는 말한다. 그러나 그는 여러 가지의 직업적 선택에 대해 생각했다. "미켈란젤로가 되는 대신 나는 바데알리(Badeali, 이태리 태생의 바리톤 가수-옮긴이)가 되기를 꿈꾸었다(어쨌든, 오리가 수영하는 것을 꿈꾸지 않는 것처럼 문학에 대한 꿈은 전혀 없었다는 점을 주목하시라)."

또 그는 자신을 "타고난 공산주의자"(서둘러 말하자면, 페이비언 사회주의자(영국의 사회주의-옮긴이)를 의미하는)로 부르고, 자신이 무엇이 될 것처럼 보이는지를 받아들일 때 찾아오는 평화를 설명한다. "타고난 공산주의자……는 자신이 어디에 있는지, 그를 겁먹게 한 이 사회가 어디에 있는지 알고 있다. 그는 자신의 **거짓 겸손**으로부터 치유된다……." 그래서 "완전한 문외한"이 점차 자기 식의 완전한 내부자가 되었다. 그는 자신이 "사회, 정치, 스포츠, 교회의 문외한"이라고 말했다. 그러나 그것은 "영국식 야만성의 한계 내에서만 그렇다……. 음악, 그림, 문학 또는 과학이 쟁점이 되는 순간 입장이 뒤바뀌었다. 내부자는 바로 나였다."

이 모든 특성을 찾아 유년기로 거슬러 올라가면서, 쇼는 오로지 걸작만이 이것들을 모두 통합할 수 있을 것이라는 것을 알게 된다.

> 내가 이 주제를 전부 다 얘기하려면, 금방 지워져 없어지는 단순한 날것이 더 심오한 기묘도(소립자 간의 복잡한 현상을 설명하기 위해 도입된 입자 고유의 양자수-옮긴이) 때문에 복잡해졌다는 점을 덧붙여야 하는데, 이 기묘도는 평생 동안 나를 이 행성의 원주민이 아닌 잠시 머무르는 사람으로 만들었다. 내가 미쳐서 태어났든, 지나치게 제정신이든, 내 왕국은 이 세상의 것이 아니었다. 나는 내 상상의 영역에서만 안정되었고, 위대한 죽은 자들과 함께할 때만 편안했다. 그래서 나는 배우가 되어야 했고, 사람들을 다루기에 적합하고 작가, 언론인, 연사, 정치인, 위원회 멤버, 세계인 등등으로 연기해야 했던 다양한 배역에 적응할 수 있는 환상적인 성격을 나 자신을 위해 만들어 내야 했다.

"나중에 나는 이 일들을 너무 잘 해냈다"고 쇼는 의미심장하게 결론 짓는다. 이 말은, 나이 많은 사람들이 때때로 젊은 시절에 갖게 된 불변의 정체성을 떠올리면서 느끼는 희미한 혐오감—어떤 이들의 삶에서는 치명적인 절망을 가져오고 심신에 설명할 수 없는 영향을 미칠 수 있는 혐오감—에 대해 매우 잘 보여준다.

어린 시절의 위기가 끝난 것에 대해, 쇼는 다음과 같이 요약한다. "나는 지적인 습관이 있었고, 비평 능력과 문학 자원이 자연스럽게 조합을 이루었기 때문에 투철한 이론, 간단히 말해서 종교에 비추어 삶을 명확히 이해함으로써 그 습관을 성공적인 실행으로 이끌기만 하면 되었다." 옛 견유학파는 여기서 인간의 정체성 형성이 의미하게 되는 것을 한 문장으로 에둘러 표현했다. 이것을 더 복잡한, 즉 더 점잖은 말로 토론하는 데 도움이 되는 용어로 번역하자면 다음과 같다. 사람이 사회에서 자신의 자리를 차지하기 위해서는 먼저 주된 능력을 '갈등 없이' 습관적으로 사용하는 법을 터득해서 직업에 정교하게 적용해야 한다. 또한, 이를테면 이 직업의 즉각적인 행사와 그것이 제공하는 동반자 관계, 그리고 그 직업의 전통으로부터 무한한 자원과 피드백을 얻어야 한다.

마지막으로, 최후의 순간까지 충격을 주고 싶어하는 늙은 무신론자가 종교라고 부르는 삶의 과정에 대한 투철한 이론을 얻어야 한다.

실제로 그가 전향한 페이비언 사회주의는 오히려 이 장의 끝에서 분명해질 이유들로 인해 우리가 고수해야 할 일반용어인 이데올로기다.

II. 정신과 의사 윌리엄 제임스

윌리엄 제임스는 평생을 당시 "병적 심리학"으로 불렸던 일에 몰두했다. 그 자신이 어린 시절, 그리고 성인이 되어서도 심각한 정서적 긴장을 겪으며 다양한 신경 치료의 도움을 받으려 했지만 소용없었다. 그의 편지는 또한 그가 친구들의 위기에 관심을 가지고 그들에게 열정적으로 조언을 했지만, 그 조언들은 온전한 정신을 얻기 위한 그 자신의 투쟁을 배신했다는 것을 증명한다. 또한 물질주의적 활력과 영적이고 심적인 몰입 사이의 노골적인 대조를 즐기는 보스턴의 독특한 환경에서 그는 신앙요법 문제에 대한 논쟁에 이끌렸다. 그리고 마지막으로 그는 새롭게 등장하는 정신의학 학파들의 호스트 역할을 한 사람 중 한 명이었는데, 그중 하나가 프로이트 학파였다. 프로이트는 1907년에 이 나라를 방문했다. 프로이트 자신이 고정된 생각에 사로잡힌 사람으로 제임스에게 깊은 인상을 남겼지만(제임스는 자신을 전후한 가장 똑똑하거나 그렇지 않은 많은 사람들이 프로이트의 꿈 이론으로 이뤄낸 것을 자신은 이룰 수 없을 것이라고 했다), 그는 그럼에도 불구하고 프로이트와 그의 제자들이 그들의 연구를 계속 이어가리라는 희망을 피력했다.

다음에서 나는 제임스의 이론적 논문이 아닌 개인적인 고백에서 그의 가장 뛰어난 공식 몇 가지를 인용할 것이다. 그의 고백은 장기간의 정체성 위기의 경험에 대한 매우 중요한 표명을 제공한다.

매티슨(Matthiessen)이 지적하듯이 윌리엄 제임스는 "아주 천천히 성숙했다."[2] 심지어 스물여섯살에 그는 웬들 홈스(Wendell Holmes)에게 다음과 같이 썼다. "어떤 건설적 열정에 나는 많은 것을 바칠 것입니다." 오늘날의 젊은 대학생들 사이에서도 이 향수 어린 불평은 계속 이어진다. 매티슨에 따르면, 제임스의 생애 동안 이어진 의심과 지체는 **존재**에 대한 아버지의 광신적 주장 때문이었는데, 이로 인해 자녀들 대부분은 자신들이 무엇을 **할** 수 있는지를 찾기가 어려웠다(적어도 두 명은 궁극적으로 아주 잘 해냈지만). 내가 이것을 지적하는 것은, 젊은 남녀들이 어떤 실행에 관여할 때, 충분한 존재감이 확보되어 순수한 야망에 개성 또는 강력한 공동체 정신을 부여받기도 전에 빨리 탁월해질 것을 강요받기 때문에 명백히 오늘날 의심과 지체가 만연하다는 사실 때문이다.

여기서 아버지 헨리 제임스(Henry James)의 성격이나 부모로서의 습관을 자세히 다루지는 않겠다. 그는 병약하고 쉽게 이끌리며 풍요로운 환경에 있었기 때문에 집에서 소일하면서 가족생활을 자유주의의 폭정과 유토피아적 이상주의로 만들 수 있었는데, 그곳에서는 모든 선택이 가장 자유롭고 가장 보편적인 관점에서 이루어졌고, 무엇보다 아버지와 함께 논의되어야 했다. 또한 제임스의 후기 철학이 아버지의 신조의 연속인 동시에 폐기가 되게 한 흥미로운 길도 여기서 살펴볼 수 없다.

여기서 우리의 관심을 끄는 것은 윌리엄을 예술 학교에서 '과학 학교'로, 의과 대학으로, 그리고 케임브리지(매사추세츠)에서 아마존으로, 유럽으로, 그리고 다시 케임브리지로 몰아간 특별히 장기간에 걸친 정체성 위기다. 유럽에서 심각한 신경증적 불편을 겪은 그는, 20대 후반을 아버지의 집에서 신경쇠약자로 보내다가 30세가 되던 해에 일찍이 자신을 점찍어둔 엘리엇 하버드대 총장으로부터 해부학을 가르쳐달라는 제안을 받고 이를 수락했다. 그러나 제임스의 쇠약은 다윈의 쇠약에 비견될 만했다. 즉, 언제든지 관심과 활동을 위한 좁은 길만 남겨두는 것으로 활동과 교류를 제한하는 것이다. 그러나 그런 사람들은 그 좁은 길을 따라 마치 몽유병자의 확고한 발걸음처럼 지적이고 사회적으로 집중할 수 있는 최종 목표를 찾아낸다. 제임스의 경우 그 길은 예술적 관찰에서 자연주의적 분류 감각과 생리학자의 유기적 기능에 대한 이해로, 그리고 망명자의 다중 언어 지각으로, 마지막으로 환자의 자기 인식과 심리학 및 철학에 대한 공감으로 이어졌다. 제임스는 이렇게 단언했다. "원래는 생리학자가 되려고 의학을 공부했지만, 일종의 숙명처럼 심리학과 철학으로 전향했다. 나는 철학 강의를 들은 적이 없었고, 심리학에 대해 들은 첫 강의는 내가 한 강의였다."

중년의 심장 질환의 시기에 『종교적 경험의 다양성(*Varieties of Religious Experience*)』을 집필한 후에야 제임스는 '최악의 우울' 상태에 대한 의심할 여지가 없는 자서전적 기술을 제공했는데, 이는 한 젊은 '프랑스 환자'가 그에게 보고한 내용으로 알려졌다.

> 이 철학적 비관주의와 내 전망에 대한 전반적인 우울에 빠져있는 동안, 어느 날 저녁 해 질 무렵 탈의실에 있는 물건을 가지러 갔을 때, 마치 어둠 속에서 나온 듯 갑자기 아무 경고도 없이 내 존재에 대한 끔찍한 두려움이 나를 덮쳤다……. 그것은 계시와 같았다. 그 즉각적인 감정은 사라졌지만, 그 경험 이후 나는 다른 사람들의 병적인 느낌에 동정심을 품게 되었다……. 나는 홀로 있는 것이 두려웠다. 다른 사람들이 어떻게, 또 나 자신은 어떻게 삶의 표면 아래에 있는 불안정한 구덩이를 의식하지 못하고 살 수 있는지 궁금했던 기억이 난다. 특히 어머니는 매우 쾌활한 분이었는데, 위험에 대한 그녀의 무의식은 내게는 완벽한 역설처럼 보였다. 내 마음의 상태가 드러나서 어머니의 마음을 어지럽히지 않도록 내가 정말 조심했다는 것을 여러분은 믿어도 될 것이다. 나는 항상 이 우울증의 경험이 종교적 관련성을 가지고 있다고 생각했다……. 무슨 말이냐면, 그 두려움이 너무 강하게 엄습해서 영원하신 하나님이 나의 피난처이시니, 라든지, 수고하고 무거운 짐 진 자들은 모두 나에게 오라, 라든지, 나는 부활이요 생명이라 등등의 경전 문구에 매달리지 않았더라면 정말로 미쳐버렸을 거라고 생각한다는 말이다.[3]

여기에 제임스는 그의 아버지가 경험하고 묘사했던 비슷한 소외(alienation)의 위기(당시 정신과 의사는 "alienists"라고 불렸음)에 대한 언급을 각주에 추가했다.

> 5월 말을 향하는 어느 날 …… 편안한 저녁을 먹은 후, 나는 가족들이 자리를 뜬 후에도 식탁에 앉아서, 아무 생각 없이 벽난로 안의 불씨를 멍하니 바라보면서 소화가 잘 되는 기분 좋은 느낌만을 즐기고 있었다. 그런데 갑자기—정말 번개처럼—공포가 엄습하여 전율이 일더니, 온몸이 떨렸다.[4]

이 두 공격을 비교해 보면 그것이 그의 아버지의 내면의 삶과 생활 방식에 얼마나 일치하는지, 그리고 계시를 통한 해방감이 그 경험에서 얼마나 드러날 수 있는지에 대한 의문이 남는다. 한 가지 확실한 점은 각 연령마다 고유한 형태의 소외('제정신이 아니'라는 느낌이 제시하는 것보다 훨씬 문화 종속적인 형태)가 있으며, 아버지와 아들 모두의 내적 투쟁은 극단적 개인주의에서 전형적으로 나타나는 순수하고 완고한 자아의 정체성과 관련이 있고, 더 높은 정체성—그것이 외적으로 모든 것을 포괄하든, 내적으로 모든 것에 만연해 있든 간에—에 자리를 내주지 않는다는 것이다. 그가 덧붙이듯이, 고난의 순간에 아버지가 마지못해 아내에게 의지했고, 설명할 수 없을 만큼 쾌활한 어머니를 확실히 방해하고 싶지 않았다는 사실을 아들이 우리에게 확신시켰다는 점은, 그 시절 자수성가한 남자들이 여성이라는 피난처에 의지하는 것이 얼마나 불안한 일이었을지 의구심이 들게 만든다.

아버지 헨리 제임스가 약간의 농촌식 낭만주의를 되살리며 말했듯이, "이 음울한 수치요법을 받고 살면서, 그리고 식습관과 식이 요법, 질병, 정치, 정당, 그리고 사람들에 대한 끝없는 '말의 투쟁'을 들으면서 나는 내 자신에게 되풀이해서 말했다. 자아 의식, 그리고 그것이 낳는 어리석고 끔찍한 독선이라는 인류의 저주는 우리의 인간성을 아주 소인배 같고 타락한 상태에 빠뜨린다. 자신이 더 이상 사람이 아니라 그 평온한 산허리에서 풀을 뜯고 자연의 풍성한 품에서 영원한 이슬과 신선함을 마시는 그 무고하고 무지한 양들 중 한 마리라는 것을 알게 되면 얼마나 달콤할까!"[5]

성숙과 극심한 소외로부터의 해방으로 가는 윌리엄 제임스의 길에서 중요한 한 단계는 그 자신이, 다른 한 단계는 그의 아버지가 말한다.

"어제는 내 인생의 위기였다고 생각합니다." 제임스는 아버지에게 편지를 썼다. "나는 르누비에(Renouvier)의 두 번째 '수상록(Essais)'의 첫 부분을 다 읽었고, 그의 자유 의지에 대한 정의—'다른 생각을 가질 수도 있을 때 어떤 생각을 선택했기 때문에 계속 유지하는 것'—가 환상에 대한 정의가 되어야 하는 이유를 알 수 없었습니다. 어쨌든, 나는 현재로서는—내년까지는— 그것이 환상이 아니라고 생각할 것입니다. 내 자유 의지에 따른 첫 번째 행동은 자유 의지를 믿는 것입니다."[6] 여기에 그는 오늘날의 자아심리학의 지배적인 원리를 훌륭하게 표현하는 문장을 하나 추가한다.

여태껏, 내 자신의 모든 것을 결정하기 위해 외부 세계에 대해 오랫동안 조심스럽게 숙고하지 않고, 본래의 행동을 대담하게 하는 것처럼 자유로운 주도권을 갖고 싶다고 느꼈을 때, 자살은 나의 대담성을 담을 수 있는 가장 남자다운 형태로 보였습니다. 이제 나는 한 걸음

> 더 나아가 내 의지대로 행동하는 것뿐 아니라 내 의지대로 믿기도 합니다. 내 개인의 현실과 창의력을 믿습니다. 확실히 내 믿음은 낙관적일 수 없지만, **세상에 대한 자아의 자기주도적 저항**속에서 삶(실제적인 것, 선한 것)을 받아들일 것입니다. 삶은 행하고 고통받고 창조하는 [가운데 이뤄지는] 것입니다.[7]

나는 이 자기 주도의 공식과 자아의 저항적 측면을 인용하여 그것의 정신분석적 의미가 무엇인지, 즉 경험을 조직하고 행동을 인도하는 내적 종합을 강조하고자 한다.

그리고 다음은 아들의 또 다른 위대하고 해방적인 사고 경험에 대해 아버지 헨리 제임스가 쓴 것이다.

> [윌리엄은] 어느 오후 내가 혼자 앉아있을 때 와서, 잠시 생동감 있게 실내를 서성대다가 갑자기 말했다. "내 영혼을 축복해주세요. 지금의 나와 지난 봄 이맘때의 나는 얼마나 다른지요!" …… 그는 거세게 감정을 토로했다. 나는 그것을 방해하거나 확인하는 것이 두려웠지만, 그가 생각하기에 특히 무엇이 변화를 가져왔는지 감히 물었다. 그는 몇 가지를 말했다…… 그러나 무엇보다도 그는 모든 정신 장애가 신체적 근거를 가져야 한다는 개념을 포기했다고 했다. 이것은 그에게는 완전히 사실이 아닌 것이 되었다……. 그는 그러한 단순한 과학을 가진 사람들에 대한 존경심을 떨쳐버렸고, 정신적 판단에 있어서 내가 전에 알고 있던 것보다 훨씬 더 보편적이고 엄정해졌다……[8]

의심할 여지 없이 아버지 헨리 제임스 경은 아들의 말을 자신이 생각하는 스타일에 맞게 약간 고쳤지만, 이 장면은 전형적인 제임스의 모습을 보여준다. 분명히, 자유 의지의 자기 결정에 관한 첫 번째 통찰은 두 번째 통찰, 즉 신경증 환자의 지속적인 자기 결정에 대한 숙명론적인 논증으로서 생리적 요인을 포기하는 것과 관련이 있다. 자유 의지가 어떻게 설명되고 개념화되든지 간에 이 두 가지 통찰은 모두 환자의 선택권 회복을 목표로 하는 심리 치료의 기초가 된다.

2. 발생학: 동일시와 정체성

우리는 비범한 (그리고 비범하게 스스로를 잘 지각하는) 개인들의 자서전을 통해 정체성 발달에 대한 통찰을 얻을 수 있다. 정체성에 대한 보편적 발생학을 설명하기 위해, 누구나 '평범한' 개인의 삶의 역사를 통해 정체성 발달을 추적할 수 있기를 바랄지 모른다. 여기서 나는 일상생활의 전반적 인상, 경미한 장애가 있는 젊은이들에 대한 지도 업무, 그리고 내가 관여한 희귀한 '종단' 연구[9]—약력 자료에 대한 상세한 공개가 빠져 있는—에 의존해야 한다. 다음의 발생학적 개괄에서 앞서 말한 내용의 일부는 필연적으로 반복될 수밖에 없다.

사춘기는 유년기의 마지막 단계다. 그러나 사춘기 과정은 유년기의 동일시를 새로운 종류의 동일시에 종속시키고, 사교성을 익히고 또래 친구들과의 경쟁적 도제학습을 성취한 경우에만 결정적으로 완성된다. 이러한 새로운 동일시는 더 이상 유년기의 장난기와 청소년기의 실험적 열정이라는 특징을 갖지 않으며, 극심한 절박함으로 청소년 개인이 선택하고 결정하도록 강요하여, 그 중

가하는 필요성과 함께 '일생 동안의' 헌신으로 이어진다. 여기서 젊은이와 그가 속한 사회에 의해 수행되어야 할 과제는 어마어마하다. 필연적으로 서로 다른 개인과 서로 다른 사회 간에 사춘기의 기간, 강도(强度) 및 의식(儀式)화에서 아주 큰 차이가 있다. 개인의 요구에 따라, 사회는 유년기와 성인기 사이에 어느 정도 허용되는 중간 기간을 제공하며, 이 기간은 종종 연장된 미성숙과 강요된 조숙함이라는 특징을 갖는다.

사춘기 이전의 '잠복기'를 놓고 볼 때, 정신분석학에서는 인간 발달에 있어 일종의 심리성적 발달의 유예 기간—미래의 배우자 및 부모가 될 사람이 자신의 문화가 제공하는 어떤 '학교'에든 가서 일과 관련된 상황의 기술적, 사회적 기초를 먼저 배우도록 하는 지연 기간—을 인정한다. 그러나 리비도 이론은 두 번째 지연 기간, 즉 연장된 청소년기에 대한 적절한 설명을 제공하지 않는다. 여기서 개인은 성적으로 성숙하더라도 친밀함에 대한 심리성적 능력과 부모가 되기 위한 심리사회적 준비가 다소간 지체된다. 이 기간은 자유로운 역할 실험을 통해 청소년이 사회의 일부 영역에서 어떤 틈새, 분명하게 정의되지만 유일하게 그를 위해 만들어진 것처럼 보이는 틈새 영역을 찾을 수 있는 **심리사회적 유예**로 볼 수 있다.

다음으로, 주변 사람들에게 '인정'받고자 하는 젊은 개개인의 욕구에 대한 지역 사회의 반응을 이야기할 때 우리는 성취에 대한 인정만이 아닌 그 이상의 것을 의미하게 되는데, 그것이 젊은이들의 정체성 형성과 큰 관련이 있기 때문이다. 개인의 정체성 형성은, 그가 비로소 이해하기 시작하는 사람들에게 자신의 점진적인 성장과 변화가 이해되는 한 사람으로서 반응을 얻고 기능과 지위를 부여받는 것이다. 정신분석학에서는 그러한 인정이 사춘기에 필요한 특정 과업을 이뤄내는 과정에서 자아에 전적으로 없어서는 안 될 지원을 제공한다는 사실이 충분히 인식되지 않았다. 즉, 엄청나게 증가하는 (지금은 성숙한 생식기와 강력한 근육계에 쏟는) 충동의 강도에 맞서 가장 중요한 자아 방어를 유지하는 것, 업무 기회에 따라 가장 중요한 성과를 '갈등 없이' 통합하는 방법을 배우는 것, 그리고 어떤 독특한 방식으로, 그러면서도—이웃 지역, 예상되는 직업 분야, 일련의 동지들, 그리고 아마도 (쇼의 경우에서처럼) '위대한 죽은 자들'과 같은—사회의 더 넓은 부분이 제공하는 역할과 일치하도록 모든 유년기의 동일시를 다시 통합하는 것 등이 그러한 과업들이다.

유예는 의무를 다할 준비가 되지 않은 사람에게 허용된 또는 시간의 여유가 필요한 사람에게 강제된 지연 기간이다. 심리사회적 유예란 성인으로서의 책무를 연기하는 것을 의미하지만, 이는 단지 연기만이 아니다. 이 시기는 사회의 선택적인 관용과 청소년의 도발적인 장난이 특징인 시기이지만, 종종 일시적이기는 하나 청소년 쪽의 깊은 헌신으로 이어지고, 사회 쪽의 어느 정도 의식(儀式)적인 책무의 확인으로 끝맺는다. 그러한 유예들은 (좋든 나쁘든) 재능이 매우 뛰어난 사람들에게서 특히 두드러지는 매우 개별적인 변이를 보여 주며, 물론 문화 및 하위 문화의 생활 방식과 관련된 제도적 변이도 존재한다.

각 사회와 각 문화는 그에 속한 대다수의 젊은이들에게 일정한 유예를 제도화한다. 대부분의 경우에 이러한 유예들은 그 사회의 가치에 따른 견습 기간 및 모험들과 동시에 발생한다. 유예는 말 도둑질과 비전 탐구를 위한 시간, 유랑을 위한 시간 또는 서부('out West')나 지구 반대편('down under')에서 일하는 시간, '잃어버린 젊음' 또는 학업 생활을 위한 시간, 자기희생 또는 장난질을 위한 시간—그리고 오늘날은 종종 인내의 시간 또는 비행을 저지르는 시간—이다. 특히 조직화된 형태의 청소년 비행의 대부분은 심리사회적 유예를 만들려는 시도로 간주되어야 한다. 사실, 내 생각에 일부 비행은 우리 사회의 일부에서 오랫동안 상대적으로 제도화된 유예였으며, 이제는 그것이 너무 많은 젊은이들에게 대번에 너무 매력적이고 설득력이 있음을 증명한다는 이유만으로 우리는 그것을 알아차릴 수밖에 없다. 이 모든 것 외에도, 우리 사회는 정신과 치료를, 표준화와 기계화에 압도당할지 모르는 젊은이들에게 허용하는 몇 안 되는 유예들 중의 하나로 통합하는 과정에 있는 것 같다. 이것은 우리가 신중하게 고려해야 할 사항이다. 왜냐하면 심리사회적 유예 기간 동안 획득하는 꼬리표나 진단은 정체성 형성 과정에서 극히 중요하기 때문이다.

그러나 유예를 꼭 그렇게 의식적으로 경험할 필요는 없다. 반대로, 젊은 개인은 깊은 헌신을 느낄 수도 있으며, 그가 그렇게 진지하게 받아들인 것이 그저 전환기였을 뿐이라는 것을 훨씬 나중에 가서야 알게 될 수도 있다. 많은 '돌아온' 탕아들은 지난 시절의 '어리석음'이 상당히 소원하게 느껴질 것이다. 그렇지만 정체성 이미지에 대한 모든 실험이, 감정과 욕구라는 내면의 불을 가지고 놀다가 빠져나올 길 없는 사회적 '이질 지대'에서 끝나게 될 위험을 무릅쓰는 것을 의미한다는 것은 분명하다. 그때 유예는 실패한다. 개인은 너무 일찍 정의되고, 상황 또는 실제로 당국이 결정하는 대로 자신에 대해 결정하게 된다.

언어적으로는 물론 심리적으로도 정체성과 동일시는 공통된 뿌리를 가지고 있다. 그렇다면 정체성은 이전의 동일시의 단순한 합일까, 아니면 단지 일련의 추가적인 동일시일까?

동일시 메커니즘의 제한된 유용성은 (우리 환자의 경우 그러한 병적인 정교함과 상호 모순에서 두드러지게 나타나는) 유년기의 어떤 동일시도 단순히 합쳐지는 것으로는 기능을 발휘하는 인격으로 귀결될 수 없다는 사실을 고려하면 즉시 분명해진다. 실제로 우리는 일반적으로 심리 치료의 임무가 병적이거나 과도한 동일시를 더 바람직한 것으로 대체하는 것이라고 믿는다. 그러나 모든 치료법이 증명하듯이, '더 바람직한' 동일시는 동시에 부분의 합보다 더 많은 새롭고 독특한 게슈탈트에 은밀히 종속되는 경향이 있다. 사실상 메커니즘으로서의 동일시는 제한된 유용성을 갖는다. 서로 다른 발달 단계에 있는 아이들은 현실에서든 환상에서든 자신이 가장 즉각적으로 영향을 받는 사람들의 다른 부분적인 측면과 동일시한다. 예컨대, 부모와의 동일시는 과대평가되고 이해하기 어려운 특정한 신체 부위, 능력 및 역할 외양에 집중된다. 더욱이 이러한 부분적 측면들은 사회적 수용성(종종 부모의 가장 잘 조절된 속성을 뺀 모든 것) 때문이 아니라 유아기 환상의 속성 때문에 선호되는데, 이것이 더 현실적인 판단으로 대체되는 것은 점진적으로만 이루어진다.

유년기 후기에 개인은 손아래 형제로부터 조부모, 그리고 더 넓은 가족에 속한 사람에 이르기까지 이해할 수 있는 역할의 위계를 마주하게 된다. 유년기 내내 이것은, 나이가 들었을 때 그가 어떤 사람이 될 것인지에 대한 일종의 기대치를 제공하고, 아주 어린 아이들은 여러 측면에서 많은 사람들과 동일시하며 일종의 위계적 기대를 확립한다. 이러한 기대는 다시 후기 삶에서 '검증'으로 이어진다. 그렇기 때문에 문화적 및 역사적 변화는 정체성 형성에 큰 충격을 줄 수 있다. 즉, 그것은 어린이의 위계적 기대의 내적 일관성을 깨뜨릴 수 있다.

내적 투사, 동일시 및 정체성 형성을, 적용 가능한 모델과의 더욱 성숙한 상호작용에서 자아가 성장하는 과정이라고 본다면, 다음과 같은 심리사회적 일정표가 그려진다.

내적 투사의 메커니즘(다른 사람의 이미지와의 원시적 '합일')은 그 통합을 위해 어머니 역할을 하는 성인(들)과 보살핌을 받는 자녀 간의 만족스러운 상호성에 의존한다. 그러한 초기 상호성에 대한 경험만이 아이가 다른 극점, 즉 첫사랑의 '대상'을 향해 손을 뻗을 수 있는 자기 감정의 안전지대를 제공한다.

다음으로 유년기 **동일시**의 운명은, 어떤 형태의 가족 안에서 함께 사는 세대들이 제공하는 의미 있는 역할 위계의 대표자로 신뢰할 만한 사람들과의 만족스러운 상호 작용에 달려 있다.

마지막으로 **정체성 형성**은 동일시의 유용함이 끝나는 지점에서 시작된다. 그것은 유년기의 동일시를 선택적으로 거부하고 상호 동화하며 새로운 구성으로 흡수하는 것에서 비롯되며, 이는 다시 사회가 (종종 하위 사회를 통해) 젊은 개인을 그 자신의 모습이 되어야 하는 누군가로, 그리고 그럼으로써 당연하게 여겨지는 누군가로 인정하는 과정에 의존한다. 초기에 불신하는 경우가 없지는 않은 공동체는 새로 떠오르는 개인을 알아가는 과정에서 놀라움과 즐거움을 보여주면서 그러한 인정을 제공한다. 공동체는 인정을 요청하고 싶어 하는 개인에 의해 다시 '인정'을 받는 느낌을 가진다. 같은 의미에서 공동체는 신경 쓰지 않는 것처럼 보이는 개인에 의해 몹시–그리고 보복적으로–거부되는 느낌을 가질 수 있다.

그렇다면 한 공동체에서 개인을 식별하는 방법은 한 개인이 다른 사람과 자신을 동일시하는 방법과 어느 정도 부합한다. 청소년이 중요한 순간에 불쾌감과 불편함을 불러일으키는 사람으로 '인식'되면, 공동체는 때때로 청소년에게 '그 자신과 동일한' 그 어떤 것도 되지 않는 방식으로 변화될 것을 권하는 것 같다. 그럼에도 불구하고 공동체에 있어서 바람직한 변화는 선한 의지 또는 의지력('내가 원한다면 할 수 있다')의 문제로 인식되지만, 그러한 변화에 대한 저항은 나쁜 의지의 문제이거나 사실상 열등함, 유전 또는 기타의 문제로 여겨진다. 따라서 공동체는 길고 복잡한 어린 시절의 역사가 정체성 변화를 위한 청소년의 추가적인 선택을 어느 정도 제한하는지, 또한 공동체가 이러한 선택 안에서 청소년의 운명을 결정하는 데 있어 하려고만 한다면 얼마나 도움이 될 수 있는지를 과소평가하는 경우가 많다.

어린 시절 내내 정체성의 잠정적인 결정화가 일어나고, 이로 인해 개인은 (문제의 가장 의식적인 측면에서 시작해서) 자신이 누구인지 거의 알고 있는 것처럼 느끼고 또 그렇게 믿지만, 결국 그러한 자기 확신이 다시금 발달 자체의 불연속성의 희생양이 된다는 것을 알게 된다. 예컨대, 주어진 환경에서 어린 소년에 대한 요구와 '큰 소년'에 대한 요구 사이의 불연속성이 있을 수 있는데, '큰 소년'은 처음에는 작은 것이 칭찬할 만한 것이라고 믿다가, '이제 큰' 사람의 특별한 의무를 위해 이러한 더 힘들이지 않은 지위를 바꿀 수밖에 없게 된 이유에 대해 궁금해할 것이다. 이러한 불연속성은 언제라도 위기가 될 수 있고, 결정적이고 전략적인 행동의 재설계를 요구할 수 있는데, 이는 오로지 그러한 증가하는 책무의, 지속적으로 발생하는 실행 가능성과 타당성의 감각으로 보상받을 수 있는 타협으로 이어진다. 귀엽거나, 사납거나 또는 착한 어린 소년은 학구적이거나, 신사적이거나 또는 억센 큰 소년이 되려면, 그로 하여금 일과 놀이에서 그리고 공식적인 행동이나 친밀한 행동에서 큰 소년과 어린 소년의 조합이 되도록 (또한 다른 이들도 그렇게 되도록) 허용하는 인식된 정체성에서 두 가지 가치를 결합할 수 있어야—하고 또 그렇게 할 수 있도록 해야—한다.

공동체는 어린이가 각 단계마다 서로 다른 연령대의 개인이 대표하는 역할의 위계적 순서로, 완전한 '생애 계획'을 완성하는 방향으로 나아가는 것을 허용하는 정도까지만 그러한 발달을 지원한다. 가족, 이웃 및 학교는 더 어리거나 나이가 많은 어린이와의, 그리고 젊거나 나이 든 어른과의 접촉 및 실험적 동일시의 기회를 제공한다. 연속적이고 잠정적인 다양한 동일시 안에서 어린이는 나이든다는 것이 어떤 것인지, 젊어진다는 것은 어떤 느낌인지에 대한 기대를 일찍부터 쌓기 시작한다. 이런 기대는 그 자체로 정체성의 일부가 되며, 단계별로 심리사회적 '적합성'의 결정적인 경험을 통해 검증된다.

그리고 청소년기 말에 고정되는 최종 정체성은 과거의 여러 개인들 각각에 대한 동일시에 우선한다. 즉 그것은 모든 중요한 동일시를 포함하지만, 독특하고 합리적으로 일관된 전체를 만들기 위해 그것들을 바꾸기도 한다.

정신분석학에서 삶의 매우 중요한 단계는 주로 본능과 방어, 즉

'전형적인 위험 상황'으로 설명되었다.[10] 정신분석은 각 기능이 성숙함에 따라 생기는 특정 위기보다는 심리사회적 (및 기타) 기능에 대한 심리성적 위기의 침해에 더 관심을 가져왔다. 말하기를 배우는 한 아이를 예로 들어보자. 아이는 개인의 자율성을 지원하는 주요 기능 중 하나, 그리고 주고받기의 범위를 확장하는 주요 기술 중 하나를 습득하고 있다. 그저 의도적인 소리 신호를 낼 수 있는 능력의 조짐은 곧 아이로 하여금 '자신이 원하는 것을 말하게' 한다. 그것은 단지 필요함을 표현하는 단순한 몸짓에 대한 반응으로, 이전에 그에게 주어진 관심을 적절한 언어적 발화를 통해 얻도록 강요할 수 있다. 말하기는 아이의 독특한 목소리와 아이가 개발하는 말하기 방식에 그가 점점 더 집중하게 할뿐만 아니라, 변화된 발음과 관심으로 주변 사람들의 반응을 받는 사람으로 그를 정의한다. 이제 주변 사람들은 앞으로는 더 적은 설명이나 몸짓으로 그에게 이해되기를 기대한다. 더구나 말은 약속이다. 아이가 어떤 약속들(성인이 아이에게 한 약속)은 예고 없이 바뀔 수 있지만 다른 약속들(자신의 약속)은 그렇지 않다는 사실을 일찍부터 배워야 할지 모르지만, 다른 사람들이 기억하는 발화에는 돌이킬 수 없는 약속의 측면이 있다. 전달 가능한 사실의 세계뿐 아니라 언어적 약속과 발언된 진실의 사회적 가치에 대해 말하기가 갖는 이러한 본질적인 관계는 자아 발달을 나타내는 경험들 가운데 전략적인 것이라고 할 수 있다. 우리가, 예컨대 말하기의 자기성애적 즐거움으로 표현되는, 즉 구두 또는 다른 에로틱한 '접촉'으로서의 말의 사용이나 또는 인체 기관 양식을 강조할 때는 배설적인 또는 침투적인 소리나 말하기로 표현되는, 이제는 더 잘 알려진 심리성적 측면과 관련시켜야 하는 것은 문제의 이러한 심리사회적 측면이다. 그리하여 어린이는 미래 정체성의 새로운 요소, 즉 '이러저러한 방식으로 말하고 듣는 사람'이라는 요소의 일부로, 음성과 낱말을 사용함에 있어서 징징거리거나 노래하고, 판단하거나 논쟁하는 등의 특정한 조합을 개발할 수 있다. 이어서 이 요소는 어린이의 발달하는 정체성의 다른 요소(영리하고/거나 잘생기고/거나 혹은 억센)와 관련이 있을 것이며, 살아 있든 이미 죽었든 다른 사람들과 비교되고, 이상적이거나 악한 것으로 판단될 것이다.

주어진 발달 수준에서 심리성적 측면과 심리사회적 측면을 통합하고 동시에 새로 더해진 정체성 요소와 이미 존재하는 요소의 관계를 통합하는 것－즉, 서로 다른 수준의 성격 발달 사이의 피할 수 없는 불연속성을 연결하는 것－은 자아의 기능이다. 왜냐하면 추동의 질과 양의 변화, 정신적 장비의 확장, 새롭고 종종 상충되는 사회적 요구가 모두 이전의 적응을 불충분하게 보이도록 만들고, 실제로 이전의 기회와 보상들을 미덥지 못하게 만들 때 초기의 정체성 결정(結晶)은 새로운 갈등의 대상이 되기 쉽기 때문이다. 그러나 사회가 삶의 단계에 대한 지배적 생각에 따라 새롭고 구체적인 기회를 제공하더라도 성장의 과정 자체가 새로운 에너지를 제공한다는 점에서, 그러한 발달적, 규범적 위기는 강제적, 외상적, 그리고 신경증적 위기와 차이가 있다. 발생학적 관점에서 보면 정체성 형성의 과정은 진화하는 배치－즉 유년기 내내 연속적인 자아 통합과 재통합에 의해 점차적으로 확립되는 배치－로 나타난다. 그것은 체질상의 주어진 것, 특이한 성적 욕구, 선호하는 능력, 중요한 동일시, 효과적인 방어, 성공적인 승화 및 일관된 역할을 점진적으로 통합하는 배치다.

유년기 말에 수렴하는 모든 정체성 요소를 최종적으로 모으는(그리고 분기하는 요소들을 버리는)[11] 일은 어마어마한 작업인 것 같다. 청소년기와 같은 '비정상' 단계가 그 일을 해내리라고 어떻게 신뢰할 수 있겠는가? 청소년기의 '증상'과 신경증 및 정신병적 증상의 에피소드가 유사함에도 불구하고, 청소년기는 고통이 아니라 규범적 위기의 시기임을, 즉 겉보기에 자아 강도가 요동하는 것과 동시에 높은 성장 잠재력으로 특징지을 수 있는 갈등 증가의 정상적인 단계임을 주목하는 것은 쉽지 않다. 신경증 및 정신병적 위기는 어떤 자기 영속적인 성향, 방어적 에너지 낭비의 증가, 심화된 심리사회적 고립으로 정의된다. 한편 규범적 위기는 상대적으로 되돌리기가 더 쉽고, 나아가 지나갈 만하며, 확실히 잠들어 있는 불안을 되살리고, 새로운 갈등을 불러일으키는 데 쓸 수 있는 에너지가 풍부한 것으로 특징지을 수 있지만, 새로운 기회와 유대관계를 찾고 즐겁게 몰두하는 데 있어 새롭고 확장된 자아 기능을 지원하기도 한다. 편파적인 연구에서는 종종 신경증의 발병인 것처럼 보이는 것이, 스스로 진정시킬 능력이 있고 심지어는 실제로 정체성 형성 과정에 기여할 수도 있는 것으로 입증된 그저 심한 정도의 위기일 뿐이다.

물론 청소년이 정체성 형성의 마지막 단계에 있을 동안, 그 전후의 어느 때보다 역할의 혼란으로 인해 더 깊은 고통을 겪기 쉽다는 것은 사실이다. 그리고 그러한 혼란이 많은 청소년을 이전에 잠복해있던 악성 장애의 갑작스런 영향에 대해 무방비 상태로 만드는 것도 사실이다. 그러나 신경증이 심하지 않은 청소년의 산만하고 취약하며, 냉담하고, 구속적이지 않으면서도 까다롭고 독선적인 성격에는 다양한 형태의 "어디 한번 해봐(I dare you)"와 "감히 말하는데(I dare myself)"와 같은 반(半)의도적 역할 실험에 필요한 많은 요소들이 갖춰져 있다. 따라서 이러한 명백한 혼란의 대부분은 사회적 놀이—유년기 놀이의 진정한 발생적 후계자—로 간주되어야 한다. 마찬가지로, 청소년의 자아 발달은 환상과 성찰에 대한 대담하지만 유희적인 실험을 요구하고 또 허용한다. 청소년이 위험한 환상(이전 단계에서 억제되었고 나중에 다시 억제될 환상)에 대한 그의 인식에서 '의식에의 접근'을 드러낼 때, 특히 우리가 심리치료 상황에서 '의식을 깨우는' 과업을 열심히 수행하는 중에 무의식의 절벽 너머로 이미 너무 멀리 몸을 기울이고 있는 누군가를 밀어붙일 때 우리는 놀라기 쉽다. 청소년이 여러 절벽 너머로 몸을 기울이고 있는 것은, 극성맞거나 신경증적인 성인이 치명적 심각성으로 선부르게 반응하지 않는 한, 일반적으로 자아의 통제를 더 받기 쉬운 경험들에 대한 실험에 해당한다. 청소년의 '방어 유동성'에 대해서도 같은 말을 하게 되는데, 이는 종종 근심어린 임상의에게 진정한 우려를 불러일으킨다. 이러한 유동성의 대부분은 병리적인 것이 아니다. 왜냐하면 청소년기는 유동적인 방어만이 내외부의 요구에 의해 희생되었다는 느낌을 극복하게 해주고 오직 시행착오만이 행동과 자기 표현의 가장 적절한 길로 이끌어줄 수 있는 위기의 시기이기 때문이다.

일반적으로, 청소년의 사회적 놀이와 관련하여, 한때 유년기 놀이의 본질과 관련되었던 것과 유사한 편견은 쉽게 극복되지 않는다고 말할 수 있다. 우리는 대신 그러한 행동을 무관하거나 불필요하거나 비합리적이라고 생각하며, 그것에 순전히 퇴행적이고 신경증적인 의미를 부여한다. 과거에 어린이의 혼자 하는 놀이[12]에 비해 자발적 게임에 대한 연구가 소홀히 다루어진 것과 마찬가지로, 이제 개별 청소년에 대한 우리의 관심 속에서 청소년 파벌 행동의 상호 '결합'은 제대로 평가되지 않고 있다. 한 청소년이 새로 습득한 능력이 영유아기의 갈등으로 되돌아가는지 여부는 동료 파벌 안에서 그에게 제공되는 기회와 보상의 질뿐 아니라, 전체사회가 사회적 놀이에서 작업 실험으로, 그리고 통과의례에서 최종적인 헌신으로의 전환을 요청하는 보다 공식적인 방식에 따라 크게 좌우된다. 그리고 이 모든 것들은 개인과 사회 간의 암묵적 상호 계약에 기반해야 한다.

정체감은 의식되는 걸까? 물론 때로는 너무 잘 의식되는 것처럼 보인다. 왜냐하면 중요한 내적 필요와 냉혹한 외적 요구의 이중 갈래 사이에서 아직 실험을 하고 있는 개인은, 청소년에게 전형적으로 나타나는 여러 형태의 '자기 의식'에 공통되는 핵심인 일시적인 극도의 정체성 의식에 희생될 수 있기 때문이다. 정체성 형성 과정이 연장되는 경우(창조적 이득을 가져올 수 있는 요소), 이러한 '자아상'에 대한 집착도 우세해진다. 따라서 우리는 우리의 정체성을 막 얻으려고 할 때와 우리가 (영화에서 "더블 테이크(double take)"라고 부르는 그 놀라움으로) 그것을 어느 정도 알고 다소간 놀랄 때, 또는 다시 말하지만, 우리가 막 위기에 접어들고 정체성 혼란—곧 설명할 증후군—이 밀려드는 것을 느낄 때, 정체성을 가장 잘 인식하게 된다.

반면에 최적의 정체감은 단순히 심리사회적 안녕감으로 경험된다. 그것은 자신의 몸에 대한 안락한 느낌, '어디로 향하는지 아는' 감각, 그리고 중요한 사람들로부터 예상되는 인정에 대한 내적 확신이 있을 때 가장 명백하게 수반된다.

3. 병력학: 임상에서 바라본 심각한 정체성 혼란

병력학은 정신분석적 통찰의 전통적인 원천으로 남아 있다. 다음에서 내가 그려나갈 내용은 사회에서 제공되는 직업을 활용하지 못하거나 (쇼가 그랬던 것처럼) 스스로 자신들만의 유예 기간을 만들고 유지할 수 없는 젊은이들의 장애 증후군이다. 대신에 그들은 아무리 불편하더라도 그 시기가 끝날 때까지 기다릴 수 있는 허가된 장소에 있기 위해 정신과 의사, 성직자, 판사, 채용 담당자에게 온다. 다음으로 정체성 혼란의 더 심각한 증상을 처음으로 공식화한 것을 살펴보겠다. 이는 50년대에 버크셔의 오스틴릭스센터와 피츠버그의 웨스턴정신의학연구소(Western Psychiatric Institute)에서 정신분열증 이전 단계 또는 대부분의 경우 '경계선' 사례로 진단된 개인에 대한 임상 관찰을 기반으로 한다. 임상 지향적인 독자는 마땅히 정체성 혼란을 발달 장애로 이해하기 위한 나의 노력을, 더욱 악성이고 돌이킬 수 없는 상태를 나타내는 진단 징후를 무시하는 것으로 생각할 것이다. 물론 정체성 혼란이 진단적 실체는 아니지만, 나는 장애가 급격하게 시작되는 발달 위기에 대한 설명이 모든 진단 장면의 일부가 되어야 하고, 특히 지정된 치료법의 종류에 관한 모든 예후와 설명의 일부가 되어야 한다고 생각한다. 이 장의 전체는 이러한 추가 진단 방향을 나타내는 목적에 할애되겠지만, 실제로 그것이 기능할 수 있는 방법을 자세히 설명하지는 않을 것이다. 반면, 비임상 독자에게는, 어떤 독자라도 정신 상태에 대해 동정적이고 비의학적인 설명을 하게 되면 자신—또는 가까운 사람—이 그 상태를 갖고 있다고 믿게 될 가능성이 있다는 점을 미리 경고해둔다. 그리고 실제로 (평상시의 의미에서) 정체성 혼란의 하나 또는 여러 가지 증상들을 가지기는 쉽지만, 오로지 훈련된 관찰자에 의해서만 개별 사례에서 확인될 수 있는 더 심각한 증상들을 조합해 내기란 매우 어렵다.

극심한 정체성 혼란 상태는 일반적으로 젊은 개인이 (항상 명백하게 성적인 것은 아닌) 신체적 친밀감, 결정적인 직업 선택, 활기찬 경쟁, 그리고 심리사회적 자기 규정에 동시에 전념할 것을 요구하는 일련의 경험에 노출될 때 드러난다. 계속되는 긴장이 마비로 이어질지 여부는 이제 주로 잠복성 질환에 의해 발휘되는 퇴행적 견인에 달려 있다. 이 퇴행적 견인은 종종 우리 분야의 일을 하는 사람들에게서 가장 큰 관심을 받는데, 이는 한편으로는 우리가 퇴행의 징후를 진단할 수 있는 더 친숙한 토대 위에 있기 때문이고, 또 다른 한편으로는 이것이 치료가 필요한 퇴행이기 때문이다. 그러나 논의 중인 장애는 이를테면 심리사회적 유실(psychosocial foreclosure)을 미루고 회피하려는 시도로서, 개인에게 일시적인 청소년 퇴행을 강제했을 수도 있는 특정한 조건들에 대한 통찰 없이는 이해될 수 없다. 이어지는 마비 상태의 사회적 기능은 최소한의 실질적 선택과 전념 상태를 유지하는 것이다. 하지만 유감스럽게도 병이 들기도 한다.

친밀감의 문제

우리의 많은 환자들이 성인기 이후보다는 미성년기에 문제를 갖는다는 사실은 친한 친구를 사귀거나 경쟁하기 혹은 성적 친밀감을 갖기 등을 시도하는 것만으로도 정체성의 잠재된 약점을 완전히 드러낸다는 사실에 의해 설명된다.

다른 사람들과의 진정한 '교제'는 확고한 자기 묘사의 결과이자 시험이다. 젊은 개인은 우정과 경쟁, 섹스 놀이와 사랑, 논쟁과 뒷담화에서 적어도 잠정적인 형태의 장난스런 친밀감을 추구할 때, 마치 그러한 잠정적 교제가 정체성의 상실로 이어지고, 이로 인해 긴장된 내부 유보와 전념에 대한 주의를 요구하게 되는 대인관계의 융합으로 바뀔 수 있는 것처럼 특이한 긴장을 경험하기 쉽다. 청소년이 그러한 긴장을 해결하지 못하는 경우, 그는 자신을 고립시키고 기껏해야 고정관념화되고 공식화된 대인관계만 시작할 수 있다. 또는 반복되는 소모적인 시도와 음울한 실패 속에서 가장 가능성이 없는 파트너와의 친밀감을 추구할 수도 있다. 확실한 정체성이 없는 곳에서는 우정과 연애조차도 자기애적 상호 비추기를 통해 애매한 정체성의 윤곽을 그려 보려는 필사적인 시도가 되며, 사랑에 빠지는 것은 종종 자신의 거울 이미지에 빠지고 자신을 다치게 하고 거울을 손상시키는 것을 뜻한다. 성행위 도중 또는 성적 환상 속에서 성 정체성을 상실하는 것은 위협적인 일이다. 성적 흥분이 그 개인에 의해 경험되는지 또는 파트너에 의해 경험되는지 여부는 불분명하며, 이것은 이성애적 및 동성애적 만남에 모두 적용된다. 따라서 자아는 감각의 파트너이자 자신의 지속적인 정체성을 보증하는 다른 개인과의 결합에서, 성적이고 정서적인 감각에 전념할 수 있는 유연한 능력을 상실한다. 다른 사람과의 결합은 정체성 상실이 된다. 상호 관계를 위한 모든 능력의 갑작스런 붕괴는 위협이 되며, 아주 어린 아이만이 경험하는 것과 같은 기본적인 당혹감과 분노 단계로의 (어느 정도 고의적인) 퇴행과 함께 다시 시작하려는 절박한 소망이 이어진다.

친밀감은 분리, 즉 본질적으로 위험해 보이는 세력과 사람들을 배척, 무시 또는 파괴할 준비와 대응된다는 점을 기억해야 한다. 한 무리의 사람들과 생각들에 대한 친밀감은 다른 무리를 효율적으로 배척하지 않으면 실제로 친밀감이 아닐 것이다. 따라서 배척이 약하거나 과한 것은 불완전한 정체성으로 인해 친밀감을 얻을 수 없는 것의 본질적 측면에 해당한다. 자신의 '관점'이 확고하지 않은 사람은 적절하게 배척할 수 없다.

젊은 사람들은 종종 '지도자'와 결합해야만 구원받을 수 있다는 느낌을 다소 측은한 방식으로 나타내는데, 이때 지도자는 실험과 굴종의 안전한 대상이자 또한 친밀한 상호 관계와 합법적인 배척을 향한 첫걸음을 재학습하는 데 있어 안내자로서 자신을 제공할 수 있고 또 기꺼이 제공하려는 성인이다. 후기의 청소년은 그런 사람에게 견습생이나 제자, 추종자, 성적인 종 또는 환자가 되기를 원한다. 이것이 그 강렬함과 절대성으로 인해 종종 그렇듯이 실패하는 경우, 젊은 개인은 격렬한 성찰과 자기검증의 위치로 되돌아가는데, 이것은 특히 악화되는 상황이나 상대적으로 강한 자폐증 경향의 역사를 볼 때 그를 마비성 경계선 상태로 이끌 수 있다. 증상으로 볼 때, 이 상태는 고통스럽게 고조된 고립감, 내면의 연속성과 동일성에 대한 감각의 붕괴, 전반적인 수치심, 어떤 활동에서도 성취감을 이끌어 낼 수 없는 무력감으로 이루어진다. 이 젊은 환자들에게서 자위와 몽정은 가끔씩 과도한 압력을 방출하는 것과는 거리가 멀고, 긴장을 악화시키는 역할을 할 뿐이다. 그것들은 전능한 나르시시즘이 일시적으로 고조되어 육체적, 정신적 거세와 공허함을 느끼게 하는 악순환의 일부가 된다. 따라서 삶은 주도적으로 사는 것이라기보다는 개인에게 그저 일어나는 것일 뿐이며, 개인의 불신은 그가 심리사회적 의미로 존재한다는 것, 즉 자기 자신이 되라는 초대를 기대할 수 있다는 것을 증명하고자, 세상, 사회, 그리고 사실상 정신의학에 주도권을 넘겨버린다.

시간 조망의 확산

청소년기가 지연되고 연장된 극단적인 사례를 보면, 시간 경험에서 극단적인 형태의 장애가 나타나는데, 이것은 더 가벼운 형태에서는 일상적인 청소년기의 정신병리학에 속하는 것이다. 그것은 극심한 긴박감과 또한 삶의 한 차원으로서 시간을 고려하지 못하는 것으로 구성된다. 젊은 사람은 자신이 아주 젊고, 사실은 아기 같고, 원기를 회복할 수 없을 만큼 늙었다는 느낌을 동시에 가질 수 있다. 위대함의 상실과 유용한 잠재력의 너무 이른, 돌이킬 수 없는 상실에 대한 저항은, 우리 환자들이 그러한 저항을 낭만적이라고 생각하는 문화의 청소년들 사이에 있기 때문에 이들에게는 흔한 일이다. 그러나 이것이 시사하는 악영향은 시간이 변화를 가져올 가능성에 대한 단호한 불신과 그럴 수도 있을 것이라는 격렬한 두려움이다. 이 모순은 종종 환자가 일상적인 활동과 치료에서 마치 반죽 속에서 움직이는 것처럼 행동하게 만드는 일반적인 늑장 부리기로 표현된다. 그가 잠자리에 들고 수면 상태로의 전환에 직면하는 것이 어렵듯이, 그가 일어나서 깨어있는 상태의 필수적인 회복에 직면하는 것도 똑같이 어렵다. 치료 약속에 맞춰 오기도 어렵고, 떠나기도 어렵다. "몰라", "포기할게", 그리고 "그만두겠어"와 같은 불만들은 단순히 경미한 우울증을 반영하는 습관적인 말들이 결코 아니다. 종종 그것들은 에드워드 비브링(Edward Bibring)[13]이 "스스로 죽게 내버려두자"는 자아의 소망으로 이야기한 일종의 절망의 표현이다.

인생이 실제로 청소년기 말이나 잠정적으로 계획된 나중의 '만기일'에 끝날 수 있다는 가정은 결코 전적으로 환영받지 못하는 것은 아니며 사실상 잠정적인 새로운 시작의 기반이 될 수 있는 유일한 조건이 될 수 있다. 심지어 우리 환자 중 일부는 치료가 정말로 가치가 있음이 입증되지 못하면 치료사가 그들의 삶을 이어가도록 할 의도가 없는 것이라고 느끼게 된다. 그 정도의 확신이 없다면 유예 기간은 진짜가 아닐 것이다. 한편, '죽고 싶다는 바람'은 '자살하기'가 그 자체로 피할 수 없는 정체성 선택이 되는 드문 경우에만 진정한 자살 의도라고 할 수 있다. 나는 여기서 공장 노동자의 여러 딸들 중 맏이인 한 예쁜 소녀를 생각하고 있다. 그녀의 어머니는 딸들이 매춘부가 되는 것보다 차라리 죽는 것을 보는 것이 낫겠다는 생각을 반복해서 말했고, 그러면서 소년들과 교제하려는 딸들의 모든 일거수일투족에서 '매춘'을 의심했다. 딸들은 할 수 없이 모호한 상황들을 실험하면서 서로를 남자로부터 보호하기 위해, 명백히 어머니의 눈을 피하도록 설계된 일종의 여성 사교 클럽을 공모해서 만들었다. 결국 그들은 위태로운 상황에 빠지게 되었다. 당국도 당연히 그들이 매춘을 하려고 했다고 생각했고, 그들은 여러 다양한 기관으로 보내졌는데 그곳에서 이들은 사회가 자신과 같은 사람들에 대해 갖고 있는 인식에 강한 인상을 받았다. 그들이 느끼기에 선택의 여지를 남기지 않은 어머니에게 호소하는 것은 불가능했고, 상황들로 인해 사회복지사들의 많은 선의와 이해 또한 방해를 받았다. 적어도 맏이인 그 소녀에게는 오직 다른 세계에서의 다른 기회를 제외하고는—여러 가지 이유로—다른 미래가 불가능했다. 그녀는 좋은 옷을 차려입고 목을 매었다. 그리고 그녀는 "나는 왜 명예를 버려야만 명예를 얻을 수 있나…"라는 수수께끼 같은 말로 끝나는 메모를 남겼다.

근면함의 확산

심각한 정체성 혼란은 요구되거나 제안된 과업에 집중할 수 없거나 과도한 독서와 같은 일부 일방적인 활동에 대한 자기 파괴적 집착의 형태로 나타나며, 급격한 기량의 혼란을 정기적으로 동반한다. 그런 환자들이 치료를 받는 동안, 한때 잃어버린 기량을 다시 발휘할 수 있는 한 가지 활동을 때때로 찾는 방식은 그 자체로 하나의 중요한 부분이다. 여기서는 사춘기와 청소년기 이전의 발달 단계, 즉 자신이 속한 문화의 특정 기술에 참여하기 위한 사전 요건을 배우고, 기량과 작업 참여의 감각을 개발하는 기회와 삶의 과제를 부여받게 되는 초등학생 시기를 염두에 두는 것이 좋다. 우리가 보았듯이, 학령기는 오이디푸스 단계를 의미 있게 따른다. 사회의 경제구조의 한 지점을 향해서 단순히 장난이 아니라 실제적인 단계를 성취하는 것은 어린이가 성적, 가족적 존재로서가 아니라 작업자와 전통의 보유자로서 부모와 재동일시할 수 있게 하고, 따라서 그들처럼 될 수 있는 적어도 하나의 구체적이고 보다 '중립적인' 가능성을 증가시킨다. 초보적 기술 연습의 가시적인 목표는 교육장소(아메리카 원주민의 한증막, 기도실, 낚시터, 작업장, 부엌, 학교)에서 동년배 친구들과 공유되며, 대부분의 이러한 장소는 가정, 어머니, 그리고 유아기의 기억으로부터 지리적으로 분리되어 있다. 그러나 여기서는 성별을 다루는 데 있어서 큰 차이가 있다. 따라서 작업 목표는 유아의 본능적 목표를 억압하는 것을 지원하거나 이용하기만 하는 것이 아니라, 또한 공동체 현실에서 실제 도구 및 재료와 더불어 건설적인 활동을 제공한다는 점에서 자아의 기능을 증진시킨다. 따라서 수동성을 활동성으로 바꾸는 자아의 경향은 새로운 표현의 장을 얻게 되는데, 이는 단순히 유아적인 환상과 놀이에서 수동적인 것을 능동적인 것으로 전환하는 것보다 많은 면에서 우월하다. 이제 활동, 연습 및 작업 완료에 대한 내적 요구가 사회적 현실 속의 상응하는 요구와 기회를 충족할 준비가 되는 것이다.

그러나 작업정체성이 출현하기 바로 직전에 오이디푸스적 전조가 있었기 때문에, 우리의 젊은 환자들의 일에 대한 태도는 오이디푸스적 경쟁력과 형제간 경쟁을 위한 기어를 반대방향으로 돌려버린다. 따라서 정체성 혼란은 집중할 수 없게 할 뿐 아니라, 경쟁력에 대한 과도한 인식과 혐오를 동반한다. 문제가 있는 환자들은 일반적으로 지적이고 능력이 뛰어나고 종종 사무, 학업 및 스포츠에서 성공적이라는 것을 보여주었지만, 이제는 일, 운동 및 사교 능력을 잃어버리고, 그럼으로써 가장 중요한 사회 놀이 수단이자 무형식의 환상과 막연한 불안으로부터의 가장 중요한 피난처를 잃게 된다. 대신, 유아적 목표와 환상에는 성숙한 성적 도구와 포악한 공격성에서 뿜어져 나오는 에너지가 위험하게 부여된다. 다시, 부모 중 한 명이 목표가 되고, 다른 한 명은 장애물이 된다. 그러나 이 되살아난 오이디푸스적 투쟁은 전적으로 또는 심지어 본질적으로 성적인 것은 아니며, 그렇게 해석되어서도 안 된다. 그것은 최초의 근원으로의 전환이며, 초기 내적 투사의 확산을 해결하고 흔들리는 어린 시절의 동일시를 다시 구축하려는 시도다. 다른 말로 하면, 다시 태어나고, 현실과 상호성을 향한 첫걸음을 걷는 것을 다시 한 번 배우고, 접촉, 활동, 경쟁의 기능을 다시 개발할 수 있는 새로운 권한을 부여받고자 하는 바람이다.

최근 대학에 합격하지 못한 것을 알게 된 한 젊은 환자는 치료 초기 단계에서 거의 맹목적으로 독서를 했는데, 명백히 이는 둘 다 교수였던 아버지와 치료사에 대한 파괴적인 과잉 동일시를 나타내는 것이다. 수완이 있는 '거주 화가'의 안내를 받아 그는 자신이 그림을 그릴 수 있는 독창적인 재능을 가지고 있다는 사실을 알게 되었는데, 그림 그리기는 단지 그의 앞선 치료가 과도한 자기파괴적 활동이 되지 않도록 예방했던 활동이다. 환자가 자신의 정체감을 점진적으로 습득하는 데 그림이 귀중한 자산이라는 것이 입증되자, 어느 날 밤 그는 이전에 항상 겁에 질려 깨어나던 꿈과는 다른 내용의 꿈을 꾸었다. 언제나 그랬듯이 그는 불과 박해를 피해 도망쳤지만, 이번에는 자신이 그린 한 무더기의 나무들 속으로 도망쳤고, 그 안으로 도망치자 목탄화는 무한히 뻗은 진짜 숲으로 변해버렸다.

부정적 정체성의 선택

정체감의 상실은 종종 가족이나 직접적인 공동체에서 적절하고 바람직하게 제공되는 역할에 대한 경멸과 속물적 적대감으로 표현된다. 필요한 역할의 어떤 측면, 또는 모든 측면—그것이 남성성이든 여성성이든, 국적이든 계급 지위이든—이 젊은이의 신랄한 경멸의 주요 대상이 될 수 있다. 배경에 대한 그러한 과도한 경멸이 가장 오래된 앵글로색슨계 가족과 가장 최근의 라틴계 또는 유대계 가정에서 발생한다. 그것은 모든 미국적인 것에 대한 일반적인 반감과 모든 외국적인 것에 대한 비합리적인 과대평가가 되거나 또는 그 반대가 될 수 있다. 자기가 없는 곳에만 생명과 힘이 존재하는 것처럼 보이고, 자기가 있는 곳은 어디서나 쇠퇴와 위험의 위협이 있다고 느낀다. 사례 보고의 이 전형적인 단편은 한 청소년의 흔들리는 정체성에 대해 초자아의 비난이 승리하는 것을 보여준다. "이 시기에 그의 내부에서 그를 폄하하는 목소리가 커지기 시작했다. 그 목소리는 그가 한 모든 일을 파고들어 가기에 이르렀다. 그는 '내가 담배를 피우면, 여자에게 좋아한다고 말하면, 몸짓을 하면, 음악을 들으면, 책을 읽으려고 하면, "넌 뭘 노리고 그러는 거야. 넌 가짜야"라고 말하는 이 세 번째 목소리가 항상 내게 들립니다.'라고 말했다. 이 비난하는 목소리는 더 잔인해졌다. 어느 날 집에서 대학으로 가는 길에, 그가 탄 기차가 뉴저지 늪지대와 도시의 가난한 지역을 가로질러 가고 있었고, 그는 캠퍼스나 집에 있는 사람들보다 그곳에 사는 사람들과 자신이 더 잘 어울린다는 느낌에 압도되었다. 삶은 그곳에만 존재하는 것처럼 보였고, 캠퍼스는 그와 대조적으로 시련이 없는 나약한 곳으로 느껴졌다."

이 사례에서, 비난하는 내면의 목소리로 과도하게 지각되는 (하지만 청소년을 다른 경력으로 이끌기에 충분히 통합되지는 않은) 지나친 초자아뿐 아니라, 사회의 영역들에 투영된 심각한 정체성 혼란을 인식하는 것이 중요하다. 이와 비슷한 사례로, 번창한 광산 도시 출신의 프랑스계 미국인 소녀가 한 소년과 둘이서만 있을 때 마비가 올 정도로 공포를 느꼈던 것을 들 수 있다. 그것은 모든 소년이 '프랑스적(的)인' 것으로 널리 알려진 성적 행위(프렌치 키스-옮긴이)를 허용할 것을 그녀에게 기대할 권리가 있다는 강박 관념

속에서, 수많은 초자아의 금지 명령과 정체성 갈등이 마치 합선을 일으키는 것 같았다.

특정한 이름이나 별명으로 불리고자 하는 분노에 찬 고집이, 새로운 이름표에서 피난처를 찾으려는 젊은이들 사이에 드문 일은 아니지만, 국가 및 민족적 출신과 이렇게 소원해지는 것이 **개인정체성**을 완전히 부인하는 것으로 이어지지는 않는다. 그러나 자신의 기원에 대한 가공할 만한 재구성이 일어난다. 특히 창의적인 중유럽 출신의 한 여고생은 스코틀랜드 이민자들의 모임에 몰래 찾아가 그들의 방언과 사회적 습관을 주의 깊게 연구하고 쉽게 자기 것으로 흡수했다. 그녀는 역사책과 여행안내서의 도움으로 스코틀랜드의 실제 마을의 주어진 환경 속에서 어린 시절을 스스로 재구성해냈으며, 이는 길게 이어진 저녁 시간의 담소 동안 그 나라의 후손들 몇 명에게 확실히 설득력을 가졌던 것 같다. 그녀는 미국 태생의 부모를 "자기를 여기로 데려온 사람들"이라고 표현했고, 내게 보내졌을 때 자신을 '로나(스코틀랜드의 흔한 여성 이름-옮긴이)'로 소개하고 '저 건너에서의' 어린 시절에 대해 인상적으로 자세하게 묘사했다. 나는 실제보다 이야기 속에 더 많은 내면의 진실이 있다고 말하면서 그 이야기를 따라갔다. 그리고 실제로 내면의 진실은 하나의 기억으로 밝혀졌다. 즉, 그것은 영국 제도 출신으로 그녀의 부모보다 더 많은 사랑을 그녀에게 베푼 이웃 여성에 대한 소녀의 애착이었다. 만들어진 '진실'의 거의 망상적인 위력 뒤에 있는 힘은 사실 부모가 죽기를 바라는 마음이었으며, 이는 모든 심각한 정체성 위기에 잠복해 있다. 내가 마침내 소녀에게 스코틀랜드에서의 삶의 모든 세부 사항을 어떻게 정리할 수 있었는지 물었을 때 망상의 반-고의성이 전면에 나타났다. "선생님께 축복을," 그녀는 간청하듯이 스코틀랜드 억양으로 "나는 과거가 필요했어요"라고 말했다. 말할 필요도 없이, 언어, 연극조의 말투, 개인적 온화함에서 나타나는 그러한 재능과 함께 '망상'은 진정한 정신병적 상태와는 성격 및 예후가 매우 다르다.

그러나 전반적으로 우리 환자들의 갈등은 개인정체성의 폐기보다 더 미묘한 방식으로 나타난다. 대신 그것은 **부정적 정체성**을 선택한다. 그것은 발달의 중요한 단계에서 가장 바람직하지 않거나 위험하면서도 가장 실제적인 것으로 제시되는 모든 동일시 및 역할에 기반한 삐딱한 정체성이다. 예컨대, 맏아들이 죽고 복잡한 죄책감 때문에 나중에 살아남은 자녀들에게 죽은 아이의 기억에 부여한 것과 같은 종교적 헌신을 전혀 제공할 수 없었던 한 어머니는 그녀의 아들 중 한 명에게, 건강하거나 멀쩡한 것보다 아프거나 죽는 것이 '인정받기' 위한 더 확실한 방법이라는 운명적인 확신을 불러일으켰다. 반복적인 알코올 중독으로 무너진 오빠에 대한 무의식적인 양면적 감정을 가진 한 어머니는 자기 오빠의 운명을 반복하는 것처럼 보이는 아들의 특성에만 선택적으로 반응한 나머지, 착해지려는 그의 모든 자연스런 시도보다 이 '부정적' 정체성이 때때로 아들에게 훨씬 더 현실성이 있는 것처럼 보이게 되었다. 그는 술고래가 되기 위해 열심히 노력했고, 필요한 술이 부족해지자 선택의 완강한 마비 상태에 빠지게 되었다.

다른 경우에 부정적 정체성은 병적으로 야심 찬 부모가 요구하거나 실제로 탁월한 부모가 실현해 낸 과도한 이상에 맞서 자신의 틈새를 찾고 방어해야 할 필요성에 의해 영향을 받는다. 두 경우 모두, 부모의 약점과 표현되지 않은 소망은 아이에게 재앙처럼 명료하게 인식된다. 뛰어난 쇼맨십을 가진 한 남자의 딸은 대학에서

도망쳐 남부 도시의 흑인 지역에서 매춘부로 일하다 체포되었고, 영향력 있는 남부 흑인 설교자의 딸은 시카고의 마약 중독자들 사이에서 발견되었다. 이 경우에 백인 소녀는 실제로 매춘을 하지 않았고, 유색인종 소녀는 실제로—아직은—중독자가 되지 않았기 때문에 그러한 역할 놀이에서 조롱과 앙심을 품은 가식을 인식하는 것이 중요하다. 그러나 말할 필요도 없이, 그들 각자는 자신을 사회의 한계 영역에 몰아넣었고, 그러한 행동에 어떤 딱지를 붙일지는 법 집행관과 정신치료 기관에 맡겨버렸다. 이에 상응하는 또 한 사례는 한 작은 마을의 '동네 호모'로 정신과 진료소에 보내진 소년의 경우다. 분석 결과, 그 소년은 생애 초기에 어떤 나이 많은 소년들에게 강간을 당한 경우를 제외하고는 실제로 동성애적 행위를 하지 않았는데도 그런 오명을 얻게 된 것으로 나타났다.

물론 그러한 부정적 정체성의 보복적 선택은, 가능한 긍정적 정체성 요소들이 서로를 상쇄하는 상황에서 어느 정도의 숙련을 되찾으려는 필사적인 시도를 나타낸다. 그러한 선택의 역사는 환자가 그의 내적 수단으로는 얻을 수 없는 수용 가능한 역할에서 현실감을 얻기 위해 고군분투하는 것보다, 자신에게는 가장 그럴싸하지 않은 것과의 완전한 동일시로부터 정체감을 이끌어내는 것을 더 쉽게 만드는 일련의 조건들을 보여준다. "약간 안정적이기보다는 차라리 아주 불안정한 것을 택하겠다"는 젊은 남성과 "적어도 시궁창에서 나는 천재"라는 젊은 여성의 말은 부정적 정체성을 전적으로 선택한 후의 후련함을 나타낸다. 그러한 후련함은 물론 젊은 동성애자, 중독자 및 사회적 냉소주의자들의 파벌과 패거리에서 종종 집단적으로 추구된다.

상류계급 사람들의 속물주의의 어떤 형태는, 부모의 부, 배경 또는 명성처럼 그들이 스스로 얻지 않은 것이나 스타일 및 예술 형식과 같이 그들이 만들어내지 않은 것에 의존해서 정체성 혼란을 거부하는 것을 허용하기 때문에 부정적 정체성에 포함되어야 한다. 그러나 '더 낮은 하층의' 속물주의도 있는데, 이것은 아무 가치도 없는 것을 이뤄냈다는 자부심에 기반을 두고 있다. 여하튼, 병들었거나 절망에 빠진 많은 후기 청소년들은 계속되는 갈등에 직면하면, 그저 그런 사람이 되기보다는 차라리 아무것도 아닌 사람이나 전체적으로 나쁜 사람, 또는 실제로―자유로운 선택에 의해―죽은 사람이 되고 싶어한다. 이와 관련하여 '전체'라는 단어는 그냥 나온 것이 아니다. 제2장에서 우리는 발달의 중요한 단계에서 상대적인 '완전성'으로의 재통합이 불가능해 보일 때, '전체주의적' 재지향의 성향을 갖는 인간의 특성을 설명하려고 노력했다. 여기서 정신착란의 전체주의적인 해결책을 논할 수는 없다.[14]

가족과 유년기의 특수 요인들

관련된 병리적 경향을 공유하는 환자들에 대한 논의에서, 우리는 그들의 부모가 어떤 공통점을 갖고 있는지 자문하게 된다. 우리는 우리 사례사에서 상당수의 어머니들이 몇 가지 두드러진 특성을 공통적으로 가지고 있으며, 그것들이 꼭 그들의 실제 사회적 지위를 따르지는 않는다고 말할 수 있을 것이다. 첫째, 힘겹게 올라 허세부리기 또는 다양한 유형의 '유지하기'에 대한 뚜렷한 신분자각이 있다. 그들은 거의 언제나, 부 또는 신분, 예의범절 그리고 '행복'의 외관을 위해 정직한 감정과 지적인 판단 문제를 기꺼이 무시할 것이다. 실제로 그들은 '자연스럽고' '만족스럽게 적절한' 사교성을 가장하도록 민감한 아이들을 강요하려 든다. 둘째, 그들은 어디에서나 보이는 특별한 특성을 가지고 있다. 평소의 목소리와 가장 부드러운 흐느낌도 날카롭고, 청승맞거나 보채는 듯하며, 상당한 반경 내에서 벗어날 수 없다. 한 환자는 어린 시절 내내 한 쌍의 가위가 방을 날아다니는 꿈을 반복적으로 꾸었다. 가위는 자르고 끊어내는 그의 어머니의 목소리를 상징하는 것으로 드러났다.[15] 이러한 어머니들은 사랑을 하지만, 필사적이고 간섭적인 사랑을 한다. 그들은 그들 자신이 수용과 인정에 너무 굶주려서 복잡한 불만, 특히 아버지에 대한 불만으로 어린 자녀에게 부담을 주면서, 어머니의 존재를 그들 자신의 존재로 정당화해 달라고 애원한다. 이 어머니들은 질투가 심하고 다른 사람들의 질투에 매우 민감하다. 아이가 주로 아버지와 동일시하거나, 더 나쁘게는, 아버지의 정체성을 자신의 정체성의 기반으로 삼을 수 있다는 모든 신호에 대해 어머니가 극도의 질투를 보인다는 점이 우리의 맥락에서 특히 중요하다. 한 가지 덧붙여야 할 점은 이러한 어머니들이 어떻든 간에, 환자인 자녀에게 더 그렇다는 것이다. 따라서 아버지가 그녀를 여자로 이끌지 못했다는 어머니의 끈질긴 불평 뒤에는, 환자가 그녀를 어머니로 이끌지 못했다는, 어머니와 아이 모두 깊이 인식하고 있는 불평이 있다. 이 환자들이 처음에 극단적 기질 차이처럼 보이는 것에 대한 극심한 과민증으로 인해 그들의 생애 초기부터 어머니를 꺼림으로써 어머니에게 깊은 상처를 입혔다는 결론은 피할 수 없다. 그러나 이러한 차이는 단지 본질적인 친밀감의 극단적 표현일 뿐이며, 이는 지나치게 위축되거나 무작위적으로 행동하는 환자의 성향과 어머니의 필사적인 사회적 간섭이 모두 공통적으로 기본적인 사회적 취약성을 가지고 있음을 의미한다.

내가 여기서 설명하는 것은, 더 가벼운 형태로 아주 일반적이어서 아이의 질병의 원인으로 '비난'받을 수 없는 유형이며, 이는 특히 가족 안의 모든 아이들이 같은 정도로 심하게 반응하는 것은 아니기 때문이다. 우리는 이 어머니들이 이미 이중으로 수세에 몰릴 때 대개 우리와 만나게 된다는 점을 명심해야 한다. 그러나 나는 우리가 여기서 다시 보게 되는 것이 상호성의 극히 해로운 반대 항인 어머니와 아이의 **상호 부정적 반응**이라고 확신 있게 말할 수 있다고 생각한다.

아버지들은 대개 성공하고 종종 자신의 분야에서 탁월하지만, 집에서는 아내에 대한 과도한 의존으로 인해 아내와 맞서지 않으며, 그 결과 아버지도 자녀들에 대해 깊이 질투한다. 그들이 어떤 주도권과 성실성을 가지고 있는가 하는 것은 그들이 아내의 간섭에 굴복하거나 꺼림칙하게 그녀를 피하도록 노력하게 만든다. 그 결과, 어머니는 자녀 모두 또는 일부에 대한 요구에서 더욱 궁핍하고, 청승맞고, '희생적'이 된다.

우리 환자들과 그들의 형제자매들의 관계에 대해, 나는 단지 대부분의 형제자매 관계보다 더 공생관계로 보인다고 말할 수 있을 뿐이다. 초기의 정체성 결핍으로 인해 환자들은 쌍둥이들의 행동[16]과 유사한 방식으로 한 형제나 자매에게 애착되는 경향이 있는데, 여기서는 쌍둥이가 아닌 사람을 쌍둥이로 취급하려고 하는 쌍둥이 한 명이 있다는 점이 다를 뿐이다. 그들은 아나 프로이트[17]가 설명한 '동일시에 의한 이타주의'를 훨씬 뛰어넘는 방식으로, 적어도 한 명의 형제자매에 대한 완전한 동일시에 굴복하는 경향이 있다. 그것은 마치 우리 환자들이 어떤 합병 행위를 통해 더 크고 나은 정체성을 되찾기를 바라는 마음에서, 자신의 정체성을 형제나 자매의 정체성에 넘기는 것과도 같다. 얼마 동안 그들은 성공하지만, 인위적인 쌍둥이 관계의 해체에 뒤따르는 허탈함은 훨씬 더 충격적일 뿐이다. 한 명에게만 충분한 정체성이 있고, 다른 한 명은 그것을 훔친 것처럼 보인다는 갑작스런 깨달음 뒤에 —이는 실제 쌍둥이 중 한 명에게도 가능한 일인데—분노와 마비가 이어진다.

전반적으로 우리 환자들의 유아기 역사는 놀랍도록 단조롭다. 종종 일부 유아 자폐증이 관찰되지만 부모들은 대개 이를 합리화한다. 그러나 이러한 초기 자폐증의 정도에 따라 청소년기 후기의 급성 정체성 혼란의 악성 정도가 달라지며, 그것이 퇴행의 깊이와 나이 들어 내향성으로 복귀하는 정도를 결정할 것이라는 일반적인 인식이 있다. 유년기 또는 청소년기의 특정 외상과 관련하여 어떤 증상이 자주 나타나는데, 그것은 말하자면 오이디푸스 시기 또는 초기 사춘기의 심각한 신체적 외상으로서, 일반적으로 가정으로부터의 분리와 관련이 있다. 이 외상은 수술이나 뒤늦게 진단된 신체적 결함으로 인해 생기거나, 사고 또는 심각한 성적 외상일 수도 있다.

그렇지 않으면 초기 병력은 우리가 주어진 지배적인 정신의학적 진단으로 전형적으로 간주하게 되는 것과 일치한다. 정체성 혼란이 임상적 진단이 아님은 분명하다. 그러나 예컨대, 편집증적 유형의 정체성 혼란이 청소년에게 발생하는 편집증의 한 사례로 받아들여져야 하는지, 또는 혼란을 가라앉힐 수 있다면 상대적으로 되돌릴 수 있는, 급성 정체성 혼란으로 인해 악화된 편집증적 성향으로 간주되어야 하는지에 대한 결정적인 질문이 남아 있다. 이 '기술적' 질문을 여기서 다룰 수는 없다. 그러나 또 다른 중요한 문제가 우리의 전체적인 논의에서 확연히 드러난다. 그것은 카이 T. 에릭슨(Kai T. Erikson)[18]이 사회학적 용어로 논의한 것처럼, 이 연령층의 환자가 정체성 형성을 위한 가장 의미 있는 기반으로 환자라는 역할을 선택할 위험이다.

4. 사회학: 개인적 혼란에서 사회적 질서로

I.

급성 정체성 혼란의 전체 상태에 대한 설명을 제시하였으니, 이제 설명된 각 부분의 증상을 들어 서로 거리가 있어 보이는 두 현상, 즉 개인의 어린 시절과 문화사를 연관시키고자 한다. 우리는 우리의 사례사에서 대단히 악화된 형태로 나타나는 갈등들이 원칙적으로 모든 개인에게 공통적이어서, 제시된 상태가 정상적인 청소년 상태의 왜곡된 반영일 뿐이라는 것을 당연시한다. 그러므로 우리는 첫째, 이 상태가 어떻게 오랜 유년기의 갈등을 되살리는 것으로 보일 수 있는지, 그리고 둘째, 유아기의 퇴행으로 끌어당기는 힘을 극복하고 미래지향적 추구를 위한 내면의 힘을 동원하는 방법을 찾을 수 있도록 문화가 '정상적인' 청소년들에게 제공하는 다양한 길은 무엇인지에 대해 이제 질문할 수 있다.

그렇다면 첫째, 유년기로의 회귀, 즉 청소년 갈등의 퇴행적인 측면들에 대해 이야기해보자. 나는 우리의 심리사회적 발달의 설계에서 퇴행적인 경향들을 '찾아내기' 위해 다시 도표를 가지고 와서 이 문제를 참을 수 없이 복잡하게 만들지 않기를 바란다. 일부 독자들은 그 도표의 아직 채워지지 않은 부분을 어떻게 처리할지 궁금해할 것이다. 다른 사람들은 아마 그 도표를 그런 기록에 관심이 있는 사람들에게 남겨두고 계속 읽는 것을 선호할 것이다. 따라서 여기에 도표 애호가만을 위한 단락을 삽입하여, 이 섹션 전체에서 특정 항목 뒤의 숫자가 도표를 참조하는 방식을 설명하고자 한다. 다른 독자는 이 다음 단락과 이어지는 모든 괄호 안의 번호들을 무시해도 된다. 그들에게는 본문이 스스로 말해주기를 바란다.

제3장에서는 후성 유전도의 **대각선** 방향만을 충분히 논의했다. 우리는 그것이 심리사회적 활력의 주요 구성 요소가 개체발생적으로 전개되는 것(I.1부터 VIII.8까지)을 보여준다고 말했다. 우리는 또한 I.5에서 V.5까지 유아기에서 정체성으로 이어지는 일부 수직선 항목도 채웠다. 상호 인정에서 원초적 **신뢰**, 자기 자신이 되려는 **의지**의 기초, 어떤 사람이 될지에 대한 **기대**, 그리고 기술을 가지고 지금 되어가는 과정에 있는 무언가가 되는 법을 **배울** 수 있는 능력 등 이들은 이전 단계가 정체성의 발달에 특별히 직접적으로 기여한 것이다. 그러나 이는 또한 이러한 각 단계가 정체성 혼란에 특별한 틈이 생기게 한다는 것을 의미한다. 가장 이른 시기에는 상호성을 확립할 수 없는 '자폐적' 무능력이 발생한다. 우리가 방금 본 가장 근본적인 형태의 정체성 혼란은 그러한 초기의 혼란으로 거슬러 올라갈 수 있다. 여기서 모순적인 내적 투사의 기본적 혼란은 말하자면 미래의 모든 동일시와 청소년기의 통합을 저해한다. 방금 제시한 임상적 기술에서 단서를 찾고

도표로 실험하여, 이제 우리는 도표의 수평선 V에 혼란의 다양한 **부분 증상**들을 배치하고, '회귀' 수직선 1, 2, 3 및 4를 따라 유년기의 선행 사건을 어떻게 추적할 수 있는지를 보여줄 것이다. 독자가 주요 항목 뒤에 나타나는 숫자의 위치를 찾으려면 이 수직선들을 따라 찾아보기만 하면 된다.

방금 설명한 병리적 현상의 첫 번째 항목, 즉 시간 자체에 대한 불신과 **시간 혼란**의 우세(V.1)에서부터 시작하기로 하자. 관점과 기대를 유지하는 자아의 기능 상실은 시간이 존재하지 않았던 초기 유아기 시간으로의 명백한 회귀를 나타낸다. 시간 경험은 오로지 욕구 긴장, 만족의 지연, 포만감의 초기 순환에 대한 유아의 적응에서 발생한다. 유아의 경우, 긴장이 증가함에 따라 미래의 성취가 '환각'처럼 예상된다. 성취가 지연됨에 따라, 신뢰가 사라진 것처럼 보이는 무력한 분노의 순간이 발생한다. 다가오는 만족의 징후는 다시 시간에 강렬한 희망의 속성을 부여하는 반면, 더 지연되면 분노가 배가된다. 앞에서 본 것처럼, 환자들은 시간을 신뢰하지 않으며, 원하고 '일하는' 것을 가치 있게 할 정도의 충분한 만족이 충분히 예측 가능하다는 확신이 없다.

가장 분노에 차서 퇴행한 우리의 젊은이들은 사실 시간에 대한 불신과 같은 것을 나타내는 일반적인 태도를 가지고 있다. 모든 지연은 속임수로 보이고, 모든 기다림은 생식불능의 경험이며, 모든 희망은 위험이고, 모든 계획은 재앙이며, 가능한 모든 부양자는 잠재적인 배신자다. 그러므로 필요하다면 긴장성 무운동이라는 마법의 수단으로, 가만히 있을 시간을 만들어야 한다. 이것들은 극히 드물게 나타나지만 정체성 혼란의 많은 경우에 잠재되어 있는 극단적인 상태이며, 모든 청소년은 적어도 시간 자체와 상충되는 짧은 순간을 알고 있다고 나는 믿는다. 정상적이고 일시적인 형태로, 이 새로운 종류의 불신은 미래에 대한 강렬하고 광적인 투자 또는 가능한 여러 미래로의 빠른 승계를 허용하고 요구하는 전망에 신속하게 또는 점진적으로 자리를 내준다. 연장자들에게 이것들은 종종 서로 일관성이 없는 것처럼 보이며, 어쨌든 역사적 변화의 법칙에서 변화를 요구하는 기대를 바탕으로 하는 매우 '유토피아적'인 것처럼 보인다. 그러나 다시, 청소년은 올바른 지도자—그리고 역사적 행운—가 주어졌을 때 부분적으로나마 실현 가능한 것으로 보이는 유토피아적 세계의 이미지를 매우 중요하게 생각할 수 있다. 따라서 시간 혼란은 그저 일부에서만 병리적으로 진단되기는 하나, 어떤 단계에서든 모든 청소년에게 어느 정도 전형적인 것이다.

이에 대해, 문화에서 문화로, 한 시대에서 다른 시대로 진행되는 사회적 과정은 무엇을 하는가? 나는 몇 가지 암시적인 예들만 제공할 수 있다. 청소년들(그리고 예술가와 작가)이 현재보다 더 '영원한' 것처럼 보이는 죽은 과거가 남긴 폐허에 몰두했던 낭만적인 시기가 있었다. 그러나 여기서 강조해야 할 것은, 단순히 먼 과거로 향하는 것이 아니라 시간적 경험의 전체적인 속성에 수반되는 변화다. 이것은 다른 문화적 또는 역사적 조건하에서, 눈부신 대초원의 태양 아래서 이루어지는 비전 탐구에서 또는 밤새도록 북소리에 맞춰 춤을 추는 것과 같은 (이 책에서 이미 언급된 예에서 선택하자면) 가상의 설정에서, 약물로 인해 '절대적' 시간 속에서 완전히 수동적으로 부유하는 상태에서 또는 천년제국을 준비하기 위한 요란한 트럼펫 소리에 맞춰 거위걸음(무릎을 굽히지 않고 걷는 군대식 걸음-옮긴이)을 내딛는 중에 얻어질 수 있다. 사실 모든 이데올로기에는 없어서는 안 될 시간적 측면이 있다. 여기에는 새로이 발달하는 정체성의 잠재력과 함께, 구원이나 개혁, 모험이나 정복, 이성 또는 진보로 향하는 각기 다른 문명의 목표와 가치가 젊은이들을 위해 갖는 이념적 의미가 포함된다. 젊은이들에게 제공되는 필수 요소 중에는 감각적 확신을 주고 일관된 세계의 이미지와 호환되는 **시간 조망**이 있다. 오늘날, 예상되는 미래에 대한 표준화가 절정에 이르렀을 때, 수천 명의 젊은이들이 유예가 한 가지 삶의 방식이자 별개의 문화인 것처럼 행동하기로 선택한다는 것은 지극히 당연한 일이다. 그들이 미래를 잊기로 함에 따라, 우리의 일부 젊은이들이 보여준 질적 재건에 의해 분명히 드러난 것처럼, 사회는 그들의 미래가 오래된 현상의 단지 현대적인—즉, 더 수가 많고 더 널리 알려진—형태일 뿐이라는 것을 잊어버린다.

우리는 또한 **정체성-의식**을 정체성 혼란의 요소들 중 하나로 진단했다. 그것은 자존감, 즉 자율적인 사람으로서의 증대된 자아상과 다른 사람의 눈에 비친 자신의 모습 사이의 불일치로 생기는 특별한 형태의 고통스러운 자의식을 의미한다. 환자들에게서 때때로 자존감이 완전히 사라지는 것은 다른 사람의 판단에 대한 자기애적이고 속물적인 경멸과 뚜렷하게 대조된다. 그러나 다시, 우리는 비판 앞에서 반항적인 뻔뻔함과 교대로 나타나는 청소년들의 민감성에서, 덜 극단적일 수는 있지만 상응하는 현상을 본다. 다시 말하지만, 이것들은 우리가 지난 장에서 논의한 **의심과 수치심**(II.2)에 대한 불안정한 자기 확신을 유지하게 해주는 원시적 방어다. 이것은 일반적으로 일시적인 문제이지만 일부 성격 형성에서 지속되며, 당사자들의 증언에 따르면, 반복되는 청소년기와 민감한 후퇴 및 강력한 자기 과시의 전체 주기를 경험하는 많은 창의적인 사람들의 특징으로 남아 있다.

자의식(V.2)은 부모와 자녀 자신의 신뢰성에 관한 원래의 의심의 새로운 형태이며, 오직 청소년기에만 그러한 자의식적 의심이 이제 뒤에 남겨질 어린 시절 전체 기간의 신뢰성과 지금 예상되는 사회적 우주 전체의 신뢰성과 관련된다. 이제 자신의 자율적 정체성에 대한 자유 의지의 감각을 가지고 헌신해야 하는 의무는, 원래의 수치심과 모든 것을 아는 성인에게 보일 수 있다는 것에 대한 분노에 필적할 만한 고통스러운 전반적 부끄러움을 불러일으킬 수 있다—이제 그러한 수치심만이, 또래들에게 노출되고 지도자들의 판단을 받는 공적인 성격을 갖는 것에 집착한다. 이 모든 것은, 평상시에는 자기이미지의 기반으로서 가족으로부터의 독립에 대한 분명한 감각과 기대의 확실함으로 특징지어지는 **자기 확신**(V.2)에 의해 압도된다.

이 두 번째 갈등에 해당하는 사회현상 중에는, 불완전한 자기 확신이 한동안 집단의 확실성 뒤에 숨을 수 있게 하는 특별한 제복이나 독특한 의복으로 어떤 형태의 통일성을 추구하는 보편적 경향이 있다. 그러한 확실성은 항상 수여식, 확약식, 입문식에서의 희생뿐 아니라 유서 깊은 배지에 의해 제공되었다. 그러나 근본적으로 다른 것을 추구하지만, 다름의 어떤 균일성을 진화시키고자 하는 사람들(최신 유행을 좇는 멋쟁이들, 비트족(1950년대 중반 미국의 경제적 풍요 속에서 개인이 사회조직의 부속품으로 전락하는 것에 저항하며 문학의 아카데미즘을 반대한 예술가 세대-옮긴이)에 의해 일시적이고 임의적으로 만들어질 수도 있다. 이러한 덜 분명한 균일성은 동료들 간의 포괄적 수치심, 비판적 주고받기, 잔인한 결속에 의해 강제되어 외부인들이 '공동의 책임을 혼자 진 채' 때로는 창의적이더라도 고통스러운 고립 상태에 있게 만든다.

역할 고착(V.3)에 대해 마치 가능한 역할에 대한 자유로운 **실험**을 반대하는 것처럼 전적인 헌신을 드러내는 것은, 유아 현실, 환상 및 놀이에서 자유로운 주도성과 오이디푸스적 죄책감 사이의 초기 갈등과 명백한 연관성이 있다. 우리 환자들이 오이디푸스적 위기 아래에서 완전한 신뢰의 위기로 퇴행하는 경우, 자멸적 역할의 선택은 종종 이들이 회복하여 일어설 때 유일하게 수용 가능한 형태의 주도성으로 남게 되며, 이것은 죄책감을 완전히 피할 수 있는 유일한 방법으로서 야망에 대한 완전한 거부의 형태를 취한다. 그러나 젊은이들에게서 나타나는 상대적으로 죄책감이 없고 실제로는 다소 '불량한' 주도성의 정상적인 표현은, 청소년 하위 집단의 기록되지 않은 코드를 따르는, 그럼으로써 나름대로의 규율이 결여되지 않은 역할을 실험하는 것이다.

그러한 주도성을 장려하면서 연결을 만들고 죄의식을 완화하면서 속죄를 제공하는 일을 담당하는 사회 제도 중 다시 입문식과 확약식을 주목할 수 있다. 이들 제도는 신화적인 시대 초월의 분위기 속에서 희생이나 복종의 배지를 인가된 행동 방식을 향한 열렬한 추진과 결합—효과적인 경우, 초심자가 최대한의 자유로운 선택 의식과 연대 의식을 최선으로 따르는 것을 보장하는 결합—하기 위해 노력한다. 이러한 청소년의 특별한 성향—즉, 의식(儀式) 편제의 바로 그 결과로서 자유로운 선택 의식의 달성—은 물론 군대 생활에서 보편적으로 활용된다.

극심한 **작업 마비**(V.4)는 일반적인 장비의 부적절함에 대한 깊은 감각을 논리적으로 따른다. 물론 그러한 부적절감은 일반적으로 진정한 잠재력의 부족을 반영하지 않으며, 오히려 오직 전능함 혹은 전지함만을 위해 기꺼이 안주하려는 자아 이상에 의해 만들어진 비현실적 요구를 전달할 수 있다. 또한 그것은 즉각적인 사회적 환경이 개인의 진정한 재능을 위한 틈새를 갖추지 못하고 있다는 사실을 나타내거나, 한 개인이 학교생활 초기에 자신의 정체성 발달을 훨씬 앞지르는 특화된 조숙함을 보이도록 유혹되었다는 역설적 사실을 반영할 수 있다. 이러한 모든 이유로, 개인은 자신의 성취와 작업정체성을 찾고 주장하는 법을 배우는 놀이와 작업의 실험적 경쟁에서 배제될 수 있다. 이는 특히 조기에 비행을 시작하는 것과 관련이 있을 수 있으며, 비행 청소년은 여러 면에서 적어도 고립된 청소년이 억누르는 것을 집단으로 행한다는 점에서 우리 환자들과 '긍정적' 짝을 이룬다. 파괴를 완수한다는 의미로 '일을 함'(즉, 강도짓) 또는 '일을 잘 해치움'과 같은 범죄적 표현에는 일에 대한 조롱과 함께 경쟁의 의미가 담겨 있다. 여기서 청소년들이 파괴의 전율이 필요하지 않도록 **견습 의식**(IV.4)을 즐기는 법을 배웠음에 틀림없다는 것을 추론해 볼 수 있다. 분열성 인격장애를 가진 사람들과 비행 청소년은 자신들에 대한 불신, 즉 가치 있는 것을 완수할 수 있는 가능성에 대한 불신을 공통적으로 가지고 있다. 물론 이것은, 어떤 이유로든, 그들 시대의 기술적 정체성에 참여하고 있다는 느낌을 갖지 못하는 사람들에게서 특히 두드러진다. 그 이유는 그들 자신의 재능이 기계시대의 생산적 목표와의 접점을 찾지 못했거나, 그들 자신이 속한 사회 계급(여기서 '최상위층'은 '최하위층'과 놀랍게도 같다)이 진보의 흐름에 참여하고 있지 않기 때문일 수 있다.

사회 제도는 여전히 일정한 지위의 도제살이를 배우고 실험하는 사람들에게, 정의된 의무와 인가된 경쟁 및 특별 면허를 특징으로 하는 유예 기간을 제공함으로써 새로 생겨나는 작업정체성의 강점과 독특성을 지원한다.

그렇다면 이것은 정체성 혼란의 증상들과 일상생활에서 그것들을 상쇄하는 일부 사회적 과정에서 특히 명확하게 설명된 정체성 위기의 퇴행적 경향이다. 그러나 미래의 발달을 예상하는 정체성 형성의 측면도 있다. 그 첫 번째는 **성차의 양극화**(V.6)라고 부르는 것, 즉 정체성 발달에 따른 남성성과 여성성의 특정한 비율을 정교하게 만들어내는 것이다. 우리 환자 중 일부는, 모든 청소년들에게 더 가볍고 일시적인 형태로 드물지 않게 나타나는 상태로 인해 더 지속적이고 악성적으로 고통받는다. 청소년은 자신이 하나의 성별 또는 다른 성별의 구성원이라고 분명히 느끼지 않기 때문에, 예컨대 동성애 파벌에서 나오는 압력으로부터 쉽게 희생될 수 있는데, 이는 어떤 사람들에게는 오랫동안 동성애의 혼란을 견디는 것보다 어떤 것으로, 무엇으로라도 분류되는 것이 더 견딜 만하기 때문이다. 물론 일부는 당혹스러운 충동의 극적인 돌파구를 찾기 위해 섹슈얼리티를 금욕적으로 멀리하기로 결정한다. 청소년기의 **양성애적 혼란**(V.6)은 어떤 종류의 남자나 여자, 어떤 종류의 중간자나 이탈자가 될 수 있는지의 질문에 대한 과도한 편견을 확립하는 데 있어 **정체성 의식**과 함께한다. 청소년은 전체주의적 사고방식 속에서, 한 성별에 덜 해당한다는 것은 다른 성별에 전부는 아니더라도 훨씬 더 많이 해당한다는 것을 의미한다고 느낄 수 있다. 그러한 시기에 그를 사회적으로 일탈적인 사람으로 낙인을 찍는 일이 발생하면, 그는 부정적 정체성의 재평가에 의해 강화되는 극심한 고착을 발달시킬 수 있으며, 그에게 있어 진정한 친밀감은 위험해 보일 것이다. 여기서 문화와 계급의 성적 관습은 남성성과 여성성 간의 심리사회적 구별과 생식기 활동의 연령, 종류, 편재성에서 엄청난 차이를 만든다. 이러한 차이는 위에서 논의한 공통된 사실, 즉 확고한 정체감이 없이는 심리사회적 친밀감의 발달이 불가능하다는 사실을 모호하게 만들 수 있다. 혼란 속의 젊은이들은 특별한 관습에 이끌려 친밀감 없이 초기 생식기 활동에 집중함으로써 정체성 발달의 권리를 빼앗길 수 있다. 또는 반대로, 다른 성과의 생식기 양극화라는 영구적인 약점이 있을 정도로 생식기 요소를 과소평가하는 사회적, 예술적 또는 지적 목표에 집중할 수 있다.

여기서 사회 제도는 특정 기간 동안의 완전한 성적 금욕, 개인적 헌신이 없는 문란한 생식기 활동, 또는 생식기 개입이 없는 성적 놀이와 같이 매우 다른 패턴의 부분적인 성적 유예 기간에 대한 이념적 근거를 제공한다. 집단이나 개인의 '리비도 경제'가 견디어내야 할 것은 뒤에 남겨진 유년기의 종류와 그런 선호되는 성적 행동으로 인해 발생하는 정체성 획득에 달려 있다.

그러나 또한 청소년은 또래들 사이에서 **팔로워십**(V.7)을 받아들이고 그렇게 받아들인 기능에서 종종 놀라운 선견지명을 발달시키는 것뿐만이 아니라, **리더십**을 취하는 법을 배우는 과정에서 부모되기와 성인의 책임을 향한 중요한 발걸음을 내딛는다. 지배적인 이데올로기가 리더십의 방향을 결정하기 위한 틀을 제공하기 때문에 그러한 선견지명은 개인의 전반적인 성숙보다 앞설 수 있다. 마찬가지로, 공통 '원인'은 다른 사람들로 하여금 따르고 순종하도록 (그리고 지도자 자신으로 하여금 더 높은 지도자에게 순종하도록) 허용하여, 유아기의 초자아에 설정된 부모 이미지를 이용 가능한 이상적 인물들의 회랑에 들어찬 위계화된 리더이미지로 대체—동기 수준이 매우 높은 집단에서처럼 불량갱단에서 전형적으로 나타나는 과정인—하는 것을 허용한다. 청소년이 순종할 수도 명령을 내릴 수도 없는 경우, 그는 악성 금단현상으로 이어질 수 있는 고립을 감수해야 하지만, 이는 또한 그가 운이 좋고 재능이 있다면 책, 그림, 음악을 통해 수 세기 동안 (마치 그를 아는 것처럼) 그를 안내하는 목소리에 응답하는 데 도움이 될 것이다.

이제 우리는 사회가 이데올로기의 명시적 또는 암묵적 형태로 젊은이에게 제시하는 이상 체계에 도달한다. 지금까지 말한 것을 토대로 우리는 이데올로기가 청소년에게 다음과 같은 것들을 제공하는 기능을 갖는다고 말할 수 있다. (1) 예측 가능한 모든 시간을 포괄하여 개인의 '시간 혼란'에 대응하는 미래에 대한 단순화된 관점. (2) 이상과 악의 내면 세계와 목표와 위험이 있는 사회 세계 사이에서 강하게 느껴지는 일치감. (3) 개인의 정체성 의식에 반하는 외양과 행동의 동질성을 보여줄 수 있는 기회. (4) 억제감 및 개인적 죄책감을 극복하는 데 도움이 되는 역할과 기술을 활용한 집단 실험으로의 유도. (5) 지배적 기술의 정신 및 이에 따라 인가되고 규제되는 경쟁의 도입. (6) 젊은 개인의 발아하는 정체성을 위한 뼈대로서의 지리-역사적 세계 이미지. (7) 확실한 원칙 체계와 양립할 수 있는 성적 생활방식의 근거. 그리고 (8) 초인적 인물 또는 '빅브라더'(조지 오웰의 소설 『1984년』에 나오는 용어로 정보의 독점을 통해 사회를 통제하는 권력 시스템을 의미함-옮긴이)로서 부모-자녀 관계의 양면성을 넘어서는 지도자에 대한 복종. 아무리 암묵적이라 하더라도 '삶의 방식'에 이러한 **이념적 헌신** 없이는 청소년이 **가치 혼란**(V.8)을 겪게 되는데, 이는 일부에게 특히 위험할 수 있지만 큰 규모에서는 사회 구조에 확실히 위험하다.

병력학적 개요의 결론에서, 나는 사회과학의 영역에 속하는 일부 현상에 대해서도 약술했다. 임상작업이 개인의 병리현상에 관한 일부 실행 가능한 일반성에 도달하기 위해 노력할 때, 사회과학이 필연적으로 무시해온 사회적 과정의 측면들을 만날 수 있다는 신념 속에서만 나는 이것을 정당화할 수 있다. 사례사 또는 생애사에 대한 심리사회적 연구는 이러한 측면들을 무시할 수 없다. 그래서 우리는 다시 몇 가지 결론적인 생각으로 이끌어줄 쇼의 공식으로 돌아가고자 한다.

II.

쇼는 무대 캐릭터에 대해 연구한 만큼이나 G.B.S.의 공적인 정체성에 대해 열심히 탐구한 학구열이 대단한 사람이었다. 그러나 앞서 언급한 쇼의 방식(Shavianism)을 확장해보면, 광대는 종종 위대한 쇼(Great Show)의 백미이자 가장 진지한 부분이기도 하다. 따라서 이 시점에서 쇼가 젊은 시절에 자신이 '개종한' 이야기의 특징을 묘사하기 위해 선택한 단어를 검토해볼 만하다.

> 나는, **매우 진지하고 온 세상에** 영향을 미치는 매우 **현실적이고 근본적인** 악에 대해 **분노로 불타오르던** 영국인들 사이에서, 80년대에 일었던 사회주의 **부흥에 이끌렸다**.

여기서 강조된 단어는 내게 다음과 같은 의미를 나타낸다. '~에 이끌렸다': 이데올로기는 강력한 힘을 가지고 있다. '부흥': 다시 젊어진 상태의 전통적 힘으로 구성된다. '매우 진지한': 냉소주의자조차도 성실하게 투자할 수 있게 한다. '분노로 불타오르는': 부정(否定)할 필요가 있을 때 의로움의 인준을 제공한다. '현실적인': 사회적 현실에 둘러쳐진 공포에 막연한 내면의 악을 투영한다. '근본적인': 사회의 기본적 재건 노력에 참여할 것을 약속한다. '온 세상': 완전히 정의된 세계 이미지에 구조를 제공한다. 그렇다면 여기에는 이데올로기에 봉사하는 청소년 개인의 공격적이고 차별적인 에너지를 활용하고, 완성되어가는 개인의 정체성을 짓밟는 데 도움이 되는 집단정체성의 요소가 있다. 따라서 정체성과 이데올로기는 동일한 과정의 두 가지 측면이다. 둘 다 개인의 성숙을 위해 필요한 조건을 제공하고, 그와 함께 다음 상위 형태의 동일시, 즉 공동 생활, 행동 및 창조에서 오는 공통 정체성을 연결하는 연대를 제공한다.

자신의 부정적 정체성에 대한 비합리적인 자기혐오와 적대적인 타자성에 대한 비합리적인 부인을 하나의 관념 체계 속에 결합해야 하는 즉각적인 필요성은, 때때로 젊은이들을 그들이 가장 무정부적이고 급진적으로 보이는 때와 장소에서 치명적으로 강박적이고 본질적으로 보수적이 되도록 만든다. 비록 종종 이해할 수 있는 것처럼 보이는 것이 어린 시절에 흡수되었지만 충격적일 정도로 새로운 용어로 표현된 과거의 논리일 뿐이라 해도, 동일한 필요에 의해 이들 젊은이는 쇼가 말하는 "지적 이론에 비추어 본 삶에 대한 명확한 이해"에 의해 함께 유지되는 세계 이미지를 찾는 과정에서 매우 논쟁적으로 변한다.

페이비언 사회주의자들에 관한 한, 쇼가 현저한 지적 탁월함의 이데올로기를 특징짓는 용어를 사용한 것은 충분히 정당화되는 것 같다. 그러나 더 일반적으로, 이데올로기 시스템은 공식화된 교리, 암묵적인 **세계관**(*Weltanschauung*), 고도로 구조화된 세계 이미지, 정치적 신조 아니면 실제로 과학적 신조(특히 인간에게 적용되는 경우), 또는 '삶의 방식' 등 어떤 것을 기반으로 하든지 간에, 공간과 시간, 수단과 목적에 있어 비록 체계적으로 단순화되었다 하더라도 일관적인 전체 방향을 참여자들에게 제공하는 공유된 이미지와 아이디어, 이상의 일관된 몸체라고 할 수 있다.

물론 '이데올로기'라는 단어는 어느정도 오명을 가지고 있다. 본질적으로 명시적이고 선동적인 이데올로기는 다른 이데올로기를 '모순적'이고 위선적이라고 부정하며, 이데올로기에 대한 전반적인 비판은 가장 설득력 있는 단순화를 체계적인 형태의 집단적 거짓말로 특징짓는다. 그러나 우리는 이 단어를 그것의 훨씬 더 넓은 의미를 제한하는 현대의 정치적 의미에 내줄 이유가 없다. 위선이라고 부를 수 있는 것은 사실상 동전의 다른 면이다. 이룰 수도 있었을 지적 정교함의 수준을 거스르는 사실에 입각한 허위 없이는, 이념적 단순화는 있을 수 없다. 평범한 성인과 사실상 평범한 공동체는 이데올로기 양극화에 심각하게 관여하지 않는다면 —총격과 외침이 끝나자마자— 이데올로기를 그들의 삶에서 잘 한정된 구획 안에 맡겨 두려는 경향이 있다는 것도 사실이다. 거기서 이데올로기는 정기적 의식(儀式)과 합리화에 유용하지만 당면한 다른 사업에 과도한 해를 끼치지는 않는다. 그러나 이데올로기가 앞으로 다가올 것에 대한 단순화된 개념이며, 따라서 이미 발생한 것을 나중에 합리화하는 역할을 할 수 있다는 사실은, 개인 발달의 특정 단계와 특정한 역사적 시기에 전투적 갈등과 근본적으로 새로운 약속으로 이어지는 이념적 양극화가, 피할 수 없는 내적 필요와 부합할 가능성을 배제하지 않는다. 청소년은 '일반적으로' 정체성 형성을 위한 대안들의 기존 범위와 필수적으로 관련된 이념적 대안들에 기초하여 거부하고 수용할 필요가 있으며, 급진적인 변화의 시기에는 이러한 본질적으로 청소년다운 성향이 집단 정신을 지배하게 된다.

그러므로 이데올로기는 한 집단의 이상에서 가장 오래된 것과 가장 새로운 것의 의미 있는 조합을 제공하는 것 같다. 따라서 이데올로기는 보수주의와 급진주의 사이의 투쟁이 가장 활발한 사회적 경계를 향한 청소년의 강렬한 진지함, 성실한 금욕주의, 그리고 열렬한 분노를 전달한다. 그 경계에서 광신적 이념가들은 분주한 일을 하고, 정신병적 지도자들은 더러운 일을 한다. 그러나 거기서도 진정한 지도자들은 중요한 연대를 만든다. 그러나 미래가 조상들의 지상 왕국이라면, 이데올로기는 미래의 약속된 소유를 위한 포상으로, 어떤 절대적인 가치 위계와 엄격한 행동 원칙에 대한 타협 없는 헌신을 요구해야 한다. 그 원칙이 전통에 대한 완전한 순종이 될지라도 말이다. 미래가 완전히 다른 세계의 것이 될 경우, 이데올로기는 완전한 체념이 될 것이다. 미래가 어떤 무장한 슈퍼맨을 위해 예약되어 있다면, 완전한 군율이 될 것이다. 미래가 지상에 있는 천국의 사전 팩시밀리로 인식된다면, 내면의 완전한 개혁이 될 것이다. 또는 마지막으로 (우리 시대의 이데올로기 요소 중 하나만 언급하자면) 끊임없는 생산이 현재와 미래를 함께 지탱하는 것처럼 보인다면, 인간의 팀워크와 생산 과정에 대한 완전한 실용적 탐닉이 될 것이다. 유아기의 초자아가 청소년기의 정체성에서 자신의 영역을 되찾는 것은 바로 이 이데올로기의 전체주의에 의해서다. 왜냐하면 확립된 정체성은 낡아지고 새로운 정체성은 취약한 상태로 남아 있을 때, 특별한 위기는 사람들로 하여금 가장 조잡한 수단으로, 아직 안전하지 않은 이념적 기반에 대해 의문을 제기하거나 위협하는 것처럼 보이는 사람들에 대항하여 거룩한 전쟁을 벌이도록 강요하기 때문이다.

결론적으로, 우리는 오늘날의 기술 및 경제 발전이 농업, 봉건, 귀족 또는 상업 시대에 발달했을 수 있는 모든 전통적인 집단정체성과 연대를 잠식한다는 전반적인 사실을 다시 한 번 생각해볼 수 있다. 많은 작가들이 보여준 바와 같이, 그러한 전반적인 발달은 우주적 완전성, 섭리적 계획성, 생산—과 파괴—수단에 대한 천상의 인준 등의 느낌을 상실하는 결과를 낳는 것 같다. 세계의 많은 지역에서 이것은 분명히 전체론적 세계관, 천년기(millenniums) 및 대격변을 예측하고 자칭 신적 인간들을 옹호하는 견해들에 기꺼이 빠져들게 만든다. 오늘날 기술의 중앙집중화는 그러한 소규모의 광신적 이데올로기 집단에 전체주의적 국가 기구와 작은 규모의 비밀스러운 또는 큰 규모의 개방된 절멸 기계라는 구체적인 힘을 부여할 수 있다.

여기서 또 다른 전기적 항목인, 아마 일생 동안 진정으로 웃어본 적도 없고, 다른 사람을 진심으로 웃게 하지도 않았기 때문에 버나드 쇼와 함께 나열할 수 없었던 한 남자—아돌프 히틀러(Adolf Hitler)—의 유예에 대해 이야기해 볼 수 있다. 히틀러의 유일한 소년 시절 친구였던 한 남자는 히틀러가 젊었을 때 2년 동안 완전히 사라진 후, 광신적인 이데올로기 지향을 가지고 다시 등장한 과정을 회고한다.[19]

극도로 고립된 가운데 보낸 이 완전한 익명의 유예 기간은 사춘기 후반기에 겪은 심각한 실망 뒤에 왔다. 젊은 히틀러는 도시계획자가 되기를 간절히 원했다. 그는 몇 날 며칠을 (마치 넋이 나간 사람처럼) 고향인 린츠를 재건하면서 걸어 다녔다. 물론 재건을 위해서는 모든 큰 건물들이 파괴되는 것을 상상해야 했지만, 의심할 여지 없이 그는 거의 망상에 가까운 거대한 규모로 '건설적'이 되려고 노력했다. 그가 마침내 린츠의 새로운 오페라 하우스에 대한 계획을 시상위원회에 보냈을 때 아무런 주목을 받지 못했고, 결국 그는 사실상 사회와 결별하여 사라졌고 오직 복수자로서만 다시 나타났다. 그러나 그는 마지막에 유럽의 많은 부분을 파괴하고 마침내 그의 벙커에서 궁지에 몰린 후 신중하게 자기 청산을 계획했지만, 린츠의 오페라하우스에 대한 그의 계획에 마지막 손질을 가하지 않은 것은 아니었고, 거의 오페라하우스를 건축하기에 이르렀다. 청소년 후기의 헌신은 과도한 파괴적 욕구를 가진 사람에게도 이렇게 섬뜩할 정도로 지속된다.

그가 개별 증상에 대한 정신분석적 치료를 받으려고 했다는 주장이 있지만, 여기서 나는 히틀러와 같은 성격이 '치료'될 수 있었을 것이라는 것을 제안하는 것이 아니다. 또 나는 히틀러와 같은 사람조차도 그의 사악한 천재성과 역사적 재앙의 운명적인 우연의 일치가 없었다면, 자신의 끔찍한 파괴성과 건설적 환상의 특별한 혼합물을 세상에 강요할 수도 있었을 것이라는 것을 암시하고 싶지도 않다. 제2장에서 보았듯이, 독일의 패배와 베르사유 조약은 특히 독일 젊은이들에게 광범위한 외상적 정체성 상실을 가져왔고, 따라서 범죄적 기질의 웃자란 청소년 집단의 지도 아래 국가적 범죄 상태를 조장하는 역사적인 정체성 혼란을 야기했다. 그러나 그러한 국가적 재앙을 고려할 때, 우리는 우리의 혐오 때문에 한 특정 국가에서 다른 국가들의 채무불이행으로 인해 크게 왜곡될 수 있는 건설적인 잠재력에 대해 눈을 감아서는 안 된다.

나는 제2장에서 이 과제와 다른 전체주의적 사업들을 그토록 충격적으로 성공시킨 기술 발전의 역할을 지적했다. 그러나 나는 인간이 새로운 기술력을 행사할 때 그의 심연이 어떻게 변하는지에 대한 질문에 대해서는 우리가 아직 거의 알지 못한다는 것을 다시 인정해야 한다.

III.

마지막으로, 새로운 국가에 대해 한마디 하겠다. 나는 예루살렘에서 열린 한 세미나에서 이스라엘 학자 및 임상가들과 '이스라엘' 사람의 정체성이 무엇인지에 대해 논의하고, 현대의 이데올로기 지향의 한 극단을 직시할 기회를 얻었다.[20] 이스라엘은 그 친구들과 적들을 모두 매료시킨다. 유럽 역사에서 나온 수많은 이데올로기의 편린들이 이 작은 국가의 의식 속으로 들어올 수 있었고, 이스라엘은 미국 역사의 한 세기 반 동안 지속되어 왔던 수많은 정체성 문제들을 불과 수십 년 만에 직면하고 있다. 누구에게도 '속하지' 않는 것처럼 보이는 '변경'에 많은 나라에서 온 억압받는 소수자들로 구성된 새로운 국가가 세워지고, 자유주의, 청교도주의, 메시아주의 등 여러 수입된 이상으로부터 새로운 국가 정체성이 만들어진다. 이스라엘의 다양하고 가장 시급한 문제들에 대한 논의는 그 어떤 것이라도 비범한 업적과, 키부츠 운동으로 알려진 것을 조직한 개척자 시온주의 정착민들이 제기한 비상한 이념적 문제로 곧 이어진다. 팔레스타인 특유의 국제적 및 국가적 지위에 의해, 처음에는 오스만 제국에서 이어서는 영국의 지배를 받는 식민지에서 생성된 지리적-역사적 유예가 주어진 상태에서, 이 유럽의 이념주의자들은 시온주의 이데올로기의 중요한 유토피아적 교두보를 세우고 강화할 수 있었다. '모여든' 유대인들은 '고향'에서 그리고 고향 땅을 경작하면서, 영원한 방랑, 상품 거래, 그리고 지적 교육의 결과로 생긴 악한 정체성을 극복해야 했고, 국민성뿐만이 아니라 몸과 마음이 다시 온전해져야 했다. 비록 그 교육 시스템의 특정 사항(예컨대, 출생 시부터 어린이집에서 아이 키우기, 남녀 고등학생들의 동반 합숙 등)들이 이스라엘과 해외에서 비판적인 감시를 받고 있기는 하지만, 키부츠 운동이 강건하고 책임감 있고 영감을 받은 개인 유형을 만들어냈다는 사실은 누구도 부인할 수 없다. 그러나 유토피아적 정신 위생의 대도시 표준을 사방이 노출된 변경 개척지의 조건에 적용하는 것은 이치에 맞지 않는다. 이 역사적 사실은 그것만으로도 뒤따르는 삶의 방식의 합리화와 근거를 판단하는 틀을 제공한다. 의심할 여지 없이, 이 개척자들은 하룻밤 사이에 역사적 이상과 함께 갑자기 나타난 새로운 국가를 제공했다. 그러나 이 나라의 역사가들에게 그다지 낯설지 않은 한 가지 정당한 질문은 혁명 엘리트와, 이후에 점령한 땅과 얻어진 이득에 몰려들어 번성하는 사람들과의 관계에 관한 것이다.[21] 키부츠 구성원들—그들 나라의 전통에서 미국의 개척자들에 필적하는 역할을 해왔고 이스라엘에서 이제 어느 정도 배타적 엘리트가 된—은 아프리카와 동양의 이민자 대중, 강력하게 조직된 노동자들, 대도시 거주자들, 정통 유대교도, 새로운 국가의 관료층—과 물론 '옛 시절'의 상인 계급인 중개업자—등 이념적으로 거의 소화할 수 없는 혼합물을 대표하는, 비교할 수 없을 정도로 많은 인구층을 마주하고 있다. 더구나 키부츠 운동의 더욱 비타협적인 부분은 시오니즘이 강한 역사적 유대를 유지하고 있는 두 세계, 즉 미국과 영국의 유대민족(아랍의 부재 지주로부터 많은 키부츠 땅을 구입한)과, 공동체주의 키부츠 운동이 이념적으로 가깝다고 느꼈던—이는 결국 모스크바에 의해 또 다른 형태의 일탈주의로서 부정되었지만—소비에트 공산주의 사이에 자리 잡는 데 실패하지 않았다.

따라서 키부츠 운동은 유토피아적 이상처럼 보였던 것에 기초하여 자신들을 하나의 '민족'으로 간주하는 젊은이들에게 미지의 에너지를 해방시키고, 산업 세계에서 확실히 예측할 수 없는 역사적 운명이더라도 널리 확산되는 의미를 갖는 집단적 이상을 창조한 현대의 이념적 실재의 한 예라고 할 수 있다. 그러나 이스라엘은 의심할 여지 없이, 지금까지 존재했던 가장 이념에 민감한 국가 중 하나다. 어떤 '농민'이나 노동자도 이들보다 일상적인 결정의 논리와 의미에 대해 더 많이 논쟁한 적이 없다. 사람들은 그렇게 고도로 언어적이고 강력하게 제도화된 이데올로기를 종종 비공식적이고 일시적인 전향과 혐오의 증상들과 비교함으로써 정체성 형성을 위한 이데올로기의 중요성에 대해 가장 많이 배우는 것 같다. 이러한 전향과 혐오는 주변 어른들의 이해나 또는 실제로 호기심이 부재한 가운데 청소년이나 젊은 집단의 삶에서 가장 의미 있는 부분으로 존재한다. 여하튼, 어디에서나 청소년들의 주장 속에 들어있는 극단적 취향, 의견, 슬로건의 많은 부분과 파괴적인 행동에 동참하고 싶은 갑작스런 충동은 이데올로기로 결속되기를 기다리는 역사적 정체성 편린의 공동 표현이다.

이 책의 병력학 부분에서, 나는 자폐성 및 퇴행성 성향에 기초하여 그러한 탈출을 이뤄낼 수 있는 개인의 부정적 정체성의 전면적인 선택을 지적했다. 그들이 복종할 수 없다고 느끼는 일반적인 발전이 없다면, 즉 우리의 이 '개인주의적' 문명의 현재 단계를 특징짓는 순응성, 통일성 및 표준화에 대한 증가하는 요구가 없다면, 불안정하지만 재능 있는 젊은 개인이 사적인 유토피아로 탈출하는 것은 필요하지 않을 수 있다. 이 나라에서 대규모의 순응에 대한 요구는 명백한 전체주의 이데올로기로 발전하지 않았다. 지금까지 그것은 정치적 이데올로기를 피하는 대신, 교회의 청교도적 교리와 사업가적 행동에 대한 고정관념에 연관되어 있다. 우리는 그것을 연구함에 따라, 단순한 신뢰, 장난스러운 불협화음, 기술적 기교, '타인에게 마음을 쏟는' 연대감—과 이데올로기를 드러내는 데 대한 반감—으로 산업 민주주의의 정체성 혼란을 관리할 수 있는 우리 젊은이들의 능력을 높이 평가하게 된다. 세계에서 가장 기술적인 젊은이들인 미국 청소년의 암묵적인 이데올로기는 정확히 무엇인가? 그것은 이런 종류의 책에서 제대로 접근하기 어려운 운명적인 질문이다. 또한 군사적 정체성을 평화 시에 젊은 성인의 일부로 만드는 세계적 투쟁의 결과로, 이 묵시적 이데올로기에서 일어나고 있는 변화를 감히 평가하지도 못할 것이다.

아직까지는 일부 청소년, 특히 경제적, 민족적, 종교적 한계로 인해 긍정적 정체성의 토대를 제공받지 못하는 대도시 청소년들 사이에 만연한 부정적인 집단정체성으로의 악성 전환을 묘사하는 것이 더 쉽다. 동네 갱단에서 마약 동맹, 동성애 서클 및 범죄 조직에 이르기까지 다양한 파벌의 자발적인 형성 과정에서 부정적인 집단정체성이 추구된다. 임상 경험은 이 문제에 상당한 기여를 할 것으로 기대된다. 그러나 우리는 임상 용어, 태도 및 방법을 그러한 공공 문제에 무비판적으로 적용하는 것에 대해 경고를 하는 것이 마땅하다. 오히려 우리는 앞서 언급한 지점으로 돌아갈 수도 있다. 청소년을 다루는 교사, 판사, 정신과 의사는 '인정'이라는 전략적 행위의 중요한 대표자가 되는데, 이는 이 책의 시작 부분에서 설명되었다. 이러한 인정은 사회가 젊은 구성원들을 '동일시'하고 '승인'하여 이들의 정체성을 발달시키는 데 기여한다. 그러나 단순함을 목적으로 또는 법이나 정신의학의 내재된 습관을 따르기 위해 이들을 범죄자로, 체질적 부적응자로, 양육 때문에 망가진 부랑아로, 또는 정말 미쳐버린 환자로 진단하고 치료한다면, 개인적 또는 사회적 한계 때문에 부정적 정체성을 선택하기 쉬운 젊은이는 부주의하고 겁에 질린 공동체가 그에게서 기대하는 것과 정확히 일치하는 존재가 되는 데 자신의 에너지를 쏟아부을 수 있-으며 그것을 완벽하게 해낸-다.

정체성 이론이 장기적으로는 이 문제에 경고보다는 더 많은 기여를 할 수 있기를 바란다. 나는 이 문제를 이 상태로 남겨 두는 것을 제안하는 것이 아니다. 선택된 매체-사례사, 개인사, 일반 역사, 꿈의 삶 등-의 특별한 역동적 본질을 고려하는 연구가 반드시 뒤따라야 한다.[23]

5. 전기 II: 다시 돌아온 혼란 -매일 밤의 정신병리학

이 책의 시작 부분에서 나는 두 사람, 지크문트 프로이트와 윌리엄 제임스를 인용했는데, 내 생각에 그들은 정체성의 필수적인 감각이 어떻게 느껴지는지(또는 느껴졌는지라고 해야 할지 모르지만)를 강력하고 시적으로 공식화한 것처럼 보인다. 이제 그들은 우리가 '정체성 너머'를 다시 보도록 도울 수 있다. 우연찮게 두 사람 모두 정체성 혼란의 재출현과 비현실적 삶에서의 청소년기 후기 정체성의 회복을 보여주는 꿈을 기록하고 보고했던 것이다. 물론 꿈은 개인이 이전 위기와의 지속적인 투쟁을 보여주는 가장 민감한 지표다. 다른 퇴행을 성공적으로 극복한 모든 개인들에게 정체성 위기는 나중에 이어지는 위기 속에서, 그러나 '잠재적으로', 그리고 기껏해야 매일－또는 매일 밤－의 정신병리에 속할 수 있는 상징적 행위 속에서 다시 재현된다. 물론 그러한 재현은 정체성 위기가 한때 겪고 지나온 것이며, 그 기본 공식이 정상적인 수단으로 복원될 수 있을 만큼 충분히 살아남았음을 전제로 한다. 프로이트의 꿈은 중년의 생산성 단계에서, 제임스의 꿈은 노년기의 절망 단계에서 정체성 문제를 보여준다.[24]

I. 프로이트의 이르마에 대한 꿈

나는 프로이트가 그를 유대교에 묶어 놓은 '긍정적' 정체성－즉, 아무 제약이 없는 지능을 타고나서 스스로의 선택으로, '결집된 다수'로부터 고립되어 일하는 사람의 정체성－에 대해 했던 선언을 인용한 후, 또 다른 이례적인 고백, 즉 프로이트가 그의 환자 이르마(Irma)[25]에 대한 꿈을 꾸고 수행한 분석에서, 정의상 긍정적 정체성을 그림자처럼 따라다니는 **부정적 정체성**의 흔적을 인식할 수 있을 것이라고 지적했다. 프로이트는 바야흐로 그의 삶에서

50대에 들어설 무렵에 이르마의 꿈을 꿨는데, 이는 생산성의 위기가 그 원인일 수 있다. 그리고 실제로 내가 다른 곳에서 지적했듯이,[26] 이르마 꿈은 중년 남성의 관심과 그가 시작한 일 중 얼마나 많은 것을 계속 처리할 수 있는지의 문제, 그리고 자신의 야망을 지탱하기에 때때로 너무 부주의하지 않은지에 대한 질문과 관련이 있다. 나는 이 후기 위기의 관점에서 정체성 위기의 재현을 시사하는 역할을 하는 항목들만 초기 논문에서 발췌할 것이다.

무엇보다도 그 꿈을 프로이트의 삶에서 그 꿈을 꾸었던 순간—즉 창의적 사고가 꿈의 해석을 낳은 순간—과 연관시키는 것이 중요하다. 이르마 꿈은 『꿈의 해석(*The Interpretation of Dreams*)』에 자세하게 보고된 첫 번째 꿈이라는 사실에서만 중요한 의미가 있는 것이 아니다. 친구 플리스(Fliess)에게 보낸 편지를 보면, 프로이트는 언젠가 자신의 여름 별장을 장식할 수 있(을 거라고 생각하)는 가능한 명판에 대한 공상에 빠져든다. 명판에 새겨진 글은 세상을 향해, "1895년 7월 24일 이 집에서 꿈의 신비가 지크문트 프로이트 박사에게 모습을 드러내다."[27]라고 말하리라. 그 날짜는 이르마의 꿈을 꾼 날짜다.

그때 여기 비엔나에 신경과 전문의인 39세의 의사가 있었다. 그는 한때 독일 신성 로마제국의 국민이었고, 이제 자유주의와 증가하는 반유대주의에 휩쓸린 가톨릭 제국의 유대인 시민이었다. 그의 가족은 빠르게 늘어났다. 사실 당시 그의 아내는 다시 임신 중이었다. 그 시기에, 꿈꾼 이는 학문적 지위를 얻음으로써 자신의 지위를 강화하고 사실상 수입을 늘리기를 원했다. 그러한 바람은 문제가 되었는데, 그가 유대인이었기 때문만이 아니라 나이가 더 많은 동료인 브로이어(Breuer) 박사와의 최신 공동 간행물에서 너무 인기가 없고 대체로 혼란스러워서 선배 공동 저자조차 후배와 거리를 두었던 이론에 몰두했기 때문이다. 문제의 책인 『히스테리 연구(*Studies in Hysteria*)』는 '방어적 신경증', 즉 주로 성적인 특성을 갖는 혐오스럽고 억압된 생각으로부터 의식을 방어해야 할 필요에 의해 야기되는 신경 장애의 병인으로 섹슈얼리티의 역할을 강조했다. 후배 작업자는 이러한 아이디어에 점점 더 빠져들었다. 그는 종종 절망이 드리워진 자부심으로, 자신이 '꿈에도 생각하지 못한' 수단으로 혁명적인 발견을 할 운명이라고 느끼기 시작했다.

그때까지 프로이트는 그 꿈을 사실상 히스테리 공격, 즉 '경미한 방어적 신경증'에 버금가는 평범한 꿈이라고 생각했다. 정신의학의 역사에서 정상적 현상과 비정상적 현상을 비교하는 것은 새로운 일이 아니었다. 그리스인들은 오르가즘을 '경미한 간질'이라고 불렀다. 그렇지만 히스테리 증상들이, 심지어 꿈조차도 내적 갈등, 즉 무의식적 생각에 대한 비자발적 방어에 기반을 둔다면, 정신과 의사가 제시한 해석들을 쉽게 받아들이거나, 오래 기억하거나, 일관되게 활용할 수 없다는 사실에 대해 환자들을 비난할 이유가 무엇이 있을까? 이러한 도구를 구체화하기 위해서는 생리학적 개념에서 순수 심리학적 개념으로, 권위적인 의료 기술에서 확실하고 직관적인 관찰, 심지어는 자기 관찰로의 기본적인 전환이 필요하다는 것이 프로이트에게 곧 분명해졌다.

그렇다면 상황은 다음과 같다. 유대인이었기 때문에 그의 기회를 제한하는 것처럼 보였던 학문적 환경 내에서, 노화와 사실상 질병의 첫 징후를 경각심을 갖고 알아차렸던 나이에 빠르게 늘어나는 가족에 대한 책임을 지고 있던 한 의학자는, 자신이 할 수 있다는 것을 보여온 것처럼, 자신의 탁월함을 기존의 관행과 연구를 위해 사용할 것인지 아니면 스스로 새로운 통찰, 즉 사람은 자기 자신의 최고와 최악을 분명하게 의식하지 못한다는 통찰을 입증하고 세상에 전달하는 과업을 받아들일 것인지를 결정해야 했다. 이르마의 꿈을 꾼 바로 뒤에, 프로이트는 자신이 심리적 방어를 설명하려 할 때 '자연의 핵심에서 벗어난' 무언가를 설명하는 스스로를 발견했다고, 두려움을 감추지 않고 친구 플리스에게 편지를 쓸 예정이었다. 이 꿈을 꾸는 순간, 그는 자신이 위대한 발견을 떠맡아야 한다는 것—여기서 '떠맡다(bear)'는 '임신(pregnant)'이라는 이중 의미를 가지고 있음—을 알았다. 문제는 그가 자신의 정체성의 핵심—나중에 '결집된 다수'의 지지를 포기하는 고독한 연구자의 운명으로 공식화되는 바로 그 핵심—에 따라 살아야 하는지 여부였다. 그러나 물론 그의 미래 작업은 이미 **생성 단계에** 있었고, 어쨌든 그는—꿈속에서가 아니면—자신의 책무에 심각하게 의문을 제기할 수 없었다.

꿈을 꾸기 전날 저녁, 프로이트는 자신의 내면의 의심을 고통스럽게 부각시키는 경험을 했다. 프로이트는 동료 '오토(Otto)'를 만났는데, 그는 여름 피서지에서 막 돌아온 참이었다. 그곳에서 그는 둘 다 아는 친구, 프로이트의 환자인 젊은 여성 '이르마'를 보았다. 프로이트의 노력으로 이 환자의 히스테리 불안은 치료되었지만, 심한 구역질과 같은 특정 신체 증상은 치료되지 않았다. 휴가를 가기 전에 프로이트는 그녀에게 문제의 해결책으로 한 가지 해석을 제시했지만, 그녀는 그것을 받아들일 수 없었다. 이제 프로이트는 오토의 목소리로 "더 나아졌지만 좋지는 않아" 보이는 환자의 상태에 대한 힐난을 들었는데, 힐난 뒤에서 그는 '우리 서클의 주역'이었던 남자 '엠 박사'의 엄격한 권위를 감지했다고 생각했다. 집으로 돌아온 프로이트는 그 만남에 대한 깊은 인상으로 엠 박사에게 보내기 위해 이르마의 병에 대한 자신의 견해를 설명하는 긴 사례보고서를 썼다.

그는 분명히 이 보고서가 적어도 자신의 마음의 평화에 관해서는 문제를 해결할 것이라는 느낌으로 잠자리에 들었을 것이다. 그러나 바로 그날 밤 이 사건에 관련된 인물들, 즉 이르마, 엠 박사, 오토 박사, 그리고 다른 의사 레오폴드(Leopold) 박사가 꿈속의 등장인물로 나타났다.

> 큰 홀—우리가 받고 있는 여러 손님들—가운데 이르마가 있고, 나는 마치 그녀의 편지에 답이라도 하는 것처럼 그녀를 한쪽으로 데려가서 아직 '해결책'[그의 해석]을 받아들이지 않은 것에 대해 그녀를 책망한다……. 그녀가 대답한다. "내가 어떤 고통을 겪고 있는지 아시기라도 한다면."

꿈꾼 이는 이제 걱정스러워서 환자를 구석으로 데려가 목을 들여다보고, 실제로 그를 당혹스럽게 하는 신체 증상을 발견한다.

> 나는 재빨리 엠 박사에게 전화를 걸고, 그는 검사를 반복하고 확인한다……. 이제 내 친구 오토도 그녀 옆에 서 있고, 내 친구 레오폴드가 그녀의 가려진 가슴을 두드리며 말한다. "왼쪽 아래에 뭉침이 있군요." 또한 (드레스에도 불구하고 [그 자신의 몸으로] 느낄 수 있는) 왼쪽 어깨의 피부에 침윤된 부분에 주의를 환기시킨다. 엠은 "의심의 여지 없이 감염이군요. 그렇지만 상관없어요. 설사를 할 거고 독이 제거될 겁

니다"라고 말한다……. 우리는 또한 감염이 어떻게 시작되었는지 정확하게 알고 있다. 얼마 전 내 친구 오토는 그녀가 몸이 안 좋을 때 그녀에게 조제된 프로필을 주사했다…… 프로필…… 프로피온산…… 트리메틸아민(내 앞에 보이는 굵은 활자로 쓰인 공식)……. 누구라도 그런 주사를 그렇게 성급하게 놓지는 않을 것이다……. 아마 주사기도 깨끗하지는 않았을 것이다.

한 의사의 꿈, 그리고 의료계에 대한 꿈. 당시 프로이트는 꿈이 소원을 성취한다는 사실을 설명하기 위해 이 꿈을 사용했다.

…… 꿈의 결과는 여전히 이르마가 겪고 있는 고통에 대해 책임을 질 사람은 내가 아니라 오토라는 것을 말해준다……. 그 모든 항변−이 꿈은 다른 것이 아니라서−은 주전자를 손상된 상태로 돌려줬다는 이유로 이웃에 의해 고발된 한 남자의 방어를 생생하게 상기시킨다. 그는 처음에는 주전자를 손상 없이 돌려보냈다고 말했고, 두 번째는 그가 빌렸을 때 이미 구멍이 나 있었다고 했으며, 세 번째는 그것을 전혀 빌린 적이 없다고 말했다.

전날 저녁 오토 박사의 언급에 함축된 의미, 즉 꿈꾼 이가 부주의한 의사일 수 있다는 점은 분명 유아적인 무력감을 불러일으켰다. 그러나 우리가 지금 볼 수 있듯이, 그 감정들은 또한 그의 정체성의 교리, 즉 독립적으로 일하고 생각하는 것에 대한 그의 인준에 의문을 제기하게 했다. 이르마는 '단순한 환자'가 아니라 시험 사례였기 때문이다. 그리고 히스테리에 대한 프로이트의 해석은 단순한 진단 범주가 아니라 인간의 변경된 이미지를 향한 돌파구가 될 터였다. 그러나 더 높은 인준을 위해 인간은 간결한 의례를 기대하고, (데카르트의 꿈 3부작과 같은 동등하게 의미 있는 '창조적' 꿈에서와 같이) 이르마 꿈에서 우리는 의례적 연결, 즉 꿈의 의례의 주요 특색을 알아볼 수 있다고 나는 (이 목적을 위해 철저하게 인용하여) 제안한다. 그 꿈의 의례는 문제가 있는 꿈꾼 이가 원죄와 같은 관념에 대해, 꿈의 다른 수준에서는 조롱받고 실제 삶에서는 저항하는 같은 동료들로부터 인준을 받도록 해준다. 나는 다시 한 번 꿈을 설명하고, 의례의 주요 특색으로 내가 제안한 것을 괄호 안에 덧붙이겠다.

축제 행사(의식 모임), **표명된 우리됨**(회중) 및 (우리가 받아들이는) 꿈꾼 이의 지배적 위치는 꿈이 시작될 때 의식적인 설정을 제공하지만, 그것은 환자에 대한 우려 속에서 곧 사라진다(고립, 자기 비난). 긴박한 분위기가 이어진다. 꿈꾼 이는 엠 박사에게 **급히 연락한다**(더 높은 권위에 호소). 이 도움 요청에 엠 박사뿐 아니라 레오폴드 박사와 오토 박사(정해진 모임)도 응답한다. 환자의 진찰이 진행됨에 따라, 꿈꾼 이는 환자의 증상 가운데 하나를 갑자기 느끼는데, 바로 **자신의 몸**을 통해 느낀다. 그리고 남자인 의사는 **여자인 환자**와 합쳐진다. 다시 말해서 그는 스스로 **고통**받고 **진찰**받는 사람이 된다(탈진, 복종). 함축적으로, **검사의 대상**이 된 사람은 이제 그 자신이다(재판, 고백). 엠 박사는 사건의 **인과관계**가 이제 이해된다는 **즉각적인 확신**(계시)을 꿈꾼 이와 꿈속 집단에 불러일으킨다는 점에서 **마술처럼 효과적**으로 보이는 무의미한 무언가를(의례 형식, 라틴어, 히브리어) 아주 자신 있게 암송한다(마법, 신성한 의지). 이 공통의 확신은 꿈꾼 이의 아내와 축제의 손님들이 사라졌을 때, 잃어버린 지적(영적) '**우리됨**'(친교, 회중)을 꿈에서 회복시킨다. 동시에 그것은 꿈꾼 이에게, **그가 암묵적으로 믿는**(신앙) **권위**(사제)에 의해 **지배**받는 계층적 집단에 대한 **소속감**(형제애)을 회복시킨다. 그는 새로 얻은 은총으로부터 즉시 혜택을 받는다. 즉, 그의 앞에 나타난 **두꺼운 활자**(진리)로 **인쇄된 공식**(계시적 환영)을 보고, 이제 오토 박사(이교도)에게 모든 비난을 돌리는 것에 대한 인준을 얻는다. 믿는 자의 보상이자 무기인 **의로운 분개**로, 이제 그는 전에 자신을 비난하던 사람을 부주의한 의사(불결한 의사)로 표할 수 있다.

프로이트의 꿈에서 이러한 대응되는 것들의 존재는 내가 여기서 답하지 않을 질문을 암시한다. 물론 프로이트는 주로 가톨릭 문화 속에서 유대인 공동체의 일원으로 성장했다. 가톨릭 환경의 전반적인 분위기가 이 소수자의 아이에게 깊은 인상을 줄 수 있었을까? 많은 것들이 이를 말해주고 있다. 프로이트는 플리스에게 어린 시절의 가장 중요한 시기—즉, '젊은 어머니의 맏아들'이었던 그가 막 태어난 남동생과 여동생을 받아들여야 했던 시기—에 미신적으로 신앙심이 깊었던 나이 든 한 체코 여성이 그를 고향에 있는 여러 교회로 데리고 다니곤 했다고 말해주었다.[28] 그는 그런 일들에 너무나 감명을 받아서, 집에 돌아와서는 (어머니의 말에 의하면) 가족에게 설교를 하고 **하나님**이 어떻게 일을 해나가시는지("*wie Gott macht*")를 보여주었을 정도였다. 그것은 명백히 그가 신으로 받아들인 성직자를 의미했다. 그러나 설명 속의 상황은 유대교, 가톨릭교 또는 그 밖의 다른 종교들에서 집단적으로 표현되는 기본 의례를 대표한다. 어쨌든, 이르마의 꿈을 꾼 이는 '결집된' 다수, 이 경우에는 그를 의심했던 의학계의 회원 자격을 한편으로 얕보면서도 동시에 일시적으로 추구하는 것으로 보일 수 있다. 동시에 꿈은 그를 그들의 비난으로부터 보호하고, 그들과 함께 모의 의례에 참여할 수 있게 하며, 그가 낮에 몰두하는 것, 즉 조사하고, 밝혀내고, 깨닫고자 하는 강한 충동—꿈꾼 이의 정체성의 초석—을 재확인시킨다.

유대교 또는 (그의 초기 어린 시절에) 모든 것을 집어삼키는 가톨릭교에 의해 일시적으로 일깨워졌을 수 있는 모든 종교성을 '자연주의' 이데올로기가 대체한 것은 프로이트가 젊었을 때(그가 이야기한 대로, 괴테의 〈자연 예찬〉을 들었을 때)의 일이다. 그리고 우리가 나이가 들어가는 남자의 꿈에서 사춘기 의례와 같은 것을 인식한 것처럼 보인다면, 우리는 아마 프로이트의 편지에서 한 번 이상 언급된 문제, 즉 창의적인 위인들의 '반복되는 청소년기'에 대해 말하고 있는 것이다. 창의적인 인물은 대부분의 사람들이 후기 청소년기나 젊은 성인기에 최종적으로 안주하는 것을 몇 번이고 마주하는 것 같다. '정상적인' 개인은 일련의 기술과 그에 따른 역할에 어느 정도 통합되어 있는, 일정량의 냉철하고 겸손하며 실행 가능한 자아 이상에 대한 다양한 금기와 도전을 결합한다. 안절부절못하는 개인, 그리고 무엇보다 독창적인 개인은, 좋든 싫든, 자신의 고유한 정체성을 되찾음으로써 지속적으로 되살아나는 오이디푸스적 죄책감을 완화시켜야 한다. 그러나 **긍정적 정체성**이 프로이트의 경우처럼 새로운 형태의 독단적이고 의례적인 연합(정신분석 기법, '정신분석 운동' 및 정신분석 기관)으로 이끄는 가장 높은 이상과 연계되는 곳에서, **부정적 정체성**은 어린 시절에 멸시를 받은 유형에 그 뿌리를 두고 있다. 프로이트의 꿈을 주의 깊게 들여다보면, 그가 지니고 살아야 했던 (또는 꿈꾸어야 했던) 부정적 정체성이 이디시어로 '*Schlemiel*(얼간이)'나 독일어로

'*Dummkopf*(멍청이)'와 비슷하다는 것을 분명히 알 수 있다. 어쨌든 (『꿈의 해석』에 따르면) 그의 초기 생애에서 가장 확연하고 영향력 있는 사건 중 하나는—특히 부끄러운 상황에서, 즉 소년이 부적절한 장소에서 소변을 보고 있는데—"저 녀석은 사람 되기 글렀어"라고 한 아버지의 선언이었다. 이르마 꿈에서, 꽤 쓸만한 사람이 거의 되어 가던 그 성인 남자는 이 '저주'에 맞서 싸워야 했는데, 이는 누구라도 추측하듯이, 결국 사람이 된다는 것은 그의 아버지의 예측이 실패—물론 어린 소년들을 수치스럽게 함으로써 도발을 꾀하는 많은 아버지들이 간절히 바라는 실패—했음을 의미하는 것이기 때문이다.

II. 윌리엄 제임스의 최후의 꿈

우리의 위대한 초기 증인 중 두 번째 증인으로 돌아가기 위해 우리는 꿈속에서의 정체성 혼란에 대한 가장 예리한 보고서—꿈꾼 이가 자신의 긍정적 정체성인 연구자의 정체성을 거듭 주장하고, 다음 날 꿈을 기억하여 기록할 수 있었기 때문에 의심할 바 없이 예리한—를 인용할 것이다.[29] 그가 꿈을 꾼 날짜가 또한 중요한데, 이는 그 꿈이 아마도 마지막으로 기록된 꿈이었고 분명히 제임스의 생애에서 공개적으로 보고된 마지막 꿈이었기 때문이다. 그는 반년 후 예순넷의 나이로 사망했다. 그렇다면 이 꿈에서 정체성 혼란이 세계에 대한 지배력의 상실을 나타내는 내면의 폭풍—셰익스피어가 『리어 왕(*King Lear*)』에서 극적인 표현 법칙에 따라 자연에 투사하면서도 내면의 폭풍으로 분명하게 나타낸—의 일부라는 것은 놀라운 일이 아니다. 제임스는 '자연적인' 심리학의 구속에서 벗어나, 인간이 자신의 경계를 초월하는 어떤 신비로운 상태를 이해하고자 했던 시기에 이 꿈을 꿨다. 그러나 그는 이 꿈이 "신비로운 깨달음과는 정반대"였다고 불평한다. 그로 인해, 우리는 그것을 더 높은 진실성을 향한 인간의 지속적인 희망과 그의 마지막 절망 사이의 갈등의 산물이라고 주장할 수 있게 되었다.

사실 제임스는 우리가 여기서 말해온 많은 것들을 우리의 일반화에 매우 가까운 서술적인 용어로 묘사하고 있어서, 이 꿈이 최근에야 내 관심을 끌었다고 말해야 할 것 같다. 그러나 의심할 여지 없이—그리고 이것은 학생들의 정서적 문제에 관해 하버드 의사들이 쓴 책의 서문[30]에서 내가 그를 언급해야만 했던 이유이기도 한데—제임스는 개인적인 경험을 통해 우리가 여기서 '경계선' 정신질환 상태로 묘사한 것들을 알고 있었다. 그러나 분명히 그는 이 꿈에서만큼 진정한 정신병적 경험에 가까웠던 적은 없었으며, 나는 그것이 당시 그의 삶의 이 단계에서 그가 가졌던 '궁극적 관심사'의 깊이 때문이라고 생각한다.

> 나는 내 인생에서 이 가장 강렬하게 특이한 경험에 의해 내던져진 당황스러운 마음의 혼란에 대해 독자들이 제대로 알게 할 자신이 전혀 없다. 나는 그 일이 일어난 지 이틀 후에 그에 대한 전체 메모를 작성하고 몇 가지 회고를 덧붙였다. 비록 그것이 신비주의의 조건을 밝히는 것이어서는 안 되지만, 이 기록은 단순히 병리적 정신 상태를 기술하는 문헌적 공헌만으로도 출판할 가치가 있는 것처럼 보인다. 그래서 나는 설명을 더 명확하게 하기 위해 몇 개 단어만 바꾸고, 원래 쓰여진 대로 그냥 두었다.

나는 이 이야기를 하면서 깜짝 놀란 반응들로 방해받고 싶지 않기 때문에, 독자들은 이 꿈에서 급격한 정체성 혼란의 특징이 어떻게 명확하게 나타나는지, 즉 시간과 공간의 불연속성, 깨어있는 것과 잠자는 것 사이의 황혼, 자아 경계의 상실과 더불어 꿈을 능동적으로 '꾼다'기보다 꿈에 의해 꿈꿔지는 경험, 그리고 독자들의 머릿속에 떠오를 다른 많은 기준들에 주목해 주기를 바란다.

샌프란시스코, 1906년 2월 14일. 그저께 밤 나는 스탠퍼드 대학의 내 침대에서 오전 7시 반쯤 어떤 조용한 꿈에서 깨어났고, '제정신을 차리는' 동안, 그것이 갑자기 완전히 다른 종류의 꿈에 대한 기억과 섞이는 것 같았는데, 그것은 말하자면, 첫 번째 꿈, 즉 사자(獅子)들에 대한 매우 정교하고 비극적인 꿈을 망원경으로 들여다보는 것 같았다. 나는 이것이 같은 잠에서 이전에 꾼 꿈이라고 결론지었지만, 두 가지 꿈이 섞이는 것처럼 보이는 것은 내가 전에 경험하지 못했던 매우 이상한 것이었다.

이튿날 밤(2월 12일에서 13일 사이) 매우 깊게 느껴진 첫 잠에서 한창 꿈을 꾸던 중에 깨어났는데, 그 꿈 생각을 하면서 나는 첫 번째 꿈의 여러 장면들 사이에 갑자기 끼어들어 섞인, 그 근원을 알 수 없는 다른 두 가지 꿈들의 내용에 갑자기 혼란스러워졌다. **이 꿈들**은 어디에서 왔을까? 나는 물었다. 그 꿈들은 마치 이제 막 꾼 것처럼 **내게** 가깝고 생생하게 느껴졌지만, **첫 번째 꿈에서** 나온 것 같지는 않았다. 세 꿈의 내용은 전혀 연관성이 없었다. 하나는 런던 토박이풍의 분위기였고, 런던에 있는 누군가에게 일어났다. 다른 둘은 미국풍이었다. 그중 하나는 외투를 입는 것과 관련이 있었고 (이게 내가 깨어난 그 꿈이었을까?) 다른 하나는 일종의 악몽으로 병사들과 관련이 있었다. 각각은 완전히 다른 감정적 분위기를 가지고 있었기 때문에 다른 것들과 서로 일관적이지 않은 개별성을 가지고 있었다. 그러나 잠시 후, 이 세 꿈이 번갈아가면서 서로를 안팎으로 망원경으로 들여다보고 내가 이 꿈들을 공통적으로 꾸는 것처럼 보일 때, 그 꿈들은 아주 분명하게도 그 한 번의 잠에서 연속적으로 꾼 것처럼 보이지 **않았다**. 그럼 **언제**? 전날 밤도 아니었다. 그렇다면 언제, 어떤 것이 지금 내가 방금 깨어난 꿈인가? 나는 **더 이상 알 수 없었다**. 하나는 다른 것들만큼 내게 가깝게 느껴졌지만, 그들은 서로를 완전히 밀어냈고, 따라서 나는 한 번에 세 가지의 다른 꿈 시스템에 속한 것처럼 보였고, 그중 어떤 것도 다른 꿈들이나 내 깨어있는 삶으로 연결되지 않았다. 이상하게 혼란스럽고 **무서워서** 완전히 깨어나려고 했지만, 벌써 완전히 깨어있는 것 같았다. 곧 차가운 전율이 나를 완전히 덮쳤다. **내가 다른 사람들의 꿈에 들어가고 있는 것인가?** 이것이 '텔레파시' 경험일까? 아니면 이중 (또는 삼중) 인격의 침범? 아니면 대뇌피질 동맥의 혈전일까? 또는 얼마나 갈지 아무도 모르는 상태로 진행될 일반적인 정신적 '혼란'과 방향 감각 상실의 시작일까?

결정적으로 나는 내 '자아'를 잃어버리고 있었고, 전에는 결코 알지 못했던 정신적 고통을 알게 되었는데, 그것은 마치 숲에서 자신이 정말로 '길을 잃었다'는 것을 알게 될 때 느낄 수 있는 가라앉는 듯한 아찔한 불안감과 비슷했다. 대부분의 인간 문제는 종착지를 향한다. 대부분의 두려움은 한 방향을 가리키고 하나의 절정에 집중한다. 대부분의 악한 공격은 무언가 자신의 원칙, 용기, 의지, 자존심에 맞서 자신을 대비함으로써 응할 수 있다. 그러나 이 경험에서 모든 것은 중앙에서 퍼져나갔고, 발판은 휩쓸려 갔으며, 더 절실하게 지원이 필요할 때 버팀목 자체가 더 빨리 붕괴되었다. 그동안 다양한 꿈에 대한 생생한 인식(또는 기억)이 번갈아 가며 떠올랐다. 누구 거야? **누구? 누구 거냐고?** 그것들을 **붙들어 매둘** 수 없는 한, 나는 수평선도 없는 끝없는 바다로 휩쓸려 들어가 아무런 구속도 없이 **헤맨다**. 그 생각에 다시 소름이 끼쳤고, 다시 잠에 빠져 그 과정을 새롭게 겪는 것에 대한 공포감이 일었다. 전날 밤에 시작되었지만, 혼란은 그저 한 발짝 더 나아갔을 뿐이고 단순히 호기심이 이는 것 같았다. **이것이** 두 번째 단계였다—세 번째 단계를 밟은 후에 나는 어디에 있을까?

그리고 이제 이 이야기에서, 꿈꾼 이의 직업적 정체성과 관련하여 (프로이트의 꿈이 그랬던 것처럼) 그의 **활동**을 복원시키는 것으로 보이는 측면을 살펴보자. '환자'에 가까워졌고, 삶의 '종말'에 가깝다고 느끼면서 그는 이제 '객관적' 공감과 체계적 연민이라는 심리학자의 권능을 받아들이는데, 이것은 처음에는 우리가 정체성 혼란에 대한 우리의 설명을 결론짓게 되어 매우 기뻐했을 말들로 이루어진다.

동시에 나는 **심리적 혼란 상태**로 치매에 걸리거나 이중 인격의 침범을 겪는 사람들에 대해 새로운 동정심으로 가득 찬 나 자신을 발견했다. **우리**는 그들이 단순히 **호기심이 많다**고 생각한다. 그러나 **그들**이 관습적인 자아에서 벗어나는 끔찍한 표류 속에서 원하는 것은, 붙잡을 수 있는 어떤 꾸준함의 원칙이다. 우리는 그들 곁에 서서 그들 안에 있는 진정한 자아를 끝까지 인정할 것임을 그들에게 확신시키고 재차 확신시켜야 한다. 우리는 그들에게 우리가 **그들**과 함께 있으며, 그들의 쇠락을 확인하고 공개하는 세상의 일부(그들에게는 자주 그렇게 보이지만)가 아니라는 것을 알려주어야 한다.

분명히 나는 반성적 감각을 충분히 갖고 있었다. 내가 처했던 상황을 이렇게 객관적으로 생각할 때마다 불안은 멎었다. 그러나 그것은 꿈과 회상으로 되돌아가고 생생하게 재발하는 경향이 있었다. 그때마다 혼란이 다시 시작되어 공포의 감정이 더 심화될까 봐 두려웠다.

그리고 나는 시계를 보았다. 12시 반! 그러므로 한밤중. 그리고 또 다른 반성적 아이디어가 떠올랐다. 잠자리에 들 때 나는 습관적으로 매우 깊은 잠에 빠지며, 두 시가 될 때까지는 절대 자연적으로 깨어나지 않는다. 그러므로 나는 오늘 밤처럼 한밤중의 꿈에서 절대 깨어나지 않으며, 그래서 내 평범한 의식은 한밤중의 꿈에 대해 아무런 기억도 가지고 있지 않다. 오늘 밤에 깼을 때 내 잠은 아주 깊게 느껴졌다. 꿈의 상태는 꿈의 기억을 가지고 있다—왜 두 개의 대용적 꿈(세 개 중 어느 두 개가 대용적**이든** 간에)이, 지금 막 사라지는 꿈과 함께 지금 막 깨어나는 기억 체계 속으로 휩쓸려 들어가는 **전날 밤 12시의 꿈들**에 대한 기억이 아닌가? 간단히 말해, 왜 나는 내 평범한 생활 습관에 의해 배제되는 방식으로 내 과거의 **한밤중 단층**을 활용할 수 없는 것일까?

이 생각은 내게 큰 안도감을 주었다—나는 이제 **내 이성적 혼**(*anima rationalis*)을 완전히 갖고 있는 것처럼 느꼈다…… 그러므로 그것은 마치 합리적 상태와 병적 상태 사이의 문턱이 내 경우에 일시적으로 낮아진 것처럼 보였고, 비슷한 혼란이 우리 모두 안에 있는 가능성의 한계에 매우 근접한 것처럼 보였다.

그리고 프로이트가 (특히 이르마 꿈의 사례에서) 꿈의 본질을 드러내기 위해 꿈을 꾼 것이라고 사람들이 종종 느끼는 것처럼, 제임스는 "신비로운 깨달음의 정반대"인 이 꿈이 "현실이 드러나고 있다는 감각"—그가 그 자체로 "극도로 신비롭다"고 느낀 감각—으로 충만해있다고 보고하면서 끝을 맺는다. 그리고 초월에 대한 열망과 친밀함 속에서, 그는 '실제로'—또 다른 '나'인 한 불가사의한 이방인이—그의 꿈을 꾼 것 같다고 느끼면서 끝을 맺었다.

제5장

이론적 막간

나는 이제 동료들과 우리의 임상 및 이론적 관심사에 공감하는 인간 행동의 연구자들에게—공식화하는 데 10년이 걸린—몇 가지 이론적 질문을 해야 한다. 이제 이들은 상상할 수 없을 정도로 큰 집단이 됐다. 그러나 모든 독자들이 이 장의 내용 모두가 자신의 경험과 관심에 부합한다고 보지는 않을 것이다.

1. 자아와 환경

지금까지 나는 정체성이라는 용어를 거의 의도적으로 여러 가지 다른 의미로 사용해 보았다—고 생각하고 싶다. 그것은 한때는 개인의 고유성에 대한 의식적인 감각을, 다른 때는 경험의 연속성을 유지하기 위한 무의식적인 노력을, 또 다른 때에는 집단 이상과의 연대를 나타내는 것으로 보였다. 어떤 면에서 이 용어는 구어적이고 순진한, 그저 하나의 말투일 뿐인 것처럼 보였고, 다른 면에서는 정신분석학과 사회학의 기존 개념과 관련이 있었다. 그리고 많은 경우에 그것은 무언가를 명확하게 설명한다기보다 친숙하게 보이도록 만드는 습관처럼 스며들었다. 내가 처음으로 그 주제에 대해 보고했을 때(제2장 '한 임상의의 기록'에서), 내가 탐구하고 있던 것을 자아-정체성이라고 불렀기 때문에, 나는 지금 자아의 개념으로 다시 한 번 돌아와야 한다.

가장 막연한 의미에서 정체성은 물론 자기 개념,[1] 자기 체계,[2] 또는 실더(Schilder),[3] 페던[4] 등이 기술한 변동하는 자기 경험의 형태로 다양한 연구자들에 의해 자기(self)라고 불리는 것의 많은 부분을 암시한다. 정신분석적 자아심리학 내에서는 누구보다도 하트만(Hartmann)이 나르시시즘에서 자아의 소위 리비도 집중(cathexis)을 논하면서, 집중되는 것은 오히려 자아라는 결론에 도달할 때, 이 일반 영역을 더 명확하게 제한했다. 그는 '객체 표상'과 구별되는 것으로 '자기 표상'이라는 용어를 사용할 것을 주장한다.[5] 이 자기 표상은 프로이트가 자아의 '자기에 대한 태도'와, '자기 존중'[6]의 불안정한 상태에서 이러한 자기에 부여된 변동하는 리비도 집중을 이따금 언급할 때, 덜 체계적으로 예상한 것이었다.

여기서 우리는 우선 그러한 자기 표현의 발생학적 연속성, 즉 자아의 작업에 확실히 귀속되어야 하는 연속성에 관심을 갖는다. 다른 어떤 내부 기관도 어린 시절 내내 중요한 동일시를 선택적으로 부각시켜 결국 정체감이 되는 자기 이미지의 점진적 통합을 달성할 수 없을 것이다. 내가 처음에 정체성을 '자아정체성'이라고 부른 것은 그런 이유에서였다. 그러나 나는 '자아 이상'과 유사한 이름을 선택하면서 자아 이상과 자아정체성의 관계에 대한 의문을 제기해왔다.

프로이트는 환경적 영향의 내면화를, 환경과 그 전통에서 나오는 명령과 금지를 나타내는 '초자아 또는 자아 이상'의 기능에 할당했다. 이와 관련된 프로이트의 두 진술을 비교해보자.

> 아이의 초자아는 실제로 부모의 모델 위에 세워진 것이 아니라, 부모의 초자아의 모델 위에 세워져 있다. 그것은 동일한 내용을 이어받으며, 전통과 이러한 방식으로 대대로 전해지는 오래된 가치의 매개체가 된다. 인간의 사회적 행동을 이해하고, 예컨대, 비행 문제를 파악하며, 교육에 대한 몇 가지 실용적인 힌트를 제공하는 데 있어서 초자아를 인식하는 것이 얼마나 큰 도움이 되는지 쉽게 짐작할 수 있을 것이다……. 인류는 철저히 현재에만 사는 것이 아니다. 초자아의 이데올로기는 과거, 즉 종족 및 민족의 전통을 영속화하는데, 그것은 현재의 영향과 새로운 발전에 서서히 굴복하지만, 초자아를 통해 작동하는 한, 인간의 삶에서 중요한 역할을 한다.[7]

여기서 주목해야 할 것은 프로이트가 '초자아의 이데올로기'에 대해 말함으로써 초자아에 관념적 내용을 제공하지만, 그는 또한 그것을 하나의 '매개체', 즉 그러한 전통적 이상이 작동하는 심리 체계의 일부로 언급한다는 점이다. 초자아의 이데올로기에 의해, 프로이트는 초자아와 태고성의 밀접한 관계에 부합하도록 어떤 전(前)이성적인 것을 정의하려는 것으로 보이며, 동시에 어떤 마법적인 내적 강제성을 이데올로기 탓으로 돌리는 것 같다. 그러나 그는 분명히 '이데올로기'라는 용어를 전적으로 정치적인 용법으로 사용하는 반면, 나는 정치적 현상으로 설명되지는 않지만 관련이 있는 심리적 사실과 필요로서 이데올로기에 접근하려고 시도했다.

두 번째 진술에서 프로이트는 또한 자아 이상의 사회적 측면을 인정한다.

> 자아 이상은 집단심리학을 이해하는 데 매우 중요하다. 이 이상은 개인적인 면 외에도 사회적인 면을 가지고 있다. 즉, 그것은 또한 가족, 계급 또는 국가의 공통 이상이다.[8]

여기서 초자아와 자아 이상이라는 용어는 종족의 개체발생 및 계통발생 역사와의 서로 다른 관계에 의해 구별되는 것 같다. 초자아는 원시적이고 범주적인 양심의 발달을 향한 인간의 타고난 성향을 보다 고풍스럽고 보다 철저하게 내면화하고 보다 무의식적으로 대표하는 것으로 여겨진다. 따라서 초자아는 초기의 내적 투사와 연합하여 '맹목적' 도덕성의 엄격한 보복과 징벌을 내리는 내부 기관으로 남는다. 그러나 자아 이상은 어린 시절에 흡수된 특정한 역사적 시대의 이상들에 보다 유연하고 의식적으로 결속되어 있는 것 같다. 그것은 현실을 시험하는 자아 기능에 더 가깝다. 즉, 이상은 바뀔 수 있다.

비교하자면, 내가 한때 자아정체성이라고 불렀던 것은 그것이 청소년의 이념적 풍토에 비추어, 어린 시절의 심리사회적 위기에서 파생된 자기 이미지를 시험, 선택 및 통합한다는 점에서, 변화하는 사회 현실에 훨씬 더 가깝다고 할 수 있다. 자아 이상의 이미지는, 추구해야 하지만 영원히 달성할 수 없는 본연의 자기(the Self)에 대한 이상적인 목표들의 집합을 나타낸다고 할 수 있는 반면, 자아정체성은 사실상 달성되었지만 사회적 현실 속에서 영구히 수정되어야 할 본연의 자기의 현실에 대한 감각이라고 할 수 있다.

그러나 하트만의 자기 표상이라는 의미에서 자기라는 단어를 사용할 때, 이 용어에 대한 근본적인 숙고를 하게 된다. 자아가 중심적이면서 부분적으로 무의식적인 조직화 기관으로 이해된다면, 그것은 삶의 어떤 단계에서나, 버려지고 기대되는 복수의 자기와 통합되어야 하는 변화하는 본연의 자기를 다루어야 한다. 이 제안은 신체 자아에 적용될 수 있는데, 그것은 신체의 경험에 의해 제공되는 본연의 자기의 일부라고 할 수 있고, 따라서 **신체 자기**라고 부르는 것이 더 적절할 수 있다. 그것은 **이상적 자기**와의 지속적인 비교의 역할을 하는 아이디어, 이미지 및 형상의 대표자로서 자아 이상에 관한 것이다. 결국, 그것은 내가 자아정체성이라고 부르는 부분, 즉 역할 이미지로 구성되는 부분에 적용될 것이다. 결과적으로 **자기정체성**이라고 부를 수 있는 것은 일시적으로 혼란스러운 자기가 사회적 인정을 확보하는 역할의 총체에 성공적으로 재통합되는 경험에서 나오는 것이다. 따라서 정체성 형성은 자기 측면과 함께 자아(ego) 측면을 갖는다고 할 수 있다.

그러므로 자아정체성은 자아의 경계 중 하나, 즉 연속적인 어린 시절의 위기 동안 아이에게 전달되는 사회적 현실인 '환경'에 대한 통합 기능의 결과다. 이와 관련하여 정체성은—이념적 세계 이미지에 의해 구성된 예측 가능한 미래에 모든 것을 비추어 볼 때—사춘기 이후의 원초아를 억제하고 이때 새로 야기된 초자아의 균형을 유지할 뿐 아니라 종종 다소 거만한 자아 이상을 누그러뜨리는 데 동시에 도움을 준다는 점에서, 청소년기 자아의 가장 중요한 성취로 인식되어야 마땅하다. 따라서 우리는 중심적인 심리사회적 기능에 비추어 자아의 통합력을 논의할 때 자아정체성에 대해 얘기할 수 있고, 개인의 자기 이미지와 역할 이미지의 통합을 논의할 때 자기정체성에 대해 얘기할 수 있다.

여기서는 내가 정체성 확산(identity diffusion: 학계에서는 정체성 혼미라는 번역어를 사용하지만 용어의 원뜻인 '퍼져나가다'의 의미를 포함시키기 위해 좀더 포괄적인 '확산'이라는 번역어를 사용했음을 밝혀둔다–옮긴이)이라는 용어를 정체성 혼란으로 대체한 것에 대해 간략하게 논의하고자 한다. 첫 번째 용어의 잘못된 함의가 반복적으로 내게 지적되어 왔으며, 특히 인류학자 친구들이 이 점을 지적했다. 그들에게 확산이라는 용어의 가장 일반적인 의미는 엄격하게 공간적인 것이다. 즉, 그것은 요소들이 원점에서 구심적으로 분포하는 것이다. 예컨대, 문화 확산에서 기술적 대상, 예술 형식 또는 언어적 요소가 한 문화에서 멀리 떨어진 다른 문화로 옮겨지는 것은 이주 또는 단계적 전송을 통해 이루어질 수 있다. 이러한 용어 사용에서 무질서하거나 혼란스러운 어떤 것도 암시되지 않는다. 그러나 정체성 확산에서는 중심의 상실과 분산(dispersion)이라는 자기 이미지의 분할이 암시된다. 이 마지막 단어 분산은 정체성이 그 자체 내에서 붕괴되기보다는 하나에서 다수로 전달될 수 있음을 시사하지만 이 단어는 더 나은 선택이었을 수 있으며, 혼란은 아마 너무 지나친 단어일 수 있다. 젊은 개인은 완전히 혼란을 느끼기보다는 경미한 정체성 확산 상태에 있을 수 있다.

그러나 혼란은 설명되어야 할 상태의 주관적인 측면과 객관적인 측면 모두에 대해 분명히 더 나은 단어이므로, 연속선의 한 끝에서 '가벼운' 혼란을 강조하고, 다른 끝에서 '더 나빠진' '악성의' 혼란을 강조하는 것이 가장 좋을 것이다.

2. 혼란, 전이, 그리고 저항

여기서는 임상 관찰의 전통적인 초점으로부터 전체 문제에 접근해보고자 한다.

치료에 임하면서 일부 환자들은 특정한 악성 단계를 겪는다. 물론 퇴행의 깊이와 행동의 위험성이 진단적 결정의 지침이 되어야 하지만, 처음부터 그렇게 악화되는 과정의 메커니즘을 인식하는 것이 중요하다. 나는 그것을 '최저점 태도'라 부른다. 이것은 퇴행의 견인에 대한 환자의 준-의도적인 항복, 최저점에 대한 확실한 탐색—즉, 퇴행의 궁극적인 한계와 새로운 진행을 위한 유일하게 확고한 기초 둘 다—으로 구성된다. '기준선'을 그렇게 의도적으로 탐색한다는 가정은 에른스트 크리스(Ernst Kris)의 "자아에 봉사하는 퇴행"을 위험한 극단으로 몰고 가는 것처럼 보인다. 그러나 우리 환자의 회복이 때때로 이전에 숨겨진 예술적 재능의 발견과 동시에 발생한다는 사실은 바로 이 점에 대한 추가 연구를 제안한다.

여기서 '진정한' 퇴행에 추가된 의도성의 요소는 종종 이러한 환자와의 초기 치료적 접촉을 특징짓는 만연한 조롱으로, 그리고 사도마조히즘적 만족의 그 이상한 분위기에 의해 표현되는데, 이러한 분위기는 종종 이들 환자의 자기비하와 '자아를 죽게 내버려 두려는' 의지에 극도의 진정성이 담겨있다는 사실을 보기 어렵게 하고 믿기는 더욱 어렵게 만든다. 한 환자는, "사람들이 성공하는 방법을 모른다는 것은 충분히 나쁜 일이지만, 최악은 실패하는 방법을 모른다는 것입니다. 나는 잘 실패하기로 했어요"라고 말했다. 이러한 거의 '치명적인' 성실성은 불신 외에는 아무것도 믿지 않으려는, 그러나 신뢰할 수 있는 상호성에 대한 가장 기본적인 실험을 재개할 수 있을 만큼 충분히 단순하고 솔직한 새로운 경험의 기회를 마음의 어두운 구석에서 (그리고 실제로는 종종 곁눈질로) 엿보려는 환자의 바로 그 결의에서 찾을 수 있다. 명백히, 조롱하고 반항적인 젊은 성인과 마주한 치료자는 실제로 아기를 삶의 신뢰성에 대면시키는 어머니의 임무('태도'가 아니라)를 대신해야 한다. 치료의 중심에는 환자가 자신을 다시 설명하고 정체성의 기초를 재건해야 할 필요성이 있다. 환자의 자아 경계 경험의 격렬한 변화가 바로 우리 눈앞에서 일어나는 것처럼, 처음에 이러한 설명은 갑자기 바뀐다. 환자의 운동성은 갑자기 '긴장성' 감속을 겪을 수 있다. 주의력은 압도적인 졸음으로 바뀔 수 있고, 혈관 운동 시스템은 실신감을 일으킬 정도로 과민반응을 보일 수 있으며, 현실 감각은 다른 사람이 된 것 같은 이인화 감정에 굴복할 수 있다. 또는 신체적 실재감의 불길한 상실로 자기 확신의 흔적이 사라질 수도 있다. 조심스럽지만 확실한 연구는 '공격성'에 앞서는 여러 가지 상반된 충동을 드러낼 것이다. 처음에는 치료자의 본질과 정체성을 집어삼키려는 저변의 '야만적' 소망과 더불어 그를 완전히 파괴하려는 갑작스럽고 강렬한 충동이 나타나는 것처럼 보인다. 이와 동시에 또는 교대로, 치료자의 본질에 흡수됨으로써 집어삼켜지고, 그럼으로써 정체성을 얻게 되리라는 두려움과 소망이 생길 수 있다. 물론 두 경향 모두 종종 오랜 기간 동안 형태가 달라지거나 신체화되며, 그동안은 치료 시간이 지난 후에만 은밀한 표현을 찾게 된다. 이러한 징후는 성적 만족이나 참여의식 없이 행하는 성적 난잡함으로의 충동적인 도피, 자위행위나 음식 섭취에 과도하게 몰두하는 의식, 과도한 음주나 난폭 운전, 또는 먹을 생각도 잠잘 생각도 하지 않고 오랫동안 책을 읽거나 음악을 듣는 자기파괴적인 활동으로 나타날 수 있다.

우리는 여기서 정체성 저항이라고 할 수 있는 것의 가장 극단적인 형태를 볼 수 있는데, 그것은 여기서 설명하는 환자들에 국한되지 않는, 일반적으로 경험되지만 일부 분석 과정에서 종종 인식되지 않는 보편적 형태의 저항이다. 좀 더 온화하고 일반적인 형태의 정체성 저항은, 분석가가 자신의 특정한 성격, 배경 또는 철학 때문에 부주의하게 또는 의도적으로 환자 정체성의 취약한 핵심을 파괴하고, 대신 자신의 정체성을 강요할 수 있다는 환자의 두려움이다. 나는 훈련 대상자뿐 아니라 환자들이 보여주는, 많이 논의되고 있는 미해결 전이신경증의 일부가, 정체성 저항이 기껏해야 상당히 비체계적으로 분석되는 경우가 많다는 사실의 직접적인 결과라고 주저 없이 말하겠다. 이러한 경우에 정신분석의 대상자는 분석 전반에 걸쳐 다른 모든 사항은 포기하면서도, 자신의 정체성에 분석가의 가치가 침범하는 것에 저항할 수 있다. 또는 환자가 스스로 관리할 수 있는 것보다 더 많은 분석 정체성을 흡수할 수 있거나, 분석가로부터 본질적인 무언가를 제공받지 못했다는 평생의 느낌을 가지고 분석을 그만둘 수도 있다.

심각한 정체성 혼란의 경우, 이러한 정체성 저항은 치료적 만남의 핵심적인 문제가 된다. 다양한 정신분석 기법들은 이 문제를 공통적으로 가지고 있다. 즉, 지배적인 저항이 기법에 대한 주요 지침으로 수용되어야 하고, 해석은 그것을 활용하는 환자의 능력에 맞춰져야 한다. 이러한 경우, 환자는 몇 가지 기본적인-설령 모순되더라도-문제를 해결할 때까지 의사소통을 방해한다. 환자는 자신의 부정적 정체성이 '그에게 있는 전부'라는 결론을 내리지 않고, 그 부정적 정체성을 실제적이고 필요한 것으로-실제 그렇고 또 그러했던 것으로-치료자가 받아들일 것을 주장한다. 치료자가 이 두 가지 요구 사항을 모두 충족할 수 있다면, 환자를 집어삼켜버리거나 토템 음식(원시시대에 아버지들은 모든 권력과 쾌락을 독차지했는데, 이들을 흠모하고 동시에 증오하는 아들들은 공모하여 아버지를 살해한다. 죄의식으로 그들은 죽은 아버지를 토템으로 숭배하는데, 이를 기리기 위해 일 년에 한 번씩 토템 음식을 나누어 먹는 의식을 갖는다-옮긴이)을 제공하지 않고도 환자에 대한 이해와 애정을 유지할 수 있음을, 많은 심각한 위기를 거치는 동안 참을성 있게 증명해야 한다. 그래야만 마지못해서라도 더 잘 알려진 형태의 전이가 나타날 수 있다.

이것들은 가장 두드러지고 즉각적인 전이와 저항에 반영된 정체성 혼란 현상에 관한 몇 가지 힌트에 불과하다. 그러나 개별 치료는 논의 중인 사례에서 치료의 단지 한 측면일 뿐이다. 이러한 환자들의 전이는 확산된 상태로 남아 있고, 그들이 행동을 취하는 것은 항상 위험하다. 따라서 어떤 사람들은, 치료적 관계에서 벗어나는 것이 관찰되고 제한될 수 있는, 그리고 새롭게 얻은 치료자와의 양자 관계를 넘어 첫 번째 단계에서 충분히 다양한 활동을 선택할 수 있는 가운데 온정적이지만 확고한 간호사, 협력적인 동료 환자 및 유능한 강사들의 즉각적인 지원을 받을 수 있는 병원 환경에서 치료를 받아야 한다.

병원 환경에서 환자의 진행 상황은 (젊은 여성 환자가 말했듯이) 결연한 외로움에서 시작하여 병원 환경을 이용하고 도발하려는 시도와 이를 활용하는 능력의 증가를 거쳐, 마지막으로 이러한 제도화된 유예를 떠나 사회 속의 그의 이전의 또는 새로운 자리로 돌아갈 수 있는 능력의 성장으로 이어지는 과정으로 기록될 수 있다. 병원 공동체에서는 임상 연구원이 개별 환자의 개인 치료뿐만 아니라 삶의 문제—이 경우, 정체성 혼란—를 공유하는 환자들의 합법적 수요를 충족시키는 '치료 설계'에 참여하는 관찰자가 될 수 있다. 이 같은 공통적인 문제는 병원 공동체가 그 문제로 인해 특수하게 가중되는 어려움에 적응함에 따라 해명되는 것은 당연하다. 이 경우 병원은 계획적으로 제도화된 세계 사이의 세계가 되며, 젊은 개인이—자기가 구축했던 만큼—포기해버린 가장 중요한 자아 기능을 재건하는 데 지원을 제공한다. 개별 치료자와의 관계는 새롭고 정직한 기능의 상호성을 확립하기 위한 초석이며, 이는 환자의 얼굴을, 그 어느 때보다도 희미하게 인식되고 그토록 격렬하게 논박되는 미래로 향하게 하는 것이다. 그러나 환자의 새로운 사회적 실험의 첫 단계가 시작되는 곳은 병원 공동체다. 이러한 이유로 활동 프로그램—'작업 치료(적당히 가벼운 작업을 하면서 건강을 회복하는 치료법-옮긴이)'가 아닌—이 매우 중요한데, 그것은 전적인 헌신으로 기능 발달을 추구하지만 환자에게 성급한 직업적 결정을 강요하지 않는 전문 강사의 지도하에, 각 환자가 재능을 개발할 수 있도록 하는 프로그램이다. 특히 환자는 동료 환자의 요구—뿐 아니라 부수적으로 직원들의 요구—를 충족시키려고 노력하는 공동체적 설계의 특권과 의무에 가능한 한 빨리 순응해야 한다. 병원과 같은 공동체 환경은 어쩌다 환자가 된 사람들뿐만 아니라, 형제자매들의 보호자가 되기로 선택한 사람들의 정체성 요구로 특징지어지는 것이 당연하기 때문이다. 직업적 위계질서가 그러한 보호자들의 기능, 보상 및 지위를 분배하고, 실제로 병원을 가정의 복제물로 만드는 다양한 역전이 및 '교차 전이'의 기회를 제공하는 방식에 대해 많은 논의가 있어 왔다. 현재의 관점에서 볼 때, 그러한 연구는 또한 환자들이 자신의 결정화된 정체성의 기초로서 환자 역할을 선택하는 것의 위험성을 드러낸다. 이 역할은 이전에 경험한 어떤 잠재적 정체성보다도 더 의미 있는 것으로 입증될 수 있기 때문이다.

3. 나, 내 자신과 자아

철학자와 심리학자들은 인간의 자기에 대한 태도를 명료화하고 심지어 정량화하기 위해 '나' 또는 '자기'와 같은 명사를 만들어 냈고, 말하는 방식을 통해 상상의 실체를 만들었다. 통사론의 습관은 내가 보기에 이 모호한 주제에 대해 많은 것을 말해 주는 것 같다.

자폐아들과 함께 일해 본 사람이라면 누구나, 그들이 '나'와 '너'라는 말의 의미를 이해하기 위해 얼마나 필사적으로 애쓰는지, 그리고 그들에게 그것이 얼마나 불가능한 일인지를 지켜보는 공포를 결코 잊지 못할 것이다. 왜냐하면 언어는 일관된 '나'라는 경험을 전제로 하기 때문이다. 같은 이유로, 깊은 혼란에 빠진 젊은이들과 작업하다 보면, 인지적으로 존재하는 '나'와 '너'를 느낄 수 없는 환자의 무감각과—사랑에 빠져—그러한 느낌을 경험하기 전에 삶이 다할지도 모른다는 두려움에 대한 끔찍한 자각에 맞닥뜨리게 된다. 다른 어떤 괴로움도, 자아심리학만으로는 지금까지 시나 형이상학에 맡겨졌던 특정한 중심적인 인간 문제들을 포괄할 수 없다는 것을 이토록 분명하게 하지 않는다.

'나'가—그것이 어디에 있었고 앞으로 어디에 있을지 알지 못한 채—자신의 몸, 성격, 그리고 삶에 부여된 역할을 보거나 숙고할 때 반영하는 것은 복합적 자기를 구성하는 다양한 자기들이다. 이러한 자기들 사이에는 지속적이고 종종 충격적인 전환이 있다. 어둠 속에 있거나 갑자기 빛에 노출된 나체의 자기를 생각해 보라. 친구 사이 또는 윗사람이나 아랫사람과 함께 있는 옷 입은 자기를 생각해보라. 방금 잠에서 깨어나 졸린 자기나 파도 속에서 상큼한 발걸음을 내딛는 자기 또는 구역질과 실신에 압도된 자기를 생각해보라. 성적 흥분이나 분노에 휩싸인 신체적 자기. 유능한 자기와 무력한 자기. 말을 탄 자기. 치과 의자에 앉은 자기. 자신들 또한 '나'라고 말하는 사람들에 의해 사슬에 묶여 고문당하는 자기. 이 모든 상황에서 '나'가 어떤 순간에나 합리적으로 일관된 자기에 대해 증언할 수 있는 방식으로 말할 수 있으려면 정말로 건강한 성격이 필요하다.

'자기'의 상대자는 '타인들'이며, '나'는 계속해서 자기를 그 타인들과—좋게든 나쁘게든—비교한다. 이러한 이유 때문에 나는 하인츠 하트만(Heinz Hartmann)의 다음과 같은 제안을 따르고자 한다. 즉, 그것은 정신분석가들이 '나'의 대상으로서 자기를 의미할 때 '자아'라는 단어의 사용을 중단하고 예컨대, '나'가 그 자기들을 시간적으로 연속적이고 실체적으로 단일한 것으로 인식하는 한,

우리의 자기가 가지기를 바라는 이미지로서 자아 이상보다는 이상적 자기를, 그리고 자아정체성보다는 자기정체성을 말해야 한다는 것이다. '나'가 자신의 신체적 자기의 이미지를 동경한다면(나르키소스처럼), 자아와 사랑에 빠진 것이 아니라(그랬다면 나르키소스가 균형을 유지할 수 있었을 것이기에) 자기들 중의 하나, 즉 자기성애화된 눈에 비친 신체적 자기와 사랑에 빠진 것이다.

'나'와 자기들을 자아에서 분리한 후에야, 우리는 프로이트의 초기 시절에 자아가 신경학에서 정신의학 및 심리학으로 들어온 이래로 차지하고 있던 영역을 자아에 할당할 수 있다. 그것은 우리의 생각에 들어오려고 하고 우리의 행동을 요구하는, 또한 천천히 성장하는 신뢰할 수 있는 감시 시스템에 의해 분류되거나 관리되지 않으면 우리를 분열시킬 수도 있는 모든 인상, 감정, 기억 및 충동을 어떤 순간에도 선별하고 종합함으로써 우리의 일관된 존재를 보호하는 내부 '수행력'의 영역이다.

우리는 '나'가 모든 의식을 갖고 있고, 우리가 나라고 말하고 뜻할 수 있는 한에서만, 우리가 진정으로 의식이 있다고 결단력 있게 말해야 한다. (술 취한 사람은 '나'라고 말하지만 그의 눈은 그것이 거짓임을 나타내며, 나중에 그는 몽롱한 확신을 가지고 한 말을 기억하지 못할 것이다.) 자기는 대부분 전의식적이며, 이는 '나'가 자기를 의식적으로 만들 때, **그리고** 자아가 그것에 동의하는 한에서만 자기가 의식적일 수 있음을 의미한다. 그러나 자아는 무의식적이다. 우리는 자아의 작업은 의식하게 되지만, 자아를 의식하지는 못한다. 마음과 두뇌가 하는 것처럼, 우리가 결코 '알아내지' 못하거나 의식적으로 계획할 수 없는 일을 하도록 관리하는 무의식적 자아의 개념을 어떤 면에서든 희생하는 것은, 하나의 도구로서,

또한 그것만이 우리로 하여금 볼 수 있게 하는 아름다움으로서(토마스주의적으로(토마스 아퀴나스의 신학설에 따라-옮긴이) 말하자면) 정신분석을 포기하는 것을 의미할 것이다. 반면에 (정신분석 이론이 그랬던 것처럼) 그 존재와 관련하여 의식적인 '나'를 무시한다는 것은, 어쨌든 자기 분석을 가능하게 하는 능력인 인간의 자기 인식의 핵심을 지워버리는 것을 의미한다.

그렇다면 자아의 상대자는 누구 또는 무엇인가? 첫째는, 물론 원초아와 초자아, 그리고 이론에 따르면 '환경'이다. 처음 두 개는 영어에서 어색한 용어인데, 그것은 독일어에서처럼 학문적, 신화적 웅장함을 구축하지 않는다. 독일어의 '*das Es*' 또는 '*Ueber-Ich*'는 결코 사물과 같은 존재들이 아니라, 악마적이고 원시적인 소여(所與)들이다. 자아의 전반적인 임무는, 가장 간단하게 말하면, 수동적인 것을 능동적인 것으로 바꾸는 것, 즉 상대자들이 부과한 것들을 자유 의지에 따른 것이 되도록 걸러내는 것이다. 이것은 내부 경계에서는 사실인데, 이곳에서는 '원초아'로서 경험되는 것이 친숙해지고 심지어 길들여지면서도 최대한 즐길 수 있는 것이 되어야 하고, 또 짓누르는 양심의 부담으로 느껴지는 것이 견딜 수 있는 것, 심지어 '선한' 양심이 되어야 한다. 그 정도는 마비된 자아가 수동적으로 되거나, 말하자면 방어 및 적응 기능에서 비활성화되는 것처럼 보일 수 있는 정신분석의 조건에서 분명하게 입증되었다. 그러나 성적 방종과 정당한 행동에서 볼 수 있듯이, 원초아와 초자아는 진정으로 자아의 동맹자가 될 수 있다.

반면, 이 절에서 지적한 바와 같이, 자아의 대항자로서 특이성이 결여된 것은 '환경'이다. 역시 지적한 바와 같이, 이것은 '그' 유기체와 '그것의' 환경에 대해 말하는 매우 시대에 뒤떨어진 자연주의적 습관의 결과다. 생태학과 동물행동학은 결정적으로 이러한 단순화를 넘어섰다. 같은 종 및 다른 종의 구성원은 항상 서로의 **주변 세계**를 구성하는 일부가 된다. 같은 이유로, 인간 환경이 사회적이라는 사실을 받아들인다면, 자아의 **외부 세계**는 자아에 중요한 **타자들의 자아**로 구성된다. 조잡하거나 미묘한 의사소통의 여러 수준에서 내 존재 전체가 그들 안에서 나의 내면 세계가 정돈되고 그들을 포함하는 방식에 대한 수용을 인식하고, 이는 다시 나로 하여금 그들이 그들의 세계를 정돈하고 나를 포함하는 방식을 수용하도록 하기 때문에—따라서 그들의 존재를 활성화하기 위해 내게 의존할 수 있는 것처럼 나의 존재를 활성화하기 위해 그들에게 의존할 수 있는 상호 확인이 가능하기 때문에—그들은 중요하다. 어쨌든 여기서 나는 **상호성**이라는 용어에 제한을 두고 싶은데, 그것은 사랑의 비밀이다. 다른 한편으로, 다른 사람들이 내 질서 안에서 그들의 자리를 차지하고 내가 그들의 질서 안에서 내 자리를 차지하도록 하는 것을 거부하는 것을 나는 **상호 부정**이라고 부를 것이다. 모호한 상황에서 일부 동물에서 나타나는 분노, 불편함 및 두려움의 혼합과—그들과 우리들의—인사 의식에 대한 막대한 감정의 투자는 '양가성'의 계통발생적 전조에 대한 좋은 아이디어를 떠올리게 하지만, 자연의 어떤 것도 상호 부정이 불러일으키는 증오와는 비슷하지 않으며, 이러한 측면에서 우리가 서로에 대해 어디에 서 있는지를 불확실하게 만드는 양가성과는 그 어떤 것도 유사하지 않다. 어쨌든 인간 생활의 복잡성 중 가장 중요한 것은 자아 수준에서의 의사소통이며, 여기서 각 자아는 자신의 정체성을 확인하거나 부정하기 위해 감각적, 관능적, 언어적, 잠재의식적으로 받은 모든 정보를 시험한다. 따라서 이러한 절차를 신뢰받고 있는 상호성과 정의된 상호 부정의 심리사회적 '영역'으로 공동 정렬하려는 지속적인 노력이 바로 우리가 '집단 자아'라고 부르는 것이다. 그리고 나는 더 복잡하게도 이 영역의 경계가 각 구성 자아를 관통하여 그것을 긍정적 정체성과 부정적 정체성으로 나눈다는 점을 지적했다. 여기서도 내부의 갈등(외부의 양가성처럼)은 특수하게 인간적인 불안을 불러일으키며, 우리의 연결된 질서 속에서 우리 자신과 서로를 분명히 확인하거나 부정할 때에만 정체성—심리사회적 정체성—이 발생하게 된다.

그러나 '나'는 내가 일관된 정체성을 갖고 있는 경험의 세계에서 내가 자각의 중심이라는 것을 느끼고, 내가 내 지혜를 갖고 있으며 내가 보고 생각하는 것에 대해 말할 수 있다고 느끼는 확신을 말로 표현한 것에 다름 아니다. 이 경험의 정량화할 수 있는 어떤 측면도 이것의 주관적 후광을 정당화할 수 없다. 왜냐하면 그것은 다름 아닌 내가 살아 있다는 것, 즉 내가 생명**이라는** 것을 의미하기 때문이다. 그러므로 '나'의 상대자는 엄밀히 말해서, 이 후광을 필멸의 존재에게 빌려주고 이 선물을 인정하는 모든 '나'에 의해 인증된 영원한 신비성을 자신에게 부여한 신일 수밖에 없다. 그렇기 때문에 하나님은 모세가 누구라고 부르오리까 하고 물었을 때 "**나는 스스로 있는 자니라**" 하고 대답하셨다. 그리고 하나님은 모세에게 "**스스로 있는 자**께서 나를 너희에게 보냈다"고 군중에게 말하라고 명령하셨다. 그러므로 참으로 공통된 믿음으로 결속된 무리만이 그만큼 공통의 '나'를 공유하므로 '하나님 안에 있는 형제자매'가 서로를 긍휼히 여기고 함께 공경하며 서로 간에 진정한 '너'로 부를 수 있는 것이다. 다른 사람의 눈을 바라보고—손바닥을 맞댄 채 얼굴 가까이에 손을 들고—"나는 당신 안에 있는 신을 봅니다"라고 말하는 힌두교식의 인사는 문제의 핵심을 보여준다. 그러나 사랑에 빠진 사람은 사랑하는 사람의 얼굴에 있는 신비함을 그저 한눈에 알아보는 동시에, 자신의 생명 자체가 그렇게 인정받는 것에 달려 있다고 생각한다. 그러나 신의 얼굴을 향해 완전히 얼굴을 돌리는 소수의 사람들은 형제애를 제외한 모든 사랑을 피해야 한다. "당신이 기꺼이 저버리지 않는다면……."

4. 자아의 집단성

소위 정신분석학의 기본적인 생물학적 지향성은 (단순한 습관화에서 벗어나) 점점 일종의 유사-생물학이 되어가는 것 같으며, 특히 인간의 '환경'에 대한 개념화에서 그렇다. 정신분석학 저술에서 '외부 세계' 또는 '환경'이라는 용어는, 단지 내부—개인 신체의 피부 내부, 정신 체계 내부 또는 가장 넓은 의미에서 자기 내부—에 있지 않기 때문에 외부에 있다고 말해지는 어떤 미지의 영역을 나타내는 데 자주 사용된다. 그러한 모호하지만 도처에 편재하는 '외부성'은 필연적으로 유기체와 환경 사이의 적대성과 같은, 이념적이고 확실히 비생물학적인 여러 함의를 갖는다. 때때로 '외부 세계'는 유아적 유기체의 본능적 소망 세계에 대한 '현실'의 음모로, 때로는 다른 사람들의 실존이라는 대수롭지 않거나 짜증 나는 사실로 간주된다. 그러나 최소한 부분적으로나마 자애로운 모성 돌봄의 존재를 최근에 인정함에도 불구하고, '모자 관계'를 문화적 환경에서 다소 격리된 '생물학적' 실체로 취급하려는 완고한 경향이 지속되고 있으며, 문화적 환경은 다시 막연한 지원이나 맹목적인 압력, 그리고 단순한 '관습'의 '환경'이 된다. 따라서 우리는, 도덕적이고 위선적인 사회적 요구가 성인의 본능은 짓누르고 어린이의 본능은 착취하기 쉽다는 사실을 확고히 하는 것이 중요했기 때문에 한때 충분히 유익하고 필요했던 병치의 잔재에 의해 단계적으로 방해를 받는다. 개인의 이해와 사회의 이해 간의 본질적인 적대감을 개념화하는 것은 중요했다. 그러나 개인의 자아가 특별히 인간적인 '환경', 즉 사회조직에 반하거나 또는 그것 없이도 존재할 수 있다는 암묵적 결론은 합리적이지 않다. 그리고 유사-생물학적 지향으로서 그러한 암묵적인 가정은 현대 생물학의 풍부한 생태학적 통찰로부터 정신분석 이론을 고립시킬 위험이 있다.

새로운 고려의 길을 열어준 사람은 마찬가지로 하트만이다.[9] 인간 유아가 '평균 기대 환경'에 미리 적응되어 태어난다는 그의 진술은 불가피하게 사회적인 공식뿐 아니라 보다 진정으로 생물학적인 공식을 함축한다. 최선의 모자 관계조차도 그것만으로는, 인간 아기가 생존할 뿐만 아니라 성장하여 고유한 존재가 되도록 잠재력을 개발시키는 미묘하고 복잡한 '환경'을 설명할 수 없기 때문이다. 인간의 생태는 끊임없는 자연적, 역사적 및 기술적 재조정을 요구한다. 따라서 전혀 감지할 수 없더라도, 오직 전통의 영구적인 재구성만이 새로운 세대의 유아를 위해 환경의 '평균 기대 수준'에 근접하는 모든 것을 보호할 수 있음이 즉시 명백해진다. 오늘날 급격한 기술 변화가 전 세계를 주도하면서, 도처에서 육아 및 교육을 위해 '기대되는 평균' 연속성을 유연한 형태로 수립하고 유지하는 문제는 사실상 인간 생존의 문제가 되었다.

인간 유아의 특정한 종류의 사전 적응—심리사회적 위기를 통해 후성 유전학적 단계에 따라 성장할 준비—은 기본 환경뿐 아니라 일련의 '기대' 환경을 필요로 한다. 아이가 급성장하고 단계적으로 적응함에 따라, 도달한 모든 단계에서 그 다음 단계의 '평균 기대 환경'에 대한 요구를 갖기 때문이다. 다시 말해, 인간 환경 전체는 삶의 과제를 확장하는 반경을 따라 각각 더 멀리 확장되는, 다소 불연속적이지만 문화적으로나 심리적으로 일관된 일련의 발달을 허용하고 보호해야 한다. 이 모든 것이 인간의 소위 생물학적 적응을 공동체의 변화하는 역사 안에서 발달하는 생애 주기의 문제로 만든다. 결과적으로, 정신분석 사회학은 인간의 환경을 통합된 '평균 기대 환경'을 제공하기 위한 조직적 노력에 참여하려는 세대들의 지속적인 노력으로 개념화하는 과제에 직면한다.

문화와 성격의 관계를 규명하려는 노력을 검토하는 논문에서 하트만, 크리스와 로웬스타인(Loewenstein)은 다음과 같이 말한다. "문화적 조건들은 갈등의 염려가 없는 영역에서, 그것이 자아 기능을 위해 무슨 그리고 어떤 종류의 기회를 가져오거나 또는 억제하는지의 질문을 염두에 두어야 고찰될 수 있고, 또 그렇게 고찰되어야 한다."[10] 개인의 정신분석에 반영된 그러한 '문화적 조건'을 연구하는 가능성에 대해서 이들 저자는 덜 적극적인 것 같다. 그들은 다음과 같이 말한다.

> 분석가들도 문화적 조건으로 인한 행동의 차이를 알고 있다. 항상 이러한 차이를 강조해 온 상식을 그들이 모르는 것은 아니지만, 연구가 진행되고 사용 가능한 데이터가 주변에서 중앙으로, 즉 드러난 행동에서 데이터로 이동함에 따라 분석 관찰자에 대한 문화적 조건의 영향력은 감소하는 경향이 있다. 그러한 데이터의 일부는 오직 분석적 연구에서만 접근할 수 있다.

나는 이 책에 제시된 사례 자료의 그저 몇몇 단편들조차도 다음의 사항을 보여주는 데 도움이 되었다는 것을 감히 제안하고자 하고, 또한 그랬기를 바란다. 즉, 자아 발달의 오히려 핵심적인 문제들—실제로 '분석적 연구로만 접근할 수 있는'—은 문화적 차이에 대한 정신분석가의 인식이, 이 특정한 관찰 영역에서 이들 세 저자가 충분하다고 보는 '상식'을 훨씬 뛰어넘을 것을 요구하는 한편, 다른 영역에서는 더 '분석된' 상식을 확실히 촉구할 것이다. 왜냐하면 우리가 제안한 바와 같이, 사회의 조직화된 가치가 한편으로는 제도적 노력과, 그리고 다른 한편으로는 자아 합성의 본성과 갖는 관계는 보다 체계적이며, 또한 심리사회적 관점에서 기본적인 사회문화적 과정은 성인 자아가 공동 조직을 통해 상호 지원하는 심리사회적 평형 상태에서 갈등 없는 최대의 에너지를 개발하고 유지하기 위한 공동 노력으로**만** 간주될 수 있기 때문이다. 그러한 조직만이 발달의 모든 단계에서 성장한 그리고 성장하는 존재의 자아를 일관되게 지원할 것이다. 그것은 제3장에서 지적한 바와 같이, 젊은 세대가 그들 각자의 자아 강도를 위해 기성 세대에게 의존하는 것만큼, 기성 세대는 젊은 세대를 필요로 하기 때문이다. 그리고 기성 세대와 젊은 세대의 발달 전반에 걸친 이러한 충동과 자아 이익의 상호성의 영역 안에서, 어떤 기본적이고 보편적인 가치가 그것의 모든 보상력 및 방어력과 더불어, 개인의 자아 발달과 '집단 자아'의 중요한 공동 성취가 되어 유지되는 것으로 보인다. 사실상 서로 다른 종류의 일관성—일관되게 비일관적인 것을 포함하여—이 가치 체계와 성격 유형에 따라 달라지기는 하지만, 이들 가치가 부모로서의 행동에 특정한 초개인적 일관성을 부여한다는 점에서, 성장하는 세대의 자아 발달에 없어서는 안

될 지원을 제공한다는 것을 우리의 임상 역사가 밝히기 시작했다.

다중 상호성을 나타내는 사회적 과정만이 의례적 재헌신이나 체계적인 재구성을 통해 환경의 '평균 기대 수준'을 재창조할 것이다. 두 경우 모두, 선출되거나 스스로 선택한 지도자와 엘리트는 다시금 설득력 있고 일종의 '카리스마적인' 일반화된 생산성, 즉 제도의 유지와 쇄신에 대한 초개인적인 관심을 보여줄 것을 요구받는다고 느낀다. 기록된 역사에서 그러한 지도자 중 일부는 '위인'으로 등록되어 있다. 그들은 가장 깊은 개인적 갈등으로부터, 만연한 세계 이미지의 재통합에 대한 그들 시대의 특정 요구를 충족시키는 에너지를 얻을 수 있는 것 같다. 어쨌든 제도는 지속적인 재헌신을 통해서만 젊은 구성원들로부터 새로운 에너지에 대한 적극적이고 고무적인 투자를 얻을 수 있을 것이다. 좀 더 이론적으로 말하면, 사회는 그 가치와 자아 발달의 주요 위기들 사이에 의미 있는 조화를 유지해야만, 대다수 젊은 구성원들의 유년기 위기로부터 발생하는 갈등 없는 에너지의 최대치를 그것의 특정한 집단정체성에 따라 마음대로 사용할 수 있다.

기능하는 자아는 개별성을 보호하는 한편, 일종의 공동체가 자아들을 상호 활성화 속에서 연결하기 때문에 고립되어 있지 않다고 결론지을 수밖에 없다. 그렇다면 자아 과정의 어떤 것과 사회적 과정의 어떤 것은 동일하다.[11]

5. 이론과 이데올로기

정신분석학은 변화하는 역사적 현실과 자아의 관계를 연구하면서 무의식적 저항이라는 새로운 지평에 접근한다. 관찰된 것들 안에 실재하는 저항이 이해되고 취급되기 전에 그러한 저항이 안에서 그리고 그들의 **개념화 습관**에서 찾아지고 평가된다는 것은 정신분석학 연구의 본질에 내포되어 있다. 인간의 본능을 연구할 때 정신분석가는 그의 연구 충동이 본질상 부분적으로는 본능에 따른 것임을 알고 있다. 그는 자신이 환자의 전이에 대해 부분적인 역전이로 반응한다는 것을 알고 있다. 즉, 그 자신의 특별한 이유 때문에, 환자의 유아적 분투를 치료하려는 바로 그 치료적 상황에서 그것을 충족시키려는 환자의 모호한 소망을 탐닉할 수 있다. 분석가는 이 모든 것을 인정하면서도, 불가피한 것에 대한 명확한 묘사로 인해 소모적인 저항이 불필요해지고 창조적인 작업에 에너지가 투입되는 자유의 한계를 향해 체계적으로 작업한다.

그러므로 정신분석가가 그 인간 재능, 즉 자신과 다른 것을 이해하는 능력을 완성하기를 바라기 전에, 현재의 자신을 있게 한 역사적 결정 요인을 알아야 하는 것은 당연한 일이다.

자기 분석의 새로운 경향에 의해 알려진 새로운 종류의 상식은, 새로운 개념적 경향이 정신분석 실천의 일부가 되는 모든 곳에서 진보의 표시가 되었다. 내가 만약 심리사회적 관점이 정신분석적 관심의 일부가 될 수 있다고 진지하게 제안한다면, 나는 또한 특정한 저항이 이전에 그러한 통찰을 방해했을 수 있으며, 저항받은 통찰의 본질만이 저항의 본질을 가리킬 수 있다는 가능성도 고려해야 할 것이다. 이 경우, 그것은 관찰자 세대의 직업적 정체성과 그들 시대의 이념적 성향 간의 관계가 될 것이다.

'공식적인' 정신분석에 사회적 고려를 '허용'하는 문제는 알프레트 아들러(Alfred Adler)의 저작이 출판된 이래 굴곡으로 점철된 역사를 가지고 있으며, 이것은 이념적 문제이자 방법론적 문제라는 인상을 지울 수 없다. 문제가 된 것은 한편으로는, 정신분석이 자연과학 이외의 세계관을 가지고 있지 않은 그 학문과도 마찬가지로 하나의 과학이 될 수 있다는 프로이트의 소중한 가정이었으며, 다른 한편으로는, 사회에 대한 비판으로서 정신분석학이 유럽에서 가장 독창적인 정신들의 연대를 가져온 혁명적 방향에 합류해야 한다는, 가장 재능 있는 젊은 정신분석가들 사이에서 지속되어 온 확신이었다. 그 이면에는 꽤 거대한 마르크스-프로이트 양극화가 존재하는데, 이는 마치 그것들이 실제로 상호 배타적인 두 개의 이데올로기인 것처럼 이들 견해 사이에 존재하는 본질적인 적대감의 결과였다. 실제로 처음에는 어느 정도까지는 배타적이었다. 그 증거는 두 이데올로기가 오히려 명백한 공통의 관심과 통찰을 독단적으로 무시할 정도로 서로를 완전히 배제했다는 점이다.

그렇다면 장기적으로 무엇이 정신분석학의 본질이고 무엇이 아닌지에 대한 가장 뜨겁고 완고한 답변 중 일부는 매우 즉각적인 또 다른 질문, 즉 정신분석학이 특정 연구자에게 무엇이어야 하는지 또는 무엇으로 남거나 되어야 하는지의 질문에서 비롯되는 것 같다. 왜냐하면 특정한 세계 이미지는 인간, 전문가, 그리고 시민으로서의 그의 정체성을 위한 필수 항목이 되었기 때문이다.

지금 정신분석은 다양한 직업적 정체성을 위한 풍부한 기회를 제공해오고 있다. 그것은 자연 철학과 탈무드 논증, 의학적 전통과 선교적 가르침, 문학적 논증과 이론의 구축, 사회 개혁과 돈벌이와 같은 다양한 노력에 새로운 기능과 범위를 부여했다. 하나의 운동으로서의 정신분석은 다양한 국가에서 정신분석 역사의 다양한 단계에서 시작된 다양한 세계 이미지와 유토피아를 품고 있다. 이것은 피할 수 없는 필연의 결과라고 생각한다. 왜냐하면 인간이 다른 인간과 효율적으로 상호 작용할 수 있으려면, 그리고 특히 치료하고 가르치기를 원한다면, 일정한 간격을 두고 부분적인 지식의 주어진 단계에서 벗어나 전체적인 방향을 설정해야 하기 때문이다. 프로이트의 개별 학생들은 특정한 정신분석 이데올로기와 함께 안정적인 직업적 방향의 가능성을 약속한 프로이트의 동떨어진 테제에서 가장 잘 검증된 자신들의 정체성을 발견했다. 비슷하게, 프로이트의 잠정적이고 일시적인 테제 일부에 대한 과장된 반대 테제는 해당 분야의 다른 연구자들의 전문적이고 과학적인 연구방향을 위한 독단적 기반으로 작용했다. 따라서 새로운 '학파'는 논쟁—또는 자기 분석—을 넘어서는 돌이킬 수 없는 체계화가 된다.

이 나라로 이민을 와서 정신분석가로 일했던 나의 초기시절을 돌이켜보면서, 나는 정신분석의 디아스포라의 역사에서 또 다른 이념적 요소를 뒤늦게 깨닫게 된다. 나는 그 자체만으로 환자의 배경에 대한 정보를 전달하는 그 모든 일상 대화에서의 미묘한 차이는 말할 것도 없고, 영어에 대한 나의 심오한 무지를 무심코 지나칠 수 있는 일종의 유예 기간을 환자들로부터 부여받았고, 어디서나 또 누구에게나 공통적이라고 책에서 말하는 것들과 무의식적일수록 더 좋다는 것들에 집요하게 매달릴 수 있었다. 이 점에서 나는 이제 환자들(그리고 환자 후보자들)이 나와 공모했다는 것을 이해한다. 왜냐하면 나는 종교적이든 정치적이든 간에, 그들의 부모와 조부모가 지녔던 근본주의적 태도의 깨지기 쉬운 잔재를 대체하겠다고 약속한 통합된 신념 체계를 대표했기 때문이다.

내가 미국인 친구들(마거릿 미드(Margaret Mead), 존 달라드(John Dollard), 스쿠더 메킬(Scudder Mekeel))의 설득력 있는 문화적 상대주의에 동참할 수 있었고 내 노트에 기술된 문화적 차이를 보는 법을 배울 수 있었다면, 그것은 의심할 여지 없이 가족, 국가, 종교, 직업과 관련하여 나를 주변화하고 이민자 이데올로기에서 편안함을 느끼도록 준비시킨, 내 자신의 인생사에 뿌리를 둔 특별한 동기 때문이었을 것이다.

이것은 몇 가지 이론적 언급을 결론짓는 다소 개인적인 방식인 것 같다. 그러나 나는 이러한 문제를 '상대화'하려는 것이 아니라 필요한 사회적 및 역사적 상대성을 도입하려는 것이다. 무엇보다도 나는 프로이트의 정신분석학의 이론적이고 기술적인 교리에서 나온 독창적인 이념적 힘과 영감의 원천을 무시하고 싶다. 내 생각에는 정신분석학적 '수정주의자' 중 일부가 (이념적 차이에 해당하는 것들을 과학적 차이처럼 깊이 토론하면서) 그 기초에 대해 불필요한 모험을 해왔기 때문에, 나는 내 방법론적 및 용어적 제안들이 그들의 것과 부합할지 여부에 대해 깊이 생각할 수 없었다. 내게는 정신분석 연구기관에서 우리 고유의 이념적 토대를 버리지 않고 나의 가르침을 조금씩 발전시키는 것이 더 중요했다. 최고의 작업은 종종 지하 공동묘지에서 시작되며, 우리 중 많은 이들이 사회적, 학문적 고립 속에서 배웠던 시절을 그리워하기 때문이다. 그러한 고립은 한때 진정으로 창조적인 아이디어, 즉 **치료적** 아이디어를 위한 거의 영적인 환경을 제공했으며, 이러한 아이디어는 환자가 엄청나게 까다로운 심리치료 과정에 참여할 수 있도록 했다. 치료과정을 통해 환자와 분석가는 내면화된 세계의 현상과 법칙을 관찰함으로써 내적 자유와 외적 현실주의를 동시에 강화할 수 있었다(나는 우리가 여전히 최선을 다하고 있다고 생각하고 싶다). 최선을 다한다는 것은, 다시 말해 환자가 우연히도 우리의 치료법이 제공하는 종류의 설명으로부터 혜택을 얻을 때 우리 치료자들과 같은 종류의 사람과 합류할 수 있는 그런 종류의 사람이 된다는 것을 의미한다. 그리고 '그런 종류의 사람'이란 실제로 '정체성'을 의미하는데, 정신분석적 치료는 관찰의 집단성뿐만 아니라 그러한 집단성을 치료자와 환자 모두에게 유익하게 만드는 치료적 이데올로기의 힘과 방향을 전제로 하기 때문이다. 이것은 여러 연구자 세대에 걸쳐 꿈도 꾸지 못할 지적 에너지를 만들어 냈을 뿐만 아니라 또한 그 과정이 계속 유지될 것이라고 가정하며, 분석가와 환자(그리고 훈련 중인 분석가와 후보자)가 이론의 과거 이데올로기 상태와 정신분석 자체의 정치적 조직에서 특정한 지역적 또는 지방적 경향에 우연히 들어맞는 것만을 실재라고 부르는 공통의 독단적 음모에 의존하지 않을 것이라고 가정한다.

스스로의 역사를 자각해야만 더 발전할 수 있는 분야에서 해야 할 일이 또 있다. 중심적 인간 문제와 관련된 모든 심리학 용어는 원래 프로이트가 "초자아의 낡은 이데올로기"라고 부른 것에서부터 현대 이데올로기들의 영향에 이르기까지 이념적 함의와 더불어 채택되었다. 물론 용어가 특히 다른 언어에서 습관화되고 의례화되면 그 둘 다 곧 대체된다. 초자아를 예로 들면 독일어의 '*Ueber*'는 영어의 'super'('초음속기(superjet)')와 매우 다른 의미('*Ueber allen Wipfeln*…'에서처럼 무엇보다도(above)의 의미)를 가질 수 있다. 물론 상대적으로 소수의 연구자들은 특히 원초아와 자아와 같은 다른 항목에 대해 설명할 때 초자아가 의미하는 바에 동의할 수 있다. 그러나 분야가 확산되면서 개별 연구자와 연구자 집단은 그들 각자의 과거와 현재에 따라 각 용어에 새로운 의미를 부여한다. 내가 반복해서 지적했듯이, 우리 용어에서 가장 기본적인 '충동(*Trieb*)'과 그것의 형용사인 '충동적인(*triebhaft*)'이라는 말은 원래의 용법에서 고상하고 근원적인 힘이라는 자연 철학적 특성을 가지고 있었다('*die suessen Triebe*'—독일 시인은 이를 **'달콤한 충동'**이라고 말할 수 있고, 지적한 대로 엄격한 생리학자는 '존엄의 힘'이라고 말할 수 있을 것이다.). 그런 까닭에 프로이트는 간결함의 이유 외에도 충동의 올림푸스에 새로운 '기본' 요소를 지명하기 전에 극도로 자제해야 했다. 다른 (미국인) 심리학자들은 소문자 'd'로 시작하는 충동들(drives)의 긴 목록을 생각할 수 있었는데, 그 목적은 신화적 확신이 아니라 확인이었다.

이와 비슷하게, '현실(*die Realitaet*)'은 관사와 함께 사용될 수 있다는 사실만으로, 아낭케(Anangke, 그리스어로 개별적 운명을 의미함-옮긴이) 또는 **운명**(Fate)에 필적하는 거의 개인화된 힘이었고, 사실적 현실에 대한 합리적인 적응 이상을 요구했다. 현실 자체는 가장 부패하기 쉬운 용어 중 하나다. 왜냐하면 그것은 합의에 따라 동의하고 그에 따라 살아갈 수 있는 무언가를 확립하기 위해 이성을 공동으로 그리고 자기 부정적으로 사용하는 모든 사람에 의해 실재로 입증된 세계 이미지를 의미할 수 있는 한편, 많은 사람들에게 그것은 죄책감을 느끼지 않고 또는 규칙과 규정이 시행되는 한 피할 수 있는 갈등에 빠지지 않고 벗어날 수 있는 모든 것의 합을 의미하기 때문이다. 그러나 의미의 변화에 가장 취약한 용어는 아마도 자아일 것이다. 왜냐하면 어떤 사람들에게 그것은 이기주의라는 오명을, 다른 사람들에게는 자기중심주의라는 오명을 결코 잃지 않는 반면에 많은 사람들에게 그것은 내적 변화 과정에서 폐쇄 체계의 특질을 유지하기 때문이다. 마지막으로 '메커니즘(mechanism)'이라는 용어가 있다. 아나 프로이트가 다음과 같이 말할 때,

> 어린 시절 내내, 지식의 성장과 현실 적응을 위해 자아 기능을 완성시키는 것, 즉 그것이 기계적 장치처럼 정확하고 신뢰할 수 있게 될 때까지 감정으로부터 점점 더 객관적이고 독립적이 되도록 만드는 것을 목표로 성숙 과정이 작동한다.[12]

그녀는 자아가 신경계 및 뇌(이로 인해 인간은 기계를 만들 수 있다)와 여러 의미에서 공통으로 갖고 있는 경향성을 설명하고 있지만, 기계적 적응을 인간 삶의 목표로서 옹호하려고 한 것은 분명히 아니다. 사실상 그녀의 '방어 메커니즘'은 정신 생활에서 매우 필요한 **부분**이지만, 그것에 의해 **지배되는** 사람을 빈곤하고 틀에 박히게 만든다. 그러나 자신을 기계와 과도하게 동일시하는 사람은 기계적 조정의 매끄러운 방법을 찾아 더 관리하기 쉽게 되(고 다른 사람을 그렇게 만들)기를 원할 수 있다. 요약하자면, 나는 어떤 용어가 논리적으로 의미하는 바에 동의할 수 있다는 것을 부정하지 않으며, 사회과학에서 매우 암시적인 용어를 (절대적으로) 피해야 한다고 주장하지도 않는다. 그러나 나는 사회과학의 가장 중요한 용어들의 변화하는 함축적 의미에 대한 인식이 '자기 분석적' 심리사회적 지향의 요구 사항 중 하나임을 지적하고 있는 것이다.

따라서 과학적 증거와 과학적 진보에 대해 말할 때 인간의 즉각적인 필요를 직접적으로 다루는 분야에서는, 방법론적, 실천적,

윤리적 요인뿐만 아니라 전문적 이데올로기의 필요성에 대해서도 설명할 필요가 있다. 이러한 이유로, 정신분석 훈련이 직업적 정체성 형성의 다양성을 포괄해야 하는 한편, 이론적 교육은 발전하는 분야의 다양한 단계에서 가장 실용적이고 가장 진실하며 가장 옳다고 느껴지는 것에서 나타나는 주요 차이점의 이데올로기적 배경을 조명해야 한다. 여기서 또 다른 보편적 저항, 즉 정체성 저항이 '원초아' 및 '초자아' 저항과 유사한 분석을 요구하는 것이라면, 나는 정체성에 관한 모든 것이 자아의 다른 상대자들보다 역사적 시기에 더 가깝다는 결론을 반복해야 한다. 따라서 이러한 종류의 저항은 스트레스가 따르는 개별 분석뿐만 아니라, 무엇보다도 정신분석에 응용 정신분석을 재적용하려는 공동의 노력으로 대응할 수 있다.[13]

나는 사람들이 새로운 방향으로 나아갈 때 다른 사람들의 선구적인 작업에서 제안된 익숙한 길과 대안적인 방향을 일시적으로 무시하고 일방적인 길을 택하기 쉽다는 사실을 너무도 잘 알고 있다고 덧붙이고 싶다. 그러나 중요한 이론적 질문은 다음과 같다. 새로운 방향이 새로운 발견으로 이어질까?

제6장

최근 이슈들: 청소년

1.

가장 병들고 타락한 개인과 조건에 대한 서술과 분석은 교과서와 소설에서 모두 사회 비평 스타일로 발전했고, 종종 자가증식을 한다. 젊은이들이 대중 매체에서, 말하자면 부정적으로 미화되는 자신들을 볼 때, 그들의 정체감은 그들이 휘두르는 것처럼 보이는 힘을 최소한 살아 있는 증상으로서 가장 잘 활용할 수 있을 뿐이기 때문이다. 그러나 나는 우리가 인식하는 법을 배운 정신병리학에서 균형이 무엇인지, 그리고 각 발달 단계에 내재된 긍정적인 목표들이 무엇인지 자문하는 것이 '자기홍보'와는 다른 이유로 필요하다는 것을 알게 되었다. 많은 경우에 '긍정적'이라는 말은 종종 추악한 현실의 망상적 외면을 암시한다. 그러나 우리의 치료적 도움으로 '돌봄(curat)'을 수행하는 '본성(natura)'을 연구하는 것은 전반적인 임상적 태도의 특성이 아닌가? 나는 이미 제3장에서, 각 단계에는 고유한 필수적인 강점을, 그리고 모든 단계에는 인간(여기서는 세대를 의미함)에게 활력을 주는 그러한 강점의 후성 유전학적 체계를 부여할 것이라고 밝혔다. 전투적인 분위기에서 내가 이러한 강점을 기본 미덕이라고 불렀다면, 그것들 없이는 다른 모든 가치와 선한 것들이 활력을 결여한다는 것을 나타내기 위해 그렇게 한 것이다. 그 단어를 사용한 이유는, 묘사되어야 할 어떤 것에 내재된 힘과 활동적인 성질의 함축된 의미를 그 단어가 한때 가졌기 때문이다. 예컨대, 약이나 음료는 성분을 잃었을 때 '덕이 없는' 것이라고 했다. 이러한 의미에서, 인생의 계속되는 단계에서 인간에게 골고루 생기를 주는 특정 자질을 의미하기 위해 '필수적인 덕목'이라는 용어를 사용할 수 있을 것 같다. 희망은 첫 번째이자 가장 기본적인 덕목이다.[1]

그러나 개인의 성장과 사회 구조의 상호 작용에서 발생하는 성질의 개념화를 위해 그러한 용어를 사용하는 것은 많은 독자들의 마음속에 '자연주의적 오류', 즉 진화에는 인간에게 특정한 유형의 장식적인 선량함을 개발하려는 의도가 있다고 보려는 순진한 시도를 상기시킨다. 그러나 환경에 대한 새로운 개념들(생태학자들의 *Umwelt*와 같은)은 환경 구조와 타고난 잠재력의 최적 관계를 함축한다. 그리고 인간이 매우 다양한 환경에 적응하는 피조물이고, 오히려 자신의 발명에 따라 자신과 환경을 재조정하는 경향이 있다고 하더라도 인간은 자신의 조정된 환경에 맞추는 특정한 생애 주기를 가지고 진화한 피조물이다—그리고 이것은 끊임없이 갱신되는 필수적인 적응의 잠재력을 의미할 수 있을 뿐이다. 인간이 다른 어떤 생물도 사는 것이라고 부를 수 없는 방식으로 자신을 병들게 하고 또 생존할 수 있는 것이 이 진화 계획의 일부라면, 인간은 진단과 치료, 비판과 변화를 위한 능력 또한 가지고 있다. 이것들은 다시 강점의 부활, 가치의 부흥, 생산력의 회복에 의존한다. 이런 의미에서 나는 생애 주기에 대해, 어린 시절의 **희망**에서 노년의 **지혜**에 이르기까지 일련의 필수적인 덕목을 영속시키는 경향이 있는 세대 원리를 주장하고 있는 것이다. 젊음과 관련하여, 그리고 가장 열정적이고 변덕스러운 노력의 중심에 무엇이 있는지에 대한 질문과 관련하여, 나는 **충실함**이야말로 개발하고, 이용하고, 불러일으키고—목숨을 바칠—기회를 가질 필요가 있는 필수적인 강점이라고 결론지었다. 그러한 '기본적인' 주장을 한 후에, 나는 충실함이 실제로 만연한 것으로 인식될 수 있는지 알아보기 위해, 지금까지 제시된 젊음을 주제로 한 일부 변주만을 반복할 수 있을 뿐이다.

인생의 다른 단계나 인간의 불안정한 적응에 각 단계가 기여한 구체적인 강점과 약점을 여기서 검토하지는 않겠지만, 우리는 청소년기 바로 앞의 삶의 단계, 즉 학령기를 한 번 더 살펴보고 다시 청소년기로 돌아올 것이다.

유년기와 청소년기 사이에 있는 학령기에는 이전에 놀이에 사로잡혔던 어린이가 그의 문화의 도구와 무기, 상징 및 개념을 습득하도록 돕는 기본적인 기술에 전념할 태세와 의지, 능력을 갖게 된다. 또한, 아이는 문화의 기술적 전문 분야 내에서 궁극적으로 인정받을 것을 약속하는 실제 역할(이전에는 놀이로 행한)을 실현하고자 하는 열망을 갖는다. 그렇다면 나는 그 **능력**이 학령기에 나타나는 특정한 강점이라고 말하고 싶다. 그러나 인간이 진화적으로 이룬 각각의 성취를 인간 유년기에 단계별로 이루는 것은 인간의 가장 자랑스러운 성취에 유아기 경험의 흔적을 남기게 된다. 놀이 시기가 모든 체계적 추구에 과대망상이라는 성질을 물려주는 것처럼, 학령기는 '효과가 있는 것'을 순진하게 받아들이는 태도를 남긴다.

학령기 아이가 방법들에 숙달됨에 따라, 그는 또한 그 채택된 방법들이 자신에게 숙달되도록 하는 것을 허용한다. 효과가 있는 것만을 좋은 것으로 생각하는 것, 일이 잘될 때만 받아들여진다고 느끼는 것, 관리하고 관리받는 것은 그의 주된 기쁨이자 가치가 될 수 있다. 그리고 기술 전문화는 인간 무리나 부족 또는 문화의 시스템과 세계 이미지의 본질적인 부분이기 때문에, 물질 및 동물들과 함께 작용하는 도구에 대한 인간의 자부심은 다른 종뿐 아니라 다른 인간을 상대로 작동하는 무기에까지 확장된다. 이것이 동물계에서는 보기 드문 차가운 교활함과 측량할 수 없는 포악함을 일깨울 수 있는 것은 물론 복합적인 발전 때문이다. 그중 우리는 (청소년기에 가장 중요하기 때문에) 인간이 기술적인 자부심과 정체감을 결합해야 할 필요성에 가장 관심을 가질 것이다. 그것은 유아기의 경험에서 서서히 생겨나는 개인적 자기동일감과 점점 더 넓어지는 공동체와의 만남에서 경험하는 공유된 동일성에 대한 이중 감각이다.

이 필요성 또한 진화론적 필연성으로, 이해되어야 하고 계획에 의해 영향을 받아야 하는 것이다. 왜냐하면 인간은—더 이상 자연종이 아니며, 아직 하나의 인류도 아니어서—그 휘장을 허영심과 확신으로 두르고 (그들이 그들과 같은 부류의 집단을 위해 내세운 경제적 주장과 함께) 외국인, 적대적인 세력, 그다지 인간답지 않은 부류에 대항하여 방어하는 어떤 특별한 부류(부족 또는 국가, 계급 또는 카스트, 가족, 직업 또는 유형)에 자신들이 속한다고 느낄 필요가 있기 때문이다. 그리하여 그들은 가장 선진적인 합리성과 문명 상태에 있더라도, 도덕적으로 그렇게 하지 않을 수 없다는 확신을 가지고, 다른 사람들에 대항하여 가장 체계적으로 자신의 모든 자랑스러운 기술과 방법을 사용할 수 있게 된다.

그러나 우리의 목적은 인간 도덕성의 손쉬운 왜곡과 부패성에 대해 고찰하는 것이 아니라, 우리의 일치된 관심과 윤리적 지원이 필요한 핵심 미덕이—심리사회적 진화의 이 단계에서—무엇인지를 결정하는 것이다. 왜냐하면 도덕주의자들뿐만 아니라 반도덕주의자들도 강력한 윤리를 지향하기 위해 인간 본성의 기초를 쉽게 간과하기 때문이다. 우리가 지적했듯이, 충실함은 청소년기 자아 강도가 갖는 미덕이자 성질이다. 이러한 자아 강도는 인간의 진화적 유산에 속하지만—모든 기본 미덕과 마찬가지로—생애 단계에서 개인들과 진정한 공동체의 사회적 힘들 간의 상호작용에서만 발생할 수 있다.

젊은이들이 삶에서 진실된 무언가와 누군가를 찾는다는 증거는 사회에서 어느 정도 승인된 다양한 추구 활동에서 볼 수 있다. 그것은 때로는 더 헌신적으로 변덕을 부리고, 때로는 더 변덕스럽게 헌신하는, 종종 변화하는 헌신과 갑작스러운 변덕의 어리둥절한 조합에 숨겨져 있다. 그러나 모든 젊은이들의 변덕스러운 모습에서, 어떤 지속성을 추구하는 것이 감지될 수 있다. 그것은 과학적, 기술적 방법의 정확성이나 성실한 순종에서, 역사적 및 허구적 설명의 진실성이나 게임 규칙의 공정성에서, 예술적 생산의 진정성이나 재생산의 충실성에서, 또는 신념의 진정성이나 약속의 신뢰성에서 나타난다. 이 탐색은 쉽게 오해되고 종종 개인들 스스로에 의해 희미하게 인식될 뿐이다. 왜냐하면 항상 원칙의 다양성과 다양성의 원칙을 모두 파악하도록 준비가 되어 있는 청소년은 숙고된 경로에 정착하기 전에 종종 극단을 먼저 시험해야 하기 때문이다. 특히 이념적 혼란과 정체성의 한계가 만연한 시대에 이러한 극단들은 반항적일 뿐만 아니라 일탈, 비행, 자기 파괴적 경향을 포함할 수 있다. 그러나 이 모든 것은 현존하는 (또는 다가오는) 질서의 한 부분에 몸과 마음의 힘을 맡기기 전에 어떤 진실의 최저선을 시험하는 유예 기간인 모라토리엄의 본질일 수 있다. '충성'과 '합법'은 언어적으로나 심리적으로 동일한 뿌리를 가지고 있다. 왜냐하면 법적 의무는 주권적인 선택 의식으로 부담지워지고 충성심으로 경험되지 않는 한 위험한 부담이기 때문이다. 그 감각을 발달시키는 것은 개인 인생사의 일관성과 역사적 과정의 윤리적 권능이 함께하는 작업이다.

2.

우리는 여기서 위대한 비극을 통해 인간이 직면하게 되는 위기의 근본적인 본질에 대해 말해보고자 한다. 그것이 왕자의 위기라면, 천국에서도 그리고 역사상으로도 '주요 가문들'이 인간의 오만과 비참한 실패의 상징이 되었다는 사실을 잊지 말자. 햄릿 왕자는 20대이며, 누군가는 초반, 또 다른 이들은 후반이라고도 말한다. 우리는 그가 20대 중반에 접어들었고, 더 이상 어리지 않은 청년으로서 유예 기간을 박탈당하기 직전이라고 말할 것이다. 우리는 그가 나이, 성별, 지위에 의해 요구되는 동시에 왕실의 복수라는 그의 역사적 책임에 의해 요구되는 단일한 행동 원칙을 따를 수 없는 비극적 갈등 속에 있음을 발견한다.

'인간의 시기(時期)' 중 하나에 대한 셰익스피어의 통찰력을 명확히 하는 것은, 특히 훈련된 심리학자가 수행한다면, 연극을 공부하는 학생들에게는 비난받아 마땅한 억지처럼 보일 것이다. 다른 모든 사람들은 대개 순진하지만 유행하는 심리학에 비추어 셰익스피어를 해석한다(달리 어떻게 해석할 수 있을까?). 그러나 나는, 햄릿의 불가해함이 그의 본성이라고 믿는 것 외에 다른 이유가 없다면, 그의 불가해한 본성의 수수께끼를 풀려고 노력하지 않을 것이다. 나는 폴로니우스로 하여금 희화화된 정신과 의사처럼 말하게 한 바로 그 셰익스피어로부터 충분히 경고를 받았다고 느낀다.

> 소인의 생각으로는—그렇지 않다면 소인의 이 머리가 예전만큼은 정사의 흐름을 확실하게 쫓지 못하는 것이 되옵니다만—햄릿 왕자님의 광기의 원인을 찾아낸 듯하옵니다.

햄릿이 미친 것처럼 연기하기로 한 결정은, 그가 위장하는 상태로 빠져들기 직전이라는 느낌을 전혀 없애지 못한 채 처음부터 관객들이 그와 공유하는 비밀이다. T. S. 엘리엇은 "그의 광기는 광기보다는 덜하고, 위장한 것보다는 더한 것"이라고 말한다.

햄릿의 광기가 위장한 것 이상이라면, 그것은 습관적인 우울, 내성적인 성격, 덴마크인이라는 점, 극심한 애도 상태 및 사랑에 의해 적어도 다섯 배는 악화된 것으로 보인다. 이 모든 것은 어니스트 존스(Ernest Jones)가 다른 위대한 비극과 마찬가지로 이 연극의 주요 주제라고 가정한 오이디푸스 콤플렉스로의 회귀를 아주 그럴듯하게 만든다.[2] 이것은 햄릿이 아버지와 더불어 꽤 합법적으로 자신을 배신한 어머니를 어린아이로서 용서할 수 없었기 때문에, 어머니의 최근의 불법적인 배신을 용서할 수 없다는 것을 의미한다. 그러나 동시에 그는 그 스스로가 어린 시절 환상 속에서 아버지를 배신하고 또 제거하기를 바랐기 때문에, 아버지가 최근 살해당한 데에 대한 복수를 할 수 없다. 따라서 그는—무고한 사람을 죄인과 함께 파멸시킬 때까지—그의 삼촌의 처형을 영원히 미루게 된다. 그것만으로도 사랑하는 아버지의 유령을 존재의 운명에서 해방시킬 수 있었을 텐데 말이다.

얼마 동안은 밤에 나다니고, 낮에는 불 속에서 단식해야 하는 운명

그러나 어떤 청중도 그가 우월한 양심을 가진, 그리고 사실상, 양심의 가책 없이도 복수할 수 있도록 허용하는 그 시대의 법적 개념을 넘어선 뛰어난 사람이라는 느낌을 피할 수 없다.

한 가지 추가 제안, 즉 햄릿이 극작가와 배우의 개성을 어느 정도 드러낸다는 점은 피할 수 없다. 다른 이들이 사람들을 이끌고 역사의 흐름을 바꾸는 곳에서, 햄릿은 무대 위(극중극)에서 성찰적으로 인물들을 움직이기 때문이다. 간단히 말해서, 다른 사람들은 행동을 하는 곳에서 그는 연기를 한다. 그리고 실제로 햄릿은, 역사적으로 말해서, 실패한 지도자, 사산한 반란군을 상징할 만하다. 그러나 오히려 그는 당대의 병약한 젊은 지식인이라고 할 수 있으니, 비텐부르크에서 학업 중 최근에 돌아왔기 때문이다. 그곳은 인본주의적 부패의 온상이자 당대의 소피스트 아테네와

실존주의, 정신분석학—또는 더 나쁜 것—이 만연한 오늘날의 학문 중심지에 필적할 만한 곳이라고 할 수 있다. 연극에는 다섯 명의 청년이 등장하는데, 모두 햄릿의 동년배이며, 충실한 아들, 신하, 미래의 지도자로서의 정체성이 확인된다(또는 심지어 과대규정된다). 그러나 그들은 모두 햄릿이 그 자신의 음모, 즉 극중극으로 물리치고자 한 여러 음모에 이끌려, '부패한' 덴마크에 충성을 맹세하는 모든 사람들의 근성에 배어있는 불충의 도덕적 늪에 빠져들게 된다.

따라서 햄릿의 세계는 산만한 현실과 충실함의 세계다. 연극배우 속의 배우인 햄릿은 극중극과 정신 이상 속의 광기를 통해서만 위장된 정체성 내면의 고귀한 정체성—그리고 치명적으로 위장된 탁월한 충실함—을 드러낸다.

그의 소원함은 정체성 혼란 중 하나다. 존재 자체로부터 멀어지는 것은 그 유명한 독백의 주제다. 그는 인간인 것, 그리고 남자인 것에서 멀어진다. "남자는 나를 기쁘게 하지 않아. 아니, 여자도 마찬가지야." 그리고 사랑과 생식에서 멀어진다. "내 말은 우리가 결혼하지 않으리라는 거요." 그는 자기 나라의 방식에서 멀어지고, "나는 여기 출신이고 또 내 태도는 타고난 것이지만", 또 우리의 "소외된" 청년들과 마찬가지로, 그는 그 시대의 과도하게 표준화된, 즉 "시간의 조율과 겉치레 만남의 습관만 가지고 있는" 남자로부터 멀어지고, "소외된" 것으로 묘사된다.

그러나 충실함에 대한 햄릿의 편협하고 비극적으로 운명 지워진 추구는 이 모든 것을 돌파한다. 여기에 역사적인 햄릿의 본질이 있는데, 그는 셰익스피어가 그를 현대화하고 영생화하기 전 수세기 동안 민속 무대의 영웅이었던 고대의 모델이다.[3]

그는 어떤 일에 대해서도 자신이 거짓말하기 쉬운 사람으로 여겨지는 것을 싫어했고, 어떤 거짓도 모르는 사람이 되기를 원했다. 따라서 그가 기교와 솔직함을 너무도 현명하게 섞어 내는 바람에, 비록 그의 말에 진실이 부족하지는 않았지만, 진실의 예를 보여주거나 그가 얼마나 예리했는지를 드러낼 만한 것이 전혀 없었다.

이 중심 주제가 자기 아들에게 보낸 늙은 바보의 메시지에서 암시되는 것은『햄릿』에서의 일반적인 진리 확산과 일치한다.

폴로니어스: 무엇보다도, 너 자신에게 진실하라.
그러면 밤이 낮을 따르듯이,
너는 누구에게도 거짓일 수 없으리.

그러나 그것은 또한 햄릿의 가장 열정적인 선언이 담고 있는 중심 주제이기도 한데, 이러한 선언은 광기를 단지 그의 고귀함의 부속물로 만들 뿐이다. 그는 전통적인 가짜를 혐오하고 감정의 진정성을 옹호한다.

보인다고요, 왕비님? 그렇지 않습니다. 저는 "보인다"를 알지 못합니다.
그것은 제 검은 외투만이 아닙니다, 어머니,
또한 관례적인 엄숙한 검은 상복도 아니고,
억지로 내쉬는 격렬한 한숨만도 아닙니다.
아니, 강물처럼 쏟아지는 눈물도 아니고,
낙담한 얼굴 표정도,

슬픔의 온갖 형체들, 감정들, 외양들도 아닙니다.
그것은 나를 진정으로 나타낼 수 있지만, 이것들이야말로
겉으로 보이는 것이죠.
그것들은 사람이 연기로 꾸며낼 수 있는 것이니까요.
그러나 제 안에는 겉모습을 초월하는 것이 있습니다.
이 겉모습은 그저 비탄의 장식이요 복장일 뿐입니다.

그는 엘리트만이 진정으로 이해할 수 있는 것—즉 '정직한 방법'—을 찾는다.

자네의 대사 낭송을 한 번 들은 적이 있네만, 그것이 공연된 적은 없었지. 만일 공연되었다 하더라도 한 번 이상은 아니었네. 내가 기억하기로 그 공연은 많은 사람들을 기쁘게 하지는 않았지…… 그것은 (내가 본 바로는, 그리고 전문적인 식견이…… 나보다 더 좋은 사람들도 그렇게 생각하는데) 훌륭한 연극이었고, 잘 각색되었으며, 대사도 적절하고 솜씨 있게 쓰였더군. 나는 누군가 이렇게 말하는 것을 들었지. 대사에 내용을 풍미 있게 만들 양념도 없었고, 애욕 문제로 작가를 비난할 만한 것도 전혀 없었다고. 그는 그것을 정직한 방법이라고 불렀네.

그는 형식의 순수성과 재현의 충실함을 광적으로 주장한다.

…… 분별력을 교사로 삼으시오. 연기를 대사에, 대사를 연기에 맞추시오. 이를 특별히 준수하면 자연의 법도를 벗어나지 않게 되오. 무엇이나 지나치게 되면 연극의 목적에서 멀어지게 됩니다. 연극의 목적은 처음이나 지금이나, 과거에나 현재에나, 이를테면, 자연을 비추는 거울을 들고, 미덕에 제 모습을 보여주고 제 이미지를 비웃으며, 시대

의 나이와 몸에 그 본연의 형체와 인상을 보여주는 것이라오.

그리고 마지막으로, 친구의 내면에 있는 진실된 성격을 열렬하게 (또는 지나치게 열렬하게) 인정한다.

내 사랑하는 영혼이 선택의 주인이 되어
사람들을 선별할 수 있게 된 이후
운명의 선택이 자네를 나의 것으로 확정했다네.
왜냐하면 자네는 온갖 고통을 겪으면서도 아무렇지도 않은 것처럼,
운명이 주는 괴로움과 보상을
똑같이 감사한 마음으로 받아들인 사람이기 때문이라네.
축복받은 자는, 혈기와 분별력이 절묘하게 뒤섞여서,
운명의 손가락이 누르고 싶은 음을 내는
피리 같은 자가 아닌 사람들이라네. 그 남자를 내게 주게.
격정의 노예가 아닌 남자를. 그러면 내 그를 간직하겠네.
내 마음의 핵심 속에. 아아 내 마음의 마음 속에.
내가 자네에게 그렇게 하듯이. 이건 너무 지나친 것인가.

그렇다면 이것이 바로 햄릿 속의 햄릿이다. 그의 말이 그의 더 나은 행동이라는 것, 그가 살아낼 수 없는 것을 분명히 말할 수 있다는 것, 그리고 그의 충실함이 그가 사랑하는 사람들에게 파멸을 가져와야 한다는 것은, 연극 배우, 지식인, 청년이면서 신경증 환자가 결합된 그에게 딱 들어맞는다. 이는 그가 결국 이루어낸 것이 그가 처음에 피하려고 했던 것이기 때문이다. 그는 우리가 그의 부정적 정체성이라고 부르는, 그리고 그의 윤리적 감각

이 용인할 수 없는 바로 그것, 즉 광기 어린 복수자가 되는 데 성공한다. 따라서 비극적 인간이 정교하게 선택한 것처럼 보이는 긍정적 정체성을 부정하기 위해, 내적 현실과 역사적 사실이 공모한다. 물론 청중들은 모두 햄릿의 강한 성실성에서 치명적인 요소를 감지한다. 마지막에 그는 역사적 무대에서 상대역인 승리한 젊은 포틴브라스(Fortinbras)에게 자신의 '죽어가는 목소리'를 들려주고, 그 다음에는 포틴브라스가 그를 무대 위로 옮길 것을 요구한다.

> …… 햄릿 왕자를 군인 예우로 무대 위에 모셔라.
> 그분이 왕위에 오르셨다면,
> 가장 왕족다움을 증명했을 텐데.

요란하고 공허한 의례적인 팡파르는 이 특별한 젊은이의 종말을 알린다. 그는 자신이 태어난 왕실의 휘장과 그가 선택한 동료들에 의해 확인된다. 그러나 청중은, 왕족임이 증명되지만 왕실의 휘장을 초월한 한 특별한 사람이 땅에 묻히고 있다고 느낀다.

3.

특별한 종류가 되는 것은—어떤 면에서는 모두 유사-종인—개인 및 집단정체성에 대한 인간의 요구에서 중요한 요소라고 우리는 말해왔다. '유사(pseudo)'하다는 것은 허위를 암시하며, 내가 모든 신화화에 있어 사실로부터의 일탈을 강조하려고 한다는 것을 암시할 수 있다. 이제, 인간이 유일하게 진실된 존재가 되고자 한다는 이유만으로 거짓말을 하는 동물이라는 것이 분명해진다. 왜곡과 수정은 둘 다 언어적, 관념적 장비의 일부다. 지속적인 가치들을 가지려면, 그것들을 절대화해야 한다. 스타일을 가지려면, 자신이 우주의 왕관이라고 믿어야 한다. 그렇다면 각 부족이나 국가, 문화 또는 종교가, 전적으로 하나님이 제정하신 고유성에 대한 역사적, 도덕적 근거를 만들어내는 한, 그들이 무엇이고 또 무엇을 성취하든지 간에 그들은 그만큼 유사-종에 불과하다. 다른 한편으로, 인간은 또한 문화적 정체성과 문명화된 완벽성의 가장 위대한 순간에 일시적인 성취를 발견해왔으며, 이러한 정체성과 완벽성의 각각의 전통은 인간이 한번에 이 모든 것들이 될 수 있다면 무엇이 될 수 있는지를 강조해왔다. 우리 시대의 유토피아에서 인간은 그를 분열시킨 환상적인 유사-정체성을 대체할 보편적인 기술적 정체성과, 미신, 탄압, 억제의 모든 도덕 체계를 대체하는 국제 윤리를 갖춘 하나의 세계 속의 하나의 종이 될 것으로 예측된다. 한편, 이데올로기 체계들은 가장 실용적일 뿐만 아니라 가장 보편적으로 설득력이 있는 정치적, 사적 도덕을 그러한 미래 세계에 제공할 수 있는 차별적 능력을 두고 경쟁한다. 보편적으로 설득력이 있다는 것은 무엇보다도 청소년들의 눈으로 볼 때 신뢰할 수 있다는 것을 의미한다.

젊었을 때 자아 강도는 개인과 공동체의 상호 확인으로부터 발생하는데, 이는 사회가 젊은 개인을 신선한 에너지의 소유자로 인식하고 그렇게 확인된 개인은 사회를 살아있는 과정, 즉 충성을 받아들이면서 이를 고취시키고, 충실함을 이끌어내면서 이를 유지하며, 신뢰를 요구하면서 이를 존중해주는 과정으로 인식한다는 의미에서 그렇다. 그렇다면 생애 주기에서 가장 잘 논의되고 또 가장 수수께끼 같은 현상에 속하는 충동과 절제된 에너지, 비합리성과 용기 있는 능력의 결합이 발생하는 기원으로 돌아가보자. 우리가 전체적으로 인정해야 할 것은 퍼즐이 현상의 본질에 있다는 점이다. 즉, 개성의 단일성은 단일해지기 위해 고유해야 하고, 새로운 각 세대의 기능은 그 기능을 수행하기 위해 예측할 수 없어야 한다.

새로운 에너지의 세 가지 원천 중에서 신체적 성장의 경우, 공격적 충동에 대한 기여는 거의 알려져 있지 않지만—단, 진정으로 의미 있는 활동에 신체적 에너지를 쏟는 데 방해되는 것들이 파괴적이거나 자기 파괴적이 될 수 있는 억눌린 분노를 확실히 초래하는 것처럼 보인다는 점을 제외하고—가장 쉽게 측정되고 체계적으로 실행된다. 청소년의 이해력과 인지 능력은 실험을 통해 연구될 수 있고 계획을 통해 도제학습이나 연구에 적용될 수 있지만, 이념적 상상력과의 관계는 잘 알려져 있지 않다. 마지막으로, 오랫동안 지연된 생식기 성숙은 밝혀지지 않은 에너지의 원천이기도 하지만, 내재적인 좌절을 동반하는 충동의 원천이기도 하다.

생식을 위한 신체적 능력이 성숙할 때, 인간 청년은 합리적으로 형성된 정체성을 가진 두 사람만이 서로에게 제공할 수 있는 구속력 있는 방식으로 사랑하거나, 부모 역할을 유지할 만큼 충분히 지속적으로 돌보는 것이 아직은 불가능하다. 물론 두 성별은 이러한 측면에서 크게 다르며, 개인도 마찬가지다. 반면, 사회는 개인이 잠재력—과 가능성—을 지켜나갈 수 있게 하는 서로 다른 기회와 제약을 제공한다. 따라서 심리사회적 유예는 인간 발달의 시간표에 내재되어 있는 것 같다. 인간 발달 일정의 모든 '잠복기'와 마찬가지로, 성인기의 지연은 강력하고 운명적일 정도로 연장되고 강화될 수 있다. 따라서 그것은 매우 특별한 인간의 성취와 그러한 성취의 매우 특별한 약점을 설명한다. 다양한 문화권에서 혼전 성생활을 특징짓는 부분적인 만족과 부분적인 금욕이 무엇이든 간에—즉, 그것이 책임 없는 강제적 성기 활동에서 오는 쾌락과 자부심이든, 생식의 완성이 없는 에로틱한 상태이든, 또는 훈련되고 헌신적인 지연이든—자아 발달은 스타일과 정체성에 대한 감각을 고양시키기 위해 청소년기의 심리성적인 힘을 이용한다. 여기서도 인간은 결코 동물이 아니다. 심지어 사회가 양성의 생식기적 친밀감을 증진시키는 경우에도 정형화된 방식으로 그렇게 한다. 다른 한편으로, 성행위는 생물학적으로 생식 행위다. 그리고 장기적으로 생식의 완성과 돌봄에 유리하지 않은 모든 성적 상황에는 정신생물학적인 불만족—일정 기간 동안 그리고 정체성 형성의 목적에 유리한 조건하에서 모든 부분적인 금욕을 감내할 수 있듯이, 다른 건강한 사람들이 용인할 수 있는 불만족—요소가 있다. 여성의 경우, 출산 약속의 첫 번째 단계인 성행위에 생리적으로나 감정적으로 더 깊게 관여하기 때문에, 이러한 불만족은 의심할 여지 없이 훨씬 더 큰 역할을 수행한다. 이러한 출산 약속의 규칙적인 신체 및 정서적 신호는 바로 그녀의 월경 주기다. 이에 대해서는 다음 장에서 더 자세히 논의할 것이다.

청소년 생식기 성숙의 완전한 완성에 대한 다양한 장애물은 인간에게 심각한 결과를 초래하는데, 이 결과는 미래 계획에 중요한 문제를 제기한다. 가장 잘 알려진 것은 정서적으로 고요한 초기 학령기 이전에 나타나는 초기 심리성적 단계, 즉 자기성애적 손조작, 과대망상, 격렬한 놀이를 지향하는 유아 생식기 및 운동 단계의 퇴행적 재발이다.[4] 그러나 청소년기에 자기성애, 과장, 장난기는 모두 생식기 능력과 운동성 성숙에 의해 엄청나게 증폭되며, 우리가 지금 젊은이들의 새로운 역사적 관점으로 묘사하려는 것에 의해 매우 복잡해진다.

청소년들의 불만족스러운 탐색과 고유의 충만함에 대한 가장 널리 퍼진 표현은, 일반적으로 '정신없이 바쁨', '무언가를 쫓아다니기', '바쁘게 움직이기'이거나, 또는 활기찬 일, 스포츠에 몰두하는 것, 신나는 춤, 속수무책의 유랑, 빠른 동물과 기계의 이용 및 오용과 같이 적절한 운동의 형태로 나타나는 이동에 대한 갈망이다. 그러나 만약 그들이 '이동하고' 있다고 느끼고 열린 미래를 향해 무언가를 진행시키는 데 필수적이라고 느껴야 할 필요성에 단지 호소하는 경우라면, 그것은 또한 그날의 운동(지역적 소란을 일으키는 폭동이든, 주요 이데올로기 세력의 행진이나 캠페인이든)에 참여함으로써 표현되기도 한다. 사회가 청소년의 역사적 목표에 봉사하기 위해 이들을 활용하고자 이념적 관점과 격렬한 움직임(춤, 스포츠, 퍼레이드, 시위, 폭동)의 여러 의례적 조합을 제공한다는 것은 분명하며, 사회가 그렇게 하지 못하는 경우, 이러한 패턴들은 진지한 게임, 선의의 어리석음, 잔인한 장난, 그리고 범죄적 싸움으로 가득 찬 소규모 집단에서 고유한 조합을 찾을 것 또한 분명하다. 인생 주기의 다른 어떤 단계에서도 자신을 찾겠다는 약속과 자신을 잃어버릴지 모른다는 위협이 그렇게 밀접한 동맹을 맺고 있지는 않다.

운동과 관련하여 우리는 두 가지 위대한 산업 발전, 즉 동력 엔진과 영화를 언급할 필요가 있다. 물론 동력 엔진은 우리 기술의 핵심이자 상징이며, 그것을 습득하는 것은 현대 청소년들의 목표이자 열망이다. 그러나 미성숙한 청소년들과 관련하여 자동차와 영화 모두 이들에게 강렬한 활동성의 도취적 망상과 함께 편향된 수동적 운동성을 제공한다는 점을 이해해야 한다. 청소년들 사이에 자동차 절도와 자동차 사고가 빈번한 것은 많은 비난을 받고 있다(대중이 이해하는 데 오랜 시간이 걸리겠지만, 절도는 이득을 위한 전유물인 반면, 자동차는 일종의 자동차 중독에 빠진 젊은이들이 훔치는 경우가 많으며 말 그대로 자동차와 젊은이가 함께 달아날 수 있다.). 그러나 운동 전능감은 크게 부풀리면서도, 능동적인 운동의 필요성은 충족되지 않는 경우가 많다.

영화는 특히 폭력과 성적 지배의 클로즈업된 장면들이 시간 간격을 두고 배치된 인위적으로 확장된 시야에서, 마치 감정의 엔진이 달린 것처럼, 앉아 있는 구경꾼에게 빠르고 격렬한 움직임을 제공한다. 이 모든 것이 지성, 상상력 또는 노력에 대한 최소한의 요구 없이 가능하다. 나는 여기서 청소년기 경험의 광범위한 불균형을 말하고 있는데, 그것이 새로운 종류의 청소년기 분출을 설명하고 숙달의 새로운 필요성을 나타낸다고 생각하기 때문이다. 이러한 숙달은 기계적인 맥동을 리드미컬한 자유분방함과 의례적인 성실함과 결합하는 최신 댄스 스타일에서 암시된다. 덧없는 멜로디로 강조되는 각 댄서의 고립은 산발적으로 파트너와 합류하도록 하는데, 이는 서로 붙어서 멍하니 쳐다보며 지나쳐가는 파트너들의 가장된 친밀감보다 더 사실적으로 청소년기의 요구를 반영하는 것 같다.

내적 충동과 동력화의 끊임없는 맥박에 동시에 압도당하는 느낌이 갖는 위험은, 기술 개발을 적극적으로 담당하고, 발명의 독창성, 생산의 개선, 기계의 관리를 배우고 그것들과 동일시할 수 있는, 따라서 젊음의 능력을 새롭고 무제한적으로 적용할 수 있는 일부 청소년층에서 부분적으로 상쇄된다. 그러한 기술적 경험의 혜택을 얻을 수 없는 곳에서 청소년들은 격렬한 움직임으로 폭발한다. 그것이 주어지지 않는 곳에서는, 기술과 비기술적 지능이 어느 정도 융합될 때까지 현대 세계로부터 소외된 것처럼 느껴질 것이다.

10대 전반기에 발달하는 인지적 재능은 청소년의 과업에 강력한 도구를 추가한다. 피아제(Piaget)는 10대 중반에 이루어지는 인지적 향상을 "형식적 조작"의 성취라고 부른다.[5] 이것은 청소년이 이제 가상의 명제에 따라 조작할 수 있고, 가능한 변수와 잠재적인 관계를 생각할 수 있으며, 이전에 필요했던 특정한 구체적 점검과 무관하게, 사고 속에서 독립적으로 생각할 수 있음을 의미한다. 제롬 S. 브루너(Jerome S. Bruner)가 말했듯이, 이제 아이는 "주어진 시간에 존재할 수 있는 모든 대안적 가능성의 범위를 체계적으로 구상"할 수 있다.[6] 아이는 상상할 수 있는 모든 가능한 관계 중에서 개인적, 직업적, 성적, 그리고 이념적 헌신에 대한 선택을 계속해서 좁혀나가는 일련의 과정을 거쳐야 하기 때문에, 그러한 인지적 성향은 정체감을 발달시켜야 할 젊은이의 필요에 대조가 아닌 보완을 이루게 된다.

여기서 다시 다양성과 충실함은 양극화된다. 그들은 서로를 중요하게 만들고, 서로를 살아 있게 한다. 다양성의 느낌이 없는 충실함은 집착과 지루함이 될 수 있다. 반면, 충실함의 느낌이 없는 다양성은 공허한 상대주의가 될 수 있다.

4.

따라서 정체감은 넓은 범위의 가능한 정체성이 예상되는 곳이라면 어디에서든 더 필요해진다(그리고 더 문제가 된다). 앞 장에서 나는 실물이 얼마나 복잡한지를 지적했다. 여기에 우리는 동일성의 최우선적 의미, 즉 돌이킬 수 없는 역사적 사실로서 받아들일 수 있고, 또한 가능하다면 자랑스럽게 받아들일 수 있는 인격의 통일성을 추가한다.

따라서 우리는 이 시대의 가장 큰 위험을 정체성 혼란으로 기술했는데, 그것은 지나치게 긴 유예(햄릿의 고상한 예가 보여주듯이)로 표현되거나, 갑작스러운 선택으로 유예를 끝냈다가—다시 말해, 역사적 가능성을 타진하다가—어떤 돌이킬 수 없는 약속이 이미 이루어졌다는 사실을 부인하려는 거듭되는 충동적 시도로 나타나거나, 또는 이전 장에서 설명한 것처럼, 때때로 심각한 퇴행성 병리 증상으로 나타날 수 있다. 그러므로 다른 모든 단계와 마찬가지로, 이 단계의 지배적인 문제는 능동적이고 선택적인 자아가 책임을 지고 있다는 확신, 그리고 주어진 연령 집단에 필요한 자리를 부여하는—또 그들을 필요로 하는—사회 구조에 의해 자아가 책임질 수 있게 된다는 확신이다.

올리버 웬들 홈스(Oliver Wendell Holmes)에게 보낸 편지에서, 윌리엄 제임스는 그들의 우정으로 "다시 세례받기"를 원한다고 말했고, 이 한마디는 청소년의 사회적 인식과 사회적 요구의 급진적인 방향과 관련하여 많은 것을 말해준다. 10대 중반부터, 사고 능력과 상상의 힘은 청소년들이 그토록 깊이 몰두할 수 있는 사람과 인격을 뛰어넘는다. 청소년은 사람들 안에서 그들이 '대표하는' 것을 사랑하고 미워하며, 종종 실제로 너와 나보다 더 큰 문제를 포함하는 중요한 만남을 위해 그들을 선택한다. 우리는 햄릿이 친구 호레이쇼에게 사랑을 선언하는 것을 들었는데, 그 선언은 "여기서는 너무 지나친 것"으로서 금방 깨져버렸다. 개인이 자신의 새로운 조상과 진정한 동시대인으로 선택한 사람들과 함께 그리고 그들에 의해 다시 태어나기를 바라는 것은 새로운 현실을 위해서다.

이 상호 선택은 종종 부모가 제공하는 환경에 대한 반항 또는 이탈과 연관되어 해석되기는 하지만—때때로 새로운 의미를 구체적으로 만드는 데 필요한 아주 오래되고 지나치게 전문화된 단어를 느슨하게 사용하자면—내가 이미 '역사적'이라고 부른 실로 새로운 관점을 표현한 것이다. '역사적 관점'이란 인간이 오로지 청소년기에만 발달시키게 되는 어떤 것을 의미한다. 그것은 중요한 사건의 되돌릴 수 없는 감각이며, 현실과 사상에서 어떤 종류의 사건들이 다른 사건들을 결정하는지, 그리고 그 이유는 무엇인지를 완전하고 신속하게 이해해야 할 긴급한 필요성이다. 우리가 보았듯이, 피아제와 같은 심리학자들은 어떤 과정이든 사고 속에서 단계를 거슬러 올라가며 가역될 때 이해될 수 있음을 인식하는 능력이 청소년에게 있다는 것을 인정한다. 그러나 그러한 가역성을 이해하게 된 사람은 실제로 생각할 수 있는 모든 사건들 가운데 소수의 사건만이, (인간의 경우) 자격이 있든 없든, 고의적이든 고의적이지 않든 간에, 역사적 숙명으로 서로를 결정하고 그 범위를 한정할 것이라는 사실 또한 깨닫는다고 말하는 것은 모순이 아니다.

따라서 청소년은 자신이 개인사나 역사에서 이전에 일어난 일에 의해 어쩔 수 없이 결정될 수 있다는 어떤 암시에도 민감하다. 심리사회적으로 말하자면, 이것은 돌이킬 수 없는 유년기의 동일시가 개인에게서 그 자신의 정체성을 박탈한다는 것을 의미한다. 역사적으로, 그러한 기득권은 한 집단이 복합적인 역사적 정체성을 실현하는 것을 방해할 것이다. 이러한 이유로 청소년은 종종 부모와 권위자들을 거부하고 그들을 하찮은 존재로 여기고 싶어한다. 왜냐하면 청소년은 돌이킬 수 없는 것을 예측하고 그럼으로써 미래를 앞서 나갈 수 있다고—다시 말해서 미래를 전도시킬 수 있다고—주장하거나 주장하는 것처럼 보이는 개인들과 운동을 찾기 때문이다. 이것은 다시 청소년이 우주의 과정이나 역사적 추세를 예측하는 신화와 이데올로기들을 받아들이는 것을 설명하는데, 이는 지적이고 실용적인 청소년이라도 자신이 관리할 수 있는 세부 사항이 무엇을 대표하는지 그리고 자신이 어디에 서 있는지를 알게 되면(또는 설득력 있게 듣게 되면) 이들 세부사항에 전념할 수 있도록 하는 더 큰 틀을 기꺼이 확정할 수 있기 때문이다. 따라서 '진정한' 이데올로기는—한동안은—역사에 의해 확인된다. 이데올로기에 의해 영감을 얻은 청소년은 예언된 역사를 사실보다 더 현실로 만들 것이기 때문이다.

나는 청소년의 마음속에서 사람들이 '대표하는' 것을 지적함으로써, 젊은이에게 있어 존경받는 개인들이 갖는 의미의 이념적 노골성을 과도하게 강조하려는 것이 아니다. 의미 있는 인물의 선택은 종교적이고 이념적인 교제뿐 아니라 학업이나 직업 선택과 같은 두드러진 현실적 틀 안에서 이루어질 수 있는 반면, 영웅을 선택하는 방식은 진부한 예의와 적대감에서 건전성과 합법성의 경계를 넘나드는 위험한 놀이에 이르기까지 다양하다. 그러나 이들 경우는 사람들이 보기보다 능력이 있고 현재 또는 앞으로 있을 질서에 필요한 잠재력을 가진 개인으로서 인정받기 위해 상호 판단하고 상호 호소한다는 공통점이 있다. 관련된 성인 세계의 대표자들은 기술적 정확성, 과학적 탐구 방법, 진리에 대한 설득력 있는 표현, 공정성의 규범, 예술적 진실성의 표준 또는 개인적 진가를 나타내는 방식의 옹호자이자 실천가일 수 있다. 그들은 가족, 대중 또는 경찰의 눈에 그렇게 보이든 보이지 않든 간에, 이와는 독립적으로 젊은이의 눈에는 엘리트의 대표자가 된다. 선택은 위험할 수 있지만, 일부 청소년들에게 위험은 실험의 필수 요소다. 근본적인 것들은 위험하며, 청소년이 위험에 과몰입할 수 없다면 진정한 가치를 존속시키는 데—심리사회적 진화의 주요 메커니즘의 하나인—전념할 수 없다. 기본적 사실은 충실함이 그것의 표현의 장을 찾을 때에만, 인간이 자신의 날개에 의지하여 생태적 질서 안에서 어른의 자리를 차지할 수 있을 때, 말하자면 둥지 속의 새끼 새처럼 준비가 된다는 것이다.

인간 청소년기에 이 표현의 장이 헌신적 순응주의나 극단적인 일탈, 재헌신이나 반항 중 하나로 번갈아 나타난다면, 우리는 인간이 다양한 조건에 반응해야 할(그리고 청소년기에 가장 강렬하게 반응해야 할) 필요성을 기억해야 한다. 심리사회적 진화의 배경에서 우리는 비록 역사적 조건은 다르지만, 순응주의자뿐 아니라 독특한 개인주의자와 반항아에게도 장기적 의미를 부여할 수 있다. 건전한 개인주의와 헌신적 일탈은 회복되어야 할 완전성에 봉사하는 분노를 포함하며, 이것이 없으면 심리사회적 진화는 파멸할 것이기 때문이다. 따라서 인간 적응에는 충성스러운 일탈자들, 반역자들이 포함되는데, 그들은 한때 좋은 구절이었으나 변명조로 그리고 운명론적으로 오용되곤 하는, 종종 "인간의 조건"이라고 불리는 것에 적응하기를 거부한다.

비범한 개인의 충성스러운 일탈과 정체성 형성은 종종 신경증 및 정신병적 증상과 관련이 있거나, 또는 적어도 청소년기의 모든 소외를 겪게 하는 상대적 고립의 연장된 유예와 관련이 있다. 『청년 루터』에서 나는 한 위대한 청년의 고통을 그의 위대함과 그의 역사적 위치의 맥락에 두려고 시도했다.[7] 그러나 불행하게도 그러한 작업은 많은 청소년에게 가장 시급한 질문, 즉 특별한 재능과 신경증 간의 정확한 관계에 대한 답을 제시하지 못한다. 개인적 재능의 독창성과 개인적 갈등의 깊이 사이에는 종종 본질적인 관계가 있다고 말할 수 있을 뿐이다. 그러나 이미 독창적이거나 위대하다고 공인된 사람의 삶에서 그 두 가지가 모두 출현하는 것을 자세히 설명하는 전기는 거의 도움이 되지 않으며, 오늘날 깊은 갈등과 독창적인 재능을 가진 사람들에게 혼란을 줄 수 있다. 좋든 싫든, 오늘날 우리는 정신의학적 깨달음을 얻었고, 사실 정체성 혼란을 일으키는 다른 모든 요소들과 결합하는 정신의학적 형태의 자의식을 가지고 있다. 그러므로 (성 바오로 대성당의 총독이 내 책의 서평에서 반쯤 뻔뻔하게 말한 것처럼) 젊은 루터의 천재성이 정신의학적 관리에서 살아남을 수 있었을지 묻는 것은 이치에 맞지 않는다. 또한 우리의 '치료적' 시대 이전에 경험했던 종류의 양심의 가책과 자신의 의구심을 비교하는 것 또한 젊은 동시대인들에게 별로 도움이 되지 않는다. 이렇게 말하는 것이 무자비해 보일 수 있지만, 오늘날 독창성과 창의성은 **우리의** 지배적인 가치로써 절호의 기회를 잡아야 할 것이다—그리고 여기에는 치료를 수락하거나 거부하는 기회가 포함될 수 있다. 한편, 다루기 쉬운 다른 복잡성과 함께 자신이 일종의 신경증을 **갖고 있는** 것처럼 보이는지 또는 신경증에 **걸린** 것처럼 보이는지 자가 진단할 수 있는 간단한 테스트도 찾아볼 수 있다. 후자의 경우, 이 수동적인 곤경을 전자인 능동적인 곤경으로 바꾸는 데 있어 도움을 받아들이는 것이 너무 모욕적이거나 위협적이지 않아야 한다. 독창성은 스스로를 돌보며, 어쨌든 도움의 필요성을 거부하는 것에 의존하는 경우 정체성의 토대로서 의심되어야 한다.

5.

다시 한 번 정신의학의 역사로 돌아가 보자. 프로이트는 첫 번째 발표 사례인 청소년 신경증의 고전적 사례에서 "모든 …… 증상 가운데 가장 흔한 **경미한 히스테리**"를 앓고 있는 18세 소녀와의 만남을 묘사하고 있는데, 소녀가 프로이트로부터 "어떤 종류의 도움"을 원하는지에 대해 치료 마지막에 가서 프로이트가 어리둥절했던 것을 돌아보는 것은 흥미롭다. 그는 그녀의 신경증적 장애의 구조에 대한 자신의 해석에 대해 그녀와 이야기했는데, 이 해석은 히스테리 발달의 심리성적 요인에 대한 그의 고전적 간행물의 중심 주제가 되었다.[8] 그러나 프로이트의 임상 보고서는 수십 년 동안 놀라울 정도로 신선하게 남아 있으며, 오늘날 그의 사례 기록은 충실함의 문제에서 소녀의 이야기의 심리사회적 중심을 분명하게 보여준다. 사실상 심각하게 과장하지 않고, 다음 세 단어가 그녀의 사회생활사를 특징짓는다고 말할 수 있다. 그것은 그녀의 인생에서 가장 중요한 일부 어른들의 성적 **부정**, 실제로 소녀의 병을 촉발시킨 원인이었던, 그녀를 유혹하려는 아버지 친구의 시도를 부인한 아버지의 **배반**행위, 그리고 그녀의 병과 관련된 진실을 인정할 만큼 그녀에 대한 충분한 확신도 없이, 여러 가지 문제에서 그녀를 **속을 터놓는 친구**로 삼으려고 했던 주변의 모든 어른들의 이상한 경향이다.

프로이트는 물론 다른 문제에 초점을 맞추었고, 정신외과 의사의 집중력으로 그녀의 증상들과 그것들의 역사의 상징적 의미를 밝혀냈다. 그러나 항상 그렇듯이, 그는 그의 관심사가 아닌 주변적인 자료를 보고했다. 따라서 그를 다소 당혹스럽게 하는 문제들 중에서, 그 환자가, 자신의 병의 조건들을 "단지 상상했을 뿐(따라서 만들어냈을 뿐)이라고 그가 가정한다는 생각에 제정신이 아니었"으며, "내가 그녀에게 정말 솔직했는지—또는 그녀의 아버지처럼 믿을 수 없었는지—를 계속 확인하기 위해 안절부절하지 못"했다고 프로이트는 보고하고 있다. 결국 그녀가 "자신이 알고 있는 비밀을 주변의 어른들에게 알리기 위해" 치료를 중단하고 분석가를 떠났을 때, 프로이트는 그러한 공격적인 진실성을 그들과 자신에 대한 복수 행위로 여겼다. 이 부분적 해석 또한 그의 해석 경향에서 벗어나지 않는다. 그럼에도 불구하고 우리가 지금 볼 수 있듯이, 특히 청소년의 경우 내면의 진실을 부정하는 것보다 역사적 진실에 대한 이러한 주장에 더 많은 것들이 담겨 있다. 무엇이 그들을 진실되거나 부정한 유형으로, 또는 병들었거나 반항적인 유형으로 돌이킬 수 없이 확정하는가에 대한 문제는 청소년들의 마음 속에서 가장 중요한 문제이기 때문이다. 그리고 추가질문—그들을 아프게 한 조건들을 혐오한 것이 옳았는지—은 그들의 병의 '더 깊은' 의미에 대한 통찰만큼이나 그들에게 중요하다. 다시 말해서, 그들은 그들의 병이, 그들이 적응하기를 바라는 또는 (도라(Dora)의 아버지가 그녀를 프로이트에게 데려갔을 때 말한 것처럼) "제 정신으로 돌아오기를" 바라는 환경의 부패한 조건들에 따르지 않고, 그 자체를 초월하여 새롭고 변경된 조건의 가능성을 가리키는 역사적 진실의 재구성 안에서 인식되어야 한다고 주장한다.

의심할 여지 없이 도라는 그때까지 히스테리 환자였고, 그녀의 증상의 무의식적인 상징적 의미는 심리성적이었다. 그러나 이 사례에서 그녀의 장애와 촉발된 사건의 성적인 성격이 우리로 하여금 암시된 모든 성적인 상황에서 부정이 공통된 주제라는 사실과, 다른 부정행위들(가족과 공동체 내에서 다른 배신의 형태로 나타나는) 또한 다른 시대와 장소에서 다양한 방식으로 청소년들을 병들게 한다는 사실을 보지 못하게 해서는 안 된다.

실제로 청소년기에 이르러서야 체계적인 증상 형성 능력이 발달한다. 다시 말해, 정신의 역사적 기능이 통합된 경우에만, 중대한 누락과 억압이 충분히 뚜렷해져서 일관된 증상의 형성과 식별 가능한 성격 변형을 유발할 수 있다. 퇴행의 깊이는 병리적 증상의 심각성과 이와 함께 사용될 치료법을 결정한다. 그러나 모든 신경증적 고통의 '가장 높은' 수준인 히스테리는 다양한 구성 요소를 덜 악성으로 만들고 심지어 다소 과장된 것으로 만들지만, 제4장에서 병이 든 모든 청소년들에게 공통적인 것으로 기술된 병리적 상태는 도라의 전체 상태에서 분명하게 알 수 있다. 우리가 말했듯이, 이러한 증상은 부모로서의 모든 전제조건이 재검증되는 동안 시간의 흐름을 인정하기를 거부하는 것으로 특징지어진다. 그리고 도라는 "아마도 완전히 진짜는 아니었을 **권태증**"으로 고통을 받았다. 그러나 그러한 둔화는 병의 유예를 그 자체로 끝내는 것이다. 우리는 이 시기에 죽음과 자살이—'완전히 진짜는 아니지만' 때로는 예측할 수 없는 자살로 이어지는—가짜 집착이 될 수 있다고 말했다. 그리고 도라의 부모는 "그녀가 더 이상 삶을 견딜 수 없어 떠난다는 편지를" 발견했다. "그녀의 아버지는 …… 그녀에게 심각한 자살 의도는 없었다고 추측했다". 그렇게 확고한 결심이었다면 삶이 성인으로서의 헌신으로 이어지기 전에 그녀는 목숨 자체를 끊었을 것이다. 또한 연대감을 없애고 속물적인 고립을 초래할 수 있는 사회적 고립도 있다. 도라는 "사회적 관계를 피하려고 노력했고," "거리를" 두었으며, "비우호적"이었다. 정체성 형성의 첫 단계에 수반될 수 있는 폭력적 거부감의 분출은 자아를 외면한 신경증적 증상이다. "도라는 자신에 대해서도, 가족에 대해서도 만족하지 못했다."

또 거부된 자아는 충실함을 제공할 수 없으며, 당연하게도 사랑의 결합이나 성적인 만남을 두려워한다. 모든 기술과 방법의 실행은 그 활동이 암시하는 역할과 지위에 개인을 속박시키는 것으로 의심된다는 점에서, 종종 이 상태(도라는 '피로와 집중력 부족'으로 고통받았다.)와 관련된 작업 억제는 실제로 경력 억제라고 할 수 있다. 따라서 다시 말하지만, 진정한 유예는 불가능하다. 단편적인 정체성이 형성되는 곳에서 그것은 매우 자의식적이며, 즉시 시험대에 오른다. 분명히 도라는 지성적인 여성이 되어 그녀의 성공적인 오빠와 경쟁하고자 하는 자신의 소망을 좌절시켰다. 이러한 자의식은 속물적인 우월감—자신이 자신의 공동체와 역사적 시대에, 또는 실제로 이런 삶을 살기에 너무 좋은 사람이라는 확신—과 아무 존재도 아니라는 똑같이 심오한 감각이 이상하게 혼합된 것이다.

6.

우리는 청소년 정신병리의 가장 명백한 사회적 증상을 그려보았다. 이는 부분적으로 신경증적 증상의 무의식적 의미와 복잡한 구조에 수반되는 행동 양상이 지나치게 개방되어, 환자가 그렇게 단순한 진실을 말함으로써 거짓말을 하고 있는지, 아니면 가장 명백하게 그것을 회피할 때조차도 진실을 말하고 있는지 종종 의아해진다는 것을 나타내기 위한 것이다. 이에 대한 답은 그들의 메시지에 내포된 상징성뿐만 아니라 그들이 말하고 **있는** 것을 들어야 한다는 것이다.

그러나 제시된 설명은 고립된 청소년기를 괴로워하는 청소년과 일탈적 패거리와 갱단에 합류하여 연장자들에 대한 의구심을 해결하려는 청소년을 비교하는 역할도 한다. 프로이트는 "정신 신경증이 말하자면 도착증의 반대 증상"[9]이라는 사실을 발견했는데, 이는 도착증 환자들이 '따르고자' 하는 성향들을 억압하면 신경증 환자들은 고통받는다는 것을 의미한다. 이 공식은 일탈적 패거리와 갱단에 가담한 이들이 음모로 해결하려고 하는 것을, 고립된 청소년들은 이탈함으로써 해결하려고 한다는 사실에 적용될 수 있다.

이제 이러한 형태의 청소년 병리로 눈을 돌리게 되면, 패거리나 갱단이 그 자체의 전통과 윤리를 갖춘 '국민' 또는 '계급'으로 자처하는 것은 역사적 시간의 불가역성에 대한 거부의 한 표현 방식이다. 그러한 집단의 유사-역사적 성격은 '나바호족', '성인(聖人)들' 또는 '에드워드주의자'들과 같은 이름에서 드러난다. 한편, 그들의 도발은 이따금 살인적인 과잉이 발생할 때마다 일어나는 무력한 분노, 그리고 이러한 '비밀 집단'이 정말로 어떤 조직적인 목적이 결여된 일시적인 유행에 불과함에도 그때마다 악의적인 억압이 따르는 병적인 과잉 우려와 결합하여 사회의 반대에 부딪힌다(전쟁 시대의 파추코(Pachucos: 멕시코계 미국인 청소년의 하위 문화를 지칭함. 19세기 후반에 미국과 멕시코의 국경 지역에서 나타나기 시작했으며, 젊은 멕시코계 미국인들이 미국의 편견과 불평등에 저항하는 수단을 제공하였음-옮긴이)를 기억하라). 그러나 고립된 젊은이의 고통과, 사이비 집단에 합류했다는 단순한 사실에서 가담자가 얻는 일시적인 이득을 간단히 비교함으로써 가장 잘 이해될 수 있듯이, 이들 집단은 각 구성원의 심리적 필요성과 결속의 근거인 냉정한 정당성에 대한 확고부동한 내적 감각을 보여준다. 직업을 꿈꿀 수 없는 고립된 자의 무능력에 수반하는 시간의 확산은 '일'—순간적으로 생각하고 즉각 실행하는 절도, 파괴, 싸움, 살인, 또는 도착이나 중독 행위—에 대한 가담자의 관심으로 '치료'된다. 패거리나 갱단의 구성원은 단지 '놀고 있는' 경우에도 항상 '바쁘기' 때문에, 이러한 '일' 지향성은 또한 작업 억제를 해결한다. 그들이 어떤 수치스러운 비난에도 움츠러들 준비가 되어 있지 않은 것은 종종 완전한 개인적 파멸의 표시로 간주되지만, 사실 그것은 젊은이(대부분 경제적, 민족적 측면에서 주변부에 속하는)가 그를 범죄자로 단정하고 전과자로서 '갱생'시키기 위해 애쓰는 사회와 함께 모험을 감수하기보다는 죽을 때까지 속하고자 하는 '종'의 표식이자, 바로 그 휘장이다.

고립된 자의 고통스러운 양성애 감정이나 사랑에 대한 미성숙한 욕구와 관련하여 사회 병리에 가담한 젊은이는 바로 그 합류하는 행위에 의해 분명한 결정을 내린 것이다. 즉, 소년은 복수심을 품은 남자이고, 소녀는 감성이 없는 여자다. 어느 쪽이든, 그들은 생식기의 기능으로서 사랑과 생식을 모두 부정할 수 있고, 남겨진 것에서 반(半)도착적인 사이비문화를 만들 수 있다. 마찬가지로, 그들은 공식적인 세계의 권위를 거부하고, 그 가담하는 행위에서 선택된 독단적인 형태의 권위만을 인정할 것이다. 반면에 고립된 이들은 그런 실존을 부정하고, 이와 더불어 자기 자신을 부정한다.

이러한 비교를 반복할 수 있는 정당성은 충실함이라는 공통 분모에 있다. 즉, 고립되어 고통받는 이들에게는 자기 자신에게 충실하고자 하는 무력한 갈망이 있고, 가담자들에게는 집단 및 그 휘장과 코드에 충실하고자 하는 열정적 시도가 있다. 나는 이를 통해, 고립된 이는 아프다는 것(그의 신체적, 정신적 증상이 증명하듯이), 또는 가담자는 점점 더 되돌릴 수 없는 그의 행동과 선택이 증명하듯이, 범죄자가 되어가고 있다는 것을 부정하려는 것이 아니다. 그러나 충실함(을 주고 받는 것)의 필요성이 이해되지 않고, 특히 젊은 일탈자가 교정 또는 치료 당국에 의해 미래의 범죄자 또는 평생 동안의 환자로 확정되는 극단적 진단에 직면한다면, 이론과 치료 모두 적절한 수단을 결여하게 되는 것이다.

극한의 상황에 처한 젊은이들은 결국 사회가 그들에게 제공하는 것보다는 이탈하거나 비행을 하는 데서 더 큰 정체감을 발견할 수 있다. 그러나 우리는 사회의 판단에 비해 전반적으로 이 젊은이들의 감춰진 감수성을 과소평가한다. 포크너(Faulkner)는 이렇게 말한다. "때때로 나는 나머지 우리들이 그렇게 말할 때까지는 누구도 완전히 미친 사람이 아니면 또한 완전히 제정신인 것도 아니라고 생각한다." "나머지 우리들"이 이 젊은이들을 정신병자나 범죄자로 진단하여 그들을 효율적으로 처리한다면, 그것은 부정적 정체성으로 나아가는 마지막 단계일 수 있다. 사회는 많은 젊은이들에게 이 한 가지 확실한 '확정'만을 제공하고 있다. 갱단은 당연히 그렇게 확정된 자들의 하위 집단이 된다.

도라의 경우, 나는 충실함의 필요성에 대한 현상학을 지적하려고 노력했다. 비행 청소년에 관해서는, 관련된 요소를 보여주기에 충분한 메시지를 전하는, 보기 드문 신문 기사 중 하나를 다시 한 번 인용할 수 있을 뿐이다. 카이 T. 에릭슨과 나는 이 사례를 우리가 쓴 「비행 청소년의 확정(The Confirmation of the Deliquent)」이라는 글의 도입부에 사용했다.[10]

판사가 말대꾸에 노역형을 부과하다.

월밍턴, 노스다코타주(UP) – 멜빵바지를 입고 상고머리를 한 '젠체하는' 청년이 부당한 판사에게 말대꾸를 했다는 이유로 오늘 6개월의 노역형을 시작했다.

월밍턴에 사는 20세의 마이클 A. 존스는 자동차를 위험하게 몰았다는 이유로 에드윈 제이 로버츠 주니어 판사의 고등 법원에서 25달러의 벌금형을 받았다. 그러나 그는 그대로 떠나지 않았다.

로버츠 판사는 벌금을 부과하면서 "네가 입은 멜빵바지와 상고머리를 보니 일이 어떻게 돌아갔는지 알겠어."라고 말했다.

"그렇게 살다간 5년 후에는 감옥에 가게 될 거야." 존스는 벌금을 내러 가면서, 보호관찰관 기돈 스미스가 판사에게 그 '젠체하는' 젊은 범죄자가 얼마나 골칫거리였는지 말하는 것을 우연히 들었다.

"제가 도둑이 아니라는 것을 판사님이 알아주셨으면 합니다." 존스가 판사에게 끼어들었다.

판사의 목소리가 법원 서기의 귀에 크게 울렸다. "판결을 6개월 노역형으로 바꾸시오."

나는 이 사건의 판사(판사도 사건도 다른 많은 경우와 다르지 않다)가, 필사적인 '역사적' 부정이었을 수도 있는 것을 권위의 존엄성에 대한 모독으로 받아들였다는 해석을 추가하기 위해 이 이야기를 여기 인용한다.[11] 그 부정은 진정한 반사회적 정체성이 아직 형성되지 않았다는 것, 그리고 그렇게 하고자 하는 누군가에 의해 이용될 수 있는 충분한 차별성과 잠재적 충실함이 남아 있다는 것을 주장하려는 시도다. 그러나 그 대신에 그 청년과 판사가 한 일은 물론 돌이킬 수 없는 것을 봉인하고 파멸을 확정하는 일인 것 같았다. 내가 '같았다'고 한 것은 이 사건 후에 무슨 일이 일어났는지 모르기 때문이다. 그러나 우리는 정체성 형성 기간 동안 사회에 의해 오로지 강력범죄자들과 동일시되도록 강요받는 젊은이들의 범죄 재발률이 높다는 것을 알고 있다.

7.

그렇다면 청소년의 정신병리학은 삶의 이 단계의 진화적, 발달적 측면에서 작용하는 것으로 밝혀진 동일한 문제들을 고려할 것을 제안한다. 그리고 우리가 지금 역사를 돌이켜본다면, 때때로 모든 종류의 정치적 지하운동이, 새로운 대의를 찾는 어떤 새로운 세대에서든 발견될 수 있는 충실함에 대한 '확실한' 요구뿐만 아니라 신앙을 발달시켜야 할 필요성을 박탈당한 사람들에게서 축적된 분노를 활용할 수 있고 또 활용한다는 사실을 간과할 수 없다. 여기서, 개인의 특별한 재능이 신경증과 관련이 있고 이를 회복시킬 수 있는 것처럼, 사회는 사회적 병리를 이용하고 회복시켜 활기를 되찾을 수 있다. 그러나 청소년기는 중간 상태이므로, 청소년의 모든 헌신, 용기 및 수완은 선동가에 의해 착취될 수 있으며, 모든 이념적 이상주의는 역사적 현실이 바뀌면 그저 허위에 불과할 수 있는 젊은이다운 요소를 유지한다.

따라서 훈련된 헌신의 힘으로서 충실함은 젊은이들이 다양한 종류의 경험에 참여함으로써 획득될 수 있다. 만약 청소년들이—전통의 수혜자이자 수호자로서, 기술의 실천가이자 발명가로서, 윤리적 힘의 갱신자이자 혁신가로서, 살아남은 것들을 파괴하려는 반군으로서, 그리고 광적으로 헌신하는 일탈자로서—합류하게 될 시대의 일부 측면의 본질을 이들의 경험이 드러내기만 한다면 말이다. 이것은 적어도 심리사회적 진화에 있어 청소년기가 가진 잠재력인 것 같다. 그리고 비록 이것이 청소년의 과장된 자기기만, 헌신으로 가장한 모든 탐닉, 또는 맹목적인 파괴에 대한 정당한 변명을 지지하는 합리화처럼 들릴지라도, 그것은 인간 적응 메커니즘의 다른 어떤 것과 마찬가지로, 이에 수반되는 엄청난 낭비를 적어도 이해할 수 있게 한다. 지적한 바와 같이, 청소년기 현상을 그것의 유아적 선례 및 충동과 양심의 근본적인 이분법으로 '임상적'으로 환원할 때, 이러한 낭비적인 과정에 대한 우리의 이해는 부분적으로만 촉진될 뿐이다. 우리는 또한 사회와 역사에서의 청소년기의 기능을 이해해야 한다. 왜냐하면 청소년 발달은 중요한 인물들과 이념적 세력 모두에 대한 일련의 새로운 동일시 과정을 구성하며, 이러한 과정은 청소년 정신의 강점과 (우리가 지금 명시해야 하는 것처럼) 약점을 모두 이어받기 때문이다.

청소년기에는 생애사와 역사가 교차한다. 여기서 개인은 자신의 삶의 방식으로 재생된 정체성과 사회에서 확인된다. 그러나 이 과정은 또한 인간의 역사 및 이념적 관점에서 청소년의 사고방식과 젊은이다운 열정이 운명적으로 살아남는다는 것과, 성인의 이성과, 정치적이건 사무적이건 수사적으로 너무나 명백한 이상주의적 확신 사이의 분열을 의미하기도 한다.

제2장에서 지적한 바와 같이, 역사적 과정은 이미 유년기에 개인의 핵심으로 들어간다. 과거의 역사는 부모의 이미지를 안내하고, 동화와 가족 이야기, 미신과 험담, 그리고 초기 언어 훈련의 단순한 교훈들에 특색을 부여하는 이상적이고 사악한 원형 안에서 살아남는다. 전반적으로 역사가들은 이를 대수롭지 않게 여긴다. 그들은 자율적인 역사적 관념의 경합만을 설명할 뿐, 이러한 관념들이 각 세대의 삶에 영향을 미치고, 종교와 정치, 예술과 과학, 드라마, 영화 및 소설—이것들은 모두 젊은 층이 흡수하는 역사적 논리에 다소 의식적으로, 다소 책임감 있게 기여한다—의 신화 제작자들을 경유하여, 젊은 개인들의 일상적인 역사 의식의 각성과 훈련을 통해 다시 나타난다는 사실에 무관심하다. 그리고 오늘날 우리는 적어도 미국 내에서는 정신의학과 사회과학을, 그리고 전 세계적으로는 모든 중요한 행동을 공개하고 즉각적인 보도 왜곡과 편집 반응을 추가하는 언론을 여기에 포함시켜야 한다.

우리는 각 세대의 청소년들이 역사 속으로 들어가기 위해 자신의 어린 시절과도 일치하고, 인식 가능한 역사적 과정 속의 이념적 전망과도 일치하는 정체성을 찾아야 한다고 말했다. 그러나 청소년기에 유년기 의존성의 형세는 서서히 역전되기 시작한다. 젊은이들에게 삶의 의미를 가르치는 것은 더 이상 나이 든 사람들만이 아니다. 그들에게 대표되는 삶이 어떤 중요한 전망을 가지고 있는지 여부를 반응과 행동을 통해 나이 든 사람들에게 말하는 것은 젊은이들이며, 자신들을 확정하는 사람들을 확인하고, 새롭게 하고 재생시키며, 부패한 것을 거부하고, 개혁하고 반항하는 힘을 지니고 있는 것 또한 젊은이들이다.

그리고 어떤 식으로든 '청소년과 동일시되는' '청소년 지도자들'이 있다. 나는 햄릿을 실패한 이념적 지도자라고 말해 왔다. 그의 드라마는 성공적인 이념적 지도자들을 구성하는 모든 요소들을 결합하는데, 즉 그들은 종종 연장된 청소년기의 바로 그 모순으로부터 카리스마의 양극을 만들어내는 후기 청소년들이다. 비범한 갈등의 깊이를 가진 개인은 또한 전체 세대의 위기에 자신의 개인적 위기에 대한 해결책—우드로 윌슨(Woodrow Wilson)이 말한 것처럼, 항상 "대규모 활동과 사랑에" 빠지고, 그들의 유일한 삶이 모두의 삶에서 중요해져야 한다고 항상 느끼며, 젊었을 때 그들을 흔들었던 것은 저주이자 추락, 지진, 벼락이었다고 항상 확신하는 것—을 제공하는 기이한 재능과 기이한 행운을 가지고 있다. 그것은 간단히 말해 그들의 세대와 이후에 올 많은 세대들이 공유해야 할 하나의 계시다. 그들의 의지에 반하여 선택되었다는 겸손한 주장은 보편적인 권력에 대한 소망을 배제하지 않는다. 키르케고르(Kierkegaard)는 자신의 영적 독백을 담은 일기에서 "지금부터 50년 후에는 전 세계가 내 일기를 읽을 것"이라고 썼다. 그는 아마도 의기양양하게는 아니지만, 대중 이데올로기의 임박한 교착 상태가 평행 고립의 이데올로기인 실존주의를 위한 공백상태를 야기할 것이라고 느꼈다. 우리는 이념적 지도자들이 역사에 어떤 영향을 미치는지--그들이 먼저 권력을 갈망한 후에 영적 불안에 직면하는지, 아니면 먼저 영적 파멸에 직면한 후에 보편적 영향력을 추구하는지-에 대한 질문(나는 젊은 루터에 대한 연구에서 이 문제에 접근했다)을 연구해야 한다. 그들의 대답은 종종 보다 포용적인 정체성이라는 제목하에, 인간, 특히 젊은이를 괴롭히는 모든 것을 포괄한다. 그것은 새로운 발명품과 무기로 인한 위험, 이 시기에 전형적으로 나타나는 유년기 트라우마로 인한 불안, 그리고 초정체성이 붕괴되는 시기에 확대되는 자아의 한계에 대한 실존적 공포다.

생각해 보면, 그러한 포괄적인 대답을 감히 하기 위해서는 특별하고 이상한 소명감이 필요하지 않을까? 가장 열렬한 이념가들 중에는, 자신들의 일시적인 자아 회복과 존재 및 역사의 힘에 대한 일시적인 승리의 자랑스러운 순간뿐 아니라, 가장 깊은 병적 고립, 영원히 청소년기에 머물 것 같은 자아의 방어적 태도-그리고 성인기의 평온함에 대한 두려움-를 자신들의 관념에 전달하는 재구조화되지 않은 청소년들이 있다는 것이 가능하고, 사실상 증명될 수도 있지 않은가? 도스토옙스키의 숨은 일기 작가는 "마흔이 넘도록 사는 것은 나쁜 취향"이라고 말한다. 마찬가지로, 가장 영향력 있는 지도자들 중 일부가 어떻게 부모 되기를 거부하고 결국 중년에 이르러 지도력 문제로 절망했는지 알아보기 위해서는 역사적이고도 심리학적인 연구가 필요하다.

아메리칸 드림과 마르크스주의 혁명이 만나는 기술적 초정체성에 이데올로기가 종속됨으로써, 오늘날 인본주의 전통의 지적인 청소년을 제외한 모든 사람들의 이념적 욕구가 충족되기 시작했다는 것은 분명하다. 그들의 경쟁이 상호 파멸로 이어지기 전에 중단될 수 있다면, 새로운 인류는 이제 거대한 규모로 건설하고 또 파괴할 수 있음을 깨닫고—생산물, 권력, 아이디어를 넘어서—인간 세대의 작용과 관련된 윤리적 문제에 지성(남성적일 뿐 아니라 여성적인)을 집중할 가능성이 있다. 과거 이데올로기에는 윤리적 구제 수단이 포함되었지만, 새로운 윤리는 결국 이데올로기와 기술의 동맹을 초월해야 한다. 왜냐하면 기술력 신장이 당분간 명성과 이익을 높일 수 있는 곳에서도 인간이 윤리적이고 세대적인 이유로 이를 어떻게 **제한**할 것인가가 중요한 문제가 될 것이기 때문이다.

도덕은 얼마간 살아남지만, 윤리는 결코 그렇지 않다. 이것이 각 세대와 함께 거듭나는 정체성과 충실함의 필요성이 나타내는 것인 듯하다. 도덕주의적 의미에서 도덕은, 사실상 계속해서 각 세대의 윤리적 기질을 훼손하는 미신과 비이성적 내부 메커니즘에 근거하는 것으로 보일 수 있다. 그러나 낡은 도덕은 새롭고 보다 보편적인 윤리가 우세한 곳에서만 소비될 수 있다. 이것이 여러 종교의 말씀이 인간에게 전하고자 하는 지혜다. 인간은 의례화된 말씀을 어렴풋하게만 이해했을 뿐이고 행동에서는 완전히 무시하거나 왜곡시켰음에도 불구하고, 그 말씀을 집요하게 고수했다. 그러나 고대의 지혜에는 현재 아마도 지식이 될 수 있는 것이 많이 있다.

가까운 미래에 서로 다른 부족과 국가의 역사를 가진 민족들이 궁극적으로 한 인류의 정체성이 되어야 하는 것에 합류하듯이, 그들은 과학과 기술의 작용에서만 최초의 공통 언어를 찾을 수 있다. 이것은 다시 그들이 전통적 도덕성의 미신을 투명하게 하는데 도움이 될 수 있으며, 심지어 자주 착취된 역사적 정체성의 약점 대신에, 신민족주의의 헛된 초정체성을 자리매김해야 하는 역사적 시기를 통해 그들이 빠르게 진보하도록 허용할 수도 있다. 그러나 그들은 또한, 그들을 겁주고 유인하기 위한 의식용 가면으로 제공되는, 현재 '확립된' 세계의 주요 이데올로기를 넘어서야 한다. 가장 중요한 문제는 새로운 이데올로기의 창출이 아니라 보편적인 기술문명에서 나타나는 보편적인 윤리의 창출이다. 이것은 이데올로기에 사로잡힌 청소년이나 도덕주의적인 노인이 아닌 남녀들에 의해서만 추진될 수 있다. 이들 남녀는, 대대로 우리가 생산하는 것이 그것에 의해 고무되는 **돌봄**으로 검증된다는 것을 안다. 조금이라도 가능성이 있다면, 그것은 회고적이든 전망적이든, 모든 신화보다 더 도전적이고, 더 실행 가능하고, 더 유서 깊은 세계 안에 있다. 즉, 그것은 마침내 윤리적으로 돌봄을 받는 역사적 현실 속에 있다.

제7장

여성성과 내부의 공간

1.

현대 세계에서 여성의 위치에 대한 인식이 강화된 데에는 많은 경제적, 실제적 이유가 있다. 그러나 더 이해하기 어렵고 암울한 이유도 있다. 도처에 편재한 핵 위협, 우주 공간으로의 비약적 진출, 지구적 소통의 증가는 모두 지리적 공간과 역사적 시간의 의미에서 총체적인 변화를 가져오고 있으며, 따라서 그것들은 인간의 새로운 이미지 속의 성 정체성에 대한 재정의에 다름 아닌 것을 필요로 한다. 나는 여기서 이전의 전쟁과 평화 스타일의 양성간 동맹과 대립을 논할 수 없다. 이것은 아직 기록되지 않은 역사이며 실제로 발견되어야 할 역사다. 그러나 인간이 만든 독이 우주 공간에서 여성의 자궁 속에 있는 태아의 골수로 보이지 않게 떨어지는 위험이, 갑자기 남성의 주요 관심사 중 하나인 정기적이고 더 크고 더 철저한 전쟁에 의한 갈등 '해결'을 그 한계에 이르게 한 것은 분명하다. 이미지 메이킹 및 의사결정 협의회에서 생물종 어머니들의 대표자 없이, 지금 세상에 존재하는 것과 같은 절멸의 가능성이 계속해서 존재해야 하는지에 대한 질문이 제기되고 있다.

핵 시대의 특별한 위험은 확실히 남성 리더십을 적응적 상상력의 한계에 밀어붙였다. 지배적인 남성 정체성은 그것이 건설에 도움이 되든 파괴에 도움이 되든 간에, '효과가 있는 것'과 인간이 만들 수 있는 것에 대한 애착에 기반한다. 바로 이러한 이유로, 인류의 단순한 존속을 위해 기술적 승리의 가능한 정점과 정치적 패권의 일부를 희생해야 한다는 너무나 명백한 필요성은 그 자체가 남성의 정체감을 강화하려는 노력이 아니다. 실제로 한 미국 대통령은 의무감을 느끼고, 깊은 감정을 담아 이렇게 말했다. "아이는 통계 수치가 아닙니다." 그러나 그의 간청에 담긴 거의 절박한 긴급성은 새로운 종류의 정치 및 기술 윤리의 필요성을 충분히 보여준다. 여성이 진화와 역사에서 항상 개인적으로 옹호해 왔던 것(가정의 현실주의, 양육에 대한 책임, 평화 유지를 위한 수완, 치유에 대한 헌신)을 공개적으로 대변하려는 결의를 갖는다면, 그들은 가장 넓은 의미에서 정치에 윤리적인 구속력을 더할 수 있을 것이다. 왜냐하면 그 구속력은 진정으로 초국가적이기 때문이다.

나는 많은 남성과 여성들이 공개적으로, 그리고 더 많은 사람들은 은밀하게 이것을 희망한다고 생각한다. 그러나 그들의 희망은 우리 기술 문명의 지배적인 경향과 깊은 내부의 저항과도 충돌한다. 자수성가한 남성은 여성에게 상대적인 해방을 '부여'함으로써 자기가 만든 자기 이미지만을 대등한 모델로 제시할 수 있었고, 이제 여성이 얻은 자유의 대부분은 제한된 경력 경쟁, 표준화된 소비 및 몹시도 힘든 살림에 대한 접근권을 얻는 데 사용되는 것으로 보인다. 따라서 여러 면에서 여성은 남성이 개발하고 우상화할 수 있는 독점적 기회를 가진 유형론과 우주론 안에서 자신의 위치를 지켜왔다. 다시 말해, 평등이 거의 실현된 경우조차 완전한 등가로 이어지지 않았으며, 평등권은, 여성의 가장 깊은 관심이 대중적 영향력이나 실제로 권력 게임에서 그들이 갖는 실제 역할로 표현된다는 의미에서, 결코 평등한 대표성을 확보하지 못했다. 인간을 그의 의기양양한 기술의 노예로 만들겠다고 위협하고 있는 거대한 일방성에 비추어 볼 때, 여성이 '완전한 인간'이 될 수 있는지, 그리고 어떻게 그렇게 될 수 있는지에 대한 여성과 남성의 현재의 열띤 토론은 정말로 우주적 놀림감이며, 이번만큼은 유머 감각이 있는 신들이 그리워질 지경이다. '완전한 인간'이 된다는 것이 무엇인지, 그리고 누가 누구에게 그것을 부여할 권리가 있는지에 대한 바로 그 질문은, 인간 본성의 잠재력에 있는 남성 및 여성적 요소에 대한 논의가 보다 근본적인 문제를 포함해야 함을 나타낸다.

그러므로 그 문제들에 접근할 때, 우리는 일치된 논의를 방해하는 특정한 감정적 반응이나 저항을 탐구하지 않을 수 없다. 우리 모두가 관찰한 바와 같이, 여성의 본성 또는 양육을 논의하는 것은 아주 최근의 해방을 찬성하고 반대하는 구호들을 소환하지 않고는 거의 불가능해 보인다. 도덕주의적 열정은 변화된 조건들보다 더 오래 지속되며, 페미니스트적 의심은 여성성의 고유성을 정의하는 것을 도우려는 모든 남성의 시도를 감시한다. 마치 남성이 그 고유성을 타고난 불평등으로 여길 것으로 예상되는 것처럼 말이다. 그러나 여전히 많은 여성들이 너무 많이 말하거나 너무 적게 말하지 않으면서, 그리고 도전적으로 또는 사과하듯이 말하지 않으면서 자신이 가장 깊숙이 느끼는 것을 명확하게 말하고, 그들에게 가장 민감하고 실제적인 것들을 표현하기 위해 적절한 단어를 찾는 것은 놀랍도록 어려운 일인 것 같다. 생생하고 깊숙이 관찰하고 생각하는 일부 여성들은, 마치 최후의 대결에서 '진정한' 지성이 없는 것으로 밝혀지는 것이 상당히 두려운 것처럼, 타고난 지성을 발휘할 용기를 내지 못하는 것 같다. 성공적으로 이루어진 학문적 경쟁조차도, 많은 경우, 이를 시정하지 못했다. 따라서 여성들은 제자리에 있지 않다고 느낄 때마다, 빨리 '자신의 위치'로 돌아가고 싶은 유혹을 여전히 받게 된다. 또한 여성 리더들 간의 그리고 이들 리더와 여성 추종자들 간의 관계에는 큰 문제가 있는 것 같다. 내가 판단할 수 있는 한, '이끄는' 여성들은 결정을 내리지 못한 많은 여성들이 말하려고 애쓰며 기꺼이 지지하려고 하는 것이 무엇인지, 그리고 이에 따라 그들이 세계 문제에 동등한 목소리를 냄으로써 얻고자 하는 바가 무엇인지에 대해 숙지하고 목소리를 내기보다는 (예외적이고 확고한 여성들만 생각할 수 있다는 주장에 마치 그들이 동의하기라도 하는 것처럼), 너무 변덕스럽거나 도덕적이거나 혹은 예리한 방식으로 이들을 이끄는 경향이 있다.

한편, 새로운 '페미니스트' 경보에 책임감 있게 대응하지 못하는 많은 남성들의 주저함과 다른 이들의 불안한 반응은 여러 차원의 설명들을 제시한다. 의심할 여지 없이 남성들 사이에는 너무 많은 동일성, 평등 및 등가성으로 인해 또는 어쨌거나 너무 자의식적인 대화에서 그들이 잃을까 두려워하는 성적 양극성, 필수적 긴장, 그리고 본질적인 차이를 어떤 대가를 치르더라도 유지하고자 하는 솔직한 의식이 존재한다. 이외에도 남성들(최고의 교육을 받은 사람도 여기에 포함되어야 하는데)의 방어적 태도에는 많은 측면들이 있다. 남자들이 욕망하는 경우, 이들은 공감하거나 공감을 청하는 것이 아니라 욕망을 깨우고 싶어 한다. 욕망하지 않는 곳에서는, 특히 공감에 의해 자신 안에서 다른 사람을 보고 다른 사람 안에서 자신을 볼 필요가 있는 경우, 따라서 장황한 설명에 대한 공포가 다름 속의 기쁨과 같음에 대한 연민을 모두 약화시키는 경우, 그들은 공감하는 것이 어렵다는 것을 알게 된다. 지배적 정체성이 지배적인 것에 의존하는 곳에서는 피지배자에게 진정한 평등을 부여하기가 어렵다는 것 또한 이치에 맞는다. 그리고 마지막으로, 노출되고, 위협받고, 궁지에 몰렸다고 느끼면 판단을 하기가 어렵다.

이 모든 것에는 오래된 심리적 이유들이 있다. 이성적인 사람들이 그것들을 무시하고 딴 길로 새기를 바라는 것과 같은 기이한 주제들이 있는 것 같다. 이러한 주제들 중에서 일상의 기적, 임신과 출산이라는 생리적 변화와 정서적 도전은 모든 남성을 유년기와 청소년기, 그리고 그 이후에 계속 불안하게 만들었다. 남성은 문화와 역사적 시대를 설명할 때 이것을 혹시 필요할지도 모를 그저 부차적인 문제로 인식한다. 남성은 습관적으로 인간의 생존이 그들 계획의 자랑스러운 일관성 덕분이라고 주장하며, 각 계획이 시험을 받고 많은 계획이 실패로 끝나는 동안 여성들이 몇 가지 필수적인 것들을 함께 유지하고, 재건하고, 재건할 사람들을 키워내는 도전에 직면한다는 사실을 잊어버린다. 남성과 여성, 부성과 모성 간의 새로운 균형은 양성의 관계에서 나타나는 동시대적 변화뿐만 아니라 과학, 기술, 그리고 진정한 자기 성찰이 진전되는 곳이면 어디든 퍼져나가는 더 넓은 인식에서 명백하게 예고된다. 그러나 현재 풍토에서 논의는 아주 오랫동안 이어져온 양면성과 모호성이, 이러한 문제에 대한 부분적인 통찰을 공유하려는 시도에 의해 완화되기보다는 일시적으로 악화되는 경향이 있다는 사실을 처음부터 인정할 것을 요구한다.

2.

너무 불완전하게 공식화되고 항상 강렬한 현실성을 유지하는 주제에 대해 논의하기에 앞서 고려해야 하는 또 다른 일반적인 사항이 있다. 모든 작업자는 자신이 서 있는 곳, 즉 자신의 분야와 자신의 작업이, 그가 알게 된 것처럼 문제를 확인하는 데는 성공했지만 제대로 처리하는 데는 실패했다고 느끼는 곳에서 시작할 것이고 또 시작해야 한다. 그러나 시작할 때마다, 버몬트주의 한 농부가 길을 묻는 운전사에게 한 말에 직면하기 쉽다. "글쎄, 나라면 거기 가려고 여기서 출발하지는 않을 텐데."

여기가 바로 내가 있는 곳이며, 나는 여기서부터 시작해야 한다. 「다이달루스(*Daedalus*)」의 〈청소년〉 호(號)를 더 발전시킨 책의 서문[1]에서, 나는—브루노 베텔하임(Bruno Bettelheim)의 결연한 시작에도 불구하고—그 이례적 심포지엄이 여성 청소년의 정체성 문제를 완전히 해결하지는 못했다는 점을 지적했다. 나는 이것이 심각한 이론적 결점이라고 느꼈다. 발달 연구자와 현업 정신분석가들은 통합된 여성 정체성의 출현에 있어 결정적인 삶의 단계가 청소년기에서 성숙기로 가는 단계이며, 이 시기에 젊은 여성은 경력과 무관하게 낯선 사람의 사랑과 그와 자신의 자녀를 돌보는 데 헌신하기 위해, 부모와 같은 가족으로부터 받는 보살핌을 포기한다는 것을 알고 있기 때문이다.

나는 충실함을 제공하고 받아들이는 정신적 및 정서적 능력이 청소년기의 완성을 나타내는 한편, 성인기는 사랑과 보살핌을 주고 받는 능력과 더불어 시작된다고 제안했다. 세대의 힘(이는 모든 종류의 인간 가치 체계의 기저에 있는 기본 성향을 의미하는데)은 두 성별의 젊은이들이 각자의 개인정체성을 찾고, 친밀함, 사랑, 결혼으로 융합하며, 각자의 전통을 활성화하고, 함께 다음 세대를 만들고 '양육하는' 과정에 달려 있다. 여기서, 어린 시절에 발달하는 성적 차이와 성향이 무엇이든 간에 모두 최종적으로 양극화되는데, 왜냐하면 그것들은 성인기를 나타내는 생산과 출산의 전체 과정의 일부가 되어야 하기 때문이다. 그러나 여성의 신체 설계가 선택된 남성의 자식을 낳을 운명인 '내부의 공간'과, 그로써 인간의 유아기를 돌보려는 생물학적, 심리적, 윤리적 헌신을 담보한다는 사실로 인해 여성의 정체성 형성은 어떻게 달라지는가? 이러한 헌신의 성향(그것이 경력과 결합되든, 그리고 심지어 실제의 모성으로 실현되든)은 여성적 충실함의 핵심 문제가 아닌가?

그러나 여성의 정신분석 심리학은 '여기서 시작'되지 않는다. 그것은 그 기원론적 지향, 즉 문제의 의미를 그 기원에서부터 추론하려는 노력에 따라, 대부분 자신들의 여성성과 어쩔 수 없이 불화를 겪는 여성 환자들로부터 재구성된 최초의 차별화 경험에서, 그리고 그들을 파멸시키는 것처럼 보였던 영구적인 불평등과 함께 시작된다. 그러나 정신분석적 방법은 성인이나 어린이를 막론하고 극심한 고통을 겪는 개인을 대상으로 하는 작업에서만 발전할 수 있었기 때문에, 어린 소녀가 성별 차이를 인식할 때 관찰 가능한 사실로서 무엇을 알 수 있는지, 시각이나 촉각으로 무엇을 알아낼 수 있는지, 무엇으로부터 강렬한 쾌감이나 불쾌한 긴장을 느낄 수 있는지, 마음대로 사용할 수 있는 인지적 및 상상적 수단으로 추론하거나 직관할 수 있는 것이 무엇인지를 밝히기 위해 임상 관찰을 최초의 출발점으로 수용할 필요가 있었다. 내 생각에는, 최초의 기본적인 관찰이 고통을 이해하고 치료법을 제공하는 임무를 가진 임상의에 의해 이루어졌고, 필연적으로 이들이 남성적 공감 수단으로 여성의 정신을 이해하고 계몽 정신이 지시하는 것, 즉 '현실의 수용'을 제공해야 했다는 사실에 의해 여성성에 대한 정신분석학적 견해가 크게 영향을 받았다고 보는 것이 공정한 것 같다. 볼 수 있고 파악할 수 있는 것(즉, 소년에게는 있고 소녀에게는 거의 없는 것)을 관찰하고, 매우 중요한 '유아 성(性) 이론'을 이러한 관찰에 기초하려는 어린 소녀들의 시도를 주로 이들의 재구성된 삶에서 임상의가 보았다는 것은 이러한 역사적 입장과 일치한다.

이러한 관점에서 볼 때, 가장 명백한 사실, 즉 남녀 아이들이 한 성에서는 음경이 그 자리에 상처 같은 구멍을 남겨둔 채 없어진다는 것을 조만간 '알게 된다'는 사실이 여성의 본성과 양육에 관한 일반화로 이어졌다. 그러나 적응적 관점에서 볼 때, 관찰과 공감이 긴급하거나 일시적인 혼란의 순간을 제외하고, 존재하지 않는 것에 전적으로 초점을 둔다고 가정하는 것은 합리적이지 않은 것 같다. 극단적인 도시환경을 제외한 모든 환경에서 여아는 더 나이 든 소녀와 여성, 그리고 암컷 동물에게서—생산적이고도 위험한 잠재력을 지닌—내부 신체 공간이 존재한다는 사실의 증거를 관찰하려는 경향이 있다. 여기서 우리는 임신과 출산뿐만 아니라, 수유 그리고 충만함, 따뜻함, 관대함을 암시하는 여성 해부학의 모든 볼록한 부분에 대해서도 생각하게 된다. 예컨대, 소녀들이 임신이나 월경의 관찰된 증상으로 인해 (어떤) 소년들 만큼이나 크게 당황한 것인지, 아니면—물론 그들이 이러한 자연 현상의 편재성과 의미를 이해할 수 있는 기회로부터 '보호'되지 않는다면—그러한 관찰을 여성 정체성의 토대로 받아들이는지에 대해서는 누구라도 의문이 들 것이다. 이제 의심할 여지 없이, 어린 시절의 다양한 단계에서 관찰된 데이터는 당시의 사용 가능한 인지적 수단을 통해 해석되고, 당시에 가장 강렬하게 경험된 신체 기관과 유사하게 인식될 것이며, 또 당시의 지배적인 충동을 부여받게 될 것이다. 꿈, 신화, 그리고 미신은 음부가, 피를 흘리는 상처뿐만 아니라 삼키는 입과 제거하는 괄약근이라는 함축적 의미를 (남녀 모두에 대해) 지니고 있다는 사실을 증명한다. 그러나 남자 또는 여자라는, 또는 그렇게 되어가는 누적된 경험은 두려운 유추와 환상들에 전적으로 의존할 수 없다고 나는 믿는다. 내 생각에, 감각적 현실과 논리적 결론은 운동감각적 경험과 '사리에 맞는' 일련의 기억에 의해 주어진 형식이며, 이러한 전체 설정에서 여성의 형태와 자세의 중심에 안전하게 자리 잡은 생산적인 내부 신체 공간의 존재는 잃어버린 외부 기관보다 훨씬 더 큰 실재성이 있는 것 같다.

만약 내가 여기서부터 시작한다면, 그것은 미래에 성차를 공식화하는 데 있어 프로이트 이전 시대의 억압과 부인에 굴복하지 않기 위해 적어도 프로이트 이후의 통찰을 포함해야 한다고 믿기 때문이다.

3.

여기서 말이 필요 없이 내 요점을 분명히 해주는 아이들의 노는 모습에 대한 관찰을 제시하고자 한다. 아이들은 10세, 11세, 12세의 캘리포니아 소년, 소녀들로서, 캘리포니아 대학의 '가이던스 연구(Guidance Study)'를 위해 일 년에 두 번 측정되고, 인터뷰를 하고, 검사를 받았다. 다음의 사실은 연구 책임자인 진 워커 맥팔레인(Jean Walker Macfarlane)의 여성적 천재성을 보여주는데, 20년 이상 동안 아이들(그리고 그들의 부모들)은 주기적으로 연구소에 왔을 뿐만 아니라, 거의 주저하지 않고 사실상－진 맥팔레인이 가장 좋아하는 단어로 말하자면－'열의'를 가지고 자신들의 생각을 털어놓았다. 그것은 그들이 성장하는 개인으로서 인정받고 있다는 확신을 가졌고, (그들이 설득력 있게 들은 대로) 무엇을 아는 것이 유용하고 무엇이 다른 사람들에게 도움이 될 수 있는지를 공개하고 보여주기를 열망했음을 의미한다. 캘리포니아 연구에 참여하기 전에 나는 놀이 행동－아주 어린 환자들이 말로써 의사소통할 수 없는 것을 이해하는 데 도움이 되는 비언어적 접근 방식－을 해석하는 것을 내 일로 삼았기 때문에, 각 어린이의 몇몇 놀이 구성물을 확보하고 그것들의 형식과 맥락을 사용 가능한 다른 데이터와 비교하기로 결정했다. 2년에 걸쳐 나는 150명의 소년과 150명의 소녀를 각각 세 번 만났고, 한 번에 하나씩 테이블 위에 있는 장난감들을 가지고 어떤 '장면'을 구성하는 과제를 제시했다. 장난감－가족, 제복을 입은 인물들(경찰, 비행사, 인디언, 승려 등), 야생동물과 가축, 가구, 자동차－은 다소 평범했지만, 많은 수의 블록도 함께 제공했다. 아이들에게 테이블은 영화 스튜디오이고, 장난감은 배우들과 소품들이며 자신들은 영화 감독이라고 상상하도록 요청했다. 그들은 '가상의 영화 속의 흥미진진한 장면'을 테이블 위에 배열한 다음 줄거리를 말해야 했다. 이 활동은 녹음하였고, 장면은 사진을 찍었으며, 아이는 칭찬을 받았다. 어떤 '해석'도 제공하지 않았다는 점을 덧붙일 필요가 있다.[2]

그런 다음 관찰자는 각각의 구조를 약 10년에 걸친 개인 자료와 비교하여 그것이 어린이의 내적 발달의 주요 결정 요인에 대한 단초를 제공하는지 확인했다. 전반적으로 이것은 도움이 되는 것으로 판명되었지만, 여기서 요점은 그것이 아니다. 실험은 또한 모든 놀이 구성을 서로 비교할 수 있게 했다.

몇몇 아이들은 이미 10대에 접어든 청소년으로, 노력할 만한 가치가 없는 일을 하는 듯한 다소 경멸적인 태도로 과제에 임했지만, 짙은 청바지와 화사한 드레스를 입은 밝고 의욕적인 대부분의 젊은이들은 연구의 전체 집단을 특징짓는 봉사와 기쁨에 대한 열망으로 과제를 수행했다. 그리고 일단 참여하면, 과제의 어떤 속성들이 그들을 안내했다.

그 속성들 중에서 공간 속성이 지배적이라는 것이 곧 분명해졌다. 장면의 절반만이 '흥미로운' 것이었고, 영화와 관련된 장면은 일부에 불과했다. 사실상 마지막에 들려준 이야기는 대부분 짧았고, 구두 테스트에서 입증된 풍부한 주제에 비할 바가 아니었다. 그러나 아이들이 블록과 장난감을 선택해서 공간적 속성에 대한 명백히 확고한 감각에 따라 배치하는 신중함과 미적 책임감(으로 부르고 싶은 것)은 놀라웠다. 마지막에, 그들이 완성감을 느끼고 마치 말 없는 경험에서 깨어난 듯 내게로 몸을 돌려 "이제 준비됐어요"–이것이 다 무엇에 관한 것인지 말할 준비가 되었다는 것을 의미하는—라고 말하도록 한 것은 "이제 됐어"라는 갑작스런 느낌인 것 같았다.

나 자신은 상상적 주제뿐만 아니라 일반적으로 생애주기의 단계와 특히 사춘기 이전의 신경증적 긴장 형태와 관련된 공간적 배치를 관찰하는 데 가장 관심이 있었다. 성차는 내 관심의 초기 초점이 아니었다. 나는 진행 중인 구성물이 어떻게 앞으로 이동해서 테이블 가장자리로 가는지, 또는 뒤쪽 벽으로 다시 이동하는지, 얼마나 흔들거릴 정도로 높이 세워지는지 또는 테이블 표면에 가깝게 붙어있는지, 사용 가능한 공간에 넓게 퍼져있는지 또는 공간의 일부에 갇혀 있는지에 주의를 집중했다. 이 모든 것이 구성한 사람에 대해 무언가를 '말해 준다는 것'은 모든 '투사 기법'의 공개된 비밀이다. 이것 역시 여기서 논의할 수는 없다. 그러나 곧 나는 아이들의 놀이 구성물을 평가할 때 소녀들과 소년들이 공간을 다르게 사용한다는 사실과, 특정한 배치가 한쪽 성이 구성한 것에서는 눈에 띄게 자주 발생하고 다른 성이 구성한 것에서는 거의 발견되지 않는다는 사실을 깨달았다.

차이점 자체는 너무 단순해서 처음에는 당연한 것처럼 보였다. 그동안 역사는 이를 위한 슬로건을 제공해왔다. 즉, 소녀들은 **내부의** 공간을 강조하고 소년들은 **외부의** 공간을 강조한다.

나는 곧 이 차이를 간단한 배치 용어로 진술할 수 있었고, 다른 관찰자들이 놀이를 구성한 아이의 성별을 모른 채(그리고 그 차이의 가능한 의미에 대한 내 생각을 실제로 전혀 알지 못한 채) 구성물의 사진을 제시받았을 때, 그들은 사진에서 가장 지배적으로 나타나는 배치에 따라 사진들을 분류할 수 있었고, 그 차이는 통계적으로 유의했다. 이 독립적인 평가는 내가 나중에 남성적 배치라고 부른 것의 2/3 이상이 소년이 구성한 장면에서 발생했고 '여성적' 배치의 2/3 이상이 소녀의 구성에서 발생했음을 보여주었다. (나는 여기서 소년 또는 소녀가 구성했음이 분명한 비정형적 장면을 한층 더 특징짓는 미세한 부분들은 생략할 것이다.) 다음은 전형적으로 나타나는 배치다. 소녀의 장면은 집 **내부**이며, 주위에 벽이 없이 가구를 배치했거나 블록으로 만든 단순한 **울타리**로 표현된다. 소녀들의 장면에서 사람과 동물은 대부분 그런 내부나 울타리 **안에** 있으며, 주로 **정적**인(앉거나 서 있는) 위치에 있는 사람이나 동물이다. 소녀들의 울타리는 가끔 **정교한 출입구**를 제외하고는 낮은 벽, 즉 한 블록 높이로 구성된다. 벽이 있든 없든 이러한 집들의 내부는 대부분 확실히 **평화로웠다**. 종종 어린 소녀가 피아노를 치고 있었다. 그러나 많은 경우, 내부는 동물이나 위험한 사람들에 의해 **침범당했다**. 그러나 침범하는 존재에 대한 생각이 반드시 방어적인 벽을 세우거나 문을 닫는 것으로 이어지지는 않았다. 오히려 이러한 침범의 대부분은 유머와 유쾌한 흥분의 요소를 가지고 있었다.

소년들의 장면은 정교한 벽이 있는 집이거나, 장신구나 대포를 나타내는 원뿔이나 원통과 같은 **돌출부**가 있는 전면이다. **높은 탑**들이 있고, 완전히 **옥외의** 장면들이 있다. 소년들의 구성물에서 더 많은 사람과 동물들이 울타리나 건물 **밖에** 있고, 더 많은 **움직이는** 물체와 동물들이 거리와 교차로를 따라 **움직인다**. 정교한 자동차 **사고** 장면이 있지만, 경찰에 의해 통제되거나 체포되는 교통 상황도 있다. 소년들의 배치에서는 **높은 구조물**들이 일반적이지만, **붕괴**나 추락의 위험이 있는 놀이도 많다. **폐허**는 소년들의 구성물에만 있었다.

남성의 공간은 높이와 추락, 강한 움직임과 교통 통제 또는 체포가 지배적이었고, 여성의 공간은 열려 있거나 단순히 둘러싸인, 그리고 평화롭거나 방해를 받는 정적인 내부가 지배적이었다. 여기서 놀이 공간의 조직화에서 나타나는 성차가 생식기 분화 형태와 일치하는 것처럼 보이는 것이 어떤 사람들에게는 놀랍고 다른 사람들에게는 당연한 것처럼 보일 수 있다. 남성의 경우, 그 형태는 발기가 가능하고 침입하는 성격을 띠며, 이동하는 정자 세포의 통제를 담당하는 외부 기관인 반면, 여성의 경우, 그것은 전정 접근이 가능하고, 정적으로 기다리는 난자를 생성하는 내부 기관이다. 질문은 이것이다. 이와 관련하여 정말 놀라운 점은 무엇이고 너무 명백한 점은 무엇인가? 그리고 각각의 경우 그것은 두 성별에 대해 무엇을 말해주는가?

4.

십수 년 전에 내가 다른 분야에서 일하는 사람들에게 이 데이터를 처음 제시한 이후로 어떤 표준적인 해석도 나오지 않았다. 물론, 정신분석가가 이런 종류의 데이터에서 잘못된 낡은 상징을 읽고 싶어 하는 것을 당연하게 여기는 조롱 섞인 반응들도 있다. 그리고 실제로 프로이트는 반세기보다 더 전에 "집은 꿈에서 정기적으로 나타나는 (전체) 인체의 유일한 상징"이라고 언급한 바 있다. 그러나 꿈속에서의 상징 발생과 실제 공간에서 생성된 배치 간에는 상당한 방법론적 거리가 있다. 그럼에도 불구하고 그 장면들이 사춘기 이전 아이들의 성기에 대한 집착을 반영한다는 순수하게 정신분석적이거나 신체적인 설명이 전개되었다.

반면에 순수하게 '사회학적' 해석은 이러한 배치에서 상징적이거나 또는 실제로 신체적인 것을 찾을 필요성을 부인한다. 소년들은 야외를 사랑하고 소녀들은 실내를 사랑한다는 것, 또는 어쨌든 각자의 역할이 집의 실내와 모험의 대자연, 가족과 아이들에 대한 평온한 여성애와 높은 남성적 야망에 각각 할당됨을 이해한다는 것이 당연하게 여겨진다.

어느 정도까지는 두 가지 해석에 모두 동의하지 않을 수 없다. 물론 개인의 체격과 관련된 어떤 사회적 역할도 장난스럽거나 예술적인 표현 속에서 주제별로 드러날 것이다. 그리고 물론 신체의 한 부분에 대한 특별한 긴장이나 집착이라는 조건하에서, 그 신체 부분은 놀이 배치에서 인식될 수 있다. 즉, 놀이 치료는 그 신체 부분에 의존한다. 따라서 해부학적 해석과 사회학적 해석의 대변자가 어느 쪽 가능성도 무시될 수 없다고 주장한다면, 둘 다 옳은 것이다. 그러나 어느 쪽도 전적으로 옳은 것은 아니다.

순수하게 사회적 역할의 측면에서 해석하는 것은 많은 질문을 답변되지 않은 채로 남겨둔다. 소년들이 주로 현재의 또는 예상되는 역할에 대해 생각한다면, 가장 좋아하는 장난감이 경찰관인 이유는 무엇이고, 자주 발생하는 장면이 교통 정체인 이유는 무엇인가? 활발한 야외 활동이 소년들의 장면을 결정짓는 요소라면, 왜 그들은 놀이 테이블에 운동장을 배치하지 않았을까? (사내아이 같은 한 소녀는 그렇게 했다.) 가정생활에 대한 소녀의 사랑이 왜 친밀감과 안전을 보장하는 높은 벽과 닫힌 문의 더 많은 구성으로 이어지지 않았을까? 그리고 가족의 품에서 피아노를 치는 역할이 정말로 (일부는 열정적인 승마인이고 모두 미래의 자동차 운전자들인)

이 소녀들이 가장 하고 싶어 하는 일을 대표한다고 볼 수 있을까? 아니면 진정으로 하고 싶어 하는 일인 척해야 한다고 생각하는 것을 대표한다고 볼 수 있을까? 따라서 홍미진진한 영화 장면을 구성하라는 명시적인 지시에 대한 반응으로, 야외에서의 소년들의 조심성과 실내에서의 소녀들의 선량함은 문화적, 의식적 역할에 대한 단순한 순응 이론으로는 설명할 수 없는 역동적인 차원과 예리한 갈등을 암시한다.

나는 더 포괄적인 해석을 제안하고 싶다. 이에 따르면, 인체의 기본 계획을 경험하는 데 있어 남녀 간에 심오한 차이가 존재한다는 것이다. 여기서 강조점은 예외적 능력보다는 성향과 선호에 있다. 두 성(최소한 성숙도와 지능이 일치하는 경우라면)은 다른 성의 공간 방식을 쉽게 모방하는 법을 배우기 때문이다. 따라서 우리의 해석에서 한쪽 성의 공간 양식이 운명적으로 결정되어 있다고 주장하려는 것이 아니다. 오히려, 모방적이거나 경쟁적이지 않은 맥락에서 이러한 방식들은 우리의 관심을 필연적으로 요구하는 자연적인 이유로 '더 자연스럽게 나타난다'고 제안하는 것이다. 따라서 여기서 관찰된 공간 현상은 신체 구성의 남성과 여성 원리에 해당하는 두 가지 공간 배치 원리를 표현한다. 이것들은 사춘기 이전에 그리고 아마도 다른 단계에서 특히 강조될 수 있지만, 삶 전반에 걸쳐 문화적 시공간상에서 나타나는 성 역할의 정교화와 관련이 있다. 물론 그러한 해석은 여기에 제공된 관찰만으로는 '증명'될 수 없다. 문제는 그것이 다른 매체와 다른 연령대에서 관찰되는 공간 행동과 일치하는지, 그것이 발달 이론의 그럴듯한 부분이 될 수 있는지, 그리고 실제로 그것이 남성과 여성의 구조 및 기능과 밀접하게 관련된 다른 성차에 더 설득력 있는 질서를 부여하는지 여부다. 다른 한편, 그것은 남성과 여성의 수행을 테스트하기 위해 사용되는 다른 관찰 도구가, 우주의 수학적 본성과 문화적 전통에 대한 구두 합의에 의해 지배되는 문제들에 대해 언어적 또는 인지적 동의를 확보하는 기능을 갖는 마음의 영역에서 성차를 거의 또는 전혀 드러내지 않을 수 있다는 사실과 모순되지 않을 것이다. 사실상 그러한 동의는 서로 다른 계급의 남성들을 구분하는 직관적인 판단을 바로잡는 것과 마찬가지로, 성별 경험을 구별하는 것을 바로잡는 기능을 가질 수 있다.

캘리포니아 버클리에서 놀이를 구성하는 아이들은 특히 여성의 발달과 전망에 관한 많은 공간적 고려사항으로 우리를 이끌 것이다. 여기서 나는 남자에 대해서는 거의 말하지 않을 것이다. 지리적 공간 및 과학 분야의 정복과 아이디어 보급에서의 그들의 업적은 스스로를 대변하고 남성다움의 전통적인 가치를 확인시켜준다. 그러나 버클리에서 놀이를 구성하는 소년들은 우리를 잠시 생각하게 만든다. 즉, 우리는 세계 무대에서, 매우 재능이 있지만 다소 소년 같은 인류가 청소년기 이전의 놀이 구성처럼 (기술적으로는 복잡하더라도) 창피할 정도로 단순한 남성적 패턴을 따라 신이 나서 역사와 기술을 부주의하게 다루고 있는 것을 보지 못하는가? 확장하는 인류 공간을 지배하는 장난감 소우주의 주제, 즉 높이, 침투 및 속도, 충돌, 폭발—그리고 우주적 초(超)경찰—을 보지 못하는가? 한편, 여성들은 그들의 신체에서 암시되는 보살핌과 그들 문제의 필요성에서 정체성을 찾았고, 외부 세계 공간은 남성의 것이라는 사실을 당연하게 여겼던 것 같다.

5.

여기서 계속하기 전에, "예상하지 않았는데 오랫동안 기다려온 것을 확인한 것 같다"고 보고한 관찰에 대한 나의 이전 진술로 되돌아가야겠다. 그것은 여성다움에 대한 정신분석학적 이론과 관련하여 앞서 언급한 많은 의혹을 명확히 하는 역할을 했다. 여성성에 관한 정신분석의 원래 결론 중 많은 부분은 소위 생식기 외상에 달려 있다. 즉, 그것은 어린 소녀가 자신이 음경을 갖고 있지 않으며 앞으로도 갖지 못할 것이라는 사실을 갑작스레 알게 되는 것이다. 여성들에게 만연하다고 추정되는 질투, 미래의 아기가 남근을 대신할 것이라는 가정, 어머니가 자신을 속여 성기를 빼앗았을 뿐 아니라 어머니 자신의 성기도 빼앗겼다는 것을 알게 된 소녀가 어머니에게서 아버지에게로 돌아선다는 가정, 그리고 마지막으로 '수동적 피학성'을 지향하여 (남성적) 공격성을 포기하려는 여성의 성향, 이 모든 것들은 '트라우마'에 의존하며 모두 여성다움에 대한 정교한 설명으로 구축되었다. 그것들은 모두 모든 여성 안의 어딘가에 존재하며, 그것들의 존재는 정신분석을 통해 계속해서 밝혀져 왔다. 그러나 특별한 방법이 그 방법에 의해 만들어진 상황에서 특별히 참인 진실을 드러낸다는 것은 항상 의심해 보아야 하는데, 여기서는 숨겨진 분노와 억압된 트라우마의 자유로운 연합에서 발생하는 분출이 해당한다. 이러한 동일한 진리는 그것이 생산적 내부의 초기 지배에 종속되는 것처럼 보이는 여성 발달의 규범적 이론 내에서 매우 부분적인 진리의 특성을 가정한다. 그러므로 이는 외부 기관의 상실에서 중요한 내부 잠재력에 대한 감각으로, 어머니에 대한 혐오스러운 경멸에서 어머니와 다른 여성들과의 연대로, 남성적 활동의 '수동적' 포기에서 난소, 자궁 및 질의 소유에 대응되는 활동의 의도적이고 능숙한 추구로, 그리고 고통 속에서 느끼는 피학적 쾌락에서 일반적으로는 인간 경험의, 특수하게는 여성적 역할의 의미 있는 측면으로서 고통을 참는(그리고 이해하는) 능력에 이르기까지, 이론적 강조점의 전환을 허용할 것이다. 그리고 그것은 헬레네 도이치(Helene Deutsch)와 같은 뛰어난 작가들이 인정했다시피, '완전히 여성다운' 여성에게도 해당된다. 비록 그것들의 명칭이 정신병리학적 용어인 '마조히즘(masochism)'—누군가로 하여금 자신에게 고통을 가하게 함으로써 성적으로 흥분하고 만족하는 도착증을 묘사한 오스트리아 남성이자 소설가의 이름에서 유의미하게 파생된 단어(마찬가지로 고통을 가하는 경향이 사드 후작(Marquis de Sade)의 이름을 따서 명명된 것처럼)—과 연결되어 있음에도 불구하고 말이다.

이를 볼 때, 현재 여기저기 흩어져 있는 많은 자료들은 한 방향으로 수렴된다. 말이 난 김에, 어떤 종류의 생각이 그러한 명명법과 그러한 발달 이론을 허용했는지, 그리고 뛰어난 여성 임상의들의 수용을 가능케 했는지를 임상의들은 자문해보아야 한다. 나는 이러한 생각이 정신분석학의 정신의학적 기원뿐 아니라, 정신분석학에서 사용된 최초의 분석적-원자론적 방법까지 거슬러 올라간다고 믿는다. 과학에서 원자론적으로 사고하는 능력은 물질의 본성에 매우 부합하여 물질에 대한 숙달로 이어진다. 그러나 인간에게 원자론적 사고를 적용할 때 우리는 인간을 구성 요소가 아니라 고립된 파편으로 분해한다. 사실 우리가 병리적 상태에 있는 사람을 보면 그는 이미 파편화되어 있기 때문에, 치료 과정에서 정신을 분해하다 보면 파편화된 현상을 만나게 되고, 이 파편들을 원자들로 착각할 수 있다. 갈등은 경계선을 규정하고 이러한 경계선에서 충돌하는 힘들을—우리가 말하듯이—명확하게 하기 때문에, 정신분석학에서 인간 본성은 부분적 붕괴나 어쨌든 현저한 갈등 상태에서 가장 잘 연구될 수 있다고 우리는 우리 스스로를 격려하며 (그리고 다른 사람들에 대한 논박으로) 반복해서 말한다. 프로이트 자신이 말했듯이, 우리는 균열이 있을 때만 결정체의 구조를 본다. 그러나 한편으로 결정체와 다른 한편으로 유기체 또는 인격은, 하나는 무생물이고 다른 하나는 부분이 손상되지 않고는 분해될 수 없는 유기적 전체라는 점에서 다르다. 정신분석학적 의미에서, 내부 연속성의 수호자로서 자아는 병리적 상태에 있는 한 어느 정도 비활성화된다. 즉, 성격과 경험을 조직하고 상호 활성화 과정에서 다른 자아와 관계를 맺는 능력을 잃어버린다. 그만큼 자아의 비합리적인 방어는 다른 사람과 생생한 상호 작용을 하는 사람의 자아보다 갈등과 고립 상태에서 '연구하기가 더 쉽다'. 그러나 나는 우리가 자아의 기능 장애에 대한 이해로부터 자아의 정상적인 기능을 완전히 재구성할 수 있다고 믿지 않으며, 모든 중요한 갈등을 신경증적 갈등으로 이해할 수 있다고도 믿지 않는다.

그렇다면 이것은 후기 프로이트 학파의 입장을 특징짓는다. 즉, 정신분석이 인간 본성에 대한 첫 번째 획기적인 탐색에서 밝혀낸 콤플렉스와 갈등은 존재하는 것으로 인식된다. 그것들은 삶의 발달적이고 우발적인 위기를 지배할 위험이 있다. 그러나 경험의 신선함과 완전함, 그리고 해결된 위기와 함께 발생하는 기회는 계속되는 삶에서 트라우마와 방어를 초월할 수 있다. 이를 설명하기 위해 자주 반복되는 진술에 대해 간단히 언급하고자 한다. 그것은 이전의 모든 단계에서 주로 어머니에게 애착되었던 어린 소녀가 특정 단계에서 아버지에게 '의지한다'는 주장이다. 실제로, 프로이트는 이에 따라 이론적 '리비도'가 하나의 '대상'을 버리고 다른 '대상'으로 돌아서고 있다고만 주장했는데, 이는 단순하고 (원칙적으로) 측정 가능한 에너지 전달과 일치하기 때문에 한때 과학적으로 만족스러운 이론이었다. 그러나 발달적 견지에서, 소녀는 주로 어머니에게 의존할 때와는 사뭇 다른 사람이 될 때 아버지에게 의지한다. 소녀는 '대상 관계'의 본질을 일반적으로 어머니로부터 단번에 배운다. 따라서 아버지와의 관계는, 소녀가 이미 어머니를 신뢰하는 법을 배웠고 기본적인 관계들을 다시 테스트할 필요가 없을 때 특히 중요해진다는 점에서 다른 종류의 것이다. 이제 그녀는 자기 안에서 싹트고 있고 성가시게 구는 여성에게 반응할 준비가 되어 있거나 되어야 하는 존재에 대한 새로운 형태의 사랑을 발달시킬 수 있다. 따라서 전체 과정은 소녀가 자신의 리비도를 어머니에게서 아버지에게로 돌린다는 말로 압축할 수 있는 것보다 훨씬 더 많은 측면을 가지고 있다. 실제로 그러한 전이는 감정적, 신체적, 인지적 성숙에 따라 경험을 재구성하는 일부 능력에서 자아가 비활성화되는 경우에만 고립된 '메커니즘'으로 재구성될 수 있다. 그때 가서야 소녀는 어머니가 그녀에게 주기를 거부한 것처럼 보이는 것, 즉 음경에 대해 어머니에게 실망했기 때문에 아버지한테 의지한다고 말할 수 있다. 이제 의심의 여지 없이, 오래된 실망과 새로운 기대는 옛 사람에서 새로운 사람이나 활동으로 애착 대상을 바꾸는 데 두드러진 역할을 하지만, 어떤 건강한 변화에서든 새로운 관계에 대한 새로운 기회는 오래된 실망을 반복적으로 강조하는 것보다 더 중요하다. 또한 의심할 여지 없이, 새로운 애착은 새로운 실망을 가져오는데, 우리가 초기에 원초적 형태로 존재한다고 가정하는 내부의 생산적 역할이 어린 여성에게 억압과 좌절에 굴복해야만 하는 것과 같은 환상—예컨대, 어떤 딸도 아버지의 자녀를 낳을 수 없다는 통찰 속에서—을 불러일으킬 것이기 때문이다. 또한 의심할 여지 없이, 내부의 생산적 공간의 존재 자체는 특정한 외로움, 빈 채로 남겨지거나 소중한 것들을 박탈당할 수 있다는 두려움, 그리고 충족되지 않은 채 고갈될 수 있다는 두려움에 여성들을 일찍 노출시킨다. 이것은 어린 '엘렉트라(소포클레스와 에우리피데스의 작품 엘렉트라의 주인공-옮긴이)'의 노력과 실망 못지않게, 인간 개인과 전체 인류에게 운명적인 결과를 낳는다. 바로 이러한 이유로, 이 감정들이 전적으로 소년이 아닌 것에 대한 또는 신체가 절단된 것에 대한 원망 때문이라고 잘못 해석하지 않는 것이 매우 중요할 것이다.

아이들의 놀이 구성이 어떤 면에서 예상하지 못하면서도 기대했던 것이었는지가 이제 명확해질 것이다. 예상치 못한 것은 성별 차이에 의한 전체 공간의 지배, 즉 성기의 상징적 표현의 힘을 훨씬 뛰어넘는 '장'의 지배였다. 이 데이터는 무엇보다도 여성의 생애 주기 전반에 걸쳐, '내부 공간'의 중요성에 관한 전반적인 인상들에 대한 비임상적이고 비언어적인 근거로서 '기다려 왔던' 것이다. 가이던스 연구에서 소녀들의 생애사는 그러한 가정 없이는 이해될 수 없는 것이었으며, 모든 연령대의 여성 환자들의 사례사도 마찬가지였다. 지적한 바와 같이, 임상 관찰에 따르면 여성의 경험에서 '내부 공간'은 잠재적인 성취의 중심인 동시에 절망의 중심에 있기 때문이다. 비어있음은—때때로 남성들에게 (우리가 나중에 논의할) 내면의 삶으로 알려져 있지만 모든 여성들에게는 표준적인 경험인—여성적 형태의 파멸이다. 그녀에게, 남겨진다는 것은 몸의 피, 심장의 따뜻함, 생명의 수액이 빠져나가 텅 비게 된다는 것을 의미한다. 어떻게 여성이 깊은 상처를 받을 수 있는지는 많은 남성에게 경이로운 일이며, 공감적 공포와 이해의 거부를 모두 가져올 수 있다. 그러한 상처는 생리를 할 때마다 다시 경험할 수 있고, 아이에 대한 애도 속에서 하늘을 향해 울부짖는 것이며, 폐경기에는 영구적인 흉터로 남는다. 임상적으로 이러한 공간은 너무도 명백해서, 여러 세대의 임상의들이 그것에 집중하지 않은 특별한 이유가 있었을 것이다. 원시인들이 공포스러운 회피와 마법의 정화의식으로 그것을 금지했다면, 기술적인 자부심이 만연한 문명의 계몽된 남성들은 그저 고통받는 여성들이 무엇보다도 남성이 가진 것, 즉 외부 장비와 '외부' 공간에 대한 전통적인 접근을 원했다는 해석을 통해서만 그것에 대처할 수 있었을 것이다. 다시 말하지만, 그러한 여성의 선망은 모든 여성에게 존재하며 일부 문화에서는 악화된다. 그러나 이러한 선망을 남성적 용어로 설명하거나, 그것이 운명론을 받아들이고 (정식으로 공인되고 이등급으로 받아들여진) 여성의 장비를 통해 두 배의 즐거움으로 보상되어야 한다고 제안하는 것은 현대 세계에서 여성들이 그들의 자리를 찾는 데 도움이 되지 않았다. 그러한 선망이 여성성으로부터 도처에 만연한 보상 신경증을 만들어냈기 때문인데, 그것은 '복원'되어야 한다는 씁쓸한 주장으로 특징지어진다.

그렇다면 나는 두 가지 방향으로 일반화할 것이다. 나는 정신분석학에서 우리가 성별 형태에 내재된 생식 패턴에 정당한 중요성을 부여하지 않았다고 주장하며, 생식 패턴이 다양한 강도로 흥분과 영감의 모든 상태로 스며들고 **만약 통합된다면** 모든 경험과 그 소통에 힘을 부여한다는 가정을 공식화하려고 노력할 것이다.

생성 양식에 초점을 두면서, 나 역시 정신분석 이론에서 성적 상징에 대한 강박적인 강조를 자주 반복하고, 남성뿐만 아니라 여성도 성적인 것과는 거리가 먼 활동들에 적합한 그리고 대부분의 시간 동안 그 활동 속에서 향유되는 전인적 유기체를 가졌다는 사실을 무시하는 것 같다. 그러나 성적 억압과 성적 편집광 모두 인간 실재의 전체 설계에서 섹슈얼리티를 **분리**하는 반면, 우리는 한때 당연하게 여겨졌던 성차가 어떻게 그 설계에 **통합**되는지에 관심을 가져야 한다. 그러나 성차는 생활 방식의 양극화와 (이제는 그 어느 때보다도 생식과 분리될 수 있는) 상호 즐거움의 극대화를 제공하는 것 외에도 어쨌든 생식의 형태를 유지한다. 심지어, 현재 세인트루이스에서 수행되고 있는 인간의 성적 반응에 대한 의학적 연구와 같은 부끄러운 줄 모르는 내부 공간 탐사(1960년대 윌리엄 마스터스(William Masters)와 버지니아 존슨(Virginia Johnson)이 수행한 연구로, 인간 성욕의 생리학을 탐구하기 위해 실제 연구대상이 자위와 성행위 중에 경험하는 신체적 변화를 의학적 장비를 이용하여 분석한 것으로 유명해짐-옮긴이)는 모든 종류의 성적 행위의 흥분에 생식기관이 활발히 관여한다는 것을 보여 주는 것 같다.

6.

'내부의 공간'이 그토록 도처에 널린 배치라면, 사회 조직의 진화적 시초부터 존재했다는 것이 밝혀져야 한다. 여기서도 시각적 데이터를 참조할 수 있다.

최근 아프리카에서 워시번(Washburn)과 드보어(deVore)가 촬영한 영상들[3]은 기본적인 개코원숭이 조직의 형태를 생생하게 보여준다. 특정 지역에서 먹이를 찾아 떠돌아다니는 전체 무리는 미래의 새끼를 배고 있거나 어린 새끼를 데리고 다니는 암컷을 안전한 내부 공간에 두도록 조직되어 있다. 그들은 차례로 수평선에서 눈을 떼지 않고 식량을 얻을 수 있는 곳으로 무리를 인도하고 잠재적인 위험으로부터 그들을 지켜주는 강력한 수컷들에 둘러싸여 보호받는다. 평시에는 강한 수컷들이, 상대적으로 약하고 확실히 더 성가신 수컷들의 침입으로부터 임신 중이거나 수유 중인 암컷의 '내부 서클'을 보호하기도 한다. 위험이 감지되면 배회하는 전체 무리의 배열이 멈추고 내부의 안전한 공간과 외부의 전투 공간으로 통합된다. 중앙에는 임신한 암컷들과 새로 태어난 새끼와 함께 어미들이 앉는다. 포식자와 싸우거나 겁주는 데 가장 적합한 수컷들은 주변부에 있다.

나는 이 영상들의 아름다움과 독창성뿐 아니라 여기서 버클리의 놀이 구성과 유사한 덤불의 배치를 볼 수 있었기 때문에 깊은 인상을 받았다. 그러나 개코원숭이 사진은 우리를 한 걸음 더 나아가게 할 수 있다. 개코원숭이 암컷과 수컷의 골격 구조, 자세 및 행동 사이의 형태학적 차이가 무엇이든 간에, 그들은 생식을 위한 자궁에서 방어 가능한 영역의 한계까지 동심원들을 숨기고 방어하는 각자의 임무에 적응하고 있다. 따라서 형태학적 경향은 주어진 필요에 '적합해지고' 기본 사회 조직에 의해 정교해진다. 그리고 개코원숭이들 사이에서도 가장 위대한 전사들은 암컷 개코원숭이들이, 예컨대 더 약한 어깨와 더 적은 전투 장비를 갖춰도 무방하게 하는 기사도를 보여 준다는 점을 강조할 필요가 있다. 따라서 인간 이전의 존재와 인간 존재에서 공히 다음과 같은 공식이

성립된다. 즉, 어디에서든 여성이 '더 약하다'고 말할 수 있는지 여부는, 그리고 언제, 어떤 면에서 약하다고 말할 수 있는지는 고립된 근육, 능력 또는 특성의 비교검증을 통해서가 아니라, 분할된 기능의 생태학에 적합하게 차례대로 변화해가는 유기체에 각 항목이 기능적으로 적합한지를 비교검증함으로써 결정될 문제다.

물론 인간 사회와 기술은 진화적 설계를 초월하여 대규모의 신체적 및 정신적 부적응뿐 아니라 적응의 문화적 승리를 위한 공간을 마련했다. 그러나 우리가 생물학적으로 주어진 인간 여성의 강점과 약점에 대해 말할 때, 우리는 성 분화의 생물학적 최저선을 모든 차이의 척도로 받아들여야 할지도 모른다. 이 점에서 여성의 생산적인 내부 공간은 그녀가 그것을 중심으로 삶을 부분적 또는 전체적으로 건설하도록 허용하는 조건에 관계없이 피할 수 없는 기준으로 남을 수 있다. 어쨌든, 인간 남성과 여성 사이의 '선천적' 차이의 긴 목록에 있는 검증 가능한 많은 항목들이 생태계 내에서 의미 있는 기능을 하는 것으로 보일 수 있다. 그 생태계는 모든 포유류의 생태계가 그렇듯이, 인간의 태아가 정해진 수개월 동안 자궁 안에 있어야 하며, 아기는 처음에는 어머니가 배치되고 점차적으로 다른 여성이 추가되는 모성 세계에서 젖을 먹거나 어쨌든 키워져야 한다(이것은 그녀 자신의 모성을 일깨우기 위해서도 필요하다)는 사실에 기반해서 구축된다. 여기에는 수년간의 전문화된 여성의 노동 시간이 포함된다. 그러므로 미래에 난자와 모성적 힘을 보유하게 될 어린 소녀는 태어날 때 더 확실하게 살아남는 경향이 있고, 확실히 여러 가지 작은 질병에 시달리고 고통을 당하는 더 강인한 생물이지만, 일부 사람을 죽이는 질병(예컨대, 심장병)에 더 저항력이 있고 더 긴 기대수명을 가지는 것으로 밝혀지는 것은 이치에 맞다. 소녀는 시간과 공간의 즉각적인 세부 사항에 소년들보다 더 일찍 집중할 수 있으며, 보고, 만지고, 들리는 것에 대해 더 미세한 분별력을 가진다는 것 또한 타당하다. 사물에 대해 소녀는 더 생생하고 더 개인적으로, 그리고 더 큰 연민으로 반응한다. 소녀는 더 쉽게 감동받고 감동시킬 수 있지만, 또한 더 빨리 회복하고 다시 다른 곳에서 반응할 준비가 되어 있다고 사람들은 말한다. 이 모든 것이 다른 사람들, 특히 약자의 차별적 요구에 반응하는 '생물학적' 과제에 필수적이라는 것은 불합리한 해석이 아니다. 또한 이러한 맥락에서 여성이 대근육을 사용할 때 활력, 속도, 협응력이 떨어진다는 점이 통탄할 만한 불평등 요소로 여겨져서도 안 된다. 어린 소녀는 또한 제한된 활동 범위 내에서 더 쉽게 만족하는 법을 배우며, 통제에 대한 저항과 나중에 소년들과 남성들을 '비행'으로 이끄는 종류의 충동을 덜 나타낸다. 이 모든 것과 그 이상의 인증된 '추론'이 우리의 놀이 구성에서의 당연한 귀결을 낳는 것으로 보인다.

이제 여기서 여성적인 것으로 제안된 기본 도식의 많은 부분이 모든 남성에게도 어떤 형태로든 존재하며, 결정적으로 특별한 재능—또는 약점—을 가진 남성에게도 존재한다는 것이 분명하다. 일부 예술적이고 창조적인 남성을 특징짓는 내적 삶은 또한 이들로 하여금 일반적으로 여성에게 귀속되는 내향성과 민감한 친밀함(독일어로 *Innigkeit*)을 특화하도록 도움으로써, 이들이 생물학적 남성이라는 점을 확실하게 보상한다. 그들은 잉태된 아이디어를 실현하고 규율 잡힌 창조 행위를 향해 나아가는 동안 주기적으로 기분이 바뀌는 경향이 있다. 요점은 여성의 경우, 집단적 생존과 개인의 성취를 위해 문화가 **대다수 여성**에게서 조성해야 할 필요가 있는 전반적인 최적의 배치 안에 기본적인 계획이 존재한다는 것이다. 따라서 기본적인 성차를 논의할 때, 다면적 성격, 특별한 갈등 및 복잡한 삶의 역사에 대한 포괄적인 설명 없이 예외적인 남성이나 여성(또는 둘 다)의 일탈과 성취를 거론하는 것은 이치에 맞지 않는다. 다른 한편으로, 삶의 연속적인 단계가, 성장하고 성숙하는 개인들에게 필수적인 동일성의 자유로운 변형을 위한 충분한 여지를 제공한다는 점을 (특히 개인을 무자비하게 유형화함으로써 계속해서 예정론을 선포하는 후기 청교도 문명에서) 강조해야 한다.

예컨대, 여성의 삶에도 내가 심리사회적 유예라고 부르게 된 청소년기가 포함되는데, 이는 성인 기능의 지연이 승인된 기간이다. 발달 중인 소녀와 젊은 여성은 어린 소녀와 성숙한 여성과는 대조적으로 내부 공간의 폭정으로부터 비교적 자유로울 수 있다. 사실상 그녀는 완전히 '남성적'은 아닐지라도 종종 자웅동체처럼 보이는 태도와 호기심을 가지고 '외부 공간'으로 모험을 떠날 수 있다. 따라서 그녀의 공간적 행동 목록에 특별한 이동의 차원이 추가되며, 많은 사회는 이에 대해 순결의 구속이라는 특별한 규칙으로 대응한다. 그러나 관습이 허락하는 한, 어린 소녀는 남성의 상대이자 주요 관심 대상이 되는 경험을 찾으면서도 남근을 가진 이동성 남성과의 여러 가지 동일시를 시도한다. 이러한 외관상의 모순은 결국 대립과 성적 및 개인적 스타일로 변형된다. 이 모든 것에서 내부의 공간은 주관적 경험의 중심으로 남아 있고 지속적이고 선택적인 매력으로만 명백하게 드러나는데, 이는 젊은 여성이 다른 사람을 끌어당길 때 강한 매력의 내면성을 이용하든, 도전적인 외면성을 이용하든, 또는 두 가지를 극적으로 번갈아가면서 사용하든 간에, 자신을 찾는 사람을 선택적으로 초대하기 때문이다.

젊은 여성들은 자신이 누구와 결혼하고 누구를 위해 가정을 꾸릴지 알기 전에 자기가 '정체성을 가질' 수 있는지를 묻는 경우가 많다. 젊은 여성의 정체성에 있는 어떤 것이, 함께할 남자의 특성과 양육될 자녀의 특성에 부합해야 한다는 점을 감안할 때, 젊은 여성의 정체성의 상당 부분은 이미 그녀가 가진 매력과 그녀가 바라건대 그녀를 찾는 남자(또는 남자들)에 대한 그녀의 탐색이 갖는 선택적 특성에 따라 규정된다. 물론 이것은 정체성의 심리성적인 측면일 뿐이며, 그녀는 노동자이자 시민으로서 자신을 훈련하고 그녀 시대의 역할 가능성 안에서 한 개인으로서 발전하면서 정체성의 종결을 멀리 연기할 수 있다. 미래의 출산 기능에서 확실히 분리된 일련의 활동에서 젊은 여성들이 보여주는 독특한 아름다움과 광채는 거의 모든 목표와 목적을 초월하는 것처럼 보이는 미학적 현상 중 하나이며, 따라서 순수한 존재의 자기 충족을 상징하게 된다. 그리하여 젊은 여성은 여러 시대의 예술에서 이상과 관념의 가시적 표현이자 창조적인 남성의 뮤즈, 혼, 수수께끼의 역할을 해왔다. 그러므로 우리는 그 자체로 의미 있는 것처럼 보이는 것에 이면의 의미를 부여하고, 그 안에 내부의 공간이 암묵적으로 존재함을 암시하는 것을 다소 꺼려한다. 진정한 유예에는 정해진 기간과 결론이 있어야 한다. 즉, '지켜야 할' 내부 공간의 환영을 받을 것이 무엇인지를 선택하는 데 매력과 경험이 성공했을 때 비로소 여성성이 도래한다.

따라서—신체, 역사, 개인에 있어서—오직 전체적 배치 접근 방식만이, 고립되고 무의미한 비교에서가 아니라 맥락 내에서 기능과 경험의 차이를 보는 데 도움이 될 수 있다. 따라서 여성은, 단순히 중추적인 생물학적 기능이 그녀로 하여금 내부-신체 과정에 맞춰진 방식으로 활동하도록 강제하거나 허용하기 때문에, 또는 특정한 친밀감과 내재된 감정의 강렬함을 타고났거나 모성적 돌봄이 번창할 수 있는 보호된 내부 서클에 거주하기로 선택할 수 있기 때문에 남성보다 '더 수동적'인 것이 아니다. 또한 성경에서 이브의 비행 행동에 대한 영원한 형벌로서 설명되고, 보부아르와 같은 최근 작가들에 의해 '그녀 몸 안의 적대적인 요소'로 해석된 출산의 고통과 더불어 내부의 주기성을 받아들여야 하기 때문에 '더 피학적'인 것도 아니다. 성생활과 모성의 현상을 종합하면, 고통에 대한 여성의 인식은 작은 고통에 중독된 사람보다 더 깊은 의미에서 그녀를 '비통하게' 만든다. 오히려 그녀는 고통을 이해하고 완화하기 위해 '고통을 감내하는' 사람이며, 피할 수 없는 고통을 견디는 데 필요한 인내심을 다른 사람들에게 훈련시킬 수 있다. 그녀는 고통을 왜곡하거나 보복적으로 악용할 때만 '마조히스트'이며, 이는 그녀가 자신의 여성적 기능에 더 깊이 빠져들기보다는 밖으로 발을 뺀다는 것을 의미한다. 같은 이유로, 여성은 여성적 활동에 대한 성향을 포함하는 개인적 통합 및 효능 영역에서 지나치게 수동적이 될 때만 병리적으로 수동적이다.

그러나 한 가지 주장은 반박하기 어렵다. 여성은 여러 시대(적어도 가부장적 시대)를 통해 피학적 잠재력의 개발에 도움이 되는 다양한 역할에 자신을 맡기면서, 자신을 가두고, 움직이지 못하게 하고, 노예화되고 유아화되며, 매춘과 착취를 당하고, 그럼으로써 기껏해야 정신병리학에서 우리가 사악한 지배의 '이차적 이득'이라고 부르는 것을 이끌어냈다. 그러나 이러한 사실은 여성이 특정한 역사적 조건하에 존재하는 또는 존재해왔던 방식으로 존재해야 한다는 또는 존재할 것이라는 편견을 먼저 극복해야 하는(이것은 나의 주요 요점 중 하나인데) 새로운 종류의 생물문화적 역사 안에서만 만족스럽게 설명될 수 있을 것이다.

7.

그렇다면 나는 "해부학은 운명이다"라고 말하고 있는 것인가? 그렇다. 그것이 생리적 기능의 범위와 배치 및 그 한계뿐 아니라 성격 구성도 어느 정도 결정하는 한, 그것은 운명이다. 여성의 헌신과 참여의 기본 양식은 자연스럽게 신체의 기본 계획을 반영한다. 나는 또 다른 맥락에서 '개시(inception)'를 이미 초기 생애와 어린이 놀이에서 나타나는 지배적인 양식으로 확인했다.[4] 말이 난 김에, 우리는 실존적 차원에서 적극적으로 **포함시키고** 수용하고 '**가지고 유지하는**'—것뿐 아니라 **견디고 참는**—여성의 능력에 대해 언급할 수 있다. 그녀는 매우 선택적으로 보호적일 수 있고, 차별 없이 과잉 보호적일 수 있다. 그녀가 보호해야 한다는 것은 그녀가 보호에 의존해야 한다—는 것과 그녀가 과잉 보호를 요구할 수 있다—는 것을 의미한다. 확실히, 그녀는 또한 침입 기관과 수유하는 젖꼭지를 갖고 있으며, 돕고자 하는 그녀의 소망은 사실상 침입적이고 억압적이 될 수 있다. 사실상 많은 남성들이—그리고 또한 여성들이—여성성의 고유한 잠재력에 대해 논의할 때 생각하는 것은 그러한 과장과 일탈이다.

그러나 지적한 바와 같이, 이들 측면에서 여성이 남성보다 '더 그런 특성을 보이는지', 그럼에도 여성이 여성성의 범위 안에서 얼마나 다양한지, 그리고 삶의 단계와 자신의 역사적이고 경제적인 기회의 자유 안에서 그녀가 그것으로 무엇을 이루는지 묻는 것은 이치에 맞지 않는다. 지금까지 나는 부정할 수도, 배타적으로 강조할 수도 없는 생리학적 최저선만을 반복해서 말했다. 인간은 신체를 갖는 것에 더하여, 분리될 수 없는 인격과 한 집단의 정의된 구성원을 의미하는 **누군가**이기 때문이다. 이런 의미에서, 내가 알기로 프로이트가 운명은 해부학에 있다는 자신의 격언과 대비시키려고 했던(우리는 한 인간이 **자신의** 가장 일방적인 발언과 대조하려고 했던 발언이 무엇인지 종종 알아야 한다), 역사는 운명이라는 나폴레옹의 격언은 동등하게 유효하다. 다시 말하면, 해부학, 역사, 그리고 성격은 우리의 결합된 운명이다.

물론 남성들은 여성들이 대표하는 몇 가지 우려 사항을 공유하고 처리해왔다. 각 성은 자신을 초월하여 상대방의 우려 사항을 느끼고 대변할 수 있다. 심지어 실제의 여성들이 정당하고 보상적인 남성성을 지니고 있는 것처럼, 실제의 남성들도—강력한 관습에 의해 허용된다면—모성애에 참여할 수 있기 때문이다.

생물학과 역사를 연계할 수 있는 경우를 찾다 보면, 남성들이 완전히 패배한 것처럼 보이는 곳에서 여성은 자신의 생식 기능을 삶의 방식으로 승화시킨 극단적인 역사적 사례가 떠오른다.

이 이야기는 내가 두 차례에 걸쳐 카리브해에서 열린 컨퍼런스에 참석하고 섬 전체에 퍼져 있는 가족 패턴에 대해 알게 되었을 때 내 관심을 끌었다. 카리브해 지역의 가족 생활 패턴을 성직자들은 개탄하고 인류학자들은 탐구해야 할 이유가 있었는데, 그것은 차례대로 아프리카적으로 해석되거나 또는 브라질의 북동부 해안에서 카리브해 반원을 따라 현재 미국의 남동부까지 확장된 미국 대농장 노예 시절의 파생물로 해석되었다. 물론 대농장들은 문화적, 경제적 정체성이 지역을 초월하는 상류층에 그 뿌리를 둔 신사들이 소유하고 운영하는 농업 공장이었다. 그들은 노예를 부렸는데, 이들 노예는 단순한 장비가 되어 필요할 때 필요한 곳에서 사용되었고, 대개 가족과 지역 사회의 주인이 될 수 있는 모든 기회를 포기해야 했다. 따라서 여성들은 어떠한 부양도, 보호도 해줄 수 없고 하위 종족의 정체성을 제외하고는 어떠한 정체성도 제공할 수 없는 다양한 남성들의 자손과 함께 남겨졌다. 이에 따른 가족 체계는 문헌에서 한계라는 측면으로 기술된다. 그것은 '연인' 정도로밖에는 더 정확히 부를 수 없는 사람들 사이의 '성 서비스' 제공, 자녀 양육을 대개 자신들의 어머니에게 '맡기는' 어린 소녀들의 성생활에서 나타나는 '극도의 불안정성', 그리고 한 집단의 개인들을 가족이라고 부르기 위한 최소 요구 사항인 '표준화된 공동 활동 방식'을 결정하는 어머니와 할머니와 같은 측면들이다. 그렇다면 이것들은 '가구 집단'—공동 식량 공급을 공유하는 사람들이 점유하고 '모계 중심으로' 관리되는 단독 주택—이라 할 수 있는데, 이는 아기를 자기한테 맡기거나 어쨌든 계속해서 아이들을 낳는 한, 자기와 함께 있도록 딸들을 격려하는 전능한 할머니의 크나큰 역할을 과소평가하는 단어다. 따라서 모성은 공동체 생활의 통합된 일부가 되었고, 성직자들이 도덕성을 거의 또는 전혀 발견할 수 없었던 곳에서 그리고 무심코 관찰하는 사람들이 전통을 거의 또는 전혀 발견할 수 없었던 곳에서, 어머니와 할머니들은 유일하게 지속적인 영향력을 행사하여, 자녀를 낳게 한 남자들의 경제적 의무에 대한 새로운 규칙을 매번 즉흥적으로 만들었다는 점에서 아버지와 할아버지들이 되어야 했다. 그들은 근친상간 기피 규칙을 지켰다. 무엇보다도 그들은 남자들의 노예화 이후에 열려 있는 유일한 초정체성, 즉 혈통에 관계없이 인간 유아의 가치라는 초정체성을 제공했던 것처럼 보인다.

얼마나 많은 작은 백인 신사들이—남부의 유모들, 크리올(creole) 유모들, 또는 브라질리언 **바바**(브라질에서 유모를 지칭하는 말-옮긴이)와 같은—흑인 여성 보모들의 장기간의 열정으로부터 혜택을 입었는지는 잘 알려져 있다. 물론 이러한 경이로운 보살핌을 인종차별주의자들은 단순 노예상태로 평가절하하는 반면, 도덕주의자들은 아프리카의 관능주의로 비난하거나, '대륙의' 여성다움에서 탈출한 백인 이탈자들은 진정한 여성성으로 우상화한다. 그러나 우리는 이 모성주의의 뿌리에서, 긍정적인 모성 정체성에 대한 약속과 부정적인 남성 정체성에 대한 위협 모두를 카리브해 지역(이제 문화적 통합을 정당화하기 위한 정치적, 경제적 패턴을 찾고 있는)에 가져온 인간 적응의 웅대한 몸짓을 볼 수 있다. 태어남의 단순한 가치에 의존하는 정체성이 의심할 여지 없이 많은 남성의 경제적 열망을 약화시켰기 때문이다.

이것이 중요한 역사적 문제라는 점은 시몬 볼리바르(Simon Bolibar)의 생애에서 볼 수 있다. 이 '남아메리카의 해방자'는 카리브해 대반원의 기준점 중 하나인 베네수엘라 연안 지역에서 태어났다. 1827년 볼리바르가 카라카스를 해방하고 승리를 거두며 입성했을 때, 그는 군중 속에서 자신의 예전 유모였던 흑인 히폴리타를 알아보았다. 그는 말에서 내려 "기쁨에 겨워 우는 흑인 여성의 품에 안겼다." 2년 전 그는 누이에게 이렇게 편지를 썼다. "어머니 히폴리타에게 편지를 동봉하니 그녀가 원하는 모든 것을 주시고 그녀를 내 어머니처럼 대해 주십시오. 나는 그녀의 젖을 먹고 자랐고, 나는 그녀 외에 다른 아버지를 알지 못합니다."(번역은 필자가 한 것이 아님). 히폴리타에 대한 볼리바르의 과장된 감정 표현의 개인적인 이유가 무엇이든 간에(9세에 어머니를 여읜 일 등), 이 이야기가 갖는 전기적 중요성은 그가—그의 선조들로부터—해방시킨 대륙 전역에서 그의 카리스마에 기여한 인종과 출신이라는 독특한 이데올로기에 내포된 하나의 선전 항목으로서, 이러한 관계를 잘 이용할 수 있었다는 사실의 역사적 중요성에 충분히 부합한다.

그 대륙은 여기 우리와 상관이 없다. 그러나 카리브해 지역의 경우, 모계 중심이라는 주제는 해당 지역 출신 독재자들뿐 아니라 외국 자본에 의해 악용될 수 있는 극도의 신뢰감과 취약한 주도권 사이의 불균형을 설명하고, 다양한 섬 군도의 해방된 지도자들뿐 아니라 과거의 식민지 지배자들의 관심사가 되었다. 이것을 안다면, 우리는 섬 중 하나를 점령한 일군의 수염을 기른 남성들과 소년들이 의도적으로 새로운 유형의 남성을 나타낸다는 것을 이해해야 한다. 이들은 카리브해 지역의 남성이 '대륙적' 리더십이나 소유권의 부과 없이, 생식뿐 아니라 생산에서도 자신의 가치를 얻을 수 있음을 증명해야 한다고 주장한다.

이처럼 다채로운 섬 지역이 여성에 의해 구조화된 내부의 공간으로 변모한 것은 조심스럽게 적용되어야 할 거의 임상적인 사례에 가깝다. 그러나 그것은 모든 지역과 시대에 대해 아직 쓰이지 않은 비공식 역사 중 하나의 이야기일 뿐이다. 즉, 그것은 영토와 영역의 역사이자 시장과 제국의 역사이며, 공식 역사가 찢어버린 것을 보존하고 복원하는 여성들의 조용한 창조력의 역사다. 주어진 역사적 시대에 주어진 지역의 일상적인 분위기를 면밀히 묘사하려는 시도와 같이 현대 역사학에서 나타나는 일부 동요는, 말하자면 통합된 역사의 필요성에 대한 증가된 인식을 나타내는 것 같다.

그렇다면 어떤 분야에서건, 성차에 관한 유효한 가정의 근거가 되는 자료들을 산출할 수 있는가 하는 실질적인 질문이 제기된다. 우리는 해부학적, 역사적, 심리학적 사실에 대해 이야기하지만, 이들 중 한 분야의 방법으로 확실하게 확인된 사실이, 동일한 방식으로 가장 중요한 상호 연결성을 잃는다는 것이 분명해야 한다. 인간은 개인적, 사회적 질서의 일부이자, 동시에 신체적 질서의 일부다. 이러한 질서들을 이미 확립된 분야와 동일시하는 것을 피하기 위해, 나는 그것들을 **신체**(Soma), **정신**(Psyche), **도시**(Polis)라고 부르겠다. 적어도 그것들은 이미 존재하는 심신의학 분야와, 앞으로 확실히 등장할 심리정치학 분야와 같은 새로운 연구 분야를 선정하려는 시도에 기여할 수 있기 때문이다. 각 질서는 어떤 온전함을 보호하고, 자유 의사에 의한 또는 최소한 실행 가능한 선택의 여지를 제공하는 한편, 인간은 이 세 가지 질서 속에서 살면서 그들의 상호 보완과 그들의 '영원한' 모순을 다뤄야 한다.

신체는 생애 주기를 살아가는 유기체의 결정적 특질이다. 그러나 여성의 **신체**는 여성의 피부 속에 있는 것과, 유행에 따른 옷의 변화가 제공하는 다양한 외양으로만 구성되는 것이 아니다. 여기에는 발생학적이자 사회발생학적인 진화의 중재가 포함되며, 이를 통해 그녀는 각 어린이의 육체적, 문화적, 개별적 정체성을 위한 신체적(관능적 및 감각적) 기초를 만든다. 이 임무는 일단 아이가 잉태되면 완결되어야 한다. 그것은 여성의 독특한 일이다. 그러나 어떤 여성도 이 확장된 신체 영역에서만 살거나 살아야 할 필요가 있는 것은 아니다. 현대 세계는 빈틈없고 책임감 있게 신체 활동을 선택하고 계획하거나 또는 포기할 수 있는 더 큰 여지를 여성에게 제공한다. 따라서 그녀는 시민이자 노동자로서 그리고 물론 개인으로서 결정을 내릴 수 있고, 내려야 한다. 그렇지 않다면 이러한 결정의 의무를 소홀히 하는 것이다.

정신의 영역에서, 우리는 자아라고 불리는 조직화 원리에 대해 논의했다. 자아는 개인의 불가분성의 수호자이기 때문에, 개별화된 경험은 자아 속에서 그것의 조직화 중심을 갖게 된다. 자아 조직은 가장 넓은 의미에서 신체적 및 개인적 경험과 정치적 현실 사이를 중재한다. 그렇게 하기 위해 자아 조직은 남녀 공통의 심리적 메커니즘을 사용한다—이러한 점은 지적인 의사 소통, 상호 이해 및 사회 조직을 가능하게 한다. 호전적인 개인주의와 평등주의는 이 개인성의 핵심을 부풀려서 그것이 완전히 신체적, 사회적 차이가 없는 것처럼 보이도록 만들었다. 그러나 자아의 능동적인 힘과 특히 개별성 내의 정체성이 신체 발달과 사회 조직의 힘을 필요로 하고 사용한다는 것은 당연하다. 그렇다면 여기서, 여성이 그 외의 무엇이 될 수 있든지 간에, 여성이 결코 여성이 아닌 존재가 아니라는 사실은 그녀의 개별성, 신체적 존재, 사회적 잠재력 사이에 독특한 관계를 생성하며, 여성으로서의 정체성이 그 자체로 연구되고 정의될 것을 요구한다.

내가 시민성의 영역을 **도시**라고 부르는 이유는 시민성이 우리가 '도시'로 인식한 것의 경계에 이른다는 것을 강조하고 싶기 때문이다. 현대의 커뮤니케이션은 그러한 공동체를—전 세계적으로는 아니더라도—훨씬 더 크게 만든다. 이 영역에서 여성들은 지적인 성향과 직업 능력 및 리더십에서 남성들과 매우 유사하다는 것을 알 수 있다. 그러나 이 영역에서도 여성의 영향력은, '내부의 공간'에 대한 사실과 여성 정신의 가능성 및 요구가 해명 없이 반영되기 전까지는 완전히 발휘되지 않을 것이다. 여성이 경제 및 정치 분야에서 단순히 남성의 직업에 적응하는 것이 아니라 직업이 그들에게 적응하도록 하는 방법을 일단 배우게 되면, 그들의 과제와 역할, 기회와 직업 사양이 어떻게 될지는 아직 예측할 수 없다. 그러한 혁명적인 재평가는 심지어 현재 남성적인 것으로 불리는 직업들도 남성에게 냉혹한 적응을 강요한다는 통찰로 이어질 수 있다.

그러므로 여성의 출산 능력의 핵심적 중요성에 관한 내 정의가, 모든 여성을 영원한 모성의 '운명으로' 몰아넣고 그녀의 개별성의 동등함과 시민성의 평등을 부정하려는 새로운 남성적 시도 속에서 사용되고 있지 않다는 점이 분명해야 한다. 그러나 여성은 여성이 아닌 존재가 결코 아니기 때문에, 자신의 타고난 성향을 포함하고 통합하는 활동 양식에서만 자신의 장기적인 목표를 볼 수 있다. 내 생각에 진정으로 해방된 여성은, 그녀가 대부분의 성취 영역에서 남성의 성과와 능력에 필적할 수 있다는 것이 아주 분명해졌을 때조차, 아니면 바로 그때야말로 더 '활동적인' 남성적 성향과의 비교를 동등함의 척도로 받아들이기를 거부할 것이다. 진정한 평등은 오직 고유하게 창의적일 수 있는 권리를 의미할 뿐이다.

대부분의 검증 가능한 성차(섹슈얼리티와 생식에 내재된 것을 넘어)는 대부분의 구성원에게 '자연스럽게 나타나는', 즉 성향, 편향 및 경향에 해당되는 일정 범위의 태도와 속성만을 각 성에 설정한다. 물론 이들 중 상당수는 탈학습되거나 약간의 노력과 특별한 재능으로 재학습될 수 있다. 이것은 기술과 계몽의 은총으로 여성에게 주어지는 점점 더 많은 선택권과 함께 부인할 수 없는 사실이며, 문제는 미래의 여성이 자신의 타고난 성향 중 어떤 부분을 얼마나 많이 보존하고 배양하는 것이 가장 자연스럽다고—위에 언급된 세 가지 기본 측면에서 통합되고 지속될 수 있다는 의미에서의 '자연스러움'—느낄 것인가 하는 것이다.

따라서 하나의 신체로서 여성은 자신의 몸과 상호의존적인(그녀 자신의 선택에 따라 점점 더 그렇게 되는데) 육체적 실존을 가진 이들의 삶과 상호 연결된 삶의 단계들을 거쳐간다. 그러나 예컨대, 수학적 법칙에 의해 구조화된 분야의 한 노동자로서 여성은 간성적(intersexual) 아니면 더 나아가, 성 초월적(suprasexual) 증거의 기준에 대해 남성 못지않은 책임을 진다. 마지막으로, 한 개인으로서 여성은 (생물학적으로 주어진) 성향과 (기술적, 정치적으로 주어진) 기회를 활용하여 어머니와 시민으로서의 임무에 실패하지 않으면서 그녀의 삶을 가장 지속적이고 의미 있게 만드는 것처럼 보이는 결정을 내린다. 문제는 삶의 이 세 가지 영역이—확실히 갈등과 긴장이 없지는 않겠지만 어떤 목적을 가지고—어떻게 서로에게 영향을 미치는가 하는 것이다.

결론적으로, 여성 노동의 경계 중 하나를 고려하면, 예컨대 공학과 과학의 본질은 노동자의 성차와 무관하고 심지어 과학적 훈련도 여성성과 모성의 친밀한 과제에 다소 지엽적이다. 나는 여성들이 만든 컴퓨터가 '여성적 논리'를 배신하지 않을 것이라고 합리적으로 확신한다(여성들은 애초에 그것을 발명하는 데 관심이 없었기 때문에, 이 합리성이 얼마나 합리적인지는 모르겠지만). 컴퓨터의 논리는 좋든 싫든 성별을 초월한(suprasexual) 것이다. 그러나 이런 괴물들에게 무엇을 물어야 하고 무엇을 묻지 말아야 하는지, 그리고 중요한 결정을 내릴 때 언제 그들을 믿어야 하고 언제 믿지 말아야 하는지를 고민할 때, 바로 거기서 잘 훈련된 여성은 인도주의적 임무에 대한 과학적 사고의 차별적 적용으로 새로운 종류의 비전에 기여할 수 있을 것이라고 나는 생각한다.

그러나 나는 여기서 더 나갈 것이다. 여성들이—소수의 영광스러운 예외가 아니라 과학 엘리트의 일반 구성원들을—진정으로 대표한다면, 과학이나 다른 분야에 어떤 일이 일어날지 우리는 정말로 알 수 있을까? 과학적 창의성에서 성격이 아무런 역할도 하지 못할 만큼 과학적 영감은 정말 인격과 무관하고 방법론적일까? 그리고 우리가 여성이 결코 여성이 아닌 존재가 아니라는 것을 인정한다면, 비록 그녀가 훌륭한 과학자이자 동료가 되더라도, 그리고 특히 그녀가 모든 특별한 해명이나 요구를 넘어서 성장했을 때, 과학(일부 과업의 과학적 주변부, 그리고 아마도 다른 과업의 핵심)에는 여성의 비전과 창의성이 새로운 검증 법칙이 아니라 새로운 탐구 영역과 새로운 적용으로 이어질 수 있는 영역들이 있을 수 있다는 것을 왜 그렇게 격렬하게 부인하는가? 내가 주장하려는 것은, 여성들이 과학 분야를 충분히 대표하여 과제와 역할에 대해 긴장을 풀고 미지의 것에 전념할 수 있는 경우에만 그러한 가능성이 확인되거나 거부될 수 있다는 것이다.

내 요점은, 구속이 해제된다면 여성이 생물학적으로나 해부학적으로 주어진 영향력을 증진시킬 수 있으리라고 기대된다는 점이다. 그녀는 새로운 활동 영역에서, 국가적, 기술적 확장의 외부 공간에 대한 지배권을 (종의 멸종 위험을 감수하면서까지) 완성하려는 남성의 무분별한 노력을, 계획된 인류애 속에 태어난 개별 아이를 책임지는 것과 같은 다양한 돌봄과 보살핌을 강조하려는 결의로 상쇄할 수 있다. 변화하는 조건에 대한 남녀의 새로운 공동 적응에는 많은 어려움이 있을 것이다. 그러나 이러한 어려움이 인류의 절반으로 하여금 계획과 의사 결정에 참여하지 못하게 하는 편견을 정당화하지는 못한다. 특히 그 나머지 절반이 경쟁적인 기술 진보의 확대와 가속화로, 우리와 우리 아이들을 이 모든 풍요로움과 함께 우리가 살고 있는 벼랑 끝으로 몰아가고 있을 때 말이다.

새로운 적응력은 항상 새로운 기술 및 사회 질서의 잠재력과 해방된 개인의 에너지가 합류하는 역사적 시대에 발달한다. 새로운 세대는 발전하는 기술과 역사적 비전을 통해 새로운 자유의 연속성 속에서 그들의 활력을 충분히 얻게 된다. 거기서 또한 개인적인 통합이 강화되고, 그와 함께 모성 영역에서 새로운 적응이 요구될지라도 아이들은 더 커진 인류애를 느낄 것이다. 사회적 창의성과 새로운 지식은 그 가치를 확신하는 사회에서 필요한 적응을 도모하는 데 도움이 될 수 있다. 그러나 이러한 가치가 없으면, 행동과학이 제공할 수 있는 것은 거의 없다.

그러므로 우리는 여성의 특별한 창의성에 무언가가 있기를 희망하게 되는데, 그것은 지금까지 재능 있고 주도적인 남성들과 종종 자신의 천재적인 리더십을 결국 무자비한 자기 과시에 굴복시킨 남성들의 손에 전적으로 맡겨졌던 운명적인 인간사에서, 여성 몫의 리더십을 차지하기 위해 여성과 남성성(그녀 자신의 남성성을 포함하여)의 관계가 명확해지기만을 기다려왔다. 이제 인류는 새로운 종류의 사회적 발명과, 간호하고 양육하고 돌보고 용인하고 포용하고 보존하는 존재를 보호하고 육성하는 제도에 명백히 의존하고 있다.

파울 틸리히(Paul Tillich)는 우리가 나눈 마지막 대화에서 '적응적 자아'에 임상적으로 집착하는 것에 대해 불편함을 표명했는데, 그는 '궁극적인 관심사'를 대면할 수 없을 정도로 '적응'되었다고 느끼는 인류를 만들어내려는 추가적인 시도를 적응적 자아가 지원(이것은 내가 한 말이다)할 것이라고 보았다. 정신분석학은 존재에 대한 헛된 합리화의 일부가 될 위험에 처해 있지만, 그 기원과 본질 면에서 인간을 '궁극적인 관심사'를 향해 **해방시키려는** 의도를 가진다는 점에 나는 동의한다. 그러한 관심사는 신경증적 분노가 끝나고 단순한 재적응을 초월하는 아주 드문 순간과 장소에서만 궁극적일 수 있기 때문이다. 나는 그가 동의했다고 생각한다. 혹자는 인간의 **궁극**이 너무 자주, 외부 공간에 대한 남성들의 정복이 끝나는 곳에서 시작되는 무한대로, 그리고 '훨씬 더' 전능하고 전지한 **존재**에 대한 복종적인 인정의 영역으로 상상되어 왔다고 덧붙일 수 있을 것이다. 그러나 **궁극**적인 것은 주로 여성과 내적 마음의 영역인 **즉시성** 속에도 존재하는 것으로 밝혀질 것이다.

제8장

인종과 더 넓은 정체성

1.

정체성이라는 개념 또는 최소한 이 용어는 이 나라의 흑인 혁명에 관한 문헌의 상당 부분을 차지하며, 다른 나라에서도 식민 사상의 잔재로부터 해방을 추구하는 유색인종과 국가 혁명의 심리적 핵심에서 무언가를 대변하게 된 것으로 보인다. 이 단어가 무엇을 암시하든, 그것은 역사의 기로에 서 있는 많은 진지한 관찰자들의 상황을 말해주는 것 같다. 예컨대, 네루가 (들은 바와 같이) "간디가 인도에 정체성을 부여했다"고 말했을 때, 그는 이 용어를 공히 종교적이고 정치적인 비폭력 기술의 발전의 중심에 두었던 것이 분명하다. 간디는 이를 통해 대영제국 내에서 완전한 자치권을 주장하면서 인도인들 사이에 독특한 단결을 이루기 위해 노력했다. 하지만 네루가 의미한 것은 무엇이었던가?

로버트 펜 워런(Robert Penn Warren)은 『누가 흑인을 대변하는가?(*Who Speaks for the Negro?*)』에서 그의 정보제공자 중 한 사람이 이 단어를 처음 언급했을 때 감탄하면서 다음과 같이 말한다.

> 나는 **정체성**이라는 단어를 포착한다. 그것은 핵심 단어다. 당신은 그것을 반복해서 듣는다. 수십 개의 쟁점들이 서로 변화하고 섞이면서 이 단어에 초점을 맞추고 이 단어를 중심으로 집결될 것이다. 그가 태어난 세계와 그가 시민인 국가에서 소외된 흑인은 그 새로운 세계와 국가의 성공적인 가치에 둘러싸인 채 어떻게 자기 자신을 정의할 수 있을까?[1]

물론 정체성이라는 용어의 단순한 사용이 우리가 그 용어에 부여하는 의미와 유사한 것을 얼마나 자주 함축하고 있는지를 말하기란 불가능하다. '위기'라는 용어가 그것과 관련하여 나타나는 경우, 의미의 일치 가능성은 더 높아진다. 그리고 실제로 국민들에게 일종의 **인식의 혁명**을 강요하는 국가적 또는 인종적 위기가 이 용어에 암시되어 있다. 다른 곳과 마찬가지로, 인도에서도 간디가 어떤 형태로든 식민지화로 인한 "사중 파멸"이라고 부른 것, 즉 문화적이고 정신적일 뿐 아니라 정치적이고 경제적인 파멸로부터 깨어나는 맥락이 있다.

그렇다면 정체성 문제의 몇 가지 차원들을 다시 설명하고, 미국에서 흑인의 지위에 대한 국가적 인식의 갑작스런 출현과 연관시키는 것은 정당한 것처럼 보일 것이다.

전기로 시작하자면, 자신과 주변 세계 일부와의 내적 일체감을 윌리엄 제임스는 열광적으로, 지크문트 프로이트는 엄숙하게 고백한 것과 같은 긍정적인 진술을 흑인 작가들에게서는 거의 기대할 수 없다고 나는 이 책의 첫머리에서 지적했다. 흑인 작가들도 똑같이 진실하기 위해서는 우리가 정체성이라고 부르는 그 심리사회적 과정의 혐오스러운 결과를 공식화하기 위해 동등한 열정을 가지고 노력해야 한다. 그리고 실제로, 흑인 작가들의 상응하는 진술은 너무 부정적으로 표현되어 처음에는 정체성의 부재나 또는 **부정적** 정체성 요소의 거의 전적인 우세를 나타낸다. 뒤부아(Du Bois)는 들리지 않는 흑인에 대해 고전적 진술을 남겼다. 뒤부아는 '동화된(integrated)' 삶을 살았고, 사실 여느 미국 흑인 아이가 살았을 법한 버크셔 마을에서의 삶을 좋아했었다는 점을 기억해야 한다. 그럼에도 그는 다음과 같이 말한다.

> 계층 분리의 심리적 의미를 타인에게 보여 주기란 어렵다. 그것은 마치 금방이라도 무너져 내릴 듯한 산 한편의 어두운 동굴에서 밖을 내다보며 세상이 지나가는 것을 보고 말을 건네는 것과도 같다. 또한 예의 바르고 설득력 있게 말하면서, 무덤에 파묻힌 영혼들이 어떻게 자연스러운 움직임과 표현, 발달에서 방해를 받고 있는지, 그리고 감옥에서 풀려나는 것이 어떻게 단순히 예의나 동정, 그리고 도움의 문제가 아니라, 전체 세계를 원조하는 문제가 되는지를 보여주는 것과도 같다. 누구나 이런 식으로 계속 균형있게, 논리적으로 이야기하지만, 지나가는 군중들이 고개도 돌리지 않고 또는 돌린다고 해도 호기심 어린 눈빛으로 쳐다보고는 자기 갈 길을 간다는 것을 알아차린다.
>
> 지나가는 사람들이 듣지 못한다는 사실, 보이지는 않지만 끔찍하게 실재하는 두꺼운 판유리가 자신들과 세상 사이에 있다는 사실이 죄수들의 마음에 차츰 스며든다. 그들은 흥분하고, 더 크게 말하고, 손짓을

한다. 지나가는 세상의 일부는 호기심에 멈춰 서지만, 이들 손짓은 너무 무의미해 보인다. 그들은 웃고 지나간다. 그들은 여전히 전혀 듣지 못하거나 듣지만 희미하게 듣는다. 그들은 들은 것조차 이해하지 못한다. 그러면 안에 있는 사람들이 히스테리를 일으킬 수 있다. 그들은 들리지 않는 진공 속에서 소리 지르고 있다는 사실을, 그리고 밖에서 들여다보고 있는 사람들에게 자신들의 괴상한 행동이 실제로 우스꽝스럽게 보일 수도 있다는 사실을 당황하여 거의 깨닫지 못한 채, 벽에 대고 비명을 지르거나 몸을 부딪힐 수 있다. 그들은 심지어 여기저기서 유혈과 손상을 타개해 나가며, 그들의 존재를 두려워하는, 겁에 질려 있고 무자비하며 상당히 압도적인 무리의 사람들에 직면해 있는 자신들을 발견할 수도 있다.[2]

뒤부아의 **들리지 않는** 흑인에서 한 걸음만 더 나가면, **보이지 않음, 이름 없음, 얼굴 없음**을 암시하는 볼드윈(Baldwin)과 엘리슨(Ellison)의 바로 그 표제가 있다. 그러나 나는 신만이 아실 그들의 유산이었던 사회적 역할, 흑인계 미국인의 '아무도 아닌 자(nobodyness)'로서의 느낌에 대한 단지 애처로운 표현으로 이 주제들을 해석하지 않을 것이다. 오히려 나는 보이지 않음에 대한 이들 창조적 남성의 필사적이면서도 단호한 집착을, 너무나 표면적으로 가시적인 것, 다시 말해 피부색에 의해 두드러지는 남자로서가 아니라 **선택권을 가진 개인**으로서 들리고 보이고 인식되고 직면되어야 한다는 매우 적극적이고 강력한 요구로 해석하고 싶다. 그들은 잠재적으로 존재하지만 끊임없이 마음속에 떠오르는, 어떤 면에서는 소리 없는 정체성을, 그것을 숨기려는 고정관념에 대항하여 방어한다. 그들은 그들 민족을 위해 그러나 무엇보다도 (작가의 의무로서) 그들 스스로를 위해, 밴 우드워드(Vann Woodward)가 소위 "포기한 정체성"이라고 말한 것을 다시 쟁취하기 위한 전투에 참여한다. 이 용어는 많은 당대의 글에서처럼 완전한 부재—모색되고 찾아지며, 부여되거나 주어지고, 생성되거나 조작될 수 있는 어떤 것—를 가정하는 것이 아니라 회복되어야 할 무언가를 가정하기 때문에 나는 이 용어를 좋아한다. 이 점은 강조되어야 하는데, 이는 잠재된 것이 살아있는 현실이 될 수 있고, 따라서 과거와 미래를 연결하는 가교가 될 수 있기 때문이다.

그러므로 정체성에 대한 광범위한 집착은 '소외'의 증상일 뿐만 아니라 역사적 진화의 교정적 경향으로도 볼 수 있다. 혁명적 작가와 (아일랜드 국외 추방자나 우리의 흑인 및 유대인 작가와 같은) 소수 국가 및 소수 민족 집단의 작가들이 정체성 혼란의 예술적 대변인이자 예언자가 된 것도 바로 이런 이유 때문일 것이다. 예술적 창작은 불평과 폭로를 초월하며, 인간의 양심에 인간을 가장 깊게 분열시키고 위협하는 것, 다시 말해 우리가 **유사-종**이라고 부르는 것으로 분열되는 것을 치유하는 데 필요한 통찰과 개념을 비롯하여 인간 조건에 대한 비평을 제공하기 위해, 어떤 고통스러운 정체성 의식이 용인되어야 한다는 도덕적 결정을 포함한다.

이 새로운 문헌에서, 이전에 의식적이지 않거나 비언어적인 사실들이 종종 정신분석의 과정과 유사한 방식으로 직면되고 상징화된다. 그러나 '사례'는 인간의 저항, 즉 역사적 실재와의 강렬한 접촉에 의한 내부 재배치에 의해 초월된다. 그리고 결국 이 작가들은 단조로운 교외 주택처럼 안전하고 멀리 느껴지는 그러한 정체성에 대한 고통받는 정체성의 본질적인 우월성 또한 선언하고 있지 않는가?

여기서 위태로운 것은 다름 아닌 사실의 깨달음과 인간의 종 정신(specieshood)의 의무다. 위대한 종교 지도자들은 이러한 자각에 대한 저항을 돌파하려고 시도했지만, 그들의 교회는 우리가 여기서 염두에 두고 있는 발전을 외면하기보다는 동참하는 경향이 있었다. 즉, 그 발전은 어떤 섭리에 의해 자신의 부족이나 인종, 계급, 심지어 종교도 다른 것들보다 '자연적으로' 더 우월하다는 인간의 깊이 뿌리박힌 신념이다. 우리가 지적했듯이, 이것은 인간이 **유사-종**으로 발전한 심리사회적 진화의 일부인 것 같다. 물론 이 사실은 부족 생활에 뿌리를 두고 있으며, 인간을 초래한 모든 진화적 독특성에 바탕을 두고 있다. 그중에는 그의 오랜 유년기도 포함된다. 모든 동물 가운데 가장 '다방면에 재능을 가진' 동물로 '태어나' 매우 다른 환경에 적응할 수 있는 신생아는 '내부 세계'와 사회적 환경의 복잡한 상호작용을 통해 인간 집단의 일원으로 전문화된다. 인간은 자신의 '종'만이 전능한 신에 의해 계획되었고, 특별한 우주적 사건 속에서 창조되었으며, 선택된 엘리트와 지도자의 지도하에 유일하게 참된 인간성을 지키기 위해 역사에 의해 불림을 받았다는 확신으로 세뇌된다. 이제 '가성(假性)'은 적어도 일시적인 확신을 가지고 거짓말을 하는 형태인 허언 증상을 암시한다. 그리고 실제로 인간의 진보는 더 이상 신화라는 이름에 걸맞지 않은 환상과 편견에 맞서 인간이 발휘할 수 있는 합리성과 인간성을 이용하기 어렵게 만드는 발전의 조합으로 그를 휩쓸었다. 물론 내가 의미하는 것은 기술 전문화(무기 제조 기술을 포함하여), 도덕적 고결함, 그리고 우리가 **정체성의 영토성**이라고 부르는 것 사이의 그 위험한 조합이다. 이 모든 것들은 늑대들 사이의 늑대에게 전형적인 것을 훨씬 능가하는 호미넴 호미니스 루품

(*hominem hominis lupum*: 인간은 또 다른 인간에게 늑대)을 만들어 낸다.[3] 인간이 치명적 무기와 도덕적 위선, 그리고 정체성 공포 간의 이러한 결합에 일단 사로잡히게 되면, 종에 대한 모든 감각을 잃을 뿐만 아니라 '사회적인' 동물 세계와는 일반적으로 동떨어진 잔인함으로 또 다른 하위 집단을 자극하기 쉽기 때문이다. 사실상 더 보편적이고 더 포괄적인 인간 정체성이 바로 그 생존의 필요성에 의해 강력하게 제시되는 바로 그 시기에(그리고 이것은 우연의 일치가 아닐 텐데), 기술 정교화가 문제를 더욱 증폭시키는 것 같다. 국가사회주의 국가인 독일은 현대 국가에서 일어날 수 있는 살인적인 대량 허언 증상을 가장 악명 높게 보여 준다.

우리 모두는 우리의 정체성을 어떤 유사-종에 고정시키는 경향이 있지만, 또한 우리는 제2차 세계대전이 그런 자기 방종으로부터 모든 순수성을 빼앗아갔으며 제3차 세계대전의 위협이 인간의 적응적 천재성을 그 자체의 패배로 이끌 것이라는 것을 뼈저리게 느낀다. 그러나 '결집된 다수'가 계속해서 부정하고 숨기는 것들을 보는 사람들은 또한 인간이 자신의 종족성을 실현하고 더 넓은 정체성과 유사-종을 교환하기 위해서는 새롭고 공유된 기술 세계를 창조해야 할 뿐만 아니라 과거의 모든(또는 거의 모든) 정체성에 내재된 편견으로부터 벗어나야 한다는 것을 이해하려고 애써야 한다. 이는 각각의 **긍정적 정체성**이 앞에서 본 것처럼 **부정적** 이미지에 의해서도 정의되기 때문이며, 이제 우리는 신이 부여한 우리의 정체성이 종종 타인의 타락에 기식한다는 불쾌한 사실에 대해 논의해야 한다.

2.

나는 부정적이고 혼란스러운 것에 대한 흑인 작가들의 강조가 가진 건설적인 역할에 대한 내 주장을 뒷받침하기 위해, "블루스가 그들이 다루는 고통스러운 조건들을 초월했던 것처럼" 엘리슨의 글이 실제로 조건을 초월하려는 시도라고 말하면서 거의 그를 인용할 뻔했다. 하지만 나는 스스로 멈췄다. 그리고 지금 나는 우리가 정체성 의식이라고 부르는 악화된 자의식에 따르는 어려움을 나타내기 위해 그를 인용했다. 명료한 대화의 특별한 순간을 제외하고, 한때 미국 흑인의 세계와 우리 세계 간의 교환 통화(通貨)였던 전체 이미지, 특히 블루스와 같이 겉으로 보기에는 순수한 항목이 우리 눈앞에서 만화경과 같은 속도로 평가절하되거나 재평가되고 있다. 우울증과 절망감을 '다룰' 때조차도, 블루스는 한때 긍정적 정체성과 우월한 독특성을 확인하는 것이었을지 모른다. 오늘날 어떤 작가도 이제는 차별의 표식이 된 오래된 이미지들을 사용하거나 사용하는 것에 동의하는 것을 피할 수 없다. 마치 흑인이 그의 블루스나 또는 우리 모두가 벗어나고 있는 노예제도 이후의 시기에 대한 다른 무분별한 수용에 충실한 것이 더 낫다는 것을 의미하는 것처럼 말이다. 하지만 지금까지 백인 입장에서 죄책감과 공포의 좀 더 무의식적인 결합과 다른 입장에서는 증오와 공포의 결합이 이제는 더 의식적이면서도 항상 더 현실적이지는 않은 자책과 불신감으로 대체되고 있다. 우리는 현재 그런 고정관념과 정서를 감수할 수밖에 없다. 즉, 대립은 그중 일부를 반증할 것이고 역사는 다른 일부를 해체할 것이다. 한편으로, 만화경이 당혹스러운 변화뿐만 아니라 패턴을 드러낼 수 있도록 정체성 의식과 같은 개념을 이 문제에 적용하는 것이 도움이 될 수 있다.

정체성 의식은 당연하게도 행동을 통해 획득되는 정체감에 의해서만 극복된다. "자기가 어디로 가고 있고, 누구와 함께 가고 있는지를 아는" 사람만이, 늘 쉽게 규정되지는 않더라도 명백한 통일성과 외모 및 존재의 광채를 보여준다. 그러나 누군가 어느 모로 보나 자기 자신을 '찾고 있는' 것처럼 보일 때, 그는 또한 새로운 과제와 관계에서 자신을 '잃고 있다'고 말할 수 있다. 즉, 그는 정체성 의식을 초월한다. 이는 분명 모든 혁명의 초기에 그러했고, 흑인 혁명의 젊은이들의 경우에도 그러했는데, 그들은 자신을 발견했고 실제로 격렬한 투쟁 속에서 자신을 잃기로 한 바로 그 결의 속에서 그들의 세대를 발견했다. 여기서 정체성 의식은 현실에 흡수된다. 이런 상태는 학생비폭력조정위원회(Student Nonviolent Coordinating Committee: SNCC. 1960년대 미국의 흑인인권운동에 참여한 학생들의 핵심 조직-옮긴이)의 초기 시절에 대한 하워드 진(Howard Zinn)의 기술[4]에서 가장 생생하고 감동적으로 묘사된다. 처음에 익명의 영웅이었던 이들은 그 후 역사의 무대에서 일종의 이중 의식(doubletake)인 강화된 자의식과 마주했고, 이제 혁명적 인식을 위해 삶의 순수한 통일성을 희생해야만 한다.

이런 '심리화'가 항상 환영받는 것이 아니라는 것은 매우 이해할 만하며, 자의식적이지 않은 행동이 요구되는 동안 이론을 개발해야 할 운명이 항상 편한 것은 아니다. 논란이 되고 있는 「모이니핸 보고서(Moynihan Report)」는 이런 저항을 표면화시켰는데, 그것은 처음에는 존슨 대통령에게 보고된 장문의 기밀 보고서로, 이를 통해 그는 수많은 흑인 하층민 가정의 아버지의 부재에 따른 유해한 결과를 알게 됐다. 어떤 방법이 동원되었든, 패트릭 모이니핸(Patrick Moynihan)의 의도는 의심할 여지가 없었다. 그러나 중요한 시기에는 과거사의 결과를 거의 돌이킬 수 없는 것으로 지적하는 어떠한 설명도—인종적 편견이 그랬던 것처럼—미래를 운명론적으로 배제하려는 또 다른 시도의 효과를 갖는 것으로 인식되며, 실제적으로 그런 효과를 가질 수 있다.

또한 이러한 것들이 더 무의식적인 측면에서 우리의 정체성 문제의 갑작스런 인식에 대한, 우리 안의 가중된 저항일 뿐이라는 것을 간과해서도 안 된다. 계몽을 열망하고 무한한 탐구 이념에 고취된 학생들도 다음과 같이 묻지 않을 수 없다. 무의식적 결정 인자들이 실제로 우리의 자기 인식과 우리 가치의 바로 그 비애 속에서 작동한다는 것을 증명해야 한다면, 이것은 결정의 문제를 자유 의지와 도덕적 선택이 허황된 것처럼 보이는 곳으로 몰고 가는 것이 아닌가? 또는 한 인간의 개인정체성이 공동체적 정체성과 연결되어 있다고 말한다면, 우리는 인간의 바로 그 운명 의식을 역사 변증법의 맹목적 기능으로 만드는 또 다른 암호 마르크스주의(crypto-Marxism: 마르크스 사상에 대한 은밀한 지지와 찬양-옮긴이)에 직면하고 있는 것이 아닌가? 아니면 마지막으로, 그러한 무의식적 결정 인자를 실제로 입증할 수 있다면, 그러한 인식은 우리에게 좋은 것인가?

철학자들은 의심할 여지 없이 이 질문에 대한 답을 가지고 있다. 그러나 누구도 그러한 도덕 관념으로부터 자유로울 수 없다는 것이 분명해야 한다. 그것은 사실상 인간의 진화적 동물 조상을 발견한 다윈과 계급 구속적 행동을 폭로한 마르크스에서 무의식을 체계적으로 탐구한 프로이트에 이르기까지, 인간 동기에 대한 정밀한 분석의 보다 광범위한 동향의 일부일 뿐이다.

3.

흑인 가족에 대한 최근의 한 토론에서, 매우 견문이 넓고 영향력이 있는 한 미국계 유대인은 **자기** 방식의 민족적 불신을 무심코 보여주면서 다음과 같이 말했다. "어떤 본능적 감각이 모든 유대인 어머니에게 아이를 공부시켜야 하고, 아이의 지능이 미래로 가는 통행증이라는 것을 말해줍니다. 왜 흑인 어머니들은 신경을 쓰지 않는 거죠? 왜 그들은 같은 본능적 감각을 갖고 있지 않는 거죠?" 나는 미국 흑인의 역사를 볼 때, 그에 상응하는 '본능적 감각'이 대다수 흑인 어머니들에게 그들의 아이들, 특히 재능 있고 호기심 많은 아이들을 헛되고 위험한 경쟁으로부터 **멀리** 하라고 말했을지 모른다고 제안했다—즉, 생존을 위해서, 무관심하고 증오로 가득한 '결집된 다수'가 규정한 대로 그들을 제자리에 두기 위해서 말이다.

그 남자가 "어머니들"이라고 말한 것은 우리가 흑인 정체성에 접근할 때 마주하는 문제들 중 하나를 즉각적으로 보여준다. 그가 염두에 두고 있던 유대인 어머니들은 남편이 지원을 해주거나 또는 실제로 그들을 대신해서 행동하기를 기대하지만, 많은 흑인 어머니들은 그렇지 않다. 흑인 어머니들은 대대로 흑인 남성들에게 강요된 '포기한 정체성'을 조성하는 경향이 있다. 이것은 문학작품이 시사하는 것처럼, 많은 흑인 남성들을 왜곡된 거울의 끝없는 홈처럼 이들을 둘러싸고 있는 '부정적' 인식의 반영으로 축소시켰다. 흑인의 긍정적 정체성이 어떻게 체계적으로 훼손됐는지—처음에는 말로 다 할 수 없는 북미의 노예제도하에서, 다음에는 남부 시골과 북부 도시에서 지속된 체계적인 예속 상태에서—는 광범위하고 신중하고 통렬하게 입증되어 왔다.

여기서 부정적 정체성의 개념은 관련된 여러 복잡한 문제들을 명료하게 하는 데 도움이 될 수 있다.

모든 사람의 심리사회적 정체성은 우리가 설명한 것처럼 긍정적이고 부정적인 요소들의 위계를 포함하는데, 후자는 유년기 내내 이상적 원형뿐 아니라 악한 원형들도 성장하는 인간에게 제시된다는 사실에서 비롯된다. 우리는 이것이 문화와 관련이 있다고 말했다. 지적인 성취를 특징으로 하는 유대 배경에서 '무능한 자(*Schlemihl*)'와 같은 부정적 역할은 원하지 않을 것이다. 사실상 인간은 자신이 의도하지 않았던 것이 되지 말라는 경고를 받는다. 그래서 그는 자신이 피해야 할 것을 예상하는 법을 배울 수 있다. 따라서 고정된 특질이나 역할과는 거리가 먼 긍정적 정체성은 세월과 더불어 잊어야 할 과거와 예방해야 할 잠재적 미래와 항상 상충한다.

지배적인 문화적 이상을 알고 있지만 모방할 수 없는 억압받고 착취당한 소수 집단 출신의 개인은 지배적 다수에 의해 유지되는 그들의 부정적 이미지와 자신의 집단에서 배양된 부정적 정체성을 융합하기 쉽다. 여기서 우리는 한 흑인이 다른 흑인을 '니거(nigger)'라고 부를 수 있는 방식의 많은 뉘앙스를 생각해볼 수 있다.

이러한 착취 가능성(과 착취에 대한 유혹)의 이유는 인간의 진화와 유사-종으로서의 발달에서 찾을 수 있다. 모든 소수 집단이 '열등감'과 병적인 자기혐오감을 가지고 있다는 충분한 증거가 있으며, 의심할 여지 없이 미국의 흑인 노예가 독립적 야망에 대한 동기를 방해하는 조건들을 강요받고 유지하는 정당하고도 극단적으로 효율적인 방식은, 이제 평등이 '허용되는' 곳에서도 평등을 이용하는 것에 대한 광범위하고 뿌리 깊은 억압으로 계속해서 영향력을 행사하고 있다. 다시 말하지만, 문학은 대신에 어떻게 흑인이 음악이나 영적 세계로 도피하는 법을 발견하거나, 완고한 순종이나 과장된 유아스러움, 또는 피상적 복종과 같은 조롱적 캐리커처로 간주되는 행동의 타협에서 자신의 반항을 표현하는지에 대한 서술로 가득하다. 그럼에도 종종 그의 부정적 정체성이 지배적인 백인 다수에 대한 방어적 적응의 관점에서**만** 정의되는 방식으로, '흑인'이라는 주제가 너무 간략하고 배타적으로만 논의되고 있지는 않은가? 우리는 흑인의 인격 **내부**와 흑인 공동체 **내부**의 긍정적인 요소와 부정적인 요소의 관계에 대해 충분히 알고 (있고 또 알 수) 있는가? 이것만으로도 부정적인 것이 얼마나 부정적으로 여겨지고 긍정적인 것이 얼마나 긍정적으로 여겨지는지가 드러난다.

그러나 또 다른 사실은 압제자가 억압받는 자들의 부정적 정체성에 지속적인 흥미를 가지고 있다는 것인데, 이는 부정적 정체성이 그 자신의 무의식적인 부정적 정체성의 투사—어느 정도까지는 우월감을 느끼게 하며 또한 불안정한 방식으로 완전함을 느끼게 하는 투사—이기 때문이다. 유사-종에 대한 이러한 논의는 이중 일부를 이론적으로 명확히 했을지 모르지만, 역사적 발생은—자기 자신에 대한—즉각적인 적용을 강요한다.

우리는 예컨대, 소수 집단에 거의 치명적인 분열을 일으켰다는 사실에 대한 자기 집단 내의 중대한 분열을 갑자기 인식한 다수가 도덕적 지위를 되찾고 '사실을 직시하려는' 갑작스러운 열정으로 무심코 소수자의 부정적 이미지를 **확인하려고** 하는 방식에 대해 궁금해진다. 그것도 다수의 죄에 대해 독점적이고 심지어 자기만족적으로 숙고하는 바로 그 행위 속에서 말이다. 임상의는 과도한 도덕적 열정의 회복적 가치에 의문을 제기하는 것에 대해 용서받을 수 있다. 예컨대, 빈민층 어린이들이 박탈당한 중산층 문화가 또한 일부 백인 어린이들에게서 많은 신경성 부적응을 예방할 수 있는 경험을 박탈한다는 사실을 인식한다면, '문화적으로 박탈된'이라는 말은 다소 아이러니하게 느껴질 것이다. 사실 가족의 '문화' **때문에** 심한 박탈감을 느끼는 많은 젊은 백인들이 그 문화의 부재로 인해 박탈당한다고 말하는 사람들과 함께 살아가고 일하면서 정체성과 연대를 찾는다는 역사적 사실에는 시적 정의(poetic justice) 이상의 것이 있다. (평화봉사단 경험에 필적하는) 그러한 대립은 물론 더 넓은 정체성을 창조하는 데 있어 중요한 요소다. 나는 아마도 초기 간디주의자들의 인도 대중의 발견에 대한 내 연구에서 배운 것을 제외하고, 오늘날의 남부 이야기에서 드러나는 일반적인 인간 경험의 직접성과 유사한 그 어떤 것도 내 생전에 들어본 적이 없다.

4.

그러므로 양심의 가책을 느끼는 다수라도 그러한 습성이 습관적인 패턴 속에서 무의식적으로 지속되지 않도록 조심해야 한다. 숨겨진 편견은 심지어 피해의 정도를 측정하는 바로 그 측정에까지 영향을 미치는 것 같다. 그리고 진단은 예후를 규정한다는 것을 기억해야 한다.

토마스 페티그루(Thomas Pettigrew)는 『흑인계 미국인의 프로파일(*A Profile of the Negro American*)』이라는 그의 훌륭한 편서에서 그저 지나가는 말로만 정체성이라는 용어를 사용한다. 그는 흑인계 미국인의 지능을 사용하지 않고 흑인 가정생활을 혼란에 빠뜨린 것에 대한 견고하고 나아가 충격적인 증거들을 풍부하게 제시한다. 내가 페티그루가 보고한 사례들 중 가장 의심스럽고 흥미롭기까지 한 사례를 선택한다면, 그것은 단지 한 민족의 역사와 검증 가능한 단일한 **특성들**의 관계를 명확히 하기 위해서일 뿐이다.

버턴(Burton)과 화이팅(Whiting)에 이어 페티그루는 다음의 문제를 논의한다.

> [남자아이들은] 아버지가 없는 집에서 그들이 가진 유일한 부모 모델 −어머니−을 기준으로 독창적인 자아상을 확립한 후에, 유년기 말에 남성적인 자아상을 고통스럽게 획득해야 한다. 일부 연구들은 이러한 **성 정체성** 문제가 하층 흑인 남성들에게 적용될 수 있다고 지적한다.

그는 다음과 같이 보고한다.

> 매우 다른 집단들−앨라배마 교도소 재소자와 결핵에 걸린 위스콘신 노동자 계층의 퇴역 군인−에 두 가지 객관적인 검사를 실시한 결과, 흑인 남성이 백인 남성보다 **여성성 척도**에서 더 높은 점수를 받는 것으로 나타났다. …… 이 검사는 잘 알려진 심리측정 검사인 미네소타 다면적 인성검사(Minnesota Multiphasic Inventory: MMPI)의 일부로, 500개 이상의 간단한 진술에 대해 자신이 해당되는 정도를 판단할 것을 요구하는 검사다. 이 표본 속의 흑인들은 **"나는 가수가 되고 싶**

다", "**나는** 대부분의 사람들보다 **더 강렬하게 느끼는** 것 같다"와 같은 '여성적' 성격에 일반적으로 더 자주 동의했다.[5]

페티그루는 현명하게도 '여성적'이라는 말을 강조하여 기술했다. 우리는 검사가 주장하는 대로, MMPI가 앨라배마 교도소 수감자들과 결핵 병동에 있는 환자들을 포함하는 '다양한 집단들을 측정하기 위한 객관적 검사'라고 가정할 것이며, 어쨌든 검사의 부수적 결함은 결국 모두 통계 '찌꺼기로 걸러져 나올 것'이라고 가정할 것이다. 전체적인 결론은 실제로 여성성과 남성성 지표에서 흑인과 백인 간에 유의한 차이를 보여준다. 그러나 이 검사에서 가수가 되고 싶은 소망과 "대부분의 사람들보다 더 강렬하게 느끼는 것"이 '여성적' 특성으로 사용된다는 점은, 검사 항목의 선택과 이로부터 도출된 일반화가 적어도 검사 대상만큼이나 검사와 검사자에 대해 많은 것을 말해준다는 것을 시사한다. "가수가 되고 싶은 것" 또는 "강렬하게 느끼기"는 처음 검사를 개발하고 표준화할 때 참여한 대다수 응답자 중에 아마도 여성적 특성을 가진 남자들만이 인정할 만한 것으로 보인다. 하지만 왜 감옥이나 결핵 병동에 감금된 흑인 하층민이 시드니 포이티어(Sidney Poitier)나 해리 벨라폰테(Harry Belafonte)와 같은 사람이 되고 싶은 소망을 인정하면 안 되는가? 그리고 왜 현재 그의 환경에 있는 대부분의 사람들보다 더 강렬하게 느낀다고(이것이 실제로 무엇을 뜻하는지 그가 안다면) 인정하면 안되는가? 가수가 되고 강렬하게 느끼는 것은 남부 흑인 사회(또는 나폴리)에서 나고 자랐다면 기꺼이 인정할 만한 남성적 이상의 측면일 수 있지만, 다른 남성적 이상에 적응한 대다수 남성들에게는 결점이 될 수 있다. 실제로 할렘과 나폴리에서는 예술적 자기 표현과 강렬한 감정에 대한 강조—이것이 요점인데—가 누군가의 긍정적 정체성의 핵심이기 때문에, '통합'으로 인한 이러한 강조점의 상실과 평가절하가 조정 가능한 '역할들'의 어두운 바다에서 사람들을 표류하게 할 수도 있다. 결집된 백인 다수의 경우, '강렬한 감정'을 부정하는 것은 부정적 정체성 문제의 일부가 될 수 있으며, 이는 흑인의 강렬함에 대한 편견적 거부에 크게 기여한다. 비슷한 성격의 검사들이 인종 간 차이에 대한 '객관적' 증거를 제공할 수 있지만, 이는 검사 자체의 문제를 나타내는 것일 수도 있다. 이것이 완전히 간과된다면, 흑인의 '분열된' 자아상과 백인의 '통합된' 자아상 간의 차이를, 검사는 단지 강조만 할 뿐이고 검사자는 보고만 할 뿐이며 보고서의 독자(백인이든 흑인이든)는 인식하기만 할 뿐이다.

(또 다른 관련성 속에서) 페티그루는 검사받는 흑인 아이의 입장에서 분명하게 말한다.

> 결국, 지능 검사는 중산층 백인을 위한 검사다. 그것은 백인이 자기 능력을 증명하고 백인 세계에서 출세하기 위해 사용하는 장치다. 검사에서 높은 점수를 받는 것은 낮은 지위의 흑인 아이에게는 같은 의미를 지니지 않으며, 심지어 개인적 위협의 명확한 함의를 담고 있을 수 있다. 그런 의미에서, 지능 검사에서 낮은 점수를 받는 것은 일부 재능 있는 흑인 아이들의 경우에 지각된 위협에 대한 합리적인 대응책일 수 있다.[6]

따라서 전체 **검사 사태** 자체는 서로 다른 정체성 배치의 실재성 측면에서 명료화를 요구하는 어떤 역사적이고도 사회적인 상대성에 내재되어 있다. 같은 이유로, 그런 절차를 경험하는 아이가 시험 절차의 곤경에서 벗어나, 예컨대 놀이터나 길모퉁이에 있는 또래들과 합류할 때 같은 사람이 될 것이라고는 결코 확신할 수 없다. 반면에 **검사자**와 그의 정체성 갈등은 그 자신이 고도로, 어쩌면 자기방어적으로 언어적인 백인 하위 집단에 속해 있을 때조차 눈에 보이지 않게 그의 방법으로 섞여 들어가고, 거의 문맹에 가깝거나 문맹인 배경에서 온 검사 대상자들에 의해 그렇게 인식되는 것이 당연하게 여겨진다.

이와 관련하여, 나는 '빈민가의 소외된 젊은이들'의 성생활을 감동적으로 묘사한 케네스 클라크(Kenneth Clark)를 인용하고 싶다. 책임감 있는 아버지로서, 그는 그럼에도 불구하고 치명적인 고정관념으로부터 방어해야 하는 것을 묵인해서는 안 된다는 것을 알고 있다.

> 미혼모의 위법 행위가 반복되면 이들에게 복지 혜택을 제공하지 말아야 한다는 주장에서처럼, 빈민가의 위법 행위는 징벌적 적대감으로 이해되거나 다루어질 수 없다. 그러한 접근은, 공허하고 때로는 위선적인 도덕화와, 수용과 정체성에 대한 젊은이들의 절실한 갈망과 더불어 영원한 충성과 영원에 대한 서약 없이, 한순간이라도 다른 누군가에게 의미 있는 사람이 되고자 하는 욕구를 약화시킨다. …… 지속적이고 충실한 관계에서 실패의 가능성에 자신을 더 노출시키는 것은 감수하기에는 너무나 큰 위험이다. 다른 것이 있을 수 없기 때문에 관계의 **내재적** 가치가 유일한 가치다.[7]

이것은 법적이거나 도덕적인 항목을 그것의 '실제적' 맥락 속에 배치하는데, 이러한 맥락은 또한 이해하기보다는 판단하고 고정관념을 갖는 사람들에 대한 무언가를 항상 드러낸다. 왜냐하면 **관계의 내재적 가치**는 당혹스럽고 맹렬한 가치 다원주의하에서 고통받는 일부 특권층 젊은이들이 상실한 바로 그 항목(정의하기 어렵고 검증하기 어려우며 법적으로 무관한)이기 때문이다.[8]

5.

이제 새로운 젊은 흑인들에 대해 이야기해보자. "맙소사," 얼마 전 한 흑인 여학생이 작은 모임에서 격렬히 항의했다. "내가 무엇**으로부터** 통합되어야 하죠? 나는 우리 할머니처럼 웃어요. 할머니처럼 웃지 않느니 차라리 죽는 편이 낫겠어요." 이제는 웃음마저도, 복종과 운명론, 망상과 도피의 흔적으로 의심받게 된 흑인 문화와 흑인 인격의 이러한 양상에 합류했기 때문에, 고정관념이 작동하는 소리가 침묵 속에 들렸다. 그러나 그 어린 소녀는 "물론 그런 뜻이 아니에요……"와 같은 기계적인 사과로 성급하게 굴복하지 않았고, 침묵은 정체성 갈등이 명백히 느껴지는 순간의 그 긴박함을 담고 있었다. 이어서—난처해하고 훙겨워하는 듯한 반항적인—웃음이 뒤따랐다.

내게는 이 젊은 여성이 정체성 요소의 신속한 재구성에 동반되는 불안을 표현한 것처럼 보였다. '해야 한다'는 것은 살아 있는 과거와 예상되는 미래의 연속성으로서의 정체감에서 본질적인 능동성과 선택 역할의 상실감을 반영한다. 나는 행동이나 이미지의 단일 항목들이 새로운 정체성 배치에서 그 속성을 바꿀 수 있다고 지적했다. 하지만 이들 동일한 지표는 흑인이 이제 불확실한 외부 통합으로 교체'해야 하는' 그 당시의 유일하게 가능한 내부 통합을 한때 나타냈다. 인종 차별 철폐, 보상, 균형, 화해 — 이것들 모두는 자신의 많은 것을 남겨둘 것이라고 확신하지 못하는 흡수의 대가로 흑인을 구하는 것처럼 보이지 않는가? 따라서 엘리슨이 흑인 작가의 "복잡한 주장과 정체성의 부정"이라고 부른 것은 더 단순한 선례들을 가지고 있으며 그 단순함에도 불구하고 비극적이지 않다.

그 젊은 여성의 격렬한 항의는 정체성 발달에 정해진 시간이 있음을, 더 정확히 말하면 두 종류의 시간이 있음을 일깨워준다. 즉, 그것은 개인 삶에서의 **발달 단계**와 역사적 **시기**다. 우리가 대략적으로 보여준 것처럼, 생애사와 역사 간에는 상호보완성이 존재한다. 정체성 위기는 섣부르고 비참하게 자극되지 않는 한(흑인 작가의 전기뿐만 아니라 흑인 아이들에 대한 직접적인 관찰이 그런 비극적인 조숙함을 증명한다), 청소년기가 끝난 후에도 없어서는 안 되는 것처럼 시작 전에 실현될 수 없다. 이때는 이제 완전히 성숙한 육체가 하나의 개체로 점차 결합되고, 성숙한 섹슈얼리티가 관능적 놀이에서 그리고 머지않아 부모의 신분으로 파트너를 찾게 되며, 정신이 완전히 발달하여 역사적 관점에서 개인의 경력을 구상하기 시작하는 시기다. 이 모든 것들은 소수집단 아이들의 경우에 너무도 많은 갈등으로 즉각적으로 드러나는 독특한 발달적 소산이다.

그러나 젊은이의 위기는 한 세대의 위기이자 사회의 이념적 건전성의 위기이기도 하다. 즉, 정체성과 이데올로기의 상호보완성 또한 존재한다. 그리고 만약 주어진 시대에 중상주의, 식민주의,

산업화와 같은 새로운 기술 및 경제적 확장과 관련된 이념적 추세에 충실함을 투자할 수 있는 젊은 층에서 위기가 가장 두드러지지 않는다고 말한다면, 우리는 그런 추세로부터의 모든 체계적 배제가 가져올 파국적 결과를 인식하고 있는 것이다. 사회의 지배적인 기술을 갈망하면서도 접근할 수 없는 젊은이들은 사회로부터 소외감을 느낄 뿐만 아니라 성적으로도 불쾌감을 느낄 것이고, 무엇보다 공격성을 건설적으로 사용할 수 없을 것이다. 아마도 오늘날 예술적-인본주의적인 백인 청소년층뿐만 아니라 많은 흑인 청소년들이 불우하다고 느끼고 따라서 '위기'나 '혁명'과 관련하여 어떤 연대를 발전시킬지 모른다. 소외된 흑인 가정뿐만 아니라 특권층인 중산층 가정의 젊은이들도 할머니의 따뜻함과 단순한 기술적 열망을 모두 동일한 세계의 일부로 만드는 발달 과정 전반에 걸쳐, 그러한 동일성과 연속성을 획득하는 데 실패할 수 있기 때문이다. 더 나아가, 이 전체 미국 청소년층이 미국적 삶의 방식의 대외 전선에 참여하라는 공식적인 요청을 따르거나(평화봉사단), 미국 내부를 방문하거나(최남부 지방), 또는 그들 삶의 명백한 공백을 채우기 위해 대학에 진학함으로써(캘리포니아), 그 자체의 이데올로기와 확증 의식(儀式)을 발전시키기 위해 노력하고 있다고 말할 수 있다. 그러나 언제쯤 젊은 미국인들이, 적절히 기능하는 급진적 반대파를 결합하는 현실주의와 연대감, 그리고 신념을 공유할 수 있을까?

그렇다면 정체성은 또한 개인과 사회 모두에서 과거와 미래 간의 상호보완성을 포함한다. 즉, 그것은 살아있는 과거의 실재와 유망한 미래의 실재를 연결한다. 과거에 대한 낭만화나, 미래의 '태도'를 창출하기 위한 어떠한 판매 전략도 그 비용을 충당하지 못할 것이다. 예컨대, 페티그루의 "프로파일"이 (알파벳순으로) 사교성(companionability), 유머(humor), 모성애(motherhood), 음악(music), 관능(sensuality), 영성(spirituality), 스포츠(sports) 등과 같은 결코 검증될 수 없는 항목들을 나열하지 못하는 것은 이러한 정신에 부합한다. 그것들은 모두 백인들이 낭만화한 순응성의 특성들일지 모른다. 그러나 이것은 현재 사용 가능한 "프로파일"을 인물 묘사의 밑그림에 대한 시도보다는 실제로 캐리커처의 수정 정도로 만들어버린다. 그리고 우리는 수정된 캐리커처에서 새롭거나 회복된 정체성이 나올 수 있는지를 물어야 한다. 우리는 (작가와 연구자와 달리) 최악의 상황에서 '현실의 수용'으로부터 정체성의 이점을 얻을 수 없는 모든 사람들과, **모든** 오래된 배치를 폭로하는 것이 무가치함과 무력함에 대한 추가적인 **확증**이 될 **수도 있는** 사람들에 대해 생각한다.

이런 맥락에서, 나는 또한 많은 지표에서 흑인 아버지가 '부재'라는 제목하에서**만** 나타난다는 사실에 의문을 제기해야 한다. 다시 말하지만, 가족의 해체, 아버지의 부재, 그리고 온갖 사회적 및 정신적 병리 간의 관계는 압도적이다. '아버지의 부재'는 모든 지표와 국가적 관심사의 의제에 해당되지만, 그것이 부성이나 모성과 관련된 **유일한** 항목으로서 아주 많은 어머니와 적어도 일부 아버지의 존재를 부당하게 다루고 있지는 않는가? 베네수엘라에서 카리브해 연안을 거쳐 우리의 남부로 이어지는 플랜테이션 문화의 반원 전체에서 흑인 어머니(와 할머니)의 구원적 존재는 그 역사적, 사회적 및 법적 해석이 무엇이든지 간에 전통적인 흑인 정체성의 의제에서 제외되어야 하는 항목인가? 흑인 문화는 법적 책임으로 정형화된 '강한 어머니'를 가질 여유가 있는가? 한 개인과 한 민족의 정체성은 유아기의 의식(儀式)에서 시작되는데, 이때 어머니들은 태어나는 것이 좋은 것이고 아이(나쁜 세상이 그를 유색인이라고 부르든, 사생아로 기재하든)가 따뜻한 보살핌을 받을 자격이 있다는 것을 문자 이전의 여러 수단을 통해 분명히 보여준다. 심지어 '보이지 않는 인간'도 이렇게 말한다.

…… 메리 말고는 친구도 없었고, 친구를 바라지도 않았다. 그렇다고 메리를 '친구'로 생각한 것도 아니었다. 그녀는 그 이상의 존재였다 ―하나의 힘, 안정적이고 친숙한 힘이었다. 내가 감히 직면할 수 없는 어떤 미지의 것 속으로 휘말려 들어가는 것을 막아 주는, 내 과거로부터 나온 어떤 것이라고나 할까. 그런 입장은 몹시 고통스러운 것이었는데, 동시에 메리는 내게서 무언가를 기대한다는 것, 다른 사람을 이끄는 어떤 행동이나 뉴스거리가 될 만한 어떤 성취를 기대한다는 것을 끊임없이 상기시켜 주었기 때문이었다. 나는 그 때문에 그녀를 원망하다가도 그녀가 생생하게 살아 있게 하는 그 모호한 희망 때문에 그녀를 사랑하면서 괴로워했다.[9]

흑인 남성을 가축처럼 조직적으로 착취하고, 책임 있는 아버지로서의 지위를 부정한 것은 다른 한편으로 이 기독교 국가의 역사에서 가장 부끄러운 두 부분이라고 할 수 있다. 어머니-아버지 존재 간의 불균형은 아이에게 결코 좋지 않으며, 아이가 자라면서 점점 더 악화되고, 그럼으로써 유아기에 형성된 세상에 대한 신뢰가 그만큼 더 기대에 못 미칠 수 있기 때문이다. 도시환경 및 산업적 여건하에서 그것은 실제로 인격 분열의 가장 심각한 요소가 될 수 있다. 그러나 다시 말하지만, 흑인 가족의 '해체'는 단지 일가구

주택과 법적 및 종교적 정당성을 가진 백인이나 흑인 중산층 가정과의 차이에 의해서만 판단되어서는 안 된다. 해체는 또한, 종종 비공식적이라고 하더라도, **전통적인 흑인 가족 형태**의 왜곡이라는 측면에서 판단되고 이해되어야 한다. (그런 상황에도 불구하고) 완전한 의미에서 실제로 아버지가 되었던 흑인 남성들의 도움이 필요하듯이, 어머니들의 전통적인 지혜 또한 필요할 것이다.

한편, 각자의 방식으로 강하고, 가장 필요할 때 가정에 온화하게 존재하는 두 부모의 기능 문제는 어느 산업사회에서나 가족이 직면하는 문제다. 전체 위대한 사회는 평등한 고용 기회를 제공할 수 있는 방법과 더불어 어머니와 아버지가 자녀에 대한 의무에 충실할 수 있도록 하는 차별화된 방법을 개발해야 한다. 또한 모성-부성 차원은 발달 단계에 따라 최적의 환경이 필요하다는 사실과 부모 영향력 간 균형 찾기가 아이들의 삶에서 지배적인 시기를 각각에게 할당하는 것을 의미한다는 사실을 명확히 하는 데 도움이 된다. 어머니의 지배 시기가 가장 빠르고, 따라서 가장 기초적이다. 우리가 살펴봤듯이, 발달 초기에 어머니(들)와의 관능적 및 감각적 교류에서 경험하는 최초의 '정체성'—최초의 인식—과, 초기의 모든 동일시들이 조합되고 젊은이가 그의 사회와 역사적 시기를 만나는 청소년기의 마지막 통합 사이에는 밀접한 관계가 있다.

6.

워런은 그의 책 『누가 흑인을 대변하는가?』에서 한 젊은 여학생의 또 다른 탄성을 기록하고 있다.

> 강당은 만원이었다. 대부분 흑인들이었지만 여기저기 백인들이 흩어져 있었다. 여느 여학생처럼 공공장소에서 입을 만한 복장을 한 창백한 피부의 어린 소녀가 연단에 서 있다. 그녀는 하이힐을 신고 몸을 약간 앞으로 내민 채, 어떤 내면의 흥분과 분노에 찬 격한 열정으로, 기이하고도 불규칙적인 리듬에 맞춰 특유의 활력을 지닌 채 말하고 있다. "그리고 제가 엄청난 진리를 발견했다고 말씀드리는 바입니다. 저는 큰 기쁨을 발견했습니다. 저는 제가 흑인이라는 것을 발견했습니다. 저는 흑인입니다! 저 밖에 있는 당신들—오, 그래요, 당신들은 검은 얼굴을 하고 있지만, 당신들의 심장은 하얗고 당신들의 마음은 하얗습니다. 당신들은 하얗게 씻겨져 있습니다."

워런은 이러한 돌발 행위에 대해 한 백인 여성이 보인 반응을 보고하면서 다음과 같이 추측한다. 만약 이 여성이

> 그 순간 자기 머릿속에서 어떤 소리를 들었다면, 그것은 아마도 맬컴 엑스(Malcolm X)가 말한 '하얀 악마들'의 메아리였을 것이다. 그리고 그녀가 어떤 얼굴을 봤다면, 그것은 분명 냉소적인 확신을 가지고 웃고 있는 맬컴 엑스의 슬픈 표정이었을 것이다.[10]

비록 그녀는 맬컴 엑스의 많은 얼굴 중 하나만 보고 있지만, 나는 우리가 이 두려움을 이해하고 있다고 생각한다. 그녀는 우리가 '전체론적' 이미지의 재배열이라고 부르는 것을 목격했는데, 그것은 실로 현대사의 일부 이념적 운동의 기본이다. 우리는 이미지의

내부 재편성을 전체주의로 기술했는데, 그것은 이전의 부정적 정체성 요소가 전적으로 우세해지고 이전의 긍정적 요소는 전적으로 배제되는 거의 **부정적인 전환**이라고 할 수 있다.[11] 우리는 이러한 전환이 반항하고 참여하고 길을 잃거나 스스로를 고립시키는 모든 피부색과 계층의 많은 젊은이들에게서 일시적으로 나타날 수 있다고 말했다. 그것은 발달의 격변과 함께 가라앉거나 총체적 헌신으로 이어질 수 있다. 역사와 사회적 조건에 따라 이 과정은 극히 해로운 잠재력을 가지며, '확증된' 변태-비행청소년 또는 기이한 극단주의자의 심리 상태와 행동 양식에서 볼 수 있다.

이 과정은 정치적 의미에서 불안을 야기할 수 있는데, 그것은 한때 외국의 비평에 민감했던 베르사유 조약 이후의 독일 청소년들이, 실제적 정체성을 약속하지 않은 **독일 문화**에 대한 사랑에서 회복하면서 문명화된 가치에 대한 나치적 재평가에 빠져들었을 때 우리가 느꼈던 역사적 충격을 재소환한다. 그러나 이질적인 것, 특히 유대성(Jewishness)의 급진적 **배제**로 특징지어지고 **전체주의**에 바탕을 둔 일시적인 나치 정체성은 독일 정신의 풍부한 정체성 요소를 통합하는 데 실패했고, 대신에 가학적인 역사 왜곡에 이르렀다. 분명, 불타는 십자가와 같은 급진적 분리주의와 흑인 무슬림주의는 이 나라에서 그런 현상의 대응물이라고 할 만하다. 한 인간으로서, 그리고 한 사람의 지도자로서 이 매혹적인 사람이 자기가 기원한 운동을 넘어설 것을 주장했지만, 정체성 발달이 전통적으로 보장된 완전성의 전망을 잃을 때마다 유발되는 **특수한 분노**가 맬컴 엑스의 이름으로 극적으로 입증되었다. 그럼에도 불구하고 흑인 무슬림 또한, '포함되었다'고 느끼는 개인들의 가장 우수한 잠재력 중 일부를 요구할 수 있었다.

그러나 이 나라 전체는 그러한 전체주의적 전환에 호의적이지 않으며, 반기를 든 젊은이들이 체계적인 이념적 결론에 도달하지 못하는 무능함이나 사실상 이를 꺼리는 것은 그 자체로 중요한 역사적 사실이다. 우리는 아직 통치하고자 하는 소망과 급진주의를 결합할 의미 있는 '충직한 반대(loyal opposition)'를 위한 재료가 부족하다. 캘리포니아에서 발생한 언론자유 운동이 '더러운' 단어들의 반란으로 일시적으로 변질된 것은 아마도 무능한 전체주의가 유망한 급진주의를 공격했기 때문이라고 볼 수 있다. 그러나 정치적 이념에 봉사하는 것에 대한 이러한 거부감은 혜택받지 못한 우리 젊은이들의 잠재적 폭력성을 개인적 통합과 때로는 '법과 질서'에 훨씬 더 파괴적인 것으로 만들 수 있다. 그러나 또한 흑인 집단이 사회적 저항에 연루되었을 때 일부 남부 주에서 범죄와 비행률이 급격히 감소했다는 보고에 대해서도 주목하라. 불행하게도 폭력 사회는 비폭력을 나약함의 증거로 받아들이고 폭력적인 해결책을 강요한다.

우리가 제안한 배타적 전체주의의 대안은 **보다 포괄적인 정체성**의 완전함이다. 흑인계 미국인은 어떤 **역사적 실재**에 의지할 수 있으며, 어떤 더 넓은 정체성이 그가 흑인(또는 흑인의 후손)으로서 스스로를 확신하**고** 미국인으로 통합되는 것을 허용할 것인가? 왜냐하면 우리는 모든 **실재**가 분류되고 조사되며 모든 연구가 평가될 때 다음과 같은 질문이 남는다는 것을 알아야 하기 때문이다. 발달하는 정체성이 의지할 수 있는 **역사적 실재**란 무엇인가?

생애사와 역사의 보완성을 다시 한 번 강조하면서, 나는 정체성이라는 용어와 '나는 누구인가?'라는 질문 간의 일시적 유행과도 같은 동일시에 대해 어떤 조바심을 공개적으로 표명해야 한다. 이런 동일시는 내가 결코 제안한 적이 없다. 이 질문은 다소 일시적인 병적 상태나 창조적인 자기 대립의 상태, 또는 때로는 두 가지를 결합한 사춘기 상태를 제외하고는 아무도 스스로에게 던지지 않을 것이다. 그런 까닭에, 나는 '정체성 위기'에 있다고 주장하는 학생들에게 지금 그가 불평을 하고 있는지 또는 자랑을 하고 있는지를 묻는 나 자신을 발견하곤 한다. 적절한 질문은 만약 일인칭 시점에서 제기된다면, '나는 무엇이 되고 싶고 무엇을 해야 하는가?'일 것이다. 그러나 내적 동기에 대한 그러한 인식은 기껏해야 유아적 소망과 청소년의 환상을 현실적인 목표로 바꾸는 데 유용할 뿐이다. 나아가, 회복되거나 더 잘 훈련된 역사적 실재감만이, 잠재적 발달을 활성화하고 또 그것에 의해 활성화되는 에너지의 배치를 가져올 수 있을 것이다. 어떻게 잠재적 발달이 역사적 사실이 되는가는 '문화적으로 박탈된' 흑인 아이들이 놀랄만한 품위와 용기를 가지고 갑작스러운 역사적 요구를 충족시키는 방식에 의해 증명된다. 초창기에 로버트 콜스(Robert Coles)는 '통합된' 흑인 아이들의 생활사를 연구하여 이 문제에 상당한 기여를 했다. 광범위한 정신의학적 관례에 의해 해석하자면, 예컨대 매우 병적인 배경을 가진 외로운 흑인 소년이 적대적인 고등학교의 인종 차별 철폐를 구현해야 하는 자신의 과제에서 변명의 여지와 더불어 필연적으로 실패하리라는 것을 우리 중 누구라도 가용할 수 있는 자료에 기반하여 예견했을 것이다. 그러나 새로운 종류의 '참여 관찰자'로서 이를 목격한 콜스는, 소년이 어떻게 믿을 수 없을 정도로 과감하게 저항하여 졸업할 때까지 그 과제를 수행해 나갔는지를 묘사한다.[12]

세계의 많은 지역에서 이 투쟁은 이제 예상되고 **보다 포괄적인**

정체성을 획득하기 위해 이루어진다. 혁명과 개혁, 교회 설립과 제국 건설의 원동력이 된 것이 동시대의 전 세계적인 경쟁력이 되었다. 혁명적 교리는 과거의 종족, 영지, 또는 식민 지배를 극복해야 하는 국가의 젊은이들에게 농민-노동자의 새로운 정체성을 약속한다. 즉, 새로운 국가는 지역을 흡수하고자 하고, 새로운 시장은 국가를 흡수하고자 하며, 세계 공간은 보편적인 기술 정체성을 형성하기 위한 적절한 '환경'으로 우주 공간을 포함하도록 확장된다.

이 시점에서, 우리는 양심의 가책을 느끼거나 겁에 질린 식민주의자가 더 넓은 정체성에 대한 필요성을 달래기 위해 어떻게 교정 복지를 분배할 수 있는지에 대한 질문(그리고 간디는 적어도 영국인들에게 이것을 가르치기 위해 많은 일을 했다)을 넘어선다. 오히려 문제는 그가 어떻게 더 넓은 유형의 정체성에 자신을 포함시키는가인데, 보다 포괄적인 정체성은 이전에 서로의 부정적 정체성에 의존하게 된 두 집단이, (서로 적대 관계에 있는 전통적인 상황이나 일방적 착취에 대한 공생적 적응 상태에서 살아감으로써) 새로운 잠재력이 양쪽에서 활성화되는 방식으로 그들의 정체성에 합류하는 발달의 결과이기 때문이다.

그렇다면 흑인계 미국인의 헌신을 위해 경쟁하는 더 넓은 정체성은 무엇인가? 어떤 것은 '실제'가 되기에는 너무 넓고, 어떤 것은 너무 협소해 보인다. 나는 근대의 인본주의적 나르시시즘의 이상한 습관에 따라, 인간에 의해 인간, 환자, 여성, 흑인 등에게 부여되는 '인간'의 정체성을 너무 넓은 것으로 특징짓고자 한다. '인간'으로 살아간다는 이 이상한 표현은 때로 유사-종 정신의 진정한 초월을 나타낼 수 있지만, 그것은 또한 어떤 계시적 고난을 겪은 화자가 다른 사람들에게 인류의 구성원 자격을 부여할 수 있는 위치에 있다는 것을 종종 암시한다. 나는 우리의 흑인 동료와 친구들이 종종 우리 중 '가장 훌륭한 사람들'에게 남아 있는 그런 지적 식민주의의 잔재를 알아차린다고 해도 놀라지 않을 것이다. 그러나 그것은 '인간' 관계에서 모든 특수성을 제거하는 경향이 있다. 더 넓은 정체성 안에서도, 인간은 항상 범주 상의 인간(그것이 성인이든 아이든, 남성이든 여성이든, 고용주이든 직원이든, 리더이든 추종자이든, 다수자이든 소수자이든)을 만나고, '인간'의 상호관계는 단지 분할된 기능의 표현이자 그 안에 내재된 특수한 양면성의 실제적 극복일 수 있기 때문이다. 그것이 내가 황금률을 재공식화하게 된 이유다. 그것은 우리로 하여금 행위자와 작용되는 대상의 정체성이 모두 향상되는 방식으로 항상 행동하도록 명령하는 규율이다.

아마도 오늘날 세계에서 가장 포괄적이고 가장 흥미로운 정체성 잠재력은 **기술력**의 잠재력일 것이다. 이것은 의심의 여지 없이 레닌(Lenin)이 무엇보다도 먼저 **소작인**을 트랙터에 태울 것을 주장했을 때 의미했던 것이다. 그렇다. 그는 계급 의식이 있는 프롤레타리아 정체성에 대한 준비로서 그것을 의미했다. 그러나 그것은 오늘날 더 많은 것, 즉 (좋든 싫든 간에, 그리고 나는 두 가지 잠재력을 다루었다고 생각하는데) 현대인을 노동자와 계획가로 인정하는 활동과 경험의 한 영역에 참여하는 것을 의미하게 되었다. 한 가지 방식은, 자신이 비-기술적 측면에서 재능이 있고, 휴머니즘이나 계몽주의가 제공하는 전통적 검증 방식에 전문적이고 심미적으로 의존할 수 있다는 것을—적어도 기술로부터의 소외가 상당히 편안한 어떤 '인간 정체성'을 의미할 정도로 충분히—입증했기 때문에, 그러한 검증으로부터 **자기 자신을 배제하는** 것이다. 또 다른 방식은 그것으로부터 **배제되는** 것인데, 예컨대 기술적 재능의 증거를 방해하는 문해력 요건이나, 그런 증거가 제시된 후에 재능의 사용을 방해하는 편파적인 고용 관행에 의해 배제되는 것이다. 정체성을 갱신하는 데 천재성을 가진 작은 나라 이스라엘은 확실히 독특한 조건하에서 군대를 일종의 교육기관으로 사용함에 있어 사람들을 그들이 필요하다고 느끼는 곳에 배치하는 과정에서 문맹이 시정될 수 있다는 것을, 그리고 그럼에도 불구하고 전투 사기가 결코 나쁘지 않다는 것을 보여준다.

해럴드 아이작스(Harold Isaacs)가 보여주었듯이, **아프리카인의 정체성**은 미국 흑인 정체성의 강력한 경쟁 상대다. 그것은 검은 피부색의 연대를 위한 매우 실제적인 환경을 제공하고, 모든 다른 미국인들이 자랑하거나 그들이 원한다면 거부할 수도 있는 것, 즉 고국을, 설사 멀리 떨어져 있더라도, 미국 흑인에게 제공한다. 이는 미국 흑인이 아프리카에서 분리된 방식이 '**이민자**'라는 정체성 요소를 빼앗아갔기 때문이다. 그러나 아프리카인들은 흑인계 미국인이 흑인에 더 가까운지 또는 미국인에 더 가까운지, 아프리카인들과 실제로 접촉하는 흑인계 미국인이 더 미국인처럼 되고 싶은지 아니면 더 흑인처럼 되고 싶은지에 대해 의문을 가지는 것 같다. 흑인 무슬림들조차 모든 전체주의(독일 '아리안족'을 보라)가 요구하는 더 넓은 불가사의한 통일성을 강조하기 위해, 그들 자신을 이슬람의 일원으로 불렀다.

소비자 정체성을 제공하는 위대한 **중산층**은 '달러와 존엄'에 대한 페티그루의 모든 치료적 처방이 실로 가장 적합해 보이는 계층이며, 많은 사람들이 그 한계를 논의해왔다. 부동산과 소비, 지위와 태도의 문제에 집착하는 중산층은 매우 재능 있고 운 좋은 사람들을 점점 더 많이 포함하게 될 것이다. 그러나 중산층이 흑인계 미국인의 더 넓은 정체성에 굴복하지 않는다면, 당연히 이들 소수와 흑인 다수 간의 새로운 장벽을 만들어내고, 이로 인해 백인 경쟁자와의 거리는 더 멀어지기만 할 뿐이다. 일이 '생계'를 위한 달러뿐만 아니라 역량 개발을 위한 도전의 기회를 제공함으로써 위엄을 갖는다면, '일과 존엄'은 더 적절한 슬로건이 될 것이다. 이 두 가지가 없다면 모든 기회는 영속화된 예속이 될 것이기 때문이다.

그러나 다른 곳에서와 마찬가지로, 여기서도 흑인계 미국인의 정체성에 대한 질문은 미국인**들**이 미래의 기술로 성취하고자 하는 것에 대한 질문과 부지불식간에 융합된다. 이런 의미에서 하워드대학(Howard University)의 박사들이 흑인들의 **친사회적 행동**으로 논의한 것은 주변에서 볼 수 있는 가장 큰 이득일 것이다.[13] 나는 비폭력 정신에 의해 정당화될 수 있을 만큼 널리 퍼져 있지만 명백히 사회법과 관습에 반하는 흑인 시위가 많은 국가에서 미국적인 것으로 수용됐다는 사실을 말하고 있다. 사법부와 입법부뿐만 아니라 행정부의 웅변술은 대규모로 '혁명'을 흡수하려고 시도해왔다. 그러나 수용은 단순히 조정적일 수 있고 사실상 방어적일 수 있다. 또는 적응적이고 창의적일 수 있다. 어떻게 될지는 여전히 두고 봐야 한다.

한편, 성공적인 친사회적 행동이 흑인계 미국인들의 자서전에 적절하게 묘사되어 있는 중요한 **반사회적** 요소를 전적으로 약화시켜서는 안 된다—나는 비행청소년과 범죄자로 지명된 청소년의 비극적인 희생을 말하고 있는 것이다. 의심할 여지 없이, 이들은 가능한 유일한 방법—악의적 위협의 방법이자 명백히 자기 존중과 연대의 유일한 방법—으로 반란을 일으켜 자신들이 사용할 수 있는 어떠한 정체성 요소라도 방어하곤 했다. 미국 국경 지역의 버림받은 영웅들처럼, 흑인들 사이의 일부 반사회적 유형은 그들 민족의 역사에서 희생될 수 없다—아직은 말이다.

그러나 우리의 진정한 휴머니스트 젊은이들은 **종교적 정체성 요소**를 인종 관계로 계속해서 확대해나갈 것이다. 미래의 전반적인 정체성 이슈는 인간 내부의 기술적 노력과 윤리적 및 궁극적 관심사 간의 균형을 포함할 것이기 때문이다. 완전한 익명성에서 벗어나 우리의 국가적 문제에 발을 들여놓은 이 젊은이들의 출현은 유사-종의 태도에서 더 자유로워진 인류의 다름 아닌 약속을 받아들이는 새로운 **종교적 요소**를 포함하고 있다고 나는 믿는다(그러나 그들이 그러한 말을 미심쩍어하기 때문에 그들에게 말해서는 안 된다). 그것은 모든 세계 종교에 의해 가장 가치 있는 목표로 선포되지만, 여전히 새로운 유사-종으로 변하거나 그것과 동맹을 맺는 도그마의 새로운 왕국에 항상 다시 안치되는 보편성의 유토피아다. 교회들 역시 세속적 편견—광신적이거나 무관심 속에 감춰진—이 그 치명적 결합에 반영된다는 통찰에 도달했다. 그러한 결합은 이제 인간을 로렌 아이즐리(Loren Eiseley)가 우주의 '치명적 요인'이라 부른 것으로 만든다. 앞서 보았듯이, 이 요인은 (전멸 무기의 우세를 포함하여) 무한한 기술적 야망과 낡은 도덕주의적 도그마의 위선을 상호 배타적인 정체성의 영토성과 묶는다. 대항 세력인 **비폭력**은 아마도 결정적인 순간에만 그리고 '세상의 소금(건전한 사회층-옮긴이)'을 위해서만 설득력 있고 창조적인 실재가 될 것이다. 그러나 간디는 한때 순수하게 종교적이었던 원칙의 정치를 전 세계적으로 적용하기 위한 첫걸음을 내딛었다.

아프리카와 아시아에서의 새로운 국익 충돌을 볼 때 **탈식민적** 및 **유색인종 정체성**의 세계적 운명은 예측하기 어렵다. 여기서 우리는 유색인종을 베트콩 혁명가들의 적나라한 영웅주의와 동일시하려는 전 세계적 추세에 대해, 베트남에서 계속되고 있는 미국의 행위가 갖는 가능한 의미를 간과할 수 없다. 치명적 무기의 과잉공급에 의한 초-조직적 공격에 북베트남이 항복해야 한다는(비록 자기들 나름의 방식이라 해도) 바로 그 요구는, 일반적으로는 식민지 확장에서의 화력의 기능을, 특수하게는 경찰력의 기능을, 그리고 또한 지배 민족이 자신들은 영향을 받지 않을 것이라고 생각하는 압력(런던 대공습을 **보라**)에 '토착민들'이 굴복할 것이라고 가정하는 어떤 (암묵적으로 경멸적인) 태도를 몹시도 상기시킬 뿐이다. 아시아에 대한 미국의 군사적 개입과 관련하여 이 나라가 보이는 견해 차이는 단지 사실을 잘못 인식하거나 한쪽 또는 다른 한쪽의 도덕적 역량이 부족한 문제일 뿐만 아니라 거대한 정체성 갈등의 문제라는 것이 분명해야 한다. 미국 정체성의 지배적인 정치-기술적 핵심에 내재하는 것은, 지금 발휘될 수 있는 그러한 힘이 제한된 고용시장에서 유리하게 사용될 수 있고, 생각할 수 없는 돌발 사태를 대비하여 내장된 안전장치를 갖추고 있다는 기대다. 역설적이게도, 흑인 인구의 상당 부분은 많은 흑인 병사들이 그들의 나라가 그들에게 비군사적 기회를 제공하기를 거부하는 기술서비스 분야뿐만 아니라 전투에서도 자신들을 증명한다는 사실로부터 정체성을 획득한다는 것을 공개적으로 보여 준다. 그러나 긴급한 목소리가 해외에서 들려올 것이고 진지한 항의가 국내에서 뒤따를 것이다. 이러한 목소리와 항의는 미국의 일상생활의 중심에서 대외적 관심사의 주변으로 확장되는 평등과 평화의 단 하나의 능동적인 도덕적 전선만을 인식하는 사람들의 당혹감을 표현할 것이다. 여기서 흑인계 미국인들은 새로운 미국적 딜레마의 운명을 공유한다.

나는 책의 서두에서, 사례사, 생애사, 그리고 역사에서 '정체성'과 '정체성 혼란'과 같은 개념이 필수적으로 요구된다는 것을 보여주겠다고 약속했다. 내가 논점을 분명히 했다면, 아마도 논의 중에 그대로 남겨 두는 것이 무신경해보일 정도로 너무도 실제적인 문제들로 독자들을 이끄는 데 또한 성공했다고 볼 수 있다. 하지만 여기서 제안된 개념 사용의 대부분은 정신분석학자가 결론이 아닌 하나의 차원을 제공하려고 시도했던 워크숍-심포지엄에서 비롯된 것이다. 그러한 참여는 그 자체로 '시대의 징후'다—그러나 제공될 차원은 동일하게 유지된다. 심지어 일치된 논의 속에서 쟁점들로 눈을 돌리고, 그럼으로써 역사적 '외양'과 연구자의 당파성에 더 근접할 때에도, 정신분석학적 관점은 새로운 인식이 이전에 간과되었던 인간 경험의 측면들을 조명하는 바로 그 순간에 가장 무의식적으로 되거나 남아있기 쉬운 것에 여전히 초점을 두고 있다. 이 과정에서 우리의 개념들이 새로운 역사적 의식의 감시를 받는다는 것을 나는 이 책의 이론적인 부분에서 어설프게나마 언급했다. 하지만 우리의 접근은 사회문제의 평가에 적용되는 경우에도 임상적 방법을 유지한다. 다시 말해서, 우리의 접근 방식은 학제 간 팀 사고의 초점을 맞추는 데에만 사용될 수 있다. 임상에서 정체성 문제의 평가는 '역사의 수용', 분열의 지역화 및 진단적 평가, 온전한 자원의 분석, 불확실한 예후, 그리고 가능한 조치의 검토—각각 접근의 특수성과 종종 기질의 특수성에 바탕을 두는—를 요구한다. 사회적 적용도 비슷한 정도의 다양한 방법들을 요구한다는 점에서 까다롭기는 마찬가지다. 임상 및 발달 분야와 사회 및 역사 분야가 더 가까워지기 위해 노력함에 따라 몇 가지 새로운 용어들이 필요하다. 그러나 개념은 당혹스럽고 서로 관련이 없어 보이는 현상들에 그것이 부여하는 최초의 질서—나아가, 위기의 무정부 상태에서 회복력을 드러내는 질서—만큼만 유효하다.

이 책이 기초한 자료

제1장 Transcript of a Workshop on Identity, San Francisco Psychoanalytic Institute (1966). Letter to the Committee on the Year 2000 (1967).

제2장 Ego Development and Historical Change (1946). On the Sense of Inner Identity (1951). Wholeness and Totality (1954).

제3장 Growth and Crises of the "Healthy" Personality (1950).

제4장 The Problem of Ego Identity (1956). The Dream Specimen of Psychoanalysis (1954). The Syndrome of Identity Confusion (1955). Ego Identity and the Psychosocial Moratorium (1956). Preface to *Emotional Problems of the Student* (1961).

제5장 The Problem of Ego Identity (1956) and unpublished notes.

제6장 Youth: Fidelity and Diversity (1962).

제7장 The Inner and the Outer Space: Reflections on Womanhood (1964).

제8장 The Concept of Identity in Race Relations (1966).

후주

제1장. 프롤로그

1. Erik H. Erikson, "A Combat Crisis in a Marine," *Childhood and Society*, Second Edition, New York: W. W. Norton, 963, pp. 38–47.
2. *The Letters of William James*, edited by Henry James (his son), Vol. I. Boston: The Atlantic Monthly Press, 1920, p. 199.
3. Sigmund Freud, "Address to the Society of B'nai B'rith" [1926], *Standard Edition*, 20: 273, London: Hogarth Press, 1959.
4. 제8장 참조.
5. 제4장 5절 참조.
6. Joan M. Erikson, "Eye to Eye," *The Man Made Object*, Gyorgy Kepes (ed.), New York: Braziller, 1966.
7. 제8장 참조.
8. Erik H. Erikson, "Psychoanalysis and Ongoing History: Problems of Identity, Hatred and Nonviolence," *The American Journal of Psychiatry*, 122: 242–250, 1965.

제2장. 관찰의 기초

1. 제5장 참조.
2. Fenichel's comprehensive volume, *The Psychoanalytic Theory of Neurosis*, New York: W. W. Norton, 1945. 사회적 전형의 주

제는 정신 발달에 대한 장의 마지막 부분에서 반박의 형태로만 소개되었을 뿐이다. 즉, '이상적 모형'에 대한 신념도, 어느 정도의 '사회적 공포'도 반드시 병적인 것이라고 볼 수는 없다. 사회적 관습에 뿌리를 두는 초자아의 기원 문제는 성격 장애에 대한 장의 463쪽에 가서야 논의된다.

3. Sigmund Freud, "On Narcissism: An Introduction" [1914], *Standard Edition*, 14: 73-102, London: Hogarth Press, 1957.

4. Sigmund Freud, *An Outline of Psychoanalysis* [1938], New York: W. W. Norton, 1949, pp. 122-123.

5. Erik H. Erikson, "Hunters Across the Prairie," *Childhood and Society*, 2nd ed.,New York:W.W.Norton,1963,pp.114-165.

6. "Hunters Across the Prairie" 참조. 또한 Erik H. Erikson, "Observations on Sioux Education," *Journal of Psychology*, 7: 101-156, 1939 참조.

7. Erik H. Erikson, "On Submarine Psychology," written for the Committees on National Morale for the Coordinator of Information, 1940, 미발행.

8. Erik H. Erikson, "Hitler's Imagery and German Youth," *Psychiatry, 5*: 475-493, 1942.

9. 브루노 베텔하임(Bruno, Bettelheim)은 논문 〈극단적 상황에서 개인 및 집단 행동(Individual and Mass Behavior in Extreme Situations)〉(*Journal of Abnormal and Social Psychology*, 38: 417-452, 1943)에서 초기 독일 강제수용소 시절의 자신의 경험을 묘사한다. 그는 수용소 수감자들이 자신들을 괴롭히는 사람들의 정체성에 동조하여 반파시스트로서의 정체성을 버리도록 만든 (꾸민 듯한 태도와 옷차림과 같은) 다양한 단계와 외적 징후들에 대해 보고한다. 그 자신은 물리적으로 우세한 외부 세계에 대해 불굴의 정신적, 지적 우월성을 지닌 역사적 유대 정체성을 의도적이고 고집스럽게 고수함으로써 자신의 삶과 온전한 정신을 유지했다. 다시 말해, 그는 자신을 괴롭히는 사람들을 침묵의 연구 과제의 주제로 삼았고, 이를 자유롭게 교신할 수 있는 세

계에 안전하게 전달했다.

10. 이 사례사는 『유년기와 사회(*Childhood and Society*)』 25~38쪽에 좀 더 상세하게 제시되어 있다.

11. "'Civilized' Sexual Morality and Modern Nervousness" [1908], *Collected Papers*, 2: 76-99, London, Hogarth Press, 1948.

12. 전형적인 사례사를 보려면, "A Combat Crisis in a Marine," *Childhood and Society*, pp. 38-47 참조.

13. Anna Freud, The Ego and the Mechanisms of Defence [1936], New York: International Universities Press, 1946.

14. 이 기본 계획은 프로이트가 발표한 〈'문명화된' 성 도덕성과 현대의 신경증('Civilized' Sexual Morality and Modern Nervousness)〉 [1908]과, 자기 삶에서 가져온 일화들을 발표할 때마다 자기 실존의 문화적이고 사회경제적인 좌표를 습관적으로 언급할 때 수립되었다.

15. H. Nunberg, "The Synthetic Function of the Ego" [1931], *Practice and Theory of psychoanalysis*, New York: International Universities Press, 1955, pp. 120-136.

16. 래퍼포트(D. Rapaport)의 책 『사고의 조직과 병리학(*The Organization and Pathology of Thought*)』(New York: Columbia University Press, 1951)에 실린 H. Hartmann, E. Kris, D. Rapaport, 그리고 다른 사람들의 논문 참조.

17. Erik H. Erikson, *Childhood and Society*, Chapter II (esp. pp. 147ff.) and Chapter IV 참조.

18. Erik H. Erikson, "Ontogeny of Ritualization in Man," *Philosophical Transactions of the Royal Society of London*, Series B, 251: 337-349, 1966.

19. 제3장 참조.

20. 나는 집단뿐만 아니라 개인에 있어서도 '성격 구조'나 '기본 성격'보다는 '정체감'에 대해 이야기하는 것을 선호한다. 국가에 있어서도, 임상적 개념들은 정체된 국민성보다는 국가정체감을 고조시키거나 위태롭게 하는 조건, 경험, 행동 패턴들에 집중하게 한다.

제3장. 생애주기: 후성 정체성

1. Marie Jahoda, "Toward A Social Psychology of Mental Health," *Symposium on the Health Personality,* Supplement II: Problems of Infancy and Childhood, Transaction of Fourth Conference, March, 1950, M. J. E. Benn (ed.), New York: Josiah Macy, Jr. Foundation, 1950.
2. Erik H. Erikson, *Childhood and Society*, 2nd ed., New York: W. W. Norton, 1963, Part I 참조.
3. 나는 캘리포니아 대학 아동복지연구소의 종단연구에 참여하면서 개별 어린이의 탄력성과 임기응변의 재능을 매우 존중하게 되었다. 이들은 확장된 삶의 방식과 관대한 직계 집단의 지지를 받으면서, 우리의 임상적 역사 속에서 기능 장애를 다소 설득력 있게 설명하기에 충분한 초기 불행을 보상하는 법을 배웠다. 나는 그 연구를 통해 약 50명의 (건강한) 아이들의 10년 동안의 생애사를 기록할 수 있었고, 이들 중 일부의 미래 운에 대해 어느 정도 알 수 있는 기회를 제공받았다. 여기 기록된 많은 내용들이 그 연구에 빚지고 있지만, 오직 정체성 개념만이 이 아이들의 성격 발달을 이해할 수 있게 해주었다. J. W. Macfarlane, "Studies in Child Guidance," I, Methodology of Data Collection and Organization, *Society for Research in Child Development Monographs*, Vol. III, No. 6, 1938, pp. 254 이하 참조. 또한 Erik H. Erikson, "Sex Differences in the Play Configurations of Preadolescents," *American Journal of Orthopsychiatry*, 21: 667-692, 1951 참조.
4. R. A. Spitz, "Hospitalism," *The Psychoanalytic Study of the Child*, 1: 53-74, New York: International Universities Press, 1945.
5. Benjamin Spock, *The Common Sense Book of Baby and Child Care*, New York: Duell, Sloan & Pearce, 1945.
6. 체계적인 설명을 보려면, "The Human Life Cycle" in *The International Encyclopedia of the Social Sciences* (당시 출간

중) 참조.

7. Erik H. Erikson, "Ontogeny of Ritualization in Man," *Philosophical Transactions of the Royal Society of London*, Series B, 251: 337-349, 1966.

8. 여기에 제시된 도식의 주된 오용 중 하나는 신뢰감과, 주어진 단계에서 성취로 간주되고 최종적으로 확보되는 모든 다른 '긍정적' 감각에 부여되는 지배적 함의다. 사실상, 일부 저자는 이들 단계로 성취도 척도를 만드는 데 너무나 열중한 나머지 모든 '부정적' 잠재력, 기본적 불신 등을 부주의하게 생략한다. 이것들은 생애 전반에 걸쳐 긍정적 잠재력의 역동적인 대응물로 남아 있을 뿐만 아니라 심리사회적 삶에 똑같이 필요하다. 불신의 능력이 결여된 사람은 신뢰가 없는 사람만큼이나 제대로 살아갈 수 없을 것이다.

   아이가 주어진 단계에서 습득하는 것은 긍정적인 것과 부정적인 것 간의 특정한 비율이다. 만약 긍정적인 것이 더 많다면, 이 비율은 아이가 활력의 원천을 향하는 성향으로 후기 위기에 대처할 수 있도록 도울 것이다. 그러나 어떤 단계에서든 내부의 모든 새로운 갈등과 외부 변화의 영향을 받지 않고 선량함이 획득된다는 생각은 우리의 사적이고 공적인 상상 일부에 너무도 위험하게 퍼져있는 성공과 소유 이데올로기를 어린이 발달에 투영하는 것이다.

9. 이 두 가지 신념이 반영된 루터의 계시적 경험에 대해 알고 싶다면, Erik H. Erikson, *Young Man Luther*, New York: W. W. Norton, 1958 참조.

제4장. 생애사와 사례사를 통해 본 정체성 혼란

1. G. B. Shaw, *Selected Prose*, New York: Dodd, Mead, 1952.
2. F. O. Matthiessen, *The James Family*, New York: Alfred A. Knopf, 1948, p. 209.
3. *The Letters of William James*, edited by Henry James, his son. Boston: Atlantic Monthly Press, 1920, p. 145.

4. Matthiessen, p. 161.

5. *Ibid.*, p. 162.

6. *The Letters of William James*, p. 147.

7. *Ibid.*, p. 148 (강조는 저자에 의해 추가됨)

8. *Ibid.*, p. 169.

9. Child Guidance Study, Institute of Child Welfare, University of California, footnote 3, Chapter III.

10. H. Hartmann, *Ego Psychology and the Problem of Adaptation*, New York: International Universities Press, 1958.

11. 윌리엄 제임스는 '그 오래된 대안적 자아'의 폐기와 심지어 '살해된 자기'에 대해 말한다. "The Will to Believe," *New World*, V, 1896 참조.

12. 또 다른 접근을 보려면, 강제수용소 아이들에 대한 아나 프로이트와 소피 단(Sophie Dann)의 보고서 「집단양육 실험(An Experiment in Group Upbringing)」(*The Psychoanalytic Study of the Child*, 6: 127-168, New York: International Universities Press, 1951) 참조.

13. Edward Bibring, "The Mechanism of Depression" in *Affective Disorders*, P. Greenacre (ed.), New York: International Universities Press, 1953, pp. 13-48.

14. 이 분야에서의 내 지향은 다음과 같은 문헌에 빚을 지고 있다. Robert Knight, "Management and Psychotherapy of the Borderline Schizophrenic Patent" in *Psychoanalytic Psychiatry and Psychology*, Austen Riggs Center, Vol. I, R. P. Knight and C. R. Friedman (eds.), New York: International Universities Press, 1954, pp. 110-122, Margaret Brenman, "On Teasing and Being Teased: and the Problem of 'Moral Masochism'" in *Psychoanalytic Psychiatry and Psychology*, pp. 29-51.

15. 이 예는 그런 환자에 대한 해석에서 발견되어야 하는 균형을 잘 묘사하는데, 이러한 균형은 만약 치료사가 지나치게 강조한다면 자신이 위험에 처해 있다는 환자의 불가항력적 감각을 증가시킬

뿐인 성적 상징주의(여기서는 거세)와 자아에 대한 위험 표상(여기서는 자신의 자율성의 끈이 끊어질 것이라는 위험) 간의 균형을 나타내며, 이들 간의 대화는 사실상 성적 의미에 대한 안전한 논의를 위한 조건이 된다.

16. D. Burlingham, *Twins*, New York: International Universities Press, 1952.

17. Anna Freud, *The Ego and the Mechanisms of Defence*, New York: International Universities Press, 1946.

18. Kai T. Erikson, "Patient-Role and Social Uncertainty—A Dilemma of the Mentally Ill," *Psychiatry*, 20: 263-274, 1957.

19. August Kubizek, *The Young Hitler I Knew*, Boston: Houghton Mifflin Company, 1955.

20. 1955년 히브리 대학의 아이젠슈타트(S. Eisenstadt) 교수와 프랑켄슈타인(C. Frankenstein) 교수에 의해 조직됨.

21. 역사적 변화 과정에서 출현하는 엘리트는 가장 심오한 공통의 정체성 위기로부터 그들 사회의 현저히 위험한 상황에 대처할 수 있는 새로운 방식을 만들어내는 집단이라고 잠정적으로 진술할 수 있다. 그렇게 함으로써 그들은 소외되고 박탈당한 사람들의 '혁명적' 에너지를 해방시킨다.

22. 다시 말해, 개별 공동체 안에 있는, 그러나 국가 경제와 관련하여 자본주의식 협동조합을 대표하는 상대적 공산주의.

23. 이 신중하지 못한 발표의 부분적 이행을 보려면 Erik H Erikson, *Young Man Luther*, New York: W. W. Norton, 1958 참조

24. 이 기록에 대한 마지막 언급. 후기 단계에서 나타나는 혼란의 회귀 현상은 제6장 5절, 제7장 5절, 그리고 제8장 5절에서 '찾을' 수 있다. 첫 번째 경우에서는 정체성 혼란이 제3장에서 지적한 것처럼 정체성 문제가 친밀함과 유대의 관계로 불안하게 이어지는 형태를 취한다. 다른 두 경우는 다음과 같이 나타난다. 프로이트의 꿈속에서는 정체성 혼란과 고립(제6장 5절)이 경험되고, 제임스의 꿈속에서는 직업정체성, 생산성, 통합의 재언명에 의해서만 극복될 수 있는 심각한 혼란 상태(제8장 5절)에서 노년의 절망이

경험된다.

25. Sigmund Freud, "The Interpretation of Dreams," *The Basic Writings of Sigmund Freud*, A. A. Brill (ed.), New York: Modern Library, 1938, pp. 195–207.

26. Erik H. Erikson, "The Dream Specimen of Psychoanalysis," *Journal of the American Psychoanalytic Association*, 2: 5–56, 1954.

27. Sigmund Freud, *Aus den Anfangen der Psychoanalysis*, London: Imago Publishing Co., 1950, p. 344, published in English as *The Origin of Psychoanalysis: Letters to Wilhelm Fliess, Drafts and Notes: 1887-1902*, edited by Marie Bonaparte, Anna Freud, and Ernst Kris, New York: Basic Books, 1954.

28. Sigmund Freud, *The Origin of Psychanalysis.*

29. William James, "A Suggestion about Mysticism," *Journal of Philosophy, Psychology and Scientific Methods*, 7: 85–92, 1910.

30. G. B. Blaine and C. C. McArthur, *Emotional Problems of the Student*, New York: Appleton, 1961, pp. xiii–xxv.

제5장. 이론적 막간

1. George H. Mead, *Mind, Self and Society*, Chicago: University of Chicago Press, 1934.

2. Harry S. Sullivan, *The Interpersonal Theory of Psychiatry*, New York: W. W. Norton, 1953.

3. P. Schilder, *The Image and Appearance of the Human Body*, New York: International Universities Press, 1951.

4. P. Federn, *Ego Psychology and the Psychoses*, New York: Basic Books, 1952.

5. Heinz Hartmann, "Comments of the Psychoanalytic Theory of the Ego," *The Psychoanalytic Study of the Child*, 5: 74–96,

New York: International Universities Press, 1950.

6. Sigmund Freud, "On Narcissism: An Introduction" [1914], *Standard Edition*, 14: 73-102, London: Hogarth Press, 1957.

7. Sigmund Freud, "The Anatomy of the Mental Personality," Lecture 31 in *New Introductory Lectures on Psychoanalysis*, New York: W. W. Norton, 1933, pp. 95-56.

8. Sigmund Freud, "On Narcissism," p. 101.

9. Heinz Hartmann, *Ego Psychology and the problem of adaptation*, New York: International Universities Press, 1958.

10. H. Hartmann, E. Kris, and R. M. Loewenstein, "Some Psychoanalytic Comments on 'Culture and Personality,'" *Psychoanalysis and Culture*, G. B. Willbur and W. Muensterberger (eds.), New York: International Universities Press, 1951, pp. 3-31.

11. 나는『통찰과 책임(*Insight and Responsibility*)』(New York: W. W. Norton, 1964)에서, 전반적으로 현실인 것의 이러한 측면을 사실의 단순한 인식으로부터 분리하여 이러한 상호 활성화를 이후에 실재라고 불렀다.

12. Anna Freud, "Indications for Child Analysis," *The Psychoanalytic Study of the Child*, 1: 127-149, New York: International Universities Press, 1945.

13. 곧 출간될 책『평화의 도구: 간디의 호전적 비폭력의 기원(*Instrument of Peace: Origins of Gandhi's Militant Non-Violence*)』참조.

제6장. 최근 이슈들: 청소년

1. 한때 '내재된 힘'과 '능동적 속성'을 의미한 미덕. 이러한 의미에서 나는 다음의 중요한 덕목들이 연속적인 삶의 단계에서 정착된다고 간주한다. 그것은 유아기의 희망, 놀이 시기의 의지와 목적, 학령기의 기술, 청소년기의 충실함, 성인 전기의 사랑, 성인기의 배려, 그리고 노년기의 지혜다. 이러한 생애주기 개념의 진화

적, 발생학적 근거를 보려면, 줄리언 헉슬리 경(Sir Julian Huxley)이 편집한 『휴머니스트 프레임(*The Humanist Frame*)』(London: Allen and Unwin, 1961)에서 필자가 쓴 〈덕의 기원(The Roots of Virtue)〉 부분 참조. 이 장은 필자의 책 『통찰과 책임(*Insight and Responsibility*)』(New York: W. W. Norton, 1964)에 〈인간 강점과 생산성 주기(Human Strength and the Cycle of Generations)〉라는 제목으로 새롭게 개정되어 실렸다.

2. Ernest Jones, *Hamlet and Oedipus*, New York: W. W. Norton, 1949.

3. Saxo Grammaticus, *Danish History*, translated by Oliver Elton, 1894. 앞서 인용된 Jones의 책 163-164쪽에서 인용됨.

4. 성의 심리적 요소와 젊은이들의 자아 방어와 관련된 고전적인 정신분석 저작들은 다음과 같다. Sigmund Freud, "Three Essays on the Theory of Sexuality," *Standard Edition*, 7: 130-243, London: Hogarth Press, 1943. Anna Freud, *The Ego and the Mechanisms of Defense*, New York: International Universities Press, 1946. 더 새로운 연구를 보려면 피터 블로스(Peter Blos)의 『청소년에 관하여: 정신분석적 해석(*On Adolescence: A Psychoanalytic Interpretations*)』(New York: Free Press of Glencoe, 1962) 참조.

5. B. Inhelder and J. Piaget, *The Growth of Logical Thinking from Childhood to Adolescence*, New York: Basic Books, 1958.

6. Jerome S. Bruner, *The Process of Education*, Cambridge: Harvard University Press, 1960.

7. Erik H. Erikson, *Young Man Luther*, New York: W. W. Norton, 1958.

8. Sigmund Freud, "Fragment of an Analysis of a Case of Hysteria," *Standard Edition*, 7: 7-122, London: Hogarth Press, 1953.

9. *Ibid.*, p. 50.

10. Erik H. Erikson and Kai T. Erikson, "The Confirmation of the Delinquent," *The Chicago Review*, 10: 15-23, Winter 1957.

11. 1967년 1월 24일. 런던타임스는 다음과 같은 부정적 암시의 자기 확증에 대해 보고한다. 4만 파운드를 상속받을 예정인 한 23세 젊은이가 심각한 문제에 처해 있다. 그의 양부의 유언에 의하면, 이 재산은 그가 48세가 되었을 때 "그가 그동안 2년 또는 그 이상의 징역형을 받지 않는다는 조건하에" 그의 것이 될 것이다. 담당 기록관이 말하기를, 이 조건은 "그에게 끔찍한 영향을 미쳤고 그를 그 자신과 사회에 완전히 쓸모없는 사람으로 만들었다." 그리고 실제로, 그의 형사재판 항소심에서 그 젊은이 안에 있는 자멸적인 충동성이 명백히 인식되었고 그가 정신병원에 입원한다는 조건하에 3년 보호관찰형이 내려졌을 때, 그는 이미 (도난 수표를 받았다는 죄목으로) 15개월 징역형이 내려진 상태였다. 그러나 병동 내의 마약 배포와 관련하여 의사와 환자들로 구성된 위원회에서 그의 추방이 결정되기까지는 단 2주만이 걸렸을 뿐이다. 평결은 "이러한 행동을 하는 사람은 여기 머물고 싶어 하지 않는다" 였다. 이 젊은이는 양부의 의지를 꺾는 데 성공할 것인가?

제7장. 여성성과 내부의 공간

1. Preface, *Youth: Change and Challenge*, Erik H. Erikson (ed.), New York: Basic Books, 1963.

2. 전형적인 놀이 구성에 대한 기술을 보려면, Erik H. Erikson, *Childhood and Society*, 2nd ed., New York: W. W. Norton, 1963, Chapter II 참조.

3. 이들 세 영화, '개코원숭이 행동(*Baboon Behavior*)', '개코원숭이의 사회적 조직(*Baboon Social Organization*)', '개코원숭이 생태(*Baboon Ecology*)'는 1959년 케냐에서 촬영됐다.

4. *Childhood and Society*, p. 88.

제8장. 인종과 더 넓은 정체성

1. Robert Penn Warren, *Who Speaks for the Negro?*, New York: Random House, 1965, p. 17.
2. W. E. B. Du Bois, *Dusk of Dawn*, New York: Harcourt, Brace & Co., 1940, pp. 130-131.
3. Erik H. Erikson, "Psychoanalysis and Ongoing History: Problems of Identity, Hatred and Nonviolence," *The American Journal of Psychiatry*, 122: 241-250, 1965.
4. Howard Zinn, *SNCC, The New Abolitionists*, Boston: Beacon Press, 1964.
5. Thomas F. Pettigrew, *A Profile of the Negro American*, Princeton: Van Nostrand, 1964, p. 19. (강조는 저자에 의해 추가됨).
6. *Ibid.*, p. 115.
7. Kenneth B. Clark, *Dark Gretto*, New York: Harper and Row, 1965, p. 73. (강조는 저자에 의해 추가됨).
8. 새로운 고정관념은 가장 사려 깊은 사람의 이미지로 들어가기 쉽다. 『흑인과 백인의 위기(*Crisis in Black and White*)』(New York, Random House, 1964)에서, 실버먼(C. E. Silberman)은 엘킨(S. M. Elkin)의 기본 저서 『노예(*Slavery*)』에 대해 논의하고 있으며, 반은 인용을 통해 그리고 반은 사견을 섞어서, 흑인 인격과 강제수용소 수감자의 과도기적 퇴행의 공통 요소로 '순진함'이라는 고정관념을 사용한다. 우리는 어리석음과 같이 정말로 어린아이 같은 속성을 포함하여, 아양 떠는, 노예 근성의, 부정직한, 거짓말하는, 자기중심의, 훔치는 행위들이 모두 "이런 순진한 행동"(p. 76)으로 요약된다는 것을 알게 된다. 여기서 순진함은 마치 여성스러움이 나약함을 대체하듯이 종종 유치함이나 퇴행을 대체하며, 진품의 이미지를 오도하거나 파괴한다.
9. Ralph Ellison, *Invisible Man*, New York: Random House, 1947, p. 225.
10. Robert Penn Warren, *Who Speaks for the Negro?*, pp. 20-21.

11. Robert J. Lifton, *Thought Reform and the Psychology of Totalism*, New York: W. W. Norton, 1961 참조.

12. Robert Coles, *Children of Crisis: A Study of Courage and Fear*, Boston: Atlantic-Little, Brown, 1967, Part II, Chapter 4.

13. J. Fishman and F. Solomon, "Youth and Social Action," *Journal of Social Issues*, 20: 1-27, October, 1964 참조.

찾아보기

인명

내용

ㄴ

ㅅ

ㅇ

ㅈ

ㅎ

저자 소개

에릭 H. 에릭슨

20세기 가장 영향력 있는 정신분석학자 중 한 사람으로 1902년 독일 프랑크푸르트에서 태어나 1994년 미국에서 사망했다. 독일에서 고등학교를 졸업하고 이탈리아로 건너가 미술을 가르쳤으며, 마리아몬테소리 학교를 거쳐 비엔나정신분석학연구소에서 프로이트(Sigmund Freud)의 딸 아나 프로이트(Anna Freud)로부터 정신분석 훈련을 받았다. 1939년에 미국 시민이 되었다. 캘리포니아 버클리 대학, 하버드 대학 등에서 학생들을 가르쳤으며, 프란츠 보아스(Franz Boas), 마거릿 미드(Margaret Mead)와 같은 미국 인류학자들의 연구와 프로이트의 이론을 결합하여 자신만의 독자적인 심리사회적 발달이론을 구축했다. 그는 유아기 오이디푸스 콤플렉스와 자아의 본질과 같은 문제에서 프로이트의 영향을 받았지만 문화와 사회의 인류학적 개념도 인간발달의 중요한 요소로 포함시켰다. 저서로 『유년기와 사회(*Childhood and Society*)』(1950/1963), 『청년 루터(*Young man Luther*)』(1958), 『통찰과 책임(*Insight and Responsibility*)』(1964), 『정체성: 청소년과 위기(*Identity: Youth and Crisis*)』(1968), 퓰리처상을 받은 『간디의 진리(*Gandhi's Truth*)』(1969) 등이 있다. '정체성 위기'는 에릭슨이 만든 용어로 통상적인 위기 개념이 함축하고 있는 부정적 의미를 넘어 인간 발달의 규범적 과정 중의 하나로 개념화된다. 에릭슨의 가장 큰 공헌은 인간 자아의 발달이 생물학적으로 결정되는 것이 아니라 인간 삶의 더 큰 맥락인 사회와 역사와의 상호작용을 통해 끊임없이 재조직되는 과정임을 역설한 점이다. 프로이트의 유기체적 관점에서 벗어나 사회적 기대와 요구, 세대 간 과정, 인종, 역사라는 더 큰 틀에서 인간 발달을 설명하고자 했다는 점에서 정신분석학과 사회심리학의 진정한 통합을 모색한 심리학자로 평가받고 있다.

역자 소개

윤초희

연세대학교 교육학과를 졸업하고 미국 워싱턴대학교(University of Washington)에서 교육심리학으로 박사학위를 취득했다. 주요 관심분야는 인지발달, 학습과학, 창의성, 비판적 사고 등이다. 저 · 역서로는 『교육학개론』(공저, 박영스토리, 2021), 『학습컨설팅: 이론과 설계』(공저, 박영스토리, 2018), 『수퍼사이징 더 마인드』(공역, 교육과학사, 2018), 『마음의 형성: 알렉산드르 루리야의 자서전』(역, 교육과학사, 2015), 『교실에서의 창의성교육』(공역, 학지사, 2014), 『학교와 지역사회를 위한 심리 및 학습 컨설팅』(공역, 센게이지러닝, 2012), 『사고와 언어』(역, 교육과학사, 2011) 등이 있다. 현재 동국대학교 교육학과 교수로 있다.

정현천

SK그룹에서 35년간 재무, IR, 구조조정, 해외사업 전략 수립, 사업개발 등의 다양한 일을 하고 부사장으로 그룹의 CSR 및 ESG를 담당했으며, 지금은 내부 교육기관인 mySUNI의 전문교수로 일하면서 후배들을 지원하고 있다. 서울대학교 경영학과를 졸업했고 동국대학교에서 조직인사 전공으로 경영학 박사학위를 취득했다. 지은 책으로는 『포용의 힘』(트로이목마, 2017)이 있고, 포용국가연구회에서 펴낸 『포용한국으로 가는 길』(시사저널사, 2021)의 공저자로 참여했다. 옮긴 책으로는 『수퍼사이징 더 마인드』(공역, 교육과학사, 2018)가 있다.

정체성

청소년과 위기

Identity: Youth and Crisis

2022년 12월 5일 1판 1쇄 인쇄
2022년 12월 10일 1판 1쇄 발행

저 자 • 에릭 H. 에릭슨
역 자 • 윤초희 · 정현천
발행자 • 한정주
발행처 • 교육과학사

경기도 파주시 광인사길 71
전화 • 031)955-6956~8 / 팩스 031)955-6037
Home-page • http://www.kyoyookbook.co.kr
E-mail • kyoyookbook@daum.net, kyoyook@chol.com
등록 • 1970년 5월 18일 제2-73호

정가 22,000원

ISBN 978-89-254-1729-5

낙장 · 파본은 교환해 드립니다.
Printed in Korea.